Manual de filosofia franciscana

Dados Internacionais de Catalogação na Publicação (CIP)
(Câmara Brasileira do Livro, SP, Brasil)

Manual de filosofia franciscana / José Antonio Merino,
   Francisco Martínez Fresneda, (coordenadores) ;
   tradução de Celso Márcio Teixeira. – Petrópolis,
   RJ : Vozes, 2006.
   ISBN 85.326.3351-X
   Título original: Manual de filosofía
franciscana
   Bibliografia.
   1. Filosofia 2. Franciscanos I. Merino, José
Antonio. II. Fresneda, Francisco Martínez.

06-4045   CDD-100

Índices para catálogo sistemático:
1. Filosofia franciscana   100

José Antonio Merino
Francisco Martínez Fresneda
(coordenadores)

Manual de filosofia franciscana

Equipe de autores
Manuel Barbosa da Costa Freitas * Joaquim Cerqueira Gonçalves *
Alessandro Ghisalberti * José Antonio Merino *
Vicente Muñiz * Orlando Todisco

Tradução de Celso Márcio Teixeira

Petrópolis

© Biblioteca de Autores Cristianos

Título original espanhol: *Manual de filosofía franciscana*

Direitos de publicação em língua portuguesa:
2006, Editora Vozes Ltda.
Rua Frei Luís, 100
25689-900 Petrópolis, RJ
Internet: http://www.vozes.com.br
Brasil

Em co-edição com
Família Franciscana do Brasil
Rua Coronel Veiga, 1705
25655-152 Petrópolis, RJ
Brasil

Todos os direitos reservados. Nenhuma parte desta obra poderá ser reproduzida ou
transmitida por qualquer forma e/ou quaisquer meios (eletrônico ou mecânico,
incluindo fotocópia e gravação) ou arquivada em qualquer sistema ou banco de
dados sem permissão escrita da Editora.

Editoração: Fernando Sergio Olivetti da Rocha
Projeto gráfico: AG.SR Desenv. Gráfico
Capa: Bruno Machado / Bruno Margiotta

ISBN 85.326.3351-X (edição brasileira)
ISBN 84-7914-701-6 (edição espanhola)

Este livro foi composto e impresso pela Editora Vozes Ltda.

SUMÁRIO

Apresentação, 7

Introdução (José Antonio Merino), 9

Biobibliografia dos principais mestres franciscanos, 21

Siglas e abreviaturas, 25

Autores, 27

Capítulo I – Lógica (Alexandre Ghisalberti), 29
Introdução. A lógica no século XIII, 29
(1. Roger Bacon: a contribuição da lógica e da epistemologia para a reforma do saber; 2. Da lógica à "teo-lógica": o processo para chegar à verdade de Boaventura de Bagnoregio e de João Duns Scotus; 3. Guilherme de Ockham: termos, suposição e significação; 4. Guilherme de Ockham: a categoria da relação entre lógica e teologia; Conclusão)

Capítulo II – Teoria do conhecimento (Manuel Barbosa da Costa Freitas), 61
(1. O espírito franciscano; 2. Teoria do conhecimento – Temas fundamentais; 3. São Boaventura; 4. João Duns Scotus; 5. Guilherme de Ockham; Conclusão geral)

Capítulo III – Metafísica (José Antonio Merino), 109
(Introdução; 1. Metafísica de São Boaventura; 2. Metafísica de João Duns Scotus; 3. Metafísica de Guilherme de Ockham; Conclusão)

Capítulo IV – Teologia natural (por Vicente Muñiz), 161
(1. São Boaventura; 2. João Duns Scotus; 3. Guilherme de Ockham)

Capítulo V – Antropologia (José Antonio Merino), 181
(Introdução; 1. O homem segundo Alexandre de Hales; 2. O homem segundo São Boaventura; 3. O homem segundo Pedro João Olivi; 4. O homem segundo João Duns Scotus; 5. O homem segundo Guilherme de Ockham; Conclusão)

Capítulo VI – Cosmologia (Joaquim Cerqueira Gonçalves), 223
(Introdução; 1. Natureza e cultura; 2. O cristianismo e a natureza; 3. São Francisco, o franciscanismo, o estudo da natureza; 4. Natureza e símbolo no franciscanismo; 5. O pensamento franciscano sobre a natureza; 6. Franciscanismo, natureza e ecologia)

Capítulo VII – Ética e economia (Orlando Todisco), 261

(Introdução; 1. O sujeito protagonista da bondade; 2. O sujeito protagonista de riqueza; Conclusão)

Índice onomástico, 333

Índice geral, 339

APRESENTAÇÃO

A literatura sobre o pensamento filosófico franciscano e seus relevantes mestres é amplíssima e dispersa em livros e revistas científicas. Requerer-se-ia uma síntese exeqüível não somente para o grande público, mas também para o homem científico que nem sempre tem a visão global de um sistema. Esta editora satisfez parte dessa urgência, quando, em 1993, publicou a *História da filosofia franciscana* que tenta ressaltar e evidenciar a importância e riqueza doutrinária da Escola Franciscana no campo filosófico. A partir de então, viu-se a necessidade de oferecer ao público uma visão sistemática e compacta dos diversos temas doutrinais da dita escola. Por este motivo, planejou-se publicar dois manuais de pensamento franciscano, um de caráter teológico e outro de caráter filosófico.

Esta editora publicou o *Manual de teologia franciscana* em 2003, onde se faz a exposição sistemática dos diversos tratados teológicos. Mas, visto que os mestres franciscanos eram teólogos e filósofos ao mesmo tempo, torna-se evidente a necessidade de oferecer outro *Manual de filosofia franciscana*, como é o presente volume. Estes dois manuais são os primogênitos em seu gênero, até o presente únicos em qualquer língua e, portanto, fazem e criam história. Não era nada fácil abordar estes volumes pelas dificuldades e limites que isso comporta e significa. Mas era necessário enfrentar este trabalho e apresentar um notável serviço cultural ao público com a consciência de que isto é simplesmente um ponto de partida e um estímulo para continuar melhorando o que agora se apresenta. Todos os começos têm suas audácias, limites e estímulos, porque abrem um caminho para continuar avançando.

Este *Manual de filosofia franciscana* apresenta os tratados clássicos da filosofia, como são, por exemplo, a Lógica, a Teoria do Conhecimento, a Metafísica, a Teologia Natural, a Antropologia, a Filosofia da natureza, a Ética e a Economia. Aqui se patenteia um pensamento transversal que, partindo do método, passando pelo epistemológico e ontológico, desemboca em uma visão arquitetônica das grandes questões antropológicas e cosmológicas até concluir na articulação de uma ética e de uma economia. Os diferentes tratados oferecem a riqueza de uma doutrina de notável fascínio por seu conteúdo, beleza e fecundidade intelectual e existencial. Esta exposição temática da filosofia franciscana, abordada por especialistas em seus respectivos campos e, portanto, a partir de diversas visualizações, permite oferecer uma leitura muito completa e rica do pensamento da Escola Franciscana. Mas aqui não se trata de apresentar simplesmente o pensamento dos mestres franciscanos sobre temas já passados, mas de evidenciar também a vigência atual desse pensamento e confrontá-lo com as novas correntes filosóficas e científicas.

Na exposição sistemática dos tratados do pensamento filosófico dos mestres franciscanos não se percebe nem a unanimidade gremial nem a diversidade rebelde, mas a diversidade configuradora de visualizações convergentes, porque seus autores vivem, sentem e pensam a partir de um mesmo campo espiritual e inteligível. São pensadores audazes que não se limitam a colocar problemas, mas a resolvê-los a partir de si mesmos e a partir das causas determinantes que os tornam precisamente tais problemas.

Não se publica este manual como se publica um a mais, mas como o primeiro e necessário do pensamento sistemático da filosofia franciscana. Mas esta obra é o resultado conjunto de muitos esforços e generosas vontades. Por isso, deve-se agradecer sinceramente a todos aqueles que, de um modo ou de outro, tornaram possível este volume. Em primeiro lugar, vá o nosso agradecimento aos professores que colaboraram generosamente com sua inteligência e vontade. Agradecimento especial merece o Dr. Rafael Sanz Valdivieso por suas traduções detalhadas dos estudos originais em português e italiano. Agradecimento também ao Professor Juan Ortín García por sua delicada tarefa na correção e revisão dos textos. Menção à parte merece o Secretariado para a Formação e Estudos da Cúria Geral dos Franciscanos Menores de Roma que, mediante o apoio do M.R.P. José Rodríguez Carballo, atual Ministro Geral dos Franciscanos Menores, colaborou generosamente no financiamento para enfrentar os gastos inevitáveis deste volume.

Oxalá possa este livro servir pata fazer conhecer o pensamento filosófico da Escola Franciscana e, além disso, incentivar como estímulo para aprofundar e continuar descobrindo os grandes valores espirituais do franciscanismo. O comportamento existencial de Francisco de Assis e a reflexão filosófica dos mestres franciscanos ainda podem contribuir para criar um espírito civilizado e para saber habitar no mundo.

José Antonio Merino
Francisco Martínez Fresneda

INTRODUÇÃO

A filosofia dos mestres franciscanos nasce, cresce e articula-se principalmente nos séculos XIII e XIV. É a partir desta circunstância histórica e cultural que se deve focalizar e julgar sua objetiva e acertada interpretação e avaliação. Poder-se-á discutir se é o homem que muda as idéias ou se são as idéias que mudam o homem. O certo é que o homem escolhe aquele tipo de verdades que lhe parecem melhores segundo o horizonte espiritual a partir do qual alguém vive, sente e se comunica. E escolhe não somente um determinado tipo de verdades preferenciais, mas inclusive os meios e métodos que se ajustam melhor à sua sensibilidade e cosmovisão e sejam capazes de expressar adequadamente o que poderia chamar-se de patrimônio doutrinário da própria família à qual pertence.

1. Contexto sociocultural

O século XIII representa o período culminante da especulação filosófica e teológica da Escolástica, embora seja uma época muito complexa e de não fácil interpretação, já que são muitos os elementos religiosos, sociais e culturais que a configuram e a caracterizam[1]. São muitas e muito diversas as mediações que forjaram a paisagem mental e espiritual do século XIII: o movimento urbano, que se materializa na formação de grêmios e corporações; a criação das universidades, com seu impulso no campo da cultura; a aparição das ordens mendicantes (franciscanos e dominicanos), com sua incidência no

---

1. "O século XIII parece-nos hoje o século de Santo Tomás – diz o destacado medievalista P. Vignaux. A sorte do tomismo na Igreja contemporânea não deve, no entanto, enganar o historiador da Idade Média. A mesma época, de uma intensa fecundidade especulativa, conheceu também outras direções doutrinárias, onde se encontram também obras-primas. Para compreender Tomás de Aquino, homem de um século, e inteirar-nos da doutrina que vivia nele, ser-nos-á de grande ajuda o conhecimento de outros homens, das outras doutrinas que responderam à mesma situação histórica. Pensou-se demasiadamente no tomismo em abstrato: deve-se focalizar *Santo Tomás e seu tempo* e restituir a esse tempo sua diversidade intelectual": P. VIGNAUX, *El pensamiento en la Edad Media* (México-Madri 1995) 85. Por certa comodidade intelectual, conveniência e oportunismo facilmente nos apegamos a uma autoridade intelectual, a uma escola ou a um sistema e nos colocamos a ver em uma só direção e em uma só perspectiva reducionista.

campo religioso, social e doutrinário; o conhecimento e a aceitação de obras filosóficas desconhecidas até então, etc.

O século XIII é o século das universidades, porque é o século das corporações, dos grêmios, dos municípios, das classes burguesas e dos grupos que têm os mesmos interesses econômicos. As cidades demonstram um grande dinamismo na vida econômica, cultural e religiosa e um forte desejo de autonomia e de emancipação tanto do poder do imperador como do poder do papa. É a época do fracasso de Frederico II em sua tentativa de restauração imperial. É a época da teocracia papal que Inocêncio III tentou impor com seu projeto da plenitude do poder (*plenitudo potestatis*). É a época em que o Ocidente professa a fé católica que impera na maioria dos países ocidentais e penetra em todas as classes sociais. Esse primado do catolicismo explica o posto central e determinante do papado e da Igreja como guia, mãe e mestra. É a época da crise do mundo islâmico, do conflito das cruzadas e do intercâmbio cultural com o Oriente. É a época que trata de conhecer melhor e de assimilar Aristóteles não somente em sua *Lógica*, mas também em sua *Filosofia* e em sua *Metafísica*.

Não é questão somente de servir-se de Aristóteles na metodologia, mas também em seu conteúdo. Trata-se da re-impostação doutrinária dos teólogos e dos filósofos cristãos diante do aristotelismo; trata-se de como interpretar a fé cristã ou o conteúdo do cristianismo em chave aristotélica, quer dizer, vive-se o processo cultural de uma "cristianização" de Aristóteles. Com outras palavras, agora se agudiza o problema da relação entre fé e razão, entre teologia e filosofia, que terá uma grande incidência em todo o pensamento filosófico-teológico do século XIII e que servirá de critério de demarcação entre as diversas escolas posteriores.

As universidades. Foram a criação mais original e fecunda da civilização ocidental medieval e, ao mesmo tempo, a expressão e o resultado de um novo espírito e de uma nova mentalidade. As origens das corporações universitárias nos são tão obscuras e imprecisas como são as dos agrupamentos e das corporações de então.

A universidade é uma criação característica do século XIII, que teve importância decisiva em seu tempo e posteriormente. É produto típico da Idade Média ocidental, que cria seu próprio modelo cultural e que tem muito pouco que ver não só com as Escolas anteriores (monacais, episcopais e a palaciana), mas tampouco com os centros antigos de ensino superior como, por exemplo, a Academia de Platão, o Liceu de Aristóteles, o Museu de Alexandria, ou os centros culturais persas e islâmicos. As universidades são produto característico do espírito corporativo deste tempo, com seu específico sentido de agrupamento profissional, onde mestres e alunos se reúnem e se organizam em forma de grêmio, de corporação ou de "sindicato", que buscam a própria autonomia e a própria auto-regulamentação.

Introdução

A palavra universidade não significava originariamente um "centro" de estudos, mas antes uma "associação corporativa" que tutelava e defendia os próprios interesses. A denominação de "universidade" encontra-se pela primeira vez no documento de Inocêncio III que escreveu, em 1208, ao *Studium Generale parisiense*, empregando a expressão *Universitas magistrorum et scholarium*, quer dizer, tratava-se de uma certa corporação composta por mestres ou professores e por estudantes. A Universidade de Paris logo foi objeto de atenção e cuidado por parte do papado que a favoreceu em seu desenvolvimento e em sua autonomia com relação à tutela do rei, do bispo e do chanceler.

A orientação "clerical" da universidade explica por que as autoridades eclesiásticas, sobretudo os representantes do papa, redigiram os Estatutos, intervieram em certas controvérsias e proibiram determinados textos suspeitos. Na Universidade de Bolonha, que se caracterizava pelo Direito, predominou *universitas scholarium* ou a corporação dos estudantes, à qual Frederico Barbarroxa concedeu privilégios especiais. Importante foi também a Universidade de Oxford, que deu grande espaço às ciências naturais e experimentais.

Mas foi Paris, graças à sua universidade, que teve a honra de ser chamada de *omnium studiorum nobilissima civitas, civitas philosophorum* por excelência, convertendo-se no centro principal da vida intelectual da Idade Média, na qual ensinaram os mais destacados mestres internacionais de seu tempo e para onde iam os estudantes mais interessados no saber. Os reis e os papas afagaram-na com notáveis privilégios, inclusive seus membros estavam isentos do serviço militar, dos impostos e não podiam ser excomungados[2].

A criação e fortalecimento da universidade medieval teve não poucas conseqüências sociais e religiosas. Entre outras, cabe destacar, em primeiro lugar, o nascimento de um grupo especial de mestres, sacerdotes e seculares, aos quais a Igreja confiava a delicada missão de ensinar a doutrina revelada que, até então, estava reservada somente à hierarquia eclesiástica. Sempre teve mestres de teologia e de catequese, mas eles estiveram de algum modo vinculados à hierarquia eclesiástica. Agora, emerge a categoria dos profissionais do ensino, dedicados à elaboração de uma ciência, enquanto membros de um grêmio ou de uma corporação e que não pertencem a uma função hierárquica.

---

2. Entre 1200 e 1400, criaram-se no Ocidente mais de 50 universidades, das quais 29 eram de fundação pontifícia. Juntamente com as universidades de Paris, de Bolonha e de Oxford, contavam-se as de Cambridge, Salerno, Pádua, Nápoles, Toulouse, Orléans, Coimbra, Salamanca (1228-1229, por iniciativa de Fernando III e confirmada por Alexandre IV em 1255, que estabeleceu a validade de seus títulos para toda a cristandade), etc. Costuma-se apresentar a corporação universitária de Paris como típica, e sua organização como modelo para as outras universidades. A universidade tinha suas faculdades: Artes, Direito Canônico, Medicina e Teologia, que constituíam diversas corporações dentro da própria universidade. As faculdades eram dirigidas por mestres titulares ou regentes, tendo como chefe ou moderador um decano. O responsável supremo era o reitor e, em alguns casos, o chanceler. O lugar das aulas eram freqüentemente as igrejas e os conventos, especialmente os refeitórios, onde aconteciam as famosas *Collationes*.

Os novos *mestres*, embora não pertencendo à hierarquia, estão reconhecidos oficialmente para poderem falar de fé e de doutrina e, inclusive, para poderem decidir sobre questões especializadas em teologia, sendo sua decisão investida de autoridade. Agora, o *studium* adquire o terceiro poder ao lado do *sacerdotium* e do *regnum*, quer dizer, a classe intelectual universitária elevou-se a categoria social com grande poder no social e no religioso. A universidade medieval aparece como um poderoso órgão da cristandade, daí a especial atenção dos papas e o seu cuidado na seleção dos mestres. A autonomia das universidades diante dos poderosos do *regnum* e do *sacerdotium* foi colocando as condições de possibilidade e a criação de um modelo de cultura, mediante a qual o papel dos intelectuais na sociedade ia se tornando decisivo e determinante.

Com a criação das universidades, a figura do homem de cultura adquire uma nova consideração e relevância sociais singulares. Se a antiga divisão da sociedade estava feita segundo a tríade *oratores*, *bellatores* e *laboratores*, a partir de agora, a nova ordem social é constituída pelos *sapientes*, pelos *nobiles* e pelos *divites sive potentes*. O intelectual, o novo sábio, é expressão e emblema desse novo organismo ou nova instituição, a universidade de uma determinada cidade que, por sua vez, é um organismo universal e fundamental da *christianitas* medieval.

A partir dos inícios do século XIII, as universidades incidiram poderosamente nos aspectos mais importantes da sociedade cristã: na cultura, na política, na economia e na religião, como igualmente nos demais estratos da cristandade medieval. A partir desta ótica se compreende como a instituição universitária é expressão e revelação da mentalidade, das aspirações, das conquistas do tempo que a viu nascer, crescer e desenvolver-se. No interior da universidade encontram-se as forças mais diversas de suas possibilidades e de suas negações, pois entranha em si mesma a dialética da unidade e da diversidade, da universalidade e do particularismo, da transigência e da intolerância, da permissividade e da própria transgressão.

Outra das conseqüências sociais imediatas consistiu em que os membros da universidade, professores e alunos, não eram exclusivamente das classes altas, mas provinham dos estratos sociais mais variados. A comunidade universitária não formava casta nem classe privilegiada, mas estava composta pelos mais variados e heterogêneos elementos sociais. A universidade medieval não era elitista ou classista, mas popular, na qual podiam entrar não somente os abastados, mas também os estudantes pobres, filhos de camponeses, de lavradores e de artesãos, os quais, com a isenção das taxas ou mediante bolsas de estudos, podiam enfrentar o peso econômico dos estudos.

Uma vez que os estudantes ingressavam na universidade, desapareciam as diferenças sociais, e todos eles entravam a fazer parte de uma certa "nobreza" que a ciência adquirida lhes outorgava. Os *goliardos* (gente muito discutível e suspeita) e os *clérigos* chegavam a construir um mundo à parte, uma certa "nobreza" espiritual. Já é famoso o

Introdução

verso de Boccaccio: "É gentil quem estudou durante muito tempo em Paris, não para vender depois a ciência ao contador, como muitos fazem, mas para saber a razão das coisas e a causa das mesmas". A *universitas*, com sua integração do diverso e do diferente, foi a grande promotora da Escolástica que, em seu espírito mais genuíno, é universalismo.

O Aristotelismo e suas vicissitudes. O conhecimento, no Ocidente, das obras de Aristóteles deu-se de um modo gradual, progressivo e lento. Até inícios do século XII, o mundo latino somente conhecia do Estagirita as *Categorias* e o *De interpretatione*, na forma em que Boécio o havia transcrito. A partir de 1130 acrescentou-se a *Logica nova* à *Logica Vetus*, com a introdução de Tiago de Veneza dos escritos *Analytica posteriora*, *Topica* e *De sophysticis elenchis*, alcançando assim a totalidade do *Organon* aristotélico. Se se acrescentarem a estas obras os tratados sobre a física, a metafísica, a psicologia e a ética, damo-nos conta de que até 1250 já se conhecia a quase totalidade da obra filosófica de Aristóteles. A recepção da obra deste filósofo entra na Universidade de Paris até o ano de 1200.

Para a compreensão objetiva da história e de seus avatares, não se podem esquecer as circunstâncias condicionantes e, às vezes, determinantes de ações e reações concretas. Os textos do Estagirita e os comentários e interpretações que os árabes e judeus haviam feito deles continham teses e afirmações que, à luz de alguns teólogos, entravam em conflito com a doutrina cristã. Os quatro problemas mais graves eram: o criacionismo, a providência divina, o princípio da dupla verdade e a imortalidade da alma (problemas já suscitados anteriormente na própria filosofia árabe e judaica). Em Paris, centro cultural da nova cristandade européia, o conflito entre as Faculdades de Teologia e de Artes explodiu não somente por motivos metodológicos, mas principalmente por problemas de fundo e de conteúdo. A *mundana sapientia*, enquanto *scientia naturae*, tinha Aristóteles como guia e mestre, ao passo que a *divina sapientia*, enquanto *scientia Dei*, se baseava e se apoiava na revelação e na Bíblia.

Foram os *magistri* da Faculdade de Teologia que deram o alarme sobre o entusiasmo e fervor que os *magistri* da Faculdade de Artes demonstravam a favor de Aristóteles e dos comentários dos filósofos árabes. Isto tem uma explicação razoável, já que na Faculdade de Artes a filosofia podia sentir-se como que em sua própria casa. Nesta faculdade, cultivava-se a filosofia simples e despretensiosamente, e a teologia só entrava de esguelha e de passagem. Ao limitar-se ao campo puramente filosófico, o pensamento aristotélico oferecia aos *magistri* a ocasião e a oportunidade de acentuar a independência da filosofia natural. Daí esse interesse pela filosofia aristotélica e pela possibilidade de avançar nessa perspectiva e na autonomia da razão. Evidentemente, esta dialética não podia deixar de ter incidência em temas teológicos de grande interesse para os cristãos. E isso provocou a intervenção da hierarquia eclesiástica com as proibições de textos do filósofo grego.

Em 1210, um sínodo de Paris proibiu dar aulas sobre os *Libri de naturali philosophia* de Aristóteles. Esta proibição parece que foi motivada principalmente pelo panteísmo de Amalrico de Bène e de Davi de Dinat, panteísmo de inspiração neoplatônica.

Manual de filosofia franciscana

Esta mesma proibição, incluindo também a *Metafísica*, se repetiu em 1215. Em 1231, o Papa Gregório IX confirmou a proibição, embora se matizasse, dizendo que os textos sobre filosofia natural continuavam vetados "enquanto não forem corrigidos". Não se pretendia proibir Aristóteles ou a filosofia aristotélica, mas evitar interpretações heterodoxas nas aulas oficiais.

Deve-se sublinhar que em sua famosa bula *Parens scientiarum* (de 13 de abril de 1231), da qual se tem dito que foi a *Charta magna* da universidade, expressa uma proibição provisória, enquanto os escritos não fossem examinados e depurados de toda suspeita de erro. De fato, dez dias depois, o mesmo papa nomeia uma comissão de três mestres com a finalidade de examinar os "livros naturais" aristotélicos. Em 1245, Inocêncio IV fez outra proibição à Universidade de Toulouse segundo a modalidade de Gregório IX. Em 1263, Urbano IV, ao confirmar os Estatutos da Universidade de Paris, renova a proibição de 1231 em forma protocolar.

Em Oxford, onde não existiam proibições de nenhum tipo, ensinavam-se os "livros naturais" e a *Metafísica* de Aristóteles, como o fez Roger Bacon em 1245, que explicou todos os tratados aristotélicos. Mas estas proibições parciais não interromperam a admiração pelo Estagirita, e não somente na Faculdade de Artes, mas também na Faculdade de Teologia, como igualmente nas demais faculdades. Aristóteles era apresentado como o *philosophus* por excelência, e o aristotelismo como o símbolo do novo espírito. Agora, a filosofia não fica reduzida a simples ofício de propedêutica para a teologia, mas apresenta-se com sua própria autonomia e entra em um novo diálogo com a fé cristã.

O aristotelismo, neste século, teve duas focalizações diversas. Uma foi a dos filósofos e teólogos, como Alberto Magno, Tomás de Aquino, Boaventura, Roberto Grosseteste, Roger Bacon, Duns Scotus, etc., que trataram de integrá-lo e de configurá-lo com o cristianismo. A outra foi a daqueles que radicalizaram a autonomia da filosofia até fazê-la totalmente independente da fé cristã. Deste fato, surgiu na Faculdade de Artes o aristotelismo heterodoxo que foi objeto de duras disputas e de novas condenações. O aristotelismo radical significava a prevalência da filosofia como ciência específica da razão autônoma.

Nesta leitura hermenêutica já não se contemplava Aristóteles a partir da perspectiva teológica, mas a partir da razão autônoma e de sua própria possibilidade de esclarecer os princípios ontológicos e de tirar conclusões operativas. Está claro que o Aristóteles assim apresentado é o Aristóteles de Averroes, que é o comentarista por excelência e que entrava em conflito com não poucas teses cristãs. Os mais significativos representantes deste movimento eram Siger de Brabante e Boécio de Dácia, e algumas de suas doutrinas foram condenadas em 1270 e em 1277 pelo bispo de Paris, Estêvão Tempier[3].

---

3. Cf. M. GRABMANN, *I divieti ecclesiastici di Aristotele sotto Innocenzo III e Gregorio IX* (Roma 1941); ID., *Guglielmo di Moerbeke, il traduttore delle opere di Aristotele* (Roma 1941).

Introdução

Deve-se ter muito presente que estas datas da condenação de teses de matriz aristotélica marcaram um antes e um depois na aceitação e na prevenção de Aristóteles. Sobretudo a data de 1277 condicionou necessariamente tudo o que se escreveu depois. João Duns Scotus, por exemplo, que fez seus estudos de filosofia e de teologia em Oxford, Cambridge e Paris entre 1281 e 1298, com os mestres mais destacados da Ordem e em contato com os melhores mestres das universidades, não pôde deixar de viver aquela problemática de então. Scotus conhece muito bem o Estagirita e respeita-o, mas não o segue necessariamente, pois desconfia de uma filosofia pura e separada da teologia e está sempre atento para detectar os limites da razão pura. O horizonte mental de Duns Scotus e de outros mestres franciscanos é, então, diverso de Tomás de Aquino e de Boaventura e, por isso, deve seguir outros roteiros doutrinais, se quiser ser fiel à sua circunstância histórica.

Agostinismo e aristotelismo. A aberta oposição que alguns intérpretes de fins do século XIX e princípios do século XX quiseram ver entre agostinismo e aristotelismo no século XIII foi totalmente matizada e superada pelos mais destacados medievalistas de nosso tempo. A bipolarização do pensamento medieval entre agostinismo e aristotelismo reflete, mais do que uma tese histórica, uma posição de escola, segundo a qual, de uma parte, estariam os filósofos e teólogos que trataram de continuar a doutrina tradicional platônico-agostiniana, e, de outra parte, os mais modernos e avançados que se alistaram na corrente inovadora, representada pelo aristotelismo. Mas o pensamento medieval não foi assim tão simples nem tão exclusivo, mas agia como um movimento intelectual aberto e englobante.

Se não nos fixarmos em algumas expressões isoladas dos autores e formos mais ao conteúdo e às grandes linhas de pensamento, encontrar-nos-emos com a surpresa de que o agostinismo e o aristotelismo podiam coabitar na mesma cabeça do pensador. Mas, antes se deve distinguir entre um aristotelismo moderado (tomismo) e um aristotelismo radical (averroísmo); como igualmente entre um agostinismo de tipo platônico e um agostinismo de tipo plotiniano. Não obstante, a contraposição marca um fundo de verdade e indica uma opção preferencial dos pensadores medievais entre as diversas cosmovisões.

O mundo medieval é muito complexo e fica ainda muito por explorar, mas para uma leitura objetiva deve-se esforçar notavelmente, se se pretende entrar em seu universo mental e não julgá-lo a partir de pressupostos de escola ou a partir de uma leitura cartesiana, kantiana, marxista, nietzschiana ou freudiana. Um estudo sério deverá demonstrar até que ponto a recepção de Platão ou de Aristóteles pela Escolástica se limita e se reduz freqüentemente à linguagem de Platão ou à de Aristóteles, quando de fato há um *cogito* mais profundo que vincula todos os pensadores em uma arqueologia mental comum. Já está superada a tese "decimonônica" de confrontar o "realista" Aristóteles com o "idealista" Platão. A confrontação entre as duas correntes principais – agostinismo e aristotelismo – parecia confirmá-lo. Mas não nos esqueçamos de que Boécio já tratou de harmonizar Platão e Aristóteles, e, inclusive, a própria filosofia árabe-judaica transmitiu um Aristóteles com não pouca roupagem neoplatônica.

Os escolásticos trataram de oferecer uma síntese de Deus, do homem e do mundo como teólogos e como filósofos cristãos. Isso não significa que todos os pensadores o fizessem do mesmo modo, pois não se podem perder de vista a variedade das filosofias medievais e a originalidade dos diversos filósofos. Embora todos eles partam de um mesmo fundo teológico comum, no entanto, suas filosofias não são simples variações de um mesmo tema, pois as colocações e a índole espiritual de Santo Alberto Magno, de Santo Tomás de Aquino, de São Boaventura, de Roger Bacon, de Duns Scotus, de Ockham, etc., são muito diversas e refletem continentes mentais muito distintos e perfeitamente individualizados. Na Idade Média co-existiam paradigmas filosófico-teológicos paralelos, convergentes e antagônicos.

O pensamento medieval estava ancorado e apoiado na fé cristã; mas necessitava de uma filosofia para que essa fé fosse razoável, e os diversos pensadores trataram de torná-la razoável de modos distintos e com pressupostos filosóficos diferentes. Os escolásticos eram profissionais da fé e, por isso, faziam teologia. Como igualmente eram profissionais da razão e, por isso, faziam filosofia. Para eles, estava claro que a fé e a razão não são idênticas, nem tampouco contraditórias, mas complementares. Elas são distintas no interior da própria pessoa, mas nesse mesmo interior podem aliar-se e colaborar conjuntamente, segundo a tese agostiniana de que o homem não poderia crer se não tivesse uma alma racional. Mas, por sua vez, a fé amplia os horizontes da razão e oferece-lhe um suplemento de luz.

É um fato histórico que a universidade estava profundamente vinculada às instituições eclesiásticas, da mesma maneira que é um fato histórico que a cultura medieval expressava um caráter profundamente cristão, ou porque se nutre dentro da revelação cristã ou porque trata de torná-la compreensível ou porque se opõe a ela. No fundo, é uma questão da inevitável relação fé e razão, teologia e filosofia. A problemática filosófica medieval não pode ser reduzida à linguagem nem sequer à estrutura lógico-gramatical, mas aponta um horizonte de conteúdo e de compreensão doutrinária. O lógico-gramatical é simplesmente a ferramenta mental para escavar no fundo doutrinário e para tornar compreensível (*intelligere*) a própria fé.

A utilização dos princípios racionais, sejam platônicos sejam aristotélicos, é uma mediação para demonstrar que as verdades da fé cristã não são extraordinárias nem contrárias às exigências da razão humana. A preferência do platonismo ou do neoplatonismo, via Santo Agostinho, ou a prioridade do aristotelismo, via Avicena ou Averroes, são enfocadas nesta perspectiva: demonstrar que o pensamento filosófico pode ser um ótimo aliado para uma melhor compreensão do cristianismo. No entanto, não se pode negar que já então havia um movimento de secularização, pelo menos subterrâneo e

Introdução

com voz submersa, da razão autônoma e independente da revelação, ou da fé, que se irá incrementando progressivamente até desembocar na razão autônoma e, inclusive, antagônica do Iluminismo[4].

2. Mestres franciscanos

Francisco de Assis foi um homem profundamente evangélico e não um intelectual, nem propôs o saber como missão essencial de evangelização para seus membros. Mas soube imprimir tal dinamismo espiritual e evangélico em seus seguidores que foi capaz de criar um estilo peculiar de viver, de habitar no mundo e de interpretar a própria vida e o que acontece nela e, a partir daí, a elaboração de um sistema filosófico-teológico característico da família franciscana[5]. A poucos anos da morte de Francisco (1226), seus frades já se formavam e participavam ativamente nas universidades de Paris e de Oxford, onde se forjaram os primeiros filósofos-teólogos franciscanos, que acolhem Aristóteles antes que os dominicanos e, inclusive, assumem, antes que eles, as contribuições dos muçulmanos, especialmente de Avicena. À distância de quatro anos da chegada dos franciscanos à Inglaterra, o Provincial Agnello de Pisa, em 1228, convidava o próprio Chanceler da Universidade de Oxford, o célebre mestre Roberto Grosseteste, para que mantivesse cursos acadêmicos na Escola Franciscana da mencionada cidade. Ali se formaram Adam Marsh, Tomás de York e Roger Bacon, entre outros. Em Paris, o mestre Alexandre de Hales, ao entrar na Ordem, transladou sua escola para o convento, onde lecionava aos jovens franciscanos, alcançando alguns o título de mestres em teologia, como João de la Rochelle, Odo Rigaldi, Guilherme de Meliton, etc.

Embora o número de mestres filósofos e teólogos franciscanos deste tempo seja numeroso, alguns deles se destacam pela força de seu pensamento e porque foram os forjadores de uma escola filosófico-teológica que costuma ser chamada de Escola Franciscana, não por ser monolítica nem exclusivista nem concordista, mas por sua orientação de fundo e por sua índole peculiar de ver a vida e na maneira de enfrentar os problemas existenciais. Levando-se em consideração que, nos tratados deste volume, se faz referência muito concreta e específica aos pensadores que mais sobressaíram, convém fazer

---

4. Para uma compreensão global da filosofia seja-me permitido remeter a meu livro *Historia de la filosofia medieval* (BAC, 2001), da qual reproduzo aqui textos completos.

5. Não obstante a diversidade e a liberdade de pensamento dos pensadores franciscanos, bem que se pode falar de Escola Franciscana, já que todos eles partem de uma experiência personalizada e comunitária, têm uma índole característica, um campo inteligível comum, um patrimônio doutrinário próprio e um universo simbólico específico que se articula em uma cosmovisão, legitimamente chamada franciscana. Para uma exposição sistemática do pensamento filosófico da Escola Franciscana pode-se ver meu livro *Historia de la filosofia franciscana* (BAC, 1993).

deles um breve esboço biográfico para melhor compreensão do pensamento filosófico aqui exposto.

Alexandre de Hales. A obra de Alexandre de Hales tem uma grande importância pela exposição unitária do pensamento filosófico-teológico de seu tempo. É verdade que está intimamente vinculado à tradição que segue a linha de Agostinho, de Anselmo, de João Damasceno e de Bernardo, quer dizer, o pensamento dos Santos Padres. Mas é também verdade que representa uma fase e uma corrente nova da filosofia ocidental, enquanto que conhece e utiliza explícita ou implicitamente a obra de Aristóteles e dos aristotélicos, embora os critique, porque não oferecem uma filosofia *completa*, já que lhes faltava a luz da revelação. Observa-se em Alexandre um constante desejo de diálogo com o diferente, tratando de harmonizar teses aristotélicas com o pensamento agostiniano, como igualmente o fato de confrontar os pensadores cristãos com os pagãos.

São Boaventura. O Doutor Seráfico envolve e integra como em um invólucro filosofia, teologia e mística em um sistema unitário e compacto raramente superado. Oferece uma visão arquitetônica do saber filosófico, seguindo o exemplarismo platônico-agostiniano. Apresenta a estrutura dos seres segundo a composição hilemórfica, mas destacando a pluralidade de formas substanciais, que será uma tese característica dos mestres franciscanos. Na vertente antropológica, sublinha a dimensão relacional da pessoa como realidade estruturante e caracterizante. O homem é visto e interpretado em sua dimensão de *homo viator*. Tanto o tema da iluminação, em linha agostiniana, como sua concepção de Deus, enquanto *propinquitas Dei in homine*, oferecem a perspectiva de uma filosofia profundamente cristã. Seu pensamento deixou notável marca na família franciscana e na mística posterior.

João Pedro Olivi. Pensador original e audaz. Embora agostiniano por espírito e formação, critica o agostinismo e rejeita sua famosa tese da iluminação. Conhece bem a Aristóteles, mas a teoria da abstração (de Aristóteles) não o convence; a esta teoria ele opôs sua tese pessoal sobre a *species memorialis*, que é o que fica na alma depois de cada ato cognoscitivo. Oferece uma das visões antropológicas mais originais da Idade Média e é um grande defensor da liberdade humana, outra das teses características da Escola Franciscana.

Roger Bacon. Pensador crítico que adere à filosofia de Aristóteles, quando este quase não havia entrado nas escolas, e levanta sua voz de um modo implacável contra as autoridades incompetentes e contra o Anticristo, encarnado na ignorância e no saber distorcido. Crê apaixonadamente na sabedoria e espera que, através de uma cultura regenerada, se possa chegar à grande *renovatio* da Igreja, da sociedade e do saber. Excepcional conhecedor das ciências experimentais, articula a elaboração de uma grande enciclopédia de todos os saberes, de forma interdisciplinar, desembocando na moral como finalidade do próprio saber.

Introdução

João Duns Scotus. Filósofo e teólogo original e penetrante, que pensa e raciocina a partir da problemática concreta de seu tempo, mas transcendendo sua própria circunstância cultural para embarcar-se na permanente problemática humana. Com sua destacada tese do conceito sobre a univocidade do ser, oferece uma peculiar e singular visão da metafísica, como eixo entre a filosofia e a teologia. A univocidade do ser não mina os alicerces da metafísica, como alguns opinavam, mas os fundamenta. Sua intuição sobre o ser singular, com a defesa da pluralidade de formas e sua teoria sobre o conhecimento humano, como também suas provas da existência de Deus, fizeram do Doutor Sutil um dos mais penetrantes filósofos de todos os tempos. Criou sua própria escola, e atualmente seu pensamento está sendo revalorizado nas vertentes ontológica, antropológica, ética e epistemológica.

Guilherme de Ockham. O tempo que o separa de Duns Scotus, a quem trata de corrigir, é mínimo; no entanto, o contexto histórico e os desafios culturais são muito diversos. Costuma ser considerado como a última grande figura da escolástica e, ao mesmo tempo, a primeira figura da modernidade. Pensador singular, controvertido e penetrante. Faz grande revisão da metafísica, oferecendo uma peculiar ontologia do concreto. Destacado defensor da liberdade tanto divina como humana, faz do voluntarismo uma de suas teses mais discutidas. Deu máxima importância à lógica, não simplesmente como tratado, como *organon*, mas como todo um sistema filosófico *logicamente* estruturado. Suas teses filosófico-jurídicas sobre a relação entre o papa e o imperador foram audazes e inovadoras em seu tempo. Grande defensor do direito subjetivo.

Raimundo Lullo. Este terciário franciscano maiorquino não oferece um sistema doutrinário compacto, mas apresenta uma visão filosófico-teológica articulada perfeitamente em uma cosmovisão cristã, servindo-se para isso da literatura e da mística. Costuma-se dizer que ele representa a metafísica popular. Sua *Ars magna* é uma grandiosa construção ideal que tem por finalidade encontrar os primeiros princípios e alcançar a unidade de toda a ordem do saber. Seus pressupostos ontológicos, lógicos e teológicos se encaixam estruturalmente em uma unidade que implica uma conjunção onto-teo-lógica.

Na família franciscana não há disciplina de escola. Daí a liberdade de pensamento e a diversidade de expressão dos mestres franciscanos, nos quais se observa uma peculiar sincronia e diacronia em seus sistemas. Nos pensadores franciscanos, detecta-se imediatamente um *campo inteligível* comum a todos eles, que os distingue não pela originalidade dos temas tratados, mas pelo modo original de fazê-lo. Em todos eles se dá um modo característico e específico de focalizar os grandes temas sobre Deus, sobre o homem, sobre o mundo, sobre a vida, etc. Eles possuem um sentido prático do estudo e do saber, refletindo a partir do quotidiano e a partir da própria vida com seus mistérios e contradições. É um pensar inquieto e que busca constantemente; por isso, nós nos encontramos com a reflexão de um pensamento inacabado. Mas aí reside sua própria fecundidade, porque não pretende nem lhe cabe bem classificar em conceitos onipotentes o dinamismo da própria vida, mas sintonizar com ela e compreendê-la através do instinto da simpatia.

Por estes motivos, o franciscanismo possui seu próprio universo simbólico que é, ao mesmo tempo, intelectivo, afetivo, significativo, hermenêutico e operativo, que pode ajudar tantas pessoas de nosso tempo a pensar em profundidade, a viver mais humanamente na própria sociedade e a descobrir o sentido profundo do prodígio do existir, do estar no mundo e do conviver. As páginas deste volume pretendem apresentar ao leitor uma sistemática da filosofia franciscana que ainda pode continuar oferecendo um suplemento de visão e de compreensão interessantes às filosofias de nosso tempo.

José Antonio Merino

BIOBIBLIOGRAFIA DOS PRINCIPAIS MESTRES FRANCISCANOS

Alexandre de Hales (c. 1186-1245)

Nasce em Hales (Inglaterra). Estuda em Paris, onde consegue o Magistério em Artes antes de 1210. Mestre regente na Faculdade de Teologia em 1221. Defende os direitos da Universidade de Paris diante do poder de Blanca de Castilla. É nomeado arcediácono de Coventry, na Inglaterra. Em 1232, regressa a Paris. Ingressa na Ordem em 1236 e estabelece-se no *Studium*[6] dos Menores de Paris, tendo como alunos João de la Rochelle, Odo Rigaldi e Guilherme de Meliton. Preside a comissão de mestres franciscanos para interpretar a *Regra*. Toma parte no Concílio de Lyon em 1245, falecendo em agosto deste ano.

Obras citadas: *Glossa in quatuor libros sententiarum Petri Lombardi* de Alexandre de Hales. I-IV (*Ad Claras Aquas*, Quaracchi [Florença] 1951-1957); *Quaestiones disputatae "antequam esset frater"*, I-III (*Ad Claras Aquas*, Quaracchi 1960); *Summa Theologica*, I-IV (*Ad Claras Aquas*, Quaracchi 1924-1948); *Prolegomena* in Librum III necnon in Libros I et II "Summae Fratris Alexandri" (*Ad Claras Aquas*, Quaracchi 1948); *Indices* in Tom. I-IV (*Ad Claras Aquas*, Grottaferrata [Roma] 1979).

São Boaventura (1217-1274)

Nasce em torno de 1217 em Bagnoregio, perto de Orvieto (Itália). Estudante na Faculdade de Artes de Paris de 1235 a 1243. Neste ano, ingressa na Ordem. De 1243 a 1248, permanece no *Studium* dos Menores de Paris sob o magistério de Alexandre de Hales, João de la Rochelle, Odo Rigaldi e Guilherme de Meliton. Bacharel bíblico em 1250; bacharel nas Sentenças em 1252 e licenciado em 1254. Mestre-regente *Ad scholas fratrum* de 1254 a 1257. Eleito Ministro Geral no dia 2 de fevereiro de 1257. Capítulo Geral de Narbona em 1260. No dia 24 de novembro de 1265 é nomeado pelo Papa Clemente IV arcebispo de York, a cuja sede renuncia. É nomeado cardeal e bispo de Albano no dia 28 de maio de 1273 e em novembro do mesmo ano é sagrado bis-

---

6. Nota do Tradutor (= NT): *Studium* era a casa onde moravam os frades dedicados ao estudo. Por tratar-se de um termo técnico da Idade Média, preferimos deixar a palavra em latim, embora os escritores a tenham traduzido ao espanhol pela palavra "Estudio".

po pelo Papa Gregório X. Participa do Concílio de Lyon em 1274. Falece durante a curta sessão do Concílio no dia 15 de julho de 1274.

Obras citadas: *Opera omnia edita*, I-X (Studio et cura PP. Collegii S. Bonaventurae; Quaracchi [Florença] 1882-1901); *Obras de San Buenaventura*, I-IV (Eds. L. Amorós-B. Aperribay-M. Oromí-M. Oltra; BAC, 1945-1948[1], 1972[3]); B. DISTELBRINK, *Bonaventurae Scripta authentica, dubia vel spuria critice recensita* (Roma 1975); *Sermones dominicales* (Ed. J.G. Bougerol, Grottaferrata 1977); *Sermones "De diversis"*, I-II (Ed. J.G. Bougerol, Paris 1993); *Cuestiones disputadas de la Ciencia de Cristo* (PITM 27; Ed. F. Martínez Fresneda; Ed. Espigas, Múrcia 1999).

São Francisco de Assis (1182-1226)

Nasce em Assis em 1182. Seus pais se chamam Pedro Bernardone e Senhora Pica. No batismo recebe o nome de João. Em 1205, Francisco parte para a Apúlia, alistado no exército. Em Espoleto, tem um sonho que dá outro rumo à sua vida. Trabalha na restauração das ermidas de São Damião e da Porciúncula (1206-1208). Pelo mês de abril de 1208, quando ouvia a missa na Porciúncula, descobre sua vocação evangélica. Em 1209, Francisco faz escrever a "forma de vida". O Papa Inocêncio III aprova-lhe verbalmente seu gênero de vida. No dia 14 de maio de 1217, festa de Pentecostes, se celebra na Porciúncula o primeiro Capítulo Geral. A Ordem divide-se em 12 Províncias. Em 1223, Francisco compõe a Regra definitiva em Fonte Colombo. O Capítulo de Pentecostes aprova-a, e o Papa Honório confirma-a. Impressão dos estigmas em 1224, no Monte Alverne. Morre na Porciúncula no dia 3 de outubro de 1226, às 7h da noite.

Obras citadas: *San Francisco de Asís. Escritos. Biografías. Documentos de la época* (Ed. J.A. Guerra; BAC, 2003[9]); I. RODRÍGUEZ, *Los Escritos de San Francisco de Asís*. Revisão J. Ortín (PITM 1; Ed. Espigas, Múrcia 2003[2]); *Los Escritos de Francisco y Clara de Asís. Textos y apuntes de lectura* (Eds. J. Herranz-J. Garrido-J.A. Guerra; Ed. Arantzazu, Oñate 2001).

Guilherme de Ockham (c. 1280-1349)

Nasce em Ockham, no condado de Surrey, perto de Londres. Entre os anos 1315 e 1319 estuda a Sagrada Escritura e as Sentenças de Pedro Lombardo. Escreve suas obras filosóficas e teológicas de 1319 a 1324. Transfere-se para Avinhão por ordem do Papa João XXII para responder a 56 proposições suspeitas elaboradas por João Kutturell, ex-chanceler da Universidade de Oxford. Em 1327, Miguel de Cesena chega a Avinhão, acusado da não-aceitação das normas sobre a pobreza, ditadas por João XXII, e pede a colaboração de Guilherme de Ockham. Ambos abandonam a sede papal e se refugiam em Pisa na corte de Luís da Baviera. Mais tarde, transferem-se para Munique. Recebe a excomunhão do papa, pois Guilherme se coloca do lado do rei nas disputas sobre a primazia entre o poder eclesiástico e o poder civil. Morre em Munique em 1349.

Biobibliografia dos principais mestres franciscanos

Obras citadas: *Breviloquium de potestate papae* (Ed. Baudray; J. Vrin, Paris 1937); *De imperatorum et pontificum potestate*, em R. SCHOLZ, *Unbekannte kirchenpolitische Streitschriften aus der Zeit Ludwigs des Bayern*, II (Roma 1914) 453-480; *Opera politica*. II: *Opus nonaginta dierum* (Universisity of Manchester 1963); *Opera theologica et philosophica*. I-XVII (Franciscan Institute, St. Bonaventure University; Ed. geral G. Gal, St. Bonaventure [Nova York] 1967-1988).

Bem-aventurado João Duns Scotus (c. 1265-1308)

Nasce no ano de 1265, provavelmente na aldeia de Duns (Escócia). É ordenado sacerdote no dia 17 de março de 1291. Estuda em Paris de 1293 a 1297 e comenta as *Sentenças* de Pedro Lombardo em Cambridge (1297-1300) e Oxford (1300-1301). Volta de novo a Paris como docente. Suas aulas são interrompidas pela disputa entre o Papa Bonifácio VIII e Filipe, o Belo. Scotus coloca-se do lado do papa, motivo pelo qual se vê obrigado a abandonar a França em um prazo de três dias. Em dezembro deste mesmo ano, ele leciona em Oxford e, desde 1304 a 1307, o faz pela segunda vez em Paris. Em 1304, o Geral da Ordem, Gonçalo Hispano, propõe-lhe para ser promovido como Doutor, de maneira que alcança o grau de Mestre e professor ordinário de teologia. No ano de 1307, Gonçalves Hispano manda-o a Colônia como professor para o *Studium* que os franciscanos tinham nesta cidade. Falece repentinamente no dia 8 de novembro de 1308, depois de uma disputa com os hereges begardos.

Obras citadas: *Ioannis Duns Scoti Opera Omnia*, I-XXVI (Ed. L. Vivès, iuxta editionem Waddingi; Paris 1893-1895); *Doctoris Subtilis et Mariani B. Joannis Duns Scoti Opera Omnia*, I-VIII, XVI-XIX (Studio et cura Commissionis Scotisticae ad fidem codicum edita; Ed. Vaticana, Cidade do Vaticano 1950-2001); *Obras del Doctor Sutil Juan Duns Escoto*, I-II (Versão de B. Aperribay-B. Madariaga-I. de Guerra-F. Alluntis, Introdução de M. Oromí; BAC, 1960; 1968); *Tratado acerca del Primer Principio* (Ed. De F. Alluntis; BAC, 1989).

Raimundo Lullo (1230-1315 ou 1316)

Raimundo Lullo ou Lúlio nasce em Petra, perto de Palma de Maiorca. Pertence a uma família nobre catalã. Muito jovem, ingressa na corte de Jaime II de Maiorca. Aos trinta anos, retira-se ao Monte Rada para fazer penitência e dedicar-se à oração e ao estudo. Ingressa na Ordem Franciscana Secular. Mais tarde, funda o convento de Miramar e dedica-se à formação dos franciscanos por um tempo. Tem como intento a conversão do mundo muçulmano através da cultura, o que o leva a aprofundar na língua e na religiosidade árabes. Conta-se um total de 265 obras escritas em latim, catalão e árabe sobre temas filosóficos, teológicos, místicos, etc. Morre no ano de 1315 ou 1316, passados os oitenta anos.

Obras citadas: *Ars generalis ultima* (CC CM LXXV; Ed. A. Madre; Brepols, Turnhout 1986); *Opera Omnia* (Ed. I. Salzinger, Mainz 1721-1742); *Liber correlativorum in-*

natorum (CC CM XXXIII; Ed. H. Riedlinger; Brepols 1977); *Poesies* (Ed. R. Aldós, Barcelona 1928); *Supplicatio Raimundi* (CC CM XXXIII; Ed. H. Riedlinger; Brepols 1977); *Vita coetanea* (CC CM XXXIV; Ed. A. Harada; Brepols 1980).

Roger Bacon (1210 ou 1214-1292)

Nasce certamente nas proximidades de Ilchester ou de Gloucester. Estuda em Oxford, onde se dedica à cultura clássica, em especial Cícero e Sêneca. Em 1240, obtém o título de Artes. Entre 1241 e 1246, comenta diversas obras de Aristóteles em Paris. De volta a Oxford, relaciona-se com Roberto Grosseteste e Adam Masch. Oferece ao Papa Clemente IV seu projeto de elaborar uma enciclopédia que contenha todos os saberes. O papa falece antes de Bacon levar a cabo seu projeto. Em 1272, escreve o *Compendium studii philosophiae*, obra que padece certa marca joaquimita, o que lhe acarreta sérias dificuldades para continuar escrevendo. Em 1292, edita sua última obra, *Compendium studii theologiae*, em que defende a idéia unitária do saber filosófico e teológico largamente acariciada em seu projeto cultural enciclopédico.

Obras citadas: *Compendium studii philosophiae*, em *Opera quaedam hactenus inedita* (Ed. J.S. Brewer, Londres 1859, 1965ʳ) 393-489; *Moralis philosophia* (Ed. de F. Delorme-E. Massa, Zurich 1853); *Opus maius*, I-III (Ed. De J.H. Bridges, Oxford 1897-1900, Frankfurt M.-Nova York 1964); *Opus minus* (Ed. J.S. Brewer, *Fr. Rogeri Bacon opera quaedam hactenus inedita*, Londres 1859); *Opus Tertium* (Ed. J.S. Brewer, Londres 1859; Nova York 1964).

SIGLAS E ABREVIATURAS

1. Mestres franciscanos

a) Alexandre de Hales

Glossa = Glossa aos livros I, II, III, IV das *Sentenças* de Pedro Lombardo.
QQ = Quaestiones disputatae "antequam esset frater".
SH = Summa Theologica sive Halensis.

b) Boaventura

AlS = As seis asas do Serafim.
Brev = *Breviloquium*.
DPr = *Collationes* sobre os dez mandamentos.
DSSt = *Collationes* sobre os sete dons do Espírito Santo.
EMCh = Excelência do Magistério de Cristo.
Hex = *Collationes* sobre o *Hexaemeron*.
In Sap. = Comentário ao livro da Sabedoria.
Itin = Itinerário da mente a Deus.
Lig. Vitae = A Árvore da Vida.
MTr = *Quaestiones disputatae* sobre o Mistério da SS. Trindade.
RATh = Redução das ciências à Teologia.
SChr = *Quaestiones disputatae de scientia Christi*.
Sent = Comentário aos livros I, II, III, IV das *Sentenças* de Pedro Lombardo.
Solil = *Soliloquium*.
Trib. Qu. = Carta sobre três questões ao mestre desconhecido.
Trip. Via = As três vias.
UMCh = Cristo, Mestre único de todos.

c) Guilherme de Ockham

Brev = *Breviloquium de potestate papae*.
QQ = *Quaestiones*, em *Opera theologica et philosophica*, V-VIII (Reportatio).
Quodl = *Quodlibeta septem*, em *Opera theologica et philosophica*, X.
Sent = *Scripta in librum Sententiarum*, em *Opera theologica et philosophica*, I-IV (*Ordinatio*).

d) João Duns Scotus

Ord. = *Doctoris Subtilis et Mariani B. Duns Scoti Opera omnia studio et cura Commissionis Scotisticae ad fidem codicum edita* (Ed. Vaticana I-VIII); BAC Normal 193 (Obras I).
Ox = *Opus Oxoniense* I, II, III, IV (Ed. Vivès, VIII-XXI).

Quodlib = *Quaestiones Quodlibetales* (Ed. Vivès, XXV-XXVI); BAC Normal 277 (Obras II).
Rep = *Reportata Parisiensia* I, II, III, IV (Ed. Vivès, XXII-XXIV).
Lect = Doctoris Subtilis... (Ed. Vaticana XVI-XIX).

2. Tomás de Aquino

Sent = Comentário aos livros I, II, III, IV das *Sentenças* de Pedro Lombardo.
STh = *Summa Theologica.*

3. Literatura geral

AHDL = *Archives d'Histoire Doctrinale et Litéraire du Moyen Âge.*
AIA = Archivo Iberoamericano.
Ang = *Angelicum.*
Ant = *Antonianum.*
BAC = Biblioteca de Autores Cristianos.
CC CM = *Corpus Christianorum Continuatio Medievalis.*
CCL = *Corpus Christianorum. Series Latina.*
ColFran = *Collectanea Franciscana.*
DTh = *Divus Thomas.*
DThC = *Dictionaire de théologie catholique.*
EP = *Enchiridion Patristicum.*
EstFran = *Estudios Franciscanos.*
ÉtFr = *Études Franciscaines.*
FrSt = *Franziskanische Studien.*
FraStu = *Franciscan Studies.*
FrFran = *La France Franciscaine.*
Gr = *Gregorianum.*
Itiner = *Itinerarium.*
Laur = *Laurentianum.*
MisFran = *Miscellanea Francescana.*
NatGr = *Natureza e Graça.*
PG = J.-P. MINGE, *Patrologiae Cursus completus. Series Graeca.*
PITM = *Publicaciones Instituto Teológico de Múrcia OFM.*
PL = J.P. MIGNE, *Patrologiae Cursus completus. Series Latina.*
REFM = *Revista Española de Filosofía Medieval.*
RevPF = *Revista Portuguesa de Filosofia.*
RPhNeo = *Rivista di Philosophia Neoescolastica.*
RscPhTh = *Revue de Sciences Philosophiques et Théologiques.*
RthAM = *Recherches de Théologie Ancienne et Médiévale.*
StM = *Studi Medievali.*
StFran = *Studi Francescani.*
VV = *Verdad y Vida.*
WW = *Wissenschaft und Weisheit.*

AUTORES

Barbosa da Costa Freitas, Manuel, OFM. Catedrático de Filosofia Medieval na Universidade Católica de Lisboa e professor-convidado em diversas universidades. Entre suas publicações cabe destacar: *O conhecimento filosófico de Deus segundo João Duns Escoto* (Lisboa 1982); *À imagem e semelhança de Deus. Um tema de antropologia agostiniana* (Lisboa 1989); *Natureza e fundamento ontológico da pessoa em Duns Escoto* (Braga 1994).

Cerqueira Gonçalves, Joaquim, OFM. Catedrático de Filosofia Medieval na Faculdade de Letras da Universidade de Lisboa e professor desta matéria na Universidade Católica de Lisboa. Publicou notáveis livros como: *Homem e mundo em São Boaventura* (Braga 1970); *Humanismo medieval*, I: *A natureza do indivíduo em J. Duns Escoto*; II: *Franciscanismo e cultura* (Braga 1971); *Em louvor da vida e da morte-ambiente: A cultura Ocidental em questão* (Lisboa 1998).

Ghisalberti, Alessandro. Catedrático de Filosofia Medieval na Universidade Católica do Sagrado Coração de Milão; diretor do Departamento de História Medieval e reconhecido especialista em Ockham, ao qual dedicou estudos de grande valor científico. Entre seus múltiplos livros apontamos: *Introduzione a Ockham* (Roma-Bari 1991); *Il medioevo teologico. Categorie della teologia razionale* (Roma-Bari 1998); dirigiu vários volumes de temas filosóficos e históricos e colabora em diversas revistas científicas de sua especialidade.

Merino, José Antonio, OFM. Foi professor de História da Filosofia Moderna na Universidade Autônoma de Madri e atualmente é catedrático de História da Filosofia Medieval no Pontifício Ateneu Antonianum (Roma). Suas obras de destaque: *Humanismo franciscano. Franciscanismo y mundo actual* (Madri 1982); *Historia de la filosofía franciscana* (BAC, Madri 1993); *Historia de la filosofía medieval* (BAC, Madri 2001). Escreveu muitos artigos em dicionários, em livros de colaboração e em revistas científicas.

Muñiz, Vicente, OFMCap. Foi professor de Filosofia da Linguagem na Universidade Pontifícia de Salamanca e atualmente é professor na Faculdade de Teologia de Santo Estevão em Salamanca. Seus livros principais são: *Significado de los nombres de Dios en el Corpus Dionysiacum* (Salamanca 1975); *Teorías del linguaje en la expresión religiosa* (Salamanca 1975); *Introducción a la filosofía del linguaje* (Salamanca 1989).

Todisco, Orlano, OFMConv. Catedrático de História da Filosofia na Faculdade de Teologia "Seraphicum" (Roma) e professor de História da Filosofia Medieval na Universidade de Cassino. Entre suas obras se destacam: *G. Duns Scoto e G. d'Occam. Dall'ontologia alla filosofia del linguaggio* (Cassino 1989); *Medioevo al bivio. Il Dio della ragione e le ragioni de Dio* (Roma 1990); *Lo stupore della ragione. Il pensiero francescano e la filosofia moderna* (Pádua 2003).

CAPÍTULO I
LÓGICA

Alexandre Ghisalberti

Bibliografia

BIANCHI, L. (org.), *La Filosofia nelle università. Secoli XIII-XIV* (Scandicci [Florença] 1997; BIARD, J., *Logique et théorie du signe au XIV ᵉ siècle* (Paris 1989); BRIND'-AMOUR, L.-VANCE, E. (eds.), *Archéologie du signe* (Toronto 1983); CORVINO, F., *Bonaventura da Bagnoregio francescano e pensatore* (Bari 1980); GHISALBERTI, A. (org.), *Giovanni Duns Scoto: filosofia e teologia* (Milão 1995); ID., *Guglielmo di Ockham* (Milão 1972⁴); ID., *Dalla prima alla seconda scolastica. Paradigma e percorsi storiografici* (Bolonha 2000); GRASSI, O., *Intuizione e significato. Adam Wodeham ed il problema della conoscenza nel XIV secolo* (Milão 1986); HONNEFELDER, L.-WOOD, R.-DREYER, M. (eds.), *John Duns Scotus. Metaphysics and Ethics* (Leiden – Nova York – Colônia 1996); KNUUTTILA, S., *Modalities in Medieval Philosophy* (Londres 1993); ID., "Modern studies in medieval logic, semantics and philosophy of science": Synthese 40 (1979) 1-208; LIBERA, A. de, *La querelle des universaux de Platon à la fin du Moyen Âge* (Paris 1996); MAIERU, A., *Terminologia logica della tarda scolastica* (Roma 1972); MARRONE, S., *The light of Try Countenance. Science and Knowledge of God in the Thirteenth Century*, I: *A doctrine of divine illumination*; II: *God and the Core of Cognition* (Leiden – Boston – Colônia 2001); MICHON, C., *Nominalisme. La théorie de la signification d'Occam* (Paris 1994); MOODY, E.A., *The logic of William of Ockham* (Nova York 1965); PINBORG, J., *Logik und Semantik im Mittelalter. Ein Überblick* (Stuttgart 1972); SILEO, L. (org.), *Vita Scoti. Methodologica ad mentem Joannis Duns Scoti*, I-II (Roma 1995).

Introdução – A lógica no século XIII

A formação de uma escola franciscana dentro das universidades européias tem lugar poucas décadas depois da fundação da Ordem Franciscana por Francisco de Assis; com os primeiros mestres franciscanos (Alexandre de Hales, Roger Bacon, Boaventura de Bagnoregio) que ensinavam na Universidade de Paris temos, além de sua dedicação, a parte da filosofia que se ocupa do discurso lógico e ensina a falar, a escrever e a usar a razão adequadamente.

O próprio nome de lógica é analisado e circunscrito em torno da metade do século XIII, pela influência exercida pela recepção dos tratados aristotélicos do *Organon*, sobretudo dos *Analíticos*, dos *Tópicos* e *De Sophistis elenchis*, além do tratado *De scientia* de Al Farabi. Roberto Kilwardby († 1279) aponta que o nome de "lógica" é equívoco, porque a etimologia grega correspondente é *logos*, que significa discurso (*sermo*) e raciocínio (*ratio*), fato pelo qual a lógica, em um sentido, é ciência do discurso que compreende a gramática, a retórica e a lógica propriamente dita, enquanto que, em outro sentido, a lógica é uma ciência que faz parte do *trivium*, totalmente distinta da gramática e da retórica.

Esta última é a acepção tomada por Kilwardby, para quem a lógica "não é considerada como ciência racional, porque considera as coisas de razão como estão unicamente na razão – porque assim não seria, propriamente falando, ciência do discurso –, mas porque ensina o modo de usar a razão existente não só na mente, mas também no discurso e porque considera as coisas de razão e as razões explícitas pelas quais as coisas são expressáveis de modo racional pela mente por meio do discurso. Disso deriva que é denominado discurso (*oratio*) o silogismo no qual, partindo de determinadas premissas postas, se segue necessariamente a conclusão. Esta ciência que usa a razão (*ratiocinativa*) é tanto racional, porque ensina a usar artificialmente a atividade da razão, como discursiva (*sermocinalis*), porque ensina que o silogismo estrutura o discurso (*sermocinari*) artificialmente"[1].

Nesta perspectiva se inscrevem as obras lógicas dos autores *modernos* (*moderni*), pois assim se denominavam os mestres que se ocuparam da lógica nos séculos XIII e XIV, para distingui-los dos mestres *antigos* (*antiqui*), os que nos séculos anteriores desenvolveram a lógica *vetus* e a lógica *nova*: enquanto que os lógicos antigos dependiam em sua maioria dos textos aristotélicos e da tradição clássica e tardo-antiga (Cícero, Porfírio, Boécio), os lógicos modernos oferecem uma elaboração original dos conteúdos, com desenvolvimentos novos dedicados a problemas específicos entre os quais eles destacam – como se verá em seguida – os temas relativos à terminologia, ao aprofundamento em suas propriedades mais importantes, como são a significação, a suposição, a apelação, a conjunção, a ampliação e a extensão. Além disso, pertencem à lógica moderna as análises dos termos categoremáticos (*categoremas*) que compreendem os nomes (subs-

---

1. R. KILARDBY, *De ortu scientiarum*; a passagem está citada segundo a tradução de P.A. GENESINI, na antologia editada por ele sob o título *Aristotele e la logica nel pensiero antico e medioevale* (G. D'Anna Editore, Messina – Florença 1982) 263.

Capítulo I – Lógica

tantivos ou adjetivos), os pronomes pessoais e demonstrativos e os verbos (excluindo os verbos auxiliares), e dos termos sincategoremáticos (*sincategorema*), que incluem todas as outras partes do discurso, como as conjunções, os advérbios, as preposições.

No século XIII floresceu também outra corrente de estudos que influenciou a lógica dos termos, denominada *grammatica speculativa*; como se deduz da própria denominação, a gramática especulativa não se propunha o ensino da lógica, mas o estudo da natureza da linguagem considerada como o mais importante veículo de comunicação da realidade. De fato, era disposto tematicamente o nexo entre os modos de ser (*modi essendi*), ou propriedades das coisas na realidade, e seus modos de ser conhecidos (*modi intelligendi*) por parte do entendimento; destas diferentes articulações deriva a multiplicidade dos modos de significar (*modus significandi*) as coisas por meio das "vozes".

Caracterizada pela fusão entre gramática e lógica, a gramática especulativa (ou lógica dos modos) deu um grande impulso ao desenvolvimento da lingüística semântica, que encontrará uma aceitação diferenciada em autores como João Duns Scotus e Raimundo Lullo de um lado e Guilherme Ockham e os lógicos dos termos de outro lado. Texto fundamental, base do estudo da lógica de todos os mestres da lógica moderna, são os *Tratados*, conhecidos também sob o título de *Summulae logicales* de Pedro Hispano, tradicionalmente identificado com o lisboeta Pedro Julião (1210-ca. 1277), nomeado papa com o nome de João XXI[2].

A obra compreende doze tratados, nesta ordem:

1) Tratado primeiro: proposições ou enunciados (*de enunciatione*);

2) Tratado segundo: os predicáveis (os universais, *de quinque universalibus*);

3) Tratado terceiro: os predicamentos (categorias, *de praedicamentis*);

4) Tratado quarto: os silogismos (*de syllogismis*);

5) Tratado quinto: os lugares (*de locis dialecticis*), base da argumentação;

6) Tratado sexto: as suposições dos termos (*suppositio*);

7) Tratado sétimo: as falácias ou argumentações falsas (*de fallaciis*);

8) Tratado oitavo: os termos relativos (*de relativis*);

9) Tratado nono: as ampliações dos termos (*ampliatio*);

10) Tratado décimo: as apelações dos termos (*appellatio*);

---

2. Conhecido também pelo nome latino de Petrus Iuliani. Hoje se pensa que são três pessoas diferentes; para uma aproximação da figura histórica do autor do *Tractatus* (*Summulae logicales*), cf. P. CALEFATE (dir.), *História do pensamento filosófico português*, I: *Idade Média* (Caminho, Lisboa 1999) 299-376; P. DA GAMA CAEIRO, "Novos elementos sobre Pedro Hispano": *RevPF* 22 (1966) 157-174; J. FRANCISCO MEIRINHOS, "Pedro Hispano Portugalense? Elementos para una diferenciación de autores": *REFM* 3 (1996).

11) Tratado undécimo: as restrições dos termos (*restrictio*);

12) Tratado duodécimo: a distribuição dos termos (*distributio*).

Os *Tratados* de Pedro Hispano chegaram a ser o texto clássico do ensino nas instituições lógicas para toda a tardia Idade Média. A eles se acrescentaram, mas como textos mais especializados, os tratados sistemáticos de lógica, mais elaborados, compostos por autores dos séculos XIV e XV, como os de Guilherme de Ockham, de Walter Burleigh, de João Buridan, de Paulo Veneto.

Ao selecionar as contribuições mais importantes dos principais mestres da Escola Franciscana medieval, no campo da lógica, trataremos a fundo alguns aspectos dos problemas presentes no marco da lógica de Pedro Hispano, destacando duas intenções principais: fazer sobressair a importância que têm os desenvolvimentos originais, em geral setoriais, trazidos como contribuição de cada um dos mestres, e mostrar as interconexões entre as temáticas lógicas e as dos saberes hegemônicos da época, quer dizer, da teologia e da filosofia da ciência.

1. Roger Bacon: a contribuição da lógica e da epistemologia para a reforma do saber

No centro da obra de Roger Bacon encontra-se um projeto grande e ambicioso, o da reforma do saber do Ocidente cristão, para torná-lo funcional e estruturado pela unidade, ao mesmo tempo projetado para uma tarefa primordial, a saber, a defesa da verdade em todos os aspectos e facetas, filosóficos, especulativos, teológicos e apologéticos.

O esforço principal é o de elaborar um método que, uma vez individualizadas as causas do erro, possa sustentar a renovação do saber. O uso das *autoridades* é submetido a um rigoroso exame crítico, da mesma maneira que não devem ser acolhidas as do passado, sem ter sido examinado o alcance delas à luz da *scientia experimentalis*, na qual a matemática ocupa um lugar fundamental.

A ciência matemática opera *figurando et numerando*, quer dizer, ela se serve dos próprios esquemas geométricos e numéricos, permitindo experimentar a realidade de forma universal, enquanto que tais esquemas ultrapassam a experiência singular e se estendem a todas as experiências semelhantes. Para alcançar a realidade em sua real dimensão constitutiva é necessário, portanto, proceder com o experimento empírico que estabeleça contato com a coisa mesma. A experiência possui um notável grau de intuição graças às faculdades do homem, as quais permitem entrar em contato com a realidade externa com relação à própria subjetividade. A intuição sensível é antes de tudo uma intuição que se pode ver, segundo a propriedade privilegiada do sentido da vista que já está presente na tradição aristotélica; o ver é a experiência certificadora por excelência, porque torna possível que compreendamos as diferenças entre as coisas, naturalmente superando o mero umbral do conhecimento sensitivo, para proceder à confrontação entre as diferentes sensações e chegando a interpretar o objeto que foi intuído, chegando de fato a uma fase que, instintivamente, implica já uma certa capacidade de discurso e de racionalidade. Esta dinâmica do conhecimento experimental, traçada na parte sexta do *Opus Maius*, é estudada mais analiticamente no livro primeiro dos *Communia naturalia*, no qual Roger Bacon trata o problema dos universais.

Do ponto de vista da filosofia da natureza, Bacon se pergunta se o universal está em função do particular ou é o contrário e – remontando a Avicena – destaca que na natureza agem duas forças, das quais uma tende a manter a unidade na variedade, enquanto que a outra tende a especificar e a diferenciar o mais possível as coisas. A primeira está à frente do bem-estar do universo em seu conjunto, a segunda assegura, pelo contrário, o bem-estar das coisas particulares, favorecendo a individuação; a primeira reflete o universal perseguido pela natureza com a operação e com a execução, enquanto que a segunda se refere à intenção da natureza que corresponde ao particular: a experiência atesta claramente que tudo está projetado a partir da singularidade. Também a teologia afirma que "Deus não criou este mundo para o homem universal, mas para as pessoas concretas; e não criou nem remiu o gênero humano para o homem universal, mas para as pessoas singulares [...] Está claro, então, que o singular é sem comparação possível melhor do que o universal"[3].

A enérgica defesa baconiana do primado ontológico do indivíduo, empiricamente fundamentada, corresponde a um ponto de vista seguramente aristotélico, contra as teses daqueles aristotélicos que ficam na leitura de algumas passagens de Aristóteles e não mantêm ativa a exegese crítica ampliada que leve em conta a superioridade do individual sobre o universal, afirmada constantemente por Aristóteles. Do primado ontológico do individual, Bacon passa ao primado gnosiológico: o fato de que o entendimento humano por agora se limite a conhecer as coisas em seus aspectos universais é índice de uma imperfeição, que será superada quando o homem desfrutar em plenitude da perfeição que lhe é própria, e seu conhecimento se explicará nas melhores condições possíveis[4].

É importante notar que Roger Bacon é o primeiro dos mestres franciscanos que propõe explicitamente a cognoscibilidade intelectiva do indivíduo como tal, além do primado ontológico do particular sobre o universal; estas duas teses caracterizarão constantemente a Escola Franciscana.

---

3. R. BACON, "Liber primus Communium naturalium", em R. STEELE (ed.), *Opera hactenus inedita*, II (Oxford 1905-1940) 94.
4. Cf. ID., "Quaestiones super libros prime Philosophie", em *Opera*, X, 82, 233s.

Para explicar o ensinamento de Aristóteles quando sustenta que "os universais estão em nós", Bacon observa que o Estagirita quer dizer que nossas sensações estão condicionadas pela presença do sensível, coisa que não acontece no conhecimento intelectivo; os universais estão mais presentes no entendimento, por causa da fragilidade deste último, ao qual custa menos reter os conhecimentos mais gerais e confusos com relação ao esforço requerido para dirigir-se às coisas singulares.

Isto não significa que o entendimento não conheça as coisas enquanto singulares, mas somente que é impelido a deter-se antes de tudo no aspecto que revela a natureza universal da coisa, enquanto que o sentido é retido pelo aspecto que revela a natureza particular da realidade concreta. As coisas, de fato, são singulares e, ao mesmo tempo, são universais: não é possível conhecê-las somente como particulares ou somente como universais. No singular sente-se o universal, e no universal conhece-se o singular, inseparavelmente.

No desenvolvimento das ciências que favorecem a concepção rigorosa do saber, Bacon insiste na importância da matemática, à qual atribui muitas daquelas prerrogativas que outros autores atribuíram à lógica; a força da lógica, para nosso mestre, obtém-se da matemática: "Todos os predicamentos dependem do conhecimento da quantidade, da qual se ocupa a matemática, por isso, toda a força (*virtus*) da lógica depende da matemática"[5]. Também as noções de regra e de lei, que agem na gramática e na lógica, são consideradas por Bacon de ordem quantitativa, fato pelo qual se enquadram na ordem matemática e, com mais exatidão, no da música (área do *quadrivium*). De resto, os conhecimentos matemáticos estão entre os primeiros dos que o homem se apodera, por sua facilidade e imediatez; além disso, "na matemática podemos chegar sem erro à verdade primeira e, sem dúvida, ao conhecimento certo de todas as coisas; de fato, nela acontece que se alcança a demonstração mediante a causa própria e necessária. E a demonstração faz conhecer a verdade. Analogamente, nela acontece que se obtém o exemplo sensível para tudo, tanto construindo a figura como enumerando a experiência sensível; por este motivo, nela não pode haver dúvida"[6].

Somente pela matemática podemos sentir o prazer da evidência da verdade; pois coloca como base do próprio método a demonstração, e demonstrar significa ir à busca das causas primeiras e dos efeitos próprios das coisas. É evidente que Bacon está aqui realizando o dar volta com precisão ao significado de "demonstração", submetendo-a à capacidade de certificação que a experiência possui; o experimento é a possibilidade cognoscitiva da qual o homem dispõe para chegar à certeza plena da verdade, na atual situação de cooperação entre conhecer e "ver" empiricamente. Mas não se deve pensar

---

5. ID., *Opus maius*, pars quarta, cap. II (Oxford 1897) 103.

6. *Ibid.*, cap. III, 105s.

Capítulo I – Lógica

que nosso mestre queira com isso despojar de valor a "demonstração" vinculada às regras da lógica e da silogística clássica, que aponta para o alcance científico da conclusão argumentada pelas devidas premissas. As duas instâncias, a argumentação e o experimento, são os aspectos não antagonistas, mas necessários da busca da verdade; o saber necessita, além da observação empírica direta, de critérios universalmente válidos que permitam unificar, abstrair e, portanto, voltar a utilizar as diferentes observações e as verificações empírico-matemáticas.

Para fazer tudo isto se requerem todas as partes tradicionais da lógica; Bacon, de sua parte, tratou em diferentes ocasiões tanto dos problemas da dialética como de muitos aspectos particulares da lógica dos termos, desde a suposição à significação. Para ver a originalidade de suas posições nós nos detemos agora em sua análise da natureza dos sinais.

No tratado *De signis*, editado recentemente e muito provavelmente parte do *Opus Maius*, da mesma maneira que no *Compendium studii theologiae* e nas *Summulae Dialectices*[7], Bacon propõe uma doutrina do sinal que se afasta de Agostinho pela autonomia que o sinal possui em relação à natureza sensível: "Sinal é aquela coisa que, ao tornar-se presente ao sentido e ao entendimento, representa algo ao próprio entendimento"[8]. O sinal não possui necessariamente uma natureza, como acontece com os conceitos que desenvolvem sua capacidade significativa das coisas sobre o plano puramente intelectual. Atualizando a relação entre os sinais instituídos pelo homem, sobretudo entre as palavras da linguagem, e as coisas significadas por um lado e os conceitos por outro, Bacon considera que a palavra significa direta e arbitrariamente os objetos e que é contemporaneamente sinal do conceito concomitante. Quer dizer, na imposição dos nomes, o dado relevante está constituído pela intenção de referir-se diretamente à coisa à qual se impõe o nome, em virtude da qual tal nome pode ser assumido em uma proposição em lugar da coisa da qual se quer fazer uma enunciação. O conceito não é um intermediário necessário neste processo, embora Bacon reconheça que a capacidade que um nome tem de significar a coisa vem sempre acompanhada de seu remeter também ao conceito; a relação entre sinal lingüístico e conceito é uma "relação de natureza sintomática, visto que se explica em uma experiência fundamentada sobre a concomitância de dois acontecimentos, o de pronunciar o nome e o de pensar o conceito correspon-

---

7. K.M. FREDBORG-L. NIELSEN-J. PINBORG, "An unedited part of Roger Bacon's *Opus Maius: De signis*": *Traditio* 34 (1978) 75-136; F.R. BACON, *Compendium studii theologiae* (Ed. H. RASHDAL, Aberdeen 1912); R. STEELE (ed.), "Summulae Dialectices magistri Rogeri Bacon", em *Opera hactenus inedita Rogeri Baconi*, fasc. XV (Oxford 1940) 191-359. Uma edição nova das *Summulae* foi feita por A. DE LIBERA, "Les *Summulae Dialectices* de Roger Bacon", o.c.

8. "Signum illud quod oblatum sensui vel intellectui aliquid designat ipsi intellectui"; *De signis* 2, em FREDBORG-NIELSEN-PINBORG, "An unedited", 82.

Manual de filosofia franciscana

dente [...] Enquanto sinal instituído pelo homem, a palavra significa diretamente e de modo simbólico a coisa à qual foi imposta, enquanto que o conceito somente significa de modo sintomático, quer dizer, enquanto sinal natural"[9].

Apresentando ainda alguns pontos doutrinais que não são facilmente conciliáveis entre si, a posição de Roger Bacon marca uma etapa decisiva para os posteriores desenvolvimentos da semiótica. Ele está convencido de que a capacidade significativa dos sinais não deve ser reconduzida prioritariamente nem exclusivamente às palavras (sinais sensíveis) que significam os conceitos ou as coisas; prescindindo da dimensão comunicativa da linguagem, a capacidade significativa pertence também aos conceitos, e estes significam naturalmente os objetos por sua conformidade com eles, da mesma maneira que o nome significa o objeto em virtude da intenção presente no ato de sua instituição por parte do homem[10]. Isto equivale a dizer que, para Bacon, a relação do sinal com o significado não é mais importante do que a do sinal com o intérprete; se faltar o intérprete, a capacidade do sinal não poderá ser explicada, não passará ao ato, pelo que o sinal fica somente nisso, em potência[11].

2. Da lógica à "teo-lógica": o processo para se chegar à verdade de Boaventura de Bagnoregio e de João Duns Scotus

Boaventura de Bagnoregio, nas obras em que trata da aquisição do saber relativo às realidades naturais, considera que a mente do homem é, de acordo com Aristóteles, uma *tabula rasa* que tem acesso aos elementos necessários para o conhecimento científico por meio da atividade dos sentidos externos e internos e pela abstração do entendimento que produz os conceitos universais.

O mestre franciscano faz seu, em sucessivas etapas, o programa de investigação próprio da Escola Franciscana de Oxford, segundo a qual cada afirmação deve ser convalidada pela experiência; a experiência compreende os dados verificados pelos senti-

---

9. A. TABARRONI, "Segno mentale e teoria della representazione in Ockham", em U. ECO (org.), "Semantica medievale", *Versus* 38/39 (Milão 1984) 66s.

10. Para um estudo detalhado da doutrina da significação de Roger Bacon, cf. TH. MALONEY, "Roger Bacon on the Significatum of Words", em L. BRIND'AMOUR-E. VANCE, *Archéologie du Signe* (Toronto 1983) 187-211; J. PINBORG, "Roger Bacon on Signs: a Newly Recovered Part on the Opus Maius", em *Medieval Semantics. Selected Studies on Medieval Logic and Grammar* (Londres 1984) 403-412 (também em *MisMed* 13/1, Berlin 1981).

11. Bacon, portanto, se distingue de R. Fishacre e de Boaventura de Bagnoregio que julgam essencial a relação entre o sinal e o significado. Cf. A. MAIERU, "*Signum* negli scritti filosofici e teologici fra XIII e XIV secolo", em M. BIANCHI (org.), *Signum, Atti del IC Colloquio internazionale del Lessico Intelletuale Europeo* (Olschki, Florença 1999) 130.

Capítulo I – Lógica

dos externos, bem como o que se capta mediante os sentidos internos, aos quais remetem, além das formas corpóreas sem a matéria, também os estados de ânimo próprios do homem.

Existem, no entanto, objetos do conhecimento que não são verificáveis exclusivamente por meio da experiência; estes são os "enunciados necessários", nos quais se incluem os axiomas da ciência e as normas reguladoras da ética. Proposições como: "o todo é maior do que sua parte" ou também: "deve-se fazer o bem e evitar o mal" são verificáveis por meio da experiência relativa ao significado dos termos singulares que as constituem, enquanto que a conexão de universalidade e de necessidade que compete às duas proposições deriva de um princípio formal *a priori*. Boaventura distingue entre o termo simples, denominado *incomplexum* – que entra como sujeito ou como predicado em uma proposição – e a proposição verdadeira e própria, denominada *complexum*, dentro da qual somente os termos simples assumem um preciso significado. Mas o objeto do conhecimento científico está constituído exclusivamente pelo *complexum*, quer dizer, a verdade se alcança por meio da estrutura do enunciado proposicional, modulado segundo a composição (proposição afirmativa) ou segundo a divisão (proposição negativa). A formação das proposições e a capacidade inerente de juízo (afirmativo e negativo) é prerrogativa exclusiva do entendimento; Boaventura descreve a atividade do entendimento, fazendo referência à tradicional partição da lógica: o entendimento percebe o significado dos termos, enuncia as proposições, formula as argumentações. Para compreender o significado dos termos, o entendimento recorre à definição, que expressa um juízo e que, portanto, já é uma proposição; neste sentido, Boaventura distingue dois atos do entendimento, o da compreensão gramatical dos termos (o que significam como sinais lingüísticos) e o da avaliação, para decidir a validade do que essa proposição propriamente enuncia.

Esta distinção vem junto com a outra que distingue entre discurso interior, dirigido a si mesmo e que fica dentro de si, e discurso exterior, dirigido a outros:

> Se dirigimos nossa atenção ao discurso interior, considerando-o como preeminente com relação ao discurso exterior, temos que concluir que propriamente a palavra se identifica com o conceito, enquanto que a palavra pronunciada ou escrita não é mais do que "um sinal da palavra" [...] Boaventura descreve a passagem do pensamento à expressão segundo três momentos: primeiro, pensa-se a coisa mesma, quer dizer, considera-se a essência real de um certo objeto; em segundo lugar, pergunta-se interiormente de que maneira se deve formular ou expressar verbalmente o conceito que pensamos; e, finalmente, expressamo-lo mediante a voz. Ao primeiro momento corresponde uma "palavra inteligível" (*verbum intelligibile*), ao segundo uma "palavra média" (*verbum medium*) e ao terceiro uma "palavra sensível" (*verbum sensibile*). Do ponto de vista de quem escuta, o processo acontece inversamente, porque o primeiro que se escuta é o que é pronunciado, depois

se pensam as palavras, e, finalmente, se pensam as coisas mesmas que são expressas pelas palavras[12].

Todos os objetos de conhecimento como todas as noções interiores ou idéias podem chegar a ser "palavra", termo mental ou conceito, dotado de significação; não obstante, para estabelecer se a coisa que significa existe ou não existe, se é verdadeira ou falsa, convém formular uma proposição em forma de juízo, unindo ou separando um termo de outro. A atividade do entendimento por meio da complexão é eminentemente judicatória, e a enunciação das proposições permite chegar à verdade científica, sob condição de que se submeta às regras da gramática e da lógica. Mas, qual é o critério de verdade pelo qual o entendimento expressa um juízo de validade ou de não validade com referência à proposição singular? Afastando-se de Aristóteles, para quem os termos simples tomados em si mesmo não alcançam nem a verdade nem a falsidade, Boaventura considera que existe um plano ontológico da verdade que vem unida à convertibilidade do ente com seus atributos transcendentais (verdadeiro, bom e uno), pelo que as coisas já possuem em si mesmas (e portanto no nível dos *incomplexa*) uma verdade própria não inteligível pelo homem, mas somente por Deus: é a verdade unida à entidade (o ser ente) da coisa, e expressa o nível do conhecimento que Deus tem das coisas, quer dizer, diz como as coisas são no "Verbo" divino, na mente do artífice universal:

> O que é a verdade segundo a definição? "Adequação do entendimento e da coisa entendida", daquele entendimento, digo, que é causa da coisa, não de meu entendimento, que não é causa da coisa [...] Porque então são verdadeiras as coisas quando são na realidade ou no universo, como são na arte eterna ou como são expressas nele. E uma coisa é verdadeira enquanto se torna adequada ao entendimento que a causa[13].

A posição de Boaventura, embora em relação com aspectos particulares de sua gnosiologia, é muito explícita ao formular de novo a definição clássica da verdade como adequação, estabelecendo a prioridade da adequação da coisa ao entendimento divino, motivo pelo qual o plano da lógica está presente como antecedente e como fundante da dimensão "teo-lógica" da verdade, quer dizer, em virtude da conexão transcendental entre verdade e ser, a verdade das coisas é tal unicamente mediante a verdade de Deus que a constitui e a torna possível, em perfeita analogia com o ser das coisas que subsiste unicamente em virtude do ser divino que o fundamenta e o sustenta.

A perspectiva global de Boaventura no plano lógico epistemológico está, portanto, bem sintetizada por um vocábulo que desempenha o papel único e decisivo no campo do conhecimento, o termo *reductio*, e pelo programa que vem unido ao *de reductione artium ad theologiam*, apresentado no homônimo opúsculo bonaventuriano, que pene-

---

12. F. CORVINO, *Bonaventura da Bagnoregio francescano e pensatore* (Dedalo libri, Bari 1980) 368s.

13. BOAVENTURA, *Hex.*, col. 3, n. 8 (V, 344; BAC III, 236s).

Capítulo I – Lógica

tra por toda instância sapiencial definitiva do mestre franciscano. Destacou-se como a noção de *reductio* é uma noção complexa e como sua amplidão de significado é difícil de traduzir-se em uma palavra para as línguas modernas:

> A *reductio* é, antes de tudo, um método lógico, cujas regras de funcionamento, conhecidas de Platão, foram precisadas por João Scotus Eriúgena. É uma dialética que vai do concreto ao abstrato, enquanto que a outra, a *divisio*, vai do abstrato ao concreto. A *reductio* executa duas funções complementares: leva o imperfeito ao perfeito, assim como o incompleto ao completo[14].

As diversas ciências do homem possuem princípios próprios que são considerados como outras tantas "luzes" ou raios da luz divina, da qual procedem, denominados de *lumen exterius*, *interius*, *inferius* e *superius*; a luz exterior é a das artes mecânicas; a luz inferior dirige-se à consciência sensível; a luz interior é própria do conhecimento filosófico; a luz superior é a da verdade revelada na Sagrada Escritura. Ao nosso percurso interessa especialmente a luz interior, a da investigação filosófica da verdade, a qual indaga sobre as causas interiores e ocultas, recorrendo à ajuda dos princípios das ciências e da verdade natural de que a natureza humana está dotada, segundo três ordens: racional, natural, moral. Boaventura ilustra assim esta divisão tripartida:

> ...há a verdade dos *discursos*, a verdade das *coisas* e a verdade dos *costumes*. A *filosofia racional* considera a verdade dos discursos; a *natural*, a verdade das coisas; a *moral*, a verdade dos costumes. Ou de outra maneira: como em Deus, ser supremo, é necessário considerar as razões de causa eficiente, formal ou exemplar e final, porque é causa de existir, razão de entender e norma do viver; igualmente na iluminação da filosofia, enquanto ilumina para conhecer as causas do ser, ela é a filosofia lógica ou racional, ou à medida que ilumina a norma do viver, ela é a filosofia moral prática[15].

Estando constituído o âmbito principal da filosofia pelo discurso, dentro dele há três coisas a considerar: o que fala, a enunciação das palavras, a escuta ou destino do que se diz.

A modalidade pela qual o discurso é submetido ao processo de *reductio* à verdade revelada, que em sua instância plena coincide com a revelação da vida trinitária em Deus, é precisada nestes termos:

> Se considerarmos o discurso em relação com quem o profere (*o discurso de quem fala*), perceberemos que todo discurso é sinal de um conceito mental, conceito que como interior é verbo ou palavra da mente e prole sua, conhecida em primeiro lugar pelo mesmo que a concebe. Mas com o fim de tornar-se também conhecida de quem a escuta, ela se envolve nas vestes da

---

14. J.G. BOUGEROL, *Introducción a San Buenaventura* (BAC, Madri 1984) 172-174. Cf. E. CUTTINI, "Scienza e teologia nel *De reductione artium ad theologiam* di Bonaventura di Bagnoregio": *MisFran* 95 (1995) 395-466.

15. BOAVENTURA, *RATh.* 4 (BAC I, 648s).

Manual de filosofia franciscana

voz e, então, o verbo inteligível, mediante esta envoltura, se torna palavra sensível, é percebida exteriormente e recebida no ouvido do coração de quem escuta, sem ter-se por isso afastado da mente de quem a profere. De forma semelhante, vemos que o Verbo eterno, concebido em geração eterna pelo Pai [...], para dar-se a conhecer ao homem carnal, revestiu-se da forma de carne [...], permanecendo, não obstante, no seio do Pai[16].

A finura do processo bonaventuriano consiste em não romper a estrutura dos conteúdos da verdade do discurso filosófico, para rastrear nele as modalidades específicas de seu desenvolvimento e para descobrir dentro destas últimas as notas precisas que o vinculam estreitamente com as modalidades da verdade revelada. Não se trata, pois, de anular as diferentes ciências pela teologia, mas de estudar as modalidades com as quais as ciências se desenvolvem e dar-lhes conexão (*reducere*) com as modalidades segundo as quais se estruturam as verdades reveladas pela Sagrada Escritura, na qual obtém sua plena atuação.

A partir da verdade "teo-lógica" de Boaventura, decididamente orientada em direção à revelação cristológica e trinitária, nos autores da Escola Franciscana de finais do século XIII, o tratado da verdade se dirige para níveis da lógica e da epistemologia das disciplinas setoriais e, em particular, da ontologia e da teologia racional, sobretudo com a obra de Duns Scotus. Propondo a busca de um modelo epistemológico capaz de suportar tanto o discurso metafísico como o teológico, Duns Scotus introduz a distinção entre os dois níveis do conteúdo do conhecimento, o conhecimento perfeito e o imperfeito, dando por pressuposto que o entendimento humano possui potencialmente a capacidade de conhecer todas as coisas, mas não é capaz de traduzir atualmente, de forma autônoma, esta potencialidade com relação aos conteúdos de todos os saberes. Acontece, então, que o objeto próprio da "teologia em si" está constituído por Deus em sua peculiaridade de essência divina, mas o entendimento humano não chega por essa via ao conhecimento evidente das verdades que correspondem à essência infinita, desde o momento em que é uma prerrogativa do entendimento divino, e o conceito de deidade disponível para o homem não contém virtualmente todas as verdades teológicas.

Em "nossa teologia", que pode constituir-se como saber no entendimento do homem, caracterizado por modalidades precisas de atuação na situação atual (*pro statu isto*), a essência divina é conhecida por via de abstração, pelo fato de que o objeto próprio de nossa teologia possui um grau de cientificidade que passa pela argumentação discursiva que se apóia sobre os conteúdos da revelação[17].

A controvérsia entre filósofos e teólogos, desenvolvida por Duns Scotus em uma célebre passagem do Prólogo da *Ordinatio*, coloca em relevo como o entendimento hu-

---

16. *Ibid.*, 16 (BAC I, 658-661).
17. JOÃO DUNS SCOTUS, *Ord.*, prologus, n. 95 (I, 58; BAC 71s).

Capítulo I – Lógica

mano, elaborando a noção generalíssima de ente ou recorrendo aos primeiros princípios, nos quais estão encerrados virtualmente todas as conclusões, não se estende à determinação exata do fim último do homem e dos meios para alcançá-lo; a metafísica racionalmente construída não chega ao conhecimento do fim último de forma especial. Desta constatação, Duns Scotus conclui que o entendimento humano necessita de um saber ulterior, um saber que lhe é oferecido pela revelação que faz o homem conhecer seu fim último beatífico e lhe oferece meios para alcançá-lo, não causando violência ao entendimento como faculdade humana para conhecer a verdade, mas ativando a potencialidade da natureza humana: "...na natureza não há potência passiva em vão. A razão é porque, mesmo quando um agente natural não pode colocá-la principalmente em ato, no entanto pode dispô-la a tal ato, de sorte que se reduza completamente ao mesmo por um agente que opera na natureza, quer dizer, na totalidade coordenada do ser ou dos entes, por exemplo, pela causa primeira ou sobrenatural"[18].

Sempre neste contexto, Duns Scotus tem ocasião de precisar que o âmbito cognoscitivo das ciências especulativas só teoricamente abraça todo o conhecível, estando vinculadas essas ciências ao processo abstrativo que alcança o ser somente em uma acepção generalíssima; não é verdade, além disso, que nos primeiros princípios estejam virtualmente incluídas todas as conclusões possíveis, desde o momento em que, nos enunciados gerais, os termos que fazem de sujeito e de predicado estão compreendidos na máxima extensão, quer dizer, se referem às propriedades mais universalmente comuns. De uma proposição universal, como, por exemplo, "o todo é mais do que sua parte", deduz-se que "quatro é mais do que dois", mas daí não resulta que "quatro é o dobro de dois", ou outras conclusões para as quais são necessários meios especiais.

Poder-se-ia objetar que, no plano lógico, o princípio de não-contradição se estende a tudo o que está incluído nos primeiros princípios: de qualquer coisa ou afirmo ou nego; quer dizer, de uma coisa ou digo que é branca ou digo que não é branca. Duns Scotus responde que a extensão do princípio de não contradição obtenho que, de duas posições contraditórias referentes à mesma coisa, uma é verdadeira, e a outra é falsa, sem poder determinar qual é a proposição verdadeira e qual é a proposição falsa. Saber que "o homem é capaz de rir ou, ao contrário, não é capaz de rir" não diz nada da efetiva situação dos homens singulares quanto ao rir.

Dentro deste horizonte, Duns Scotus está perto de estruturar o percurso verdadeiro da metafísica que, embora não sendo ciência última e definitiva com relação à teologia, representa, em todo caso, a base indispensável para que o sobrenatural não se configure como violento, contrário à natureza, mas como um complemento dos resultados aos quais chega o entendimento humano, naturalmente capaz de argumentar em for-

---

18. *Ibid.*, n. 74 (I, 45; BAC 57).

ma apodítica a existência de Deus como ser supremo e de perfeições infinitas. A noção decisiva para Duns Scotus é a de ente infinito; a infinitude, como veremos, é o conceito mais perfeito ao qual chega a metafísica, que estuda a realidade por meio do filtro das categorias ontológicas, respeitando as condições do discurso científico rigoroso: trata-se, de fato, de um conhecimento certo, com relação a um objeto necessário, cujas conclusões possuem a evidência e foram alcançadas pela argumentação silogística.

As perfeições do real podem ser absolutamente simples (por exemplo, "o ser enquanto ser"), simples, mas não absolutamente (por exemplo, "o ser infinito"), ou também complexas (por exemplo, "animal racional").

O ser enquanto ser, quer dizer, a perfeição absolutamente simples, não existe concretamente; o ser está sempre "modalizado", definido por um certo grau de perfeição ou modo intrínseco do qual é indissociável. O ser é inteligível enquanto ser, mas atual somente se é concebido juntamente com seu próprio modo; as perfeições absolutamente simples podem ser, de fato, distintas não somente em sentido real (duas perfeições que têm conteúdos inteligíveis diversos) ou em sentido formal (duas perfeições diversas, embora realmente identificadas na existência concreta), mas também desde o ponto de vista modal, quer dizer, mediante a comparação entre uma perfeição e seu modo intrínseco. Por outra parte, cada perfeição somente é tal à medida que é perfeição do ser que abraça extensivamente todos os entes dos quais compreende todas as determinações concretas.

Segundo Duns Scotus, o ser é unívoco quando é concebido, prescindindo-se de todas as determinações: o ser unívoco tem uma compreensão ilimitada e designa a existência atual ou possível de cada ente. O ser, ao contrário, é análogo, quando é concebido juntamente com seu modo intrínseco (finitude ou infinitude), posto que é em virtude de seu modo de ser que cada ente se distingue de todos os demais, embora tendo em comum com cada um a existência atual. Portanto, a univocidade funda a analogia, segundo a qual se realiza o modo concreto de cada ser.

Objeto primeiro do entendimento humano é o ser enquanto ser, o ser em sentido unívoco que tem, por isso, uma importância fundamental: de fato, compreendendo todos os entes (os infinitos e o infinito), fundamenta a objetividade do conhecer, sem configurar-se como um objeto; podemos afirmar que algo é, também sem saber se é substância ou acidente, finito ou infinito. O ser unívoco e as determinações últimas são conceitos irredutíveis que estão entre si em relação de potência e ato; o ser unívoco está com relação com as diferenças como o que é peremptoriamente determinável está em relação com o que é peremptoriamente determinante nos seres. O ser é predicado *quidditative* de tudo o que pode ser reduzido a um último elemento determinável, ou seja, o conceito comum de ser: a predicação *in quid* acontece por meio dos gêneros, das espécies, dos indivíduos, de todas as partes essenciais dos gêneros, do ser incriado.

Capítulo I – Lógica

O ser é predicado *qualitative* das diferenças últimas que são absolutamente simples. Tal diversidade de predicação é devida ao fato de que as diferenças últimas ou elementos determinantes não têm nada em comum com o conceito unívoco de ser determinável[19].

A analogia do ser, válida para as categorias, é muito importante para o metafísico e para o filósofo natural, os quais estão interessados na ordem natural das coisas. Na obra *In librum praedicamentorum*, Duns Scotus sustenta que tem que haver unidade nas categorias: a cada uma, de fato, o ser é atribuível, à medida que todas encontram seu fundamento na substância. Igualmente, uma ciência pode obter seu sujeito de uma única substância, que está em primeiro lugar com relação a todos os sujeitos específicos das proposições verdadeiras que constituem seu discurso e que pode ser atribuída a cada um deles; portanto, a unidade analógica é suficiente para assegurar a unidade da ciência.

Na *Ordinatio*, o Doutor Sutil precisa melhor a própria posição, sustentando que a noção da analogia do ser não é suficiente para constituir uma teologia racional: para conhecer uma categoria de ser divino "análogo" ao ser criado seria necessário, de fato, possuir uma idéia de ser absolutamente simples sobre a qual fundar a analogia, ou dois conceitos de ser – um divino e outro criado – igualmente independentes[20].

Criticando os predecessores agostinianos, Duns Scotus considera irrefutável a posição aristotélica, segundo a qual o conhecimento humano, ao menos neste mundo, se provê exclusivamente de objetos materiais; para chegar a dispor de um conceito totalmente simples, a única opção permitida é que a mente humana possa realizar o processo cognoscitivo com uma noção de ser procedente do conhecimento dos entes do mundo, mas que pode ser aplicada, enquanto noção suficientemente abstrata, a um objeto supra-sensível: assim se configura o conceito de ser infinito, abstraído do conhecimento das criaturas e feito idôneo para representar o ser divino, embora seja de modo imperfeito. Além de constatar a não-repugnância da infinitude do ente, Duns Scotus observa, de fato, que o infinito "é o conceito ao mesmo tempo mais perfeito ou mais simples possível para nós: este, de fato, é mais simples do que o conceito de ente bom e de ente verdadeiro ou de qualquer outro conceito semelhante, porque a infinitude não é um atributo ou uma paixão do ente, quer dizer, daquele do qual se predica, mas expressa o modo intrínseco de ser daquela entidade; de modo que, quando digo 'ente infinito', não tenho um conceito derivado como que acidentalmente do ente ou da paixão, mas

---

19. *Ibid.*, *Ord.*, I, d. 3, p. 1, q. 3, n. 133 (III, 82): "O conceito 'somente determinável' é o conceito de ente; o conceito 'somente determinante' é o conceito da diferença última. São, portanto, dois conceitos primariamente diversos, pelo que um não inclui nada do outro".

20. *Ibid.*, q. 1-2, a. 1-107 (III, 1-68).

um conceito pertinente de per si ao sujeito existente de um determinado grau de perfeição, quer dizer, da infinitude"[21].

O conceito mais simples e mais perfeito que a mente humana pode conceber é, pois, o de *ens infinitum*: é o mais simples enquanto que não é atributo do ser, mas um modo intrínseco seu; é possível caracterizá-lo como *simpliciter simplex*, e se distingue dos demais conceitos predicáveis do *primum ens* obtidos pela abstração das perfeições das criaturas[22]. Duns Scotus distingue, de fato, o "conceito simples, que é concebido com uma única intelecção e um único ato de inteligência", em *simpliciter simplex*, quer dizer, o conceito que não pode ser reduzido a conceitos ou noções anteriores, e em conceito *non simpliciter simplex*, quer dizer, o conceito que é susceptível de definição e que, portanto, pode ser reduzido a outro ou a conceitos primeiros, assim como "homem" se define como "animal" e "racional"[23].

A noção de ente infinito é mais simples do que a noção de sujeito e de qualquer outra coisa atribuída a ele; no ente infinito, cada termo é formalmente distinto de seu sujeito, mas lhe pertence por si mesmo, enquanto que os atributos são algo adjunto (*sicut additum*). A noção de *ens infinitum* inclui virtualmente e de modo simples todas as perfeições puras, e cada uma no máximo grau possível *sub ratione infiniti*: o ente infinito é a noção mais perfeita, enquanto inclui virtualmente a bondade infinita, a verdade infinita e todas as outras perfeições que são compatíveis com a infinitude[24].

O conteúdo virtual, neste caso, desde o momento em que não é formalmente idêntico ao conceito, não pode ser descoberto por meio de análise da noção de ente infinito. Duns Scotus, de fato, falando de *ens infinitum* como o conceito mais simples, tenta chegar a uma entidade maior do que a que é possível obter com conceitos tanto simples como compostos que podem ser definidos, e está convencido de que a compatibilidade entre "infinito" e "ente" é algo pelo qual o homem possui uma espécie de evidência psicológica intuitiva, uma aspiração congênita a um conhecer infinito e a um querer infinito.

Trata-se agora de esclarecer a relação entre a noção de infinito e os demais transcendentais. Duns Scotus divide os transcendentais do *ens in quantum ens* em dois grupos: atributos simples conversíveis (uno, verdadeiro, bom) e atributos de oposição do

---

21. *Ibid.*, q. 2, n. 58 (III, 40).

22. *Ibid.*, d. 2, p. 1, q. 2, n. 31 (II, 42; BAC 381).

23. ID., *Lect.* I , d. 3, p. 1, q. 1-2, n. 68 (XIII, 250).

24. ID., *Ord.*, I, d. 3, p. 1, q. 2, n. 40-41 (III, 59): "Argumento a perfeição deste conceito antes de tudo, porque este conceito, entre todos os que são concebíveis por nós, inclui virtualmente uma pluralidade de coisas; de fato, assim como o ente inclui virtualmente a verdade em si, assim também o ente infinito inclui a verdade infinita e o bem infinito, e cada uma das perfeições simples do ponto de vista da infinitude". Cf. *Lect.*, I, d. 3, p. 1, q. 1-2, n. 50-53 (XIII, 240).

Capítulo I – Lógica

ente (uno/muitos – idêntico/diferente). Estes últimos são os predicados de oposição, enquanto são compostos pela oposição de dois predicados mutuamente exclusivos, como "necessário ou possível", "infinito ou finito". Cada um dos componentes do par de predicados, tomado isoladamente, não pode ser predicado de forma conveniente de todo o ente sem que, postos na oposição paralela que sublinha a recíproca inconveniência, os dois predicados cubram juntos a extensão inteira do conceito de ente (pelo que são convenientes).

Cada um destes pares efetua uma tripartição no conjunto das entidades, visto que cada entidade pertence a um, e somente a um, dos dois reunidos, definidos pelos predicados em oposição: "Os atributos de oposição são transcendentes, e cada membro dessa oposição é transcendente, porque nenhum dos dois determina o próprio sujeito em um determinado gênero; não obstante, um membro dessa oposição é formalmente especial, convém somente a um ente, como acontece, para o ser necessário, na divisão entre ser necessário ou ser possível, e para o infinito, na divisão entre finito e infinito, etc."[25]

No caso de "finitude" ou de "infinitude", assistimos a uma peculiaridade (a peculiaridade própria da *infinitas*) que, com o valor mais rigoroso de infinitude intensiva, somente é própria de Deus. Enquanto que as perfeições divinas, como a bondade e as demais perfeições formais, podem ser participadas pelas demais criaturas, a *infinitas*, que caracteriza o ser e o agir divinos, supera toda possibilidade de participação e explica a inviolável singularidade da essência divina (a *infinitas* é uma perfeição singular que não é participável).

Em seu comentário ao *Peri hermeneias*, Duns Scotus, ao voltar a colocar a questão da *infinitatio* dos termos transcendentais, insere-se com todo direito na ampla tradição da lógica que elaborou e sustentou a tese segundo a qual os nomes infinitos não podem ser submetidos à *infinitatio*: obtém-se a *infinitatio* acrescentando-se a partícula negativa "não" a um nome que indica uma realidade particular (por exemplo, homem), e por isso não pode ser aplicada aos nomes que de per si são infinitos ou que contêm todas as coisas (*ens* ou *aliquid*)[26].

Existem, então, alguns termos que são significativos e, ao mesmo tempo, infinitos por si, sem o acréscimo da partícula "não"; os nomes transcendentais são infinitos, porque não são redutíveis a um gênero particular, sendo antes os princípios analógicos de todos os gêneros: são "uma entidade intencional unívoca, aplicável às coisas de qualquer gênero"[27]. A afirmação "algum ente é infinito" (*aliquod ens est infinitum*) recebe sua coe-

---

25. ID., *Ord.*, I, d. 8, p. 1, q. 3, n. 115 (IV, 206s). No vocabulário de Duns Scotus o termo *transcendens* corresponde a nosso termo "transcendental".

26. ID., *Quaestiones super librum Peri hermeneias*, II, q. 4 (Ed. Vivès, I, 590-591).

27. ID., *Super praedicamenta* q. 3, n. 3 (Ed. Vivès, I, 442).

Manual de filosofia franciscana

rência lógica da conveniência entre ente e infinito: se a partir do ponto de vista do sujeito conhecente vinculado ao *pro statu isto* se podem captar as noções transcendentais de *unum, verum, bonum*, a partir da noção de ente é conhecível a *infinitas*, como transcendental de oposição. A natureza do ente está marcada pela conveniência, além de estar marcada por aquilo que se refere ao finito com relação ao infinito. O infinito é conhecido a partir da conveniência do todo com o ente e pelas partes do todo que também são convenientes.

O infinito é, para o entendimento humano, um conceito abstrato, ao qual se chega pela noção de finito; por abstração da noção de "sumo" ou de "mais elevado" e por uma espécie de intuição do domínio da potência como de um todo, chega-se ao conceito de infinito; conjugando a noção de sumo com a noção de ente e de bem chega-se ao conhecimento do sumo ente ou do sumo bem, e analogamente acontece com o infinito. Este tipo de abstração conduz o homem a uma noção que é a máxima em compreensão e a mínima em extensão, tão mínima que pode ser aplicada só e exclusivamente a Deus. O homem une o ente e a infinitude e chega a pensar um ente infinito em perfeição e potência, enquanto que o infinito é o que supera qualquer finito, não somente porque excede qualquer relação determinada, mas porque excede todos os tipos de relações imagináveis.

O infinito excede qualquer finito também em relação a qualquer medida ou proporção definida ou definível; não obstante sua origem abstrata, a *infinitas* coincide com o constitutivo formal da essência divina, mais do que um atributo seu. Para definir o infinito, Duns Scotus serve-se da categoria da possibilidade: "Chamo aqui infinito aquilo que supera em relação a qualquer proporção determinada, estabelecida ou a estabelecer, qualquer ente finito existente ou possível"[28]. O infinito está caracterizado como o que excede qualquer ente finito atual ou possível e que possa existir em referência a qualquer medida. A crítica mais recente colocou em evidência a importância e a força inovadora da posição de Duns Scotus para a teoria da modalidade: o paradigma da modalidade prevalecente no mundo antigo e na época patrística ou de freqüência temporária da modalidade, que se aplica a enunciados temporariamente indefinidos. Segundo Aristóteles, a afirmação "A está sentado" é verdadeira, mas torna-se falsa quando "A" se levanta do assento. Os valores de verdade referidos à modalidade estão sujeitos à freqüência temporária, pelo que se pode dizer que, "se um enunciado verdadeiro é verdadeiro agora é verdadeiro todas as vezes que é enunciado, é necessariamente verdadeiro. Se seu valor de verdade muda no tempo, ele é possível. E se um enunciado é falso todas as vezes que é enunciado, ele é impossível"[29].

---

28. ID., *Reportatio parisiensis*, 51 (Ed. A.B. WOLTER-M. MAC CORD, "Duns Scotus Parisian proof for the Existence of God": *FraStu* 42 [1982] 248-321, aqui p. 282).

29. S. KNUUTTILA, "La critica di Duns Scoto all' interpretazione 'statistica' della modalità", em *Logica e linguaggio nel Medioevo*, org. de R. FEDRIGA e S. PUGGIONI (Milão 1993) 401-414, aqui 402.

Capítulo I – Lógica

Esta concepção de modalidade está vinculada ao princípio de plenitude, segundo o qual toda possibilidade genuína, para ser uma possibilidade verdadeira, deve verificar-se em um determinado momento do tempo. Duns Scotus afasta-se deste modelo diacrônico, segundo o qual nenhuma autêntica possibilidade pode permanecer não realizada na sucessão temporal, e institui um modelo sincrônico, segundo o qual se admite que uma coisa que existe ou que acontece possa ser ou acontecer de forma diversa em um mesmo instante de tempo.

Por isso, a contingência expressa a "possibilidade" de que existam *simul* os opostos. Esta possibilidade está estabelecida em relação a uma ação causal que proceda através da inteligência e da vontade. A mesma vontade humana é livre diante de fatos opostos, assim como o é diante de objetos opostos. Com referência aos objetos opostos que mediante atos opostos possa querer, a vontade humana expressa perfeição, porque resulta detentora de uma dupla possibilidade e contingência: a de querer sucessivamente objetos opostos e a de querer contemporaneamente objetos opostos que, não obstante, não podem ser na realidade escolhidos, porque a vontade atua de forma sucessiva.

Fica a perfeição da vontade que pode querer (potência *lógica*, mas não irreal) simultaneamente tudo o que não é logicamente inconveniente. O que determina a impossibilidade de algo não é, portanto, a não-realização do mundo fatual, mas a inconveniência conceitual que configura uma contradição entre uma possibilidade pensada e a conveniência de alguma outra coisa, igualmente pensada.

Como conclusão, a decisão de parar para aprofundar sobre a noção de infinito considerado em seu valor de transcendental de oposição e sobre a aparentada revisão do paradigma da categoria da possibilidade mostrou-nos como em ambos os casos a posição de Duns Scotus resulta determinante para qualquer construção lógico-epistemológica, para qualquer forma de saber; em particular, torna capaz de proporcionar categorias determinantes para a fundamentação da metafísica como ciência e para voltar a formular o estatuto próprio de "nossa teologia", que encontra na noção de infinito o ponto firme de ancoragem entre a razão e a revelação.

3. Guilherme de Ockham: termos, suposição e significação

A viravolta fundamental aplicada à lógica por Ockham pode ser explicada a partir da rejeição da perspectiva dos partidários da lógica dos modos, autores de tratados sobre os *modi significandi*: o *Venerabilis Inceptor* devolve a linguagem aos termos mentais ou conceitos, que estão na mente do homem; o alcance significativo dos conceitos é dirigido às coisas, quer dizer, o modo de entender (*modus intelligendi*) está em relação direta com a realidade (*modus essendi*), sem mediação ulterior: caem os modos da significação (*modus significandi*), porque o conceito é por natureza significativo das coisas, como resulta da análise das características dos sinais.

47

Ockham distingue duas acepções no sinal:

> Num primeiro modo, por sinal se entende tudo o que uma vez adquirido permite chegar ao conhecimento de outra coisa, embora não leve a mente ao conhecimento primeiro desta coisa, como se viu em outro lugar, mas se limita a ativar um conhecimento já possuído. Assim a voz humana significa de forma natural, como qualquer efeito significa a própria causa; assim a figura do tonel significa o vinho na taberna. Mas não vou falar aqui do sinal em geral.
>
> Segundo outra acepção, por sinal se entende o que faz conhecer uma coisa e é apto para colocar-se no lugar dela ou para ser acrescentado a um sinal deste gênero na proposição, como os sincategoremas, os verbos e as outras partes do discurso que não têm um significado em si mesmas (a não ser unidas a outros termos), ou também o que nasce de uma combinação apropriada de sinais deste gênero, quer dizer, o discurso[30].

O sinal em geral tem capacidade para produzir o conhecimento de uma coisa diferente do próprio sinal: é sinal tudo o que significa outra coisa "naturalmente", quer dizer, por sua natureza, independentemente do fato de que esta natureza ou capacidade significativa lhe provenha da constituição, por assim dizer, física, ou também de uma instituição voluntária ou de uma convenção. Na acepção mais restrita, Ockham situa o sinal no plano da significatividade lingüística, que se expressa na capacidade significativa dos termos ou "suposição". Para explicar melhor o que é que Ockham entende por significação transladada para a suposição, é oportuno partir da definição que ele dá de termo como aquilo que entra ou pode entrar como parte de uma proposição, em um dos três níveis do discurso: mental, oral, escrito. O termo oral ou o escrito vem sempre precedido do correspondente conceito mental e deste depende, no sentido de que não pode dar-se um sinal oral ou escrito que não esteja associado a um conceito, também porque, enquanto os termos orais e escritos procedem de uma instituição voluntária, os conceitos se formam naturalmente no entendimento. Ockham fala, por isso, de uma certa subordinação dos sinais orais ou escritos aos sinais mentais, precisando que esta subordinação ou dependência não deve ser entendida no sentido de que os termos orais ou escritos signifiquem primariamente os conceitos: todos os termos designam diretamente as coisas. Tal subordinação depende do fato de que esta capacidade significativa dos termos orais ou escritos deriva do estar associados a um conceito, desde o momento em que são instituídos e recebem a *vis significativa*.

Palavras e conceitos são, portanto, sinais das coisas e servem para estar em lugar das coisas conhecidas dentro de uma proposição, são sinais em sentido estrito. É mais complexa a modalidade de ser sinal dos termos orais ou escritos; enquanto são resultado de uma instituição arbitrária ou convencional, estão dotados da relação do significante com o significado e, por isso, são sinais na acepção estrita do termo; enquanto es-

---

30. GUILHERME DE OCKHAM, *Summa logicae* I, 1 (I, 8s).

Capítulo I – Lógica

tão subordinados a um conceito, são significantes que levam ao conhecimento de um sinal mental, previamente adquirido e presente sob forma de hábito, são sinais na primeira e mais ampla acepção do termo. A partir daí se compreende a distinção realizada entre *teneri significative* (ser tomado significativamente) e *non teneri significative* (não ser tomado significativamente): os sinais, entendidos no segundo e mais estrito sentido, não têm uma significação natural, quer dizer, significam arbitrariamente ou por instituição convencional. A distinção entre ser tomado significativamente e não ser tomado significativamente volta a ser proposta no momento de fixar a característica fundamental da suposição pessoal com relação à suposição simples. Previamente aceito que a suposição é a propriedade dos termos que entram em uma proposição, na qualidade de sujeito ou de predicado, de *estar em lugar de*, de ser tido por outra coisa, Ockham oferece uma nova perspectiva no modo de entender os principais tipos de suposição que são a suposição pessoal, a simples e a material.

Dá-se uma *suposição pessoal* quando o termo na proposição supõe por seu significado, quer dizer, quando conserva a função significativa que lhe é própria (ou seja, *é tomado significativamente*). Isto acontece, segundo Ockham, quando o termo significa coisas singulares, extramentais ou intramentais, pois foi instituído para designá-las. No exemplo "o homem corre", o termo *homem* só pode designar homens concretos, os únicos que podem correr; visto que o termo *homem* foi estabelecido precisamente para designar indivíduos concretos, na proposição recordada é o que possui a suposição pessoal. Um exemplo ulterior é recordado por nosso autor; na proposição "a espécie é universal", o termo *espécie* está em lugar de um conceito concreto da mente, desde o momento em que só os conceitos são universais para Ockham. Assim como o termo *espécie* surgiu precisamente para significar conceitos, no exemplo recordado o termo *espécie* é tomado significativamente e, por isso, possui a suposição pessoal.

A *suposição simples* dá-se, ao contrário, quando um termo está em lugar de um conceito, mas sob condição de que não aconteça por seu próprio significado, quer dizer, a suposição simples dá-se quando os termos são tomados significativamente e supõem por um conceito mental. Na proposição "o homem é uma espécie", o termo *homem* está em lugar de um conceito mental expresso pelo termo espécie e, além disso, não é tomado segundo a significação própria pela qual *homem* significa indivíduos concretos; temos, portanto, a suposição simples.

Dá-se a *suposição material* quando, verificando-se as mesmas condições que permitem a suposição simples, o termo não supõe por um conceito ou termo mental, mas por um termo oral ou escrito; isto acontece quando o termo está em lugar de si mesmo ou de seus sinônimos gramaticais. Nos exemplos "homem é termo de cinco letras", "homem se escreve", o termo homem não está em lugar nem de um indivíduo concreto nem de um conceito ou sinal mental, mas substitui o sinal gráfico homem, o único que consta de cinco letras ou que pode ser escrito.

A posição torna-se mais clara, quando se tem presente a concepção do conceito elaborada por nosso autor, à qual o próprio Ockham se refere ao dar a definição de sinal. A universalidade dos conceitos é entendida como uma prerrogativa que os conceitos têm de fazer conhecer ou de significar uma pluralidade de coisas singulares; a universalidade não tem nenhuma correspondência na realidade, no sentido de que na natureza das coisas não há nada universal, nem em ato nem em potência, caráter que pode competir somente a termos mentais ou conceitos: "diz-se, portanto, que o ato de entender com o qual conheço um homem é sinal natural dos homens: é natural do mesmo modo que o gemido é sinal de enfermidade, de tristeza ou de dor; e é um sinal tal que pode estar em lugar dos homens nas proposições mentais, assim como o termo oral pode estar em lugar das coisas nas proposições orais"[31].

O conceito é "sinal natural", expressa diretamente a coisa significada, no sentido de que não é resposta a um requerimento anterior, não é um retorno ou uma reduplicação, mas é por natureza uma polarização para outra coisa, do mesmo modo que o gemido significa naturalmente a enfermidade ou a dor. Na acepção mais comum de significar, o sinal tem como função, enquanto parte de uma proposição ou como proposição inteira (ou discursos), a de "importar algo, tanto principalmente ou secundariamente, como também no caso reto ou no caso oblíquo, ou fazendo conhecer uma coisa, conotando-a ou significando-a de qualquer outro modo"[32]. Traço característico do sinal é "que remete a outra coisa", colocar-se em lugar de (*im-portare aliquid*), expropriando-se a favor da realidade que ele possibilita conhecer; o ser "sinal natural", privado de qualquer caráter voluntário, arbitrário, convencional ou artificial, torna possível que o conceito signifique sem referir-se a uma realidade diferente precedente ou concomitante com relação à coisa significada. Nada de novo nasce realmente com o sinal natural, à diferença do que acontece com o conhecimento simbólico. A tese, segundo a qual somente o conceito é fundamentalmente um sinal, não é nova no panorama da semântica medieval, mas o que representa uma novidade de Ockham é que os conceitos, da mesma maneira que as expressões vocais ou escritas, constituem uma verdadeira e própria linguagem, com uma sintaxe própria.

---

31. *Ibid.*, I, 15 (I, 53).

32. *Ibid.*, I, 33 (I, 96). A posição de Ockham sobre o sinal afasta-se nitidamente da de Tomás de Aquino, que unia a capacidade significativa dos conceitos à intenção de comunicar, à vontade de instaurar uma comunicação lingüística; afasta-se também de Roger Bacon, para quem a naturalidade semiótica do conceito está vinculada às relações objetivas que o constituem como entidade primeira mais do que como sinal: "Nada de tudo isto vale para Ockham, que considera a naturalidade semiótica dos conceitos como absolutamente não redutíveis à dos sinais recordatórios e a converte antes em um postulado, em ampla medida não indagado ulteriormente, de toda sua teoria do sinal", cf. A. TABARRONI, "Segno mentale e teoria della rappresentazione in Ockham", a.c., 73, nota 9.

Capítulo I – Lógica

Para Ockham, a linguagem mental representa a articulação mesma do conhecimento, constituído por conhecimentos simples (conceitos abstratos ou atos de intuição do singular) e conhecimentos complexos (proposições mentais). Ockham elabora os caracteres da linguagem mental, comum a todos os homens, sem identificar-se com nenhuma das línguas faladas, depurando a linguagem oral e escrita de alguns de seus caracteres, como são a homonímia e a sinonímia e de tudo quanto está dirigido ao adorno e não à determinação da verdade. Ockham elimina, considerando-o não pertinente, qualquer aspecto da linguagem que não contribua para determinar a verdade ou a falsidade de uma proposição mental. O gênero gramatical, por exemplo, é um dos caracteres da linguagem falada considerados por Ockham inúteis do ponto de vista mental: no plano mental, de fato, não há diferença alguma entre a proposição "a pedra é branca" e a proposição "a rocha é branca", enquanto que "pedra" e "rocha" são sinônimos e correspondem a um único conceito que não é nem masculino nem feminino; o gênero, então, não será pertinente nem sequer no conceito adjetivo. Somente no plano da linguagem oral o homem necessita do gênero para regular o acordo entre o nome e o adjetivo.

Ockham, em contrapartida, conserva outros aspectos gramaticais da linguagem, tais como os casos que correspondem a diversas funções lógicas: entre as proposições latinas *homo est homo* (o homem é homem) e *homo est hominis* (o homem é do homem) há uma evidente diferença do valor da verdade; a primeira proposição é verdadeira sempre, enquanto que a segunda somente o é no caso em que um determinado homem seja escravo ou pertença a outro. Daí resulta que a distinção em casos é pertinente para a determinação da verdade de uma proposição (conhecimento complexo). No plano da linguagem mental, Ockham considera também válidas as distinções entre termos absolutos e conotativos e sobretudo entre os tipos de *suppositio*, do momento em que a *suppositio* representa o caráter mais peculiar do sinal em sentido próprio.

A característica suposicional dos conceitos, segundo a suposição pessoal, está vinculada à sua peculiar capacidade de estar por coisas singulares segundo o significado natural direto e imediato. A lógica não pode recorrer à suposição pessoal, porque deve ocupar-se dos caracteres formais do discurso, portanto, ela se interessa pelos termos que são o resultado de uma intuição voluntária, convencional, quer dizer, de termos orais ou escritos em primeira instância, e se ocupa dos conceitos somente pela relação que as palavras têm com eles[33].

A função do sinal do nome é básica para a distinção que Ockham faz entre os níveis de significação: nomes de primeira e de segunda imposição e nomes de primeira e de segunda intenção.

---

33. Sobre a relação semiótico-lógica em Ockham, cf. A. GHISALBERTI, "La semiótica medievale: i terministi": *Quaderni del Circolo Semiologico Siciliano* 15-16 (1981) 53-56; P. MÜLLER, "*Terminus* e *nomen* nella logica di Ockham": *RphNeo* 77 (1985) 599-611.

Imposição é o ato de instituição voluntária da parte dos homens para atribuir (impor) um nome a um objeto: são chamados de primeira imposição todos os nomes que significam objetos e que não remetem a outros sinais ou palavras; são nomes de segunda imposição os instituídos para significar outros sinais convencionais e suas propriedades, mas somente enquanto são sinais dos sinais (*nomina nominum*); referem-se a palavras e não a conceitos e servem para classificar de algum modo os próprios vocábulos.

Com relação aos nomes de primeira imposição, Ockham introduz uma ulterior e relevante distinção: podem ser divididos em nomes de primeira ou de segunda intenção. De forma preliminar deve-se destacar a valência semântica do termo intenção:

> Chama-se intenção da mente algo que na mente é apto para significar alguma outra coisa [...] Aquela coisa que também existe na mente, que é sinal das coisas e da qual se compõem as proposições mentais, do mesmo modo que as proposições orais se compõem de palavras, se denomina umas vezes intenção da mente, outras vezes modificação da mente, ou também imagem da coisa [...] Por ora, é suficiente saber que a intenção é uma realidade mental, é um sinal que significa naturalmente algo pelo qual pode supor o que pode ser parte de uma proposição mental[34].

A divisão em termos de primeira e de segunda intenção parte de uma subdivisão entre intenção primeira em sentido estrito e em sentido amplo: no primeiro caso, em sentido estrito, encontramo-nos diante de sinais mentais que significam, em uma proposição mental, objetos extramentais; de primeira intenção em sentido estrito, portanto, são os categoremas. Por intenção primeira em sentido amplo entende-se qualquer sinal mental que não significa exclusivamente intenções ou sinais; os sincategoremas mentais, os advérbios, os verbos, as conjunções são intenções primeiras. Embora não tenham um significado preciso quando são tomados isoladamente, adquirem um significado quando vêm unidos aos categoremas. São chamados de segunda intenção todos os sinais das primeiras intenções; Ockham traz o exemplo dos termos da lógica: gênero e espécie predicam-se dos termos de primeira intenção ou conceitos que são sinais naturais das realidades significadas, tanto em ordem a uma espécie (asno, cavalo, cão, etc.), como também em ordem a um gênero (animal, pedra, etc.).

Nas segundas intenções, encontramo-nos diante de sinais de outros sinais naturais, quer dizer, diante de conceitos (*sinais de sinais*), enquanto que a segunda imposição se refere aos nomes que significam convencionalmente e, por isso, compreendem os nomes (orais ou escritos): "Assim como por isso os nomes de segunda imposição significam convencionalmente os nomes de primeira imposição, do mesmo modo a segunda intenção significa naturalmente a primeira; e como um nome de primeira imposição

---

34. GUILHERME DE OCKHAM, *Summa logicae* I, 12 (I, 41-43).

Capítulo I – Lógica

significa coisas diferentes dos nomes, da mesma maneira a primeira intenção significa coisas diferentes das intenções"[35].

Graças à distinção de nomes em nomes de primeira e de segunda imposição e nomes de primeira e de segunda intenção, Ockham distingue os diferentes planos nos quais se divide o discurso segundo quando os nomes signifiquem sinais convencionais e somente quando são sinais, sinais naturais ou sinais arbitrários; ou também signifiquem realidades que não são partes constitutivas das proposições; ou também signifiquem indiferentemente tanto as coisas que não são elementos sintáticos como os sinais que formam parte do discurso, como *res*, *ens*. Tais categorias delimitam respectivamente os campos de busca da gramática, da lógica, *scientia realis*, e da metafísica.

Ockham enumera três níveis fundamentais de significação: os objetos significados, mas que não significam; os sinais naturais, quer dizer, os termos que remetem imediatamente à realidade objetual; os *nomina nominum*, quer dizer, os sinais que significam outros sinais. Isto permite a Ockham distinguir o campo da lógica do das ciências que se ocupam de objetos reais, sem por isso romper os laços existentes entre os dois âmbitos. Desde o momento em que a ciência lógica tem por objeto as formas do discurso verdadeiro, à diferença das ciências da realidade que utilizam estas formas para estabelecer verdades a propósito das coisas, sua especificidade depende da dicotomia entre sinais dos sinais, mas a lógica deve construir e utilizar como conceitos especificamente os sinais de sinais, as intenções segundas. As ciências naturais consideram as segundas intenções enquanto que determinam as coisas e tornam possível a formulação de proposições, de raciocínios e de teorias. Mas, qual é a conexão entre as intenções segundas, que são construções do entendimento, e as coisas? Segundo Ockham, isto é um pseudoproblema, desde o momento em que não há *intentiones ex parte rei*, não há necessidade de colocar realidades intermediárias entre intenções e objetos; viu-se, de fato, que uma intenção não é outra coisa que "uma realidade mental, que é um sinal que significa naturalmente algo para o qual se pode supor o que pode ser parte de uma proposição mental"[36]. Um termo, de fato, significa uma coisa em virtude da capacidade significativa que lhe é atribuída voluntariamente.

A correspondência de pensamento e linguagem, de conceitos e palavras, está garantida pelo fato de que a semântica e a sintaxe, ambas, permanecem: o sinal lingüístico não pode ser isolado; não se podem descompor as partes elementares da proposição sem que seja comprometida a sintaxe que sustenta as relações entre os termos que elas supõem.

---

35. *Ibid.*, 44.
36. Cf. nota 34.

4. Guilherme de Ockham: a categoria da relação entre lógica e teologia

Na primeira parte da *Summa logicae*, na qual trata da lógica dos termos, Ockham dá amplidão de espaço (do capítulo 41 ao 62) às categorias ou predicamentos aos quais já havia dedicado um tratado na *Expositio in librum Praedicamentorum Aristotelis*; nossa intenção é apresentar aqui sinteticamente a análise da categoria da relação (ou *ad aliquid*), tanto porque permite fazer ressaltar a comprometida tomada de posição sobre um tema como a relação, que é central em qualquer reflexão filosófica, lógica e lingüística, como porque o tratamento postula uma ancoragem direta com a doutrina ockhamista dos nomes divinos, entre os quais destaca o termo relativo *Criador*. Nas *Categorias*, Aristóteles havia dado duas descrições de termos relativos, com as quais Ockham dialoga; segundo a primeira descrição, "(*relative*) diz-se *com relação a algo*, isto é, o que as coisas são exatamente elas mesmas, se diz que é, de alguma maneira, de outra coisa ou *com relação a* outra coisa"[37]. Na segunda descrição, Aristóteles sublinha que "as noções relativas são aquelas cujo ser se identifica com o estar em certa relação com algo"[38]. Nesta segunda passagem, Aristóteles fala dos relativos próprios, chamados também de relativos segundo o ser, enquanto que na primeira descrição são aceitos também os relativos segundo a predicação, que não pertencem à categoria da relação.

No caso dos relativos próprios, é essencial que o definido (o termo relativo) e a definição (do termo relativo) sejam entre si conversíveis, motivo pelo qual os termos dos quais se fala na primeira passagem aristotélica, não realizando todos esta conversibilidade, não pertencem todos à relação verdadeira e própria.

Por sua conta, Ockham valoriza a segunda descrição, embora mantenha algumas reservas sobre o modo aristotélico de entender a relação[39]: são relativos os nomes que, dentro de uma proposição verdadeira, remetem necessariamente, em virtude de sua significação, a outro nome do caso oblíquo que não deve corresponder a seu nome abstrato. A relação do termo relativo com algum outro termo no caso oblíquo pode ser explícita ou também subentendida; Aristóteles tinha adotado estes exemplos: o *escravo* se diz escravo *do amo* (caso oblíquo), o *amo* é chamado amo *do escravo* (caso oblíquo); o *dobro* é dito dobro *da metade*, a *metade* é dita metade *do dobro*; *pai* é dito pai *do filho*, *filho* é dito

---

37. ARISTÓTELES, *Categorías* 7, 6 a 36s. Tradução de Miguel Candel San Martín (Gredos, Madri 1982) 47.

38. *Ibid.*, 8, 8 a 31-32,26.

39. Em uma publicação recente Beatriz Beretta apresentou uma reconstrução analítica da teoria ockhamista da relação; nesta obra podem-se ler tanto as avaliações críticas de Aristóteles como as posições originais assumidas por nosso autor. Cf. B. BERETTA, *Ad aliquid. La relation Chez Guillaume d'Occam* (Éditions Universitaires, Friburgo 1999).

Capítulo I – Lógica

filho *do pai*. É importante a precisão de Ockham: não deve ser considerado relativo um termo que se refere, no caso oblíquo, a seu correspondente nome abstrato; por isso, não são relativos os termos que Aristóteles qualificava como *parônimos* (por semelhança de etimologia ou fonética), por exemplo, valoroso de valor, gramático de gramática. Seguindo a Aristóteles, Ockham diz que branco e brancura não são termos relativos, mas podem ser definidos em geral como conotativos, com a advertência de que, enquanto todos os relativos são conotativos, nem todos os conotativos são relativos.

Passando aos constitutivos específicos da relação, que abrange o sujeito, o fundamento e os extremos (quer dizer, o *terminus a quo* e o *terminus ad quem*) da relação, Ockham concorda com W. Crathorn (contra W. Burley) ao afirmar que a relação não tem fundamento real algum distinto dos absolutos que estão significados pelos mesmos termos relativos.

Retomando a exposição de B. Beretta[40], na análise do termo relativo "domínio" (*dominium*), segundo W. Burley, vêm incluídos estes elementos: a relação verdadeira e própria ou domínio (quer dizer, a relação do *dominus* para com o servo); César (o sujeito ao qual se refere o domínio); o poder coercitivo (quer dizer, o fundamento do domínio); o amo e o servo (quer dizer, os dois extremos ou termos *a quo* e *ad quem* da relação). Segundo Ockham, em contrapartida, a relação do ponto de vista ontológico está posta de forma suficiente com o acontecer na realidade dos dois indivíduos: César e o indivíduo submetido a César; o aspecto relacional incluído no termo domínio está estabelecido pela mente, quer dizer, o domínio para Ockham é uma relação de razão. Mas bastam os dois absolutos dados na realidade para explicar também as relações que Ockham considera reais, como a paternidade, a filiação, a semelhança, a igualdade; de fato, para a constituição da relação, segundo o *Venerabilis Inceptor*, são indispensáveis somente dois singulares *a parte rei*, ou também dois termos correlativos. A relação não está na ordem da substância, mas na ordem dos acidentes; deve ser especificado, no entanto, que o ser um acidente da relação se dá somente na ordem ao seu ser algo que se predica de outro de modo contingente e não enquanto forma que informa realmente a substância da qual se predica.

Por outra parte, deve ser precisado que a relação, enquanto termo ou nome relativo, não é arbitrária ou inventada pela mente; configura-se na mente do sujeito, quando aos nomes relativos se acrescenta um caso oblíquo dentro de uma proposição, a qual pode ser também simplesmente mental, mantendo toda a significatividade. Pedro, um

---

40. *Ibid.*, 141. Ockham apresenta a posição de seus adversários nestes termos: "Sua opinião é que qualquer relação é uma coisa (*res*) distinta realmente de seu fundamento, pelo que se sustenta que a semelhança pela qual Sócrates branco é semelhante a Paulo branco é uma coisa totalmente distinta de Sócrates e da brancura que fundamenta tal semelhança"; cf. GUILHERME DE OCKHAM, *Summa logicae* I, 54 (I, 177).

absoluto, e João, outro absoluto, extremo da relação de paternidade desde o momento em que é formulada, ao menos mentalmente, a proposição: "Pedro é pai de João"; ao termo Pedro no caso nominativo acrescenta-se o caso oblíquo, de João, em genitivo. O termo pai convém a Pedro durante todo o tempo em que o filho vive com ele, mas não lhe convém antes de ter gerado a João (portanto, antes que vivesse com ele). A relação de paternidade na realidade não implica algo que corresponda a quanto é conotado pelo outro termo no caso oblíquo; isto significa a capacidade de Pedro (ou do termo no caso nominativo) de gerar (ou de ter gerado) outro ser individual. O ser gerado (próprio) de João é a filiação, quer dizer, o fundamento da relação expressa na proposição "João é filho de Pedro".

Um problema ulterior, ligado à relação, é o dos termos conotativos: admite Ockham a existência de termos conotativos simples e também, portanto, de relativos simples dentro da linguagem mental? Admitir a existência de tais conotativos e também, portanto, de relativos simples mentais pareceria chocar com a convicção radical do *Venerabilis Inceptor*, segundo a qual, na realidade à qual os conceitos remetem, significando-a, não se dão valores reais da relação fora dos indivíduos significados pelos termos no caso reto e no caso oblíquo. Beatriz Beretta, no final de uma análise minuciosa das diferentes leituras dos críticos, chega a estas conclusões: na realidade, não se dão relativos ou relações distintas das substâncias ou das qualidade singulares; a relação é de ordem conceitual; o termo relativo e seu correlativo mental precedem a proposição e o ato do juízo; dá-se uma evidente não-correspondência entre os modos de ser e os modos de pensar, a qual para Ockham não necessita de explicação alguma, porque ambas as evidências, quer dizer, tanto a existência de conceitos relativos como a natureza intrinsecamente singular da realidade, são dados que não se podem eliminar, testados pela experiência e pela evidência que dela resulta[41].

Um caso de relação extremamente intrigante é o relativo ao atributo de criador, que a tradição bíblico-cristã reconhece como próprio de Deus. A capacidade supositiva deste termo deve ser colocada em relação com a capacidade significativa e supositiva do termo de Deus e de todos os conceitos predicáveis da essência divina, cujo alcance epistemológico Ockham avalia a partir da análise dos conceitos que expressam perfeições percebidas por meio do conhecimento empírico e fatos predicáveis também de uma realidade metaempírica por meio do processo de "abstração". No caso das perfeições puras, como são os transcendentais, abstrair significa prescindir do modo de ser finito, da limitação com a qual se apresentam tais perfeições a nosso entendimento na primei-

---

41. B. BERETTA, *Ad aliquid*, 184-186: "Constitui uma dificuldade a assimetria entre *modi essendi* e *modi significandi* na teoria ockhamista da relação? [...] Mas nosso entendimento não está afetado por uma certa imperfeição, da qual a assimetria mencionada seria um indício? Fica colocada a questão da aptidão da linguagem – o pensamento é uma parte constituinte dele – para se dar conta da realidade".

Capítulo I – Lógica

ra instância, reconhecendo a característica que tais perfeições têm de poder existir também de modo infinito.

À pergunta por que se pode dizer que Deus é sábio enquanto que não se pode dizer que Deus é pedra, Ockham responde dizendo que, mesmo quando o conceito de pedra não diga nada de sua existência real, no entanto inclui necessariamente um modo de ser material e finito; não é, portanto, predicável de Deus, não somente porque no plano conceitual Deus é radicalmente distinto da pedra, mas também porque comprovamos que os modos de ser significados são irredutíveis. Deus significa um modo de ser infinito; pedra, um modo de ser finito. É diferente o caso dos conceitos que manifestam perfeições simples: a sabedoria, a bondade, o ser não levam necessariamente em seu significado um modo de ser finito. Estes conceitos são, portanto, predicáveis também de Deus, não segundo uma univocidade de modo de ser, mas antes em virtude da capacidade de tais conceitos de expressar características presentes na realidade radicalmente divergentes no plano ontológico, como são Deus e a criatura[42]. Nas proposições que constituem o saber teológico, o termo Deus supõe tanto pela única natureza divina como pelas pessoas singulares da Trindade: "Assim como a natureza divina e o suposto são realmente uma só coisa [...], o termo Deus supõe por natureza e pelo suposto, em relação com qualquer predicado que pode competir tanto à natureza como ao suposto"[43].

Destas considerações resulta que o fundamento do discurso sobre o significado e sobre a capacidade supositiva do termo Deus na teologia procede da revelação; somente a Sagrada Escritura nos fala de uma essência divina totalmente transcendente, única em sua divindade e trina em seu dinamismo pessoal; a possibilidade de impor um nome que indique somente aquela essência, sem remeter a outra coisa, é concedida porque se trata de uma possibilidade diversa com relação à de conhecer a Deus de forma distinta, e se refere ao ensinamento de Ockham sobre a capacidade significativa dos nomes; a função de sinal do nome remete a uma realidade independentemente de sua presença, real ou passada, no entendimento[44]. Característica principal da essência divina é sua unicidade; portanto, a pluralidade dos atributos divinos não implica nenhuma distinção dentro da essência divina, mas vem enlaçada com a pluralidade de nomes e de conceitos dos quais o homem se serve para pensar a Deus. Em Deus, sabedoria, bondade, justiça e qualquer outro atributo são uma única coisa, são idênticos à essência divina.

Especialmente significativo, entre os atributos, é o de criador; do ponto de vista estritamente lógico, criador é um termo conotativo, na ordem dos termos relativos ou *ad*

---

42. GUILHERME DE OCKHAM, *III Sent.*, q. 10 (VI, 345).

43. ID., *I Sent.*, q. 4, a. 2 (III, 12).

44. Cf. P. MÜLLER, "Nominare l'essenza divina. La distinzione XXII dell'*Ordinatio* di Ockham": RphNeo 81 (1989) 224-254.

aliquid, com os quais são denominadas a essência divina de forma principal e a criatura de forma secundária. Quando um termo significa várias coisas, não é lícito perguntar qual é seu significado, porque não tem ele um referente único; para o termo criador (como também para o termo criação) fala-se da capacidade de expressar as qualidades intrínsecas (denominatividade) para excluir que signifique a relação mesma ou *respectus*.

O significado prioritário do termo criação é a criatura que, no entanto, é significada de forma que inclua a caracterização de sua verdadeira realidade, quer dizer, sua impossibilidade de ser sem estar em relação com a essência divina: "Afirmo que a criação não significa somente a existência da criatura, mas também reclama e indica que a criatura não pode existir, se não existe a essência divina, embora não se siga a afirmação contrária"[45].

A ação criadora que causa o efeito, enquanto relação, não precede o efeito produzido com o qual se institui a relação, mas vem como conseqüência dele. Também como *passio*, como propriedade predicada de Deus, quer dizer, como ação que termina no efeito, tornando-se propriedade constitutiva, predicada de Deus como sua propriedade de criar as coisas, a criação "significa principalmente a criatura e, de forma conotativa, significa Deus"[46]. Deste modo, atribuir a Deus uma atividade criadora, quer dizer, um relacionar-se de Deus com o universo criado, que é só relação de razão por parte de Deus, enquanto que é relação real por parte do universo, não comporta a transferência da contradição a Deus. De Deus se predicam, de fato, termos contraditórios simultaneamente, embora sucessivamente: "Digo que assim nasce a denominação 'Deus é criador' com relação à realidade; porque, quando Deus co-existe com a natureza, então recebe esta denominação, prescindindo de qualquer operação do entendimento e de qualquer relação real. Quando Deus não co-existe com a natureza, não se dá esta denominação"[47].

A consideração de Deus como absoluto, *ante creationem*, e portanto antes de qualquer relação, precede logicamente à de Deus como criador e, portanto, à de Deus em relação; os dois termos contraditórios (criador – não criador) aplicam-se sucessivamente na análise teológica que, por isso, não é impossível em si mesma nem induz a pensar contradição em Deus. Criação significa, então, a relação entre Deus e o mundo criado, relação não recíproca, como sabemos, sendo real somente por parte do mundo criado que é trazido ao ser e conservado no ser, precisamente porque essa relação está instituída realmente: "Com relação a Deus, o produzir ou criar e o conservar não diferem, porque nada pode ser criado por Deus sem que Ele continue conservando-o"[48].

---

45. GUILHERME DE OCKHAM, *III Sent.*, q. 1 (V, 24s).
46. *Ibid.*, q. 2 (V, 27).
47. *Ibid.*, q. 1 (V, 26).
48. *Ibid.*, q. 8 (V 158).

Capítulo I – Lógica

Conclusão

Ao chegar ao final dos caminhos percorridos no âmbito da lógica da Escola Franciscana, dado o procedimento seletivo adotado, não é possível tirar conclusões homogêneas. Além do mais, os especialistas sabem que, dentro do período de tempo examinado e nas obras dos mestres que se ocuparam do debate lógico-epistemológico, a discussão foi ampla e detalhada; para expô-la seria necessário dedicar-se a tratamentos temáticos de alta especialidade que, por outro lado, poderiam chegar a ser compreensíveis somente depois de uma cuidadosa avaliação das doutrinas gnosiológicas nos temas do conhecimento intuitivo e das doutrinas gnosiológicas em geral.

Eu gostaria de mencionar, para concluir, a obra de uma figura singular, vinculada ao franciscanismo, embora se trate de uma obra heterogênea, cujas fontes se encontram em todos os escolásticos do século XIII: refiro-me à *Ars generalis ultima* de Raimundo Lullo, franciscano secular. Composta entre 1305 e 1308, a *Ars* contém a formulação definitiva do método de conversão universal que Lullo mesmo havia inventado em 1274, quando havia escrito a *Ars compediosa*; por meio de alguns princípios gerais, agrupados em duas séries que compreendem os atributos divinos por um lado e os termos que designam as relações entre os seres contingentes por outro lado, pretende obter a formulação e a conseqüente solução de cada uma das questões que se referem a qualquer problema, compreendidas as questões teológicas. O procedimento é possível ser aplicado por meio de algumas figuras lógicas aos diversos princípios da Arte, elencados segundo nove letras do alfabeto, de B a K, dando a cada uma seis significados diferentes: um princípio "absoluto", um princípio "relativo", uma regra, um sujeito, uma virtude e um vício. O procedimento lulliano é definido comumente como "combinatório", porque se caracteriza por um conjunto de figuras geométricas e por um conjunto de procedimentos lógicos submetidos a toda forma de relação possível; a isto se acrescenta uma teoria da demonstração que permite alcançar a afirmação inconfutável de qualquer tipo de verdade no âmbito do saber humano possível e a confutação de qualquer tipo de falsidade.

Não se pode dizer em que medida foi funcional para o intento apologético de seu autor, mas é indubitável que a arte combinatória de Lullo provocou múltiplas aplicações na história da lógica e do método da invenção, também no campo matemático e no do cálculo, sobretudo no do cálculo infinitesimal.

CAPÍTULO II
TEORIA DO CONHECIMENTO

Manuel Barbosa da Costa Freitas

Bibliografia

ALFÉRI, P., *Guillaume d'Ockham. Le singulier* (Paris 1989); ANDRÉS, T. de, *El nominalismo de Guillermo de Ockham como filosofía del lenguaje* (Madri 1967); BÉRUBÉ, C., *La connaissance de l'individuel au Moyen Âge* (Paris 1964); BETTONI, E., *San Bonaventura da Bagnoregio* (Milão 1973); BOEHNER, PH., *Collected Articles on Ockham* (Nova York – Lovaina – Paderborn 1958); GHISALBERTI, A., *Guilherme de Ockham* (Porto Alegre 1997); GILSON, É., *La filosofía de San Buenaventura* (Buenos Aires 1948); ID., *Jean Duns Scot. Introduction à ses positions fondamentales* (Paris 1952); MANZANO, G., Estudios sobre el conocimiento en Juan Duns Escoto (Murcia 2000); MERINO, J.A., *Historia de la Filosofía Franciscana* (Madri 1993); MUÑIZ, V., "La doctrina de la luz en el Pseudo-Dionisio y en San Buenaventura": *VV* 130-131 (1975) 225-252; OROMÍ, M., "Filosofía ejemplarista", em *Obras de San Buenaventura* (Madri 1972) III, 3-134; ID., "Introducción general" a las *Obras del Doctor Sutil J. Duns Escoto* (Madri 1969) 15-104; SONTAG, G., *Duns Scot, la théologie comme science pratique* (Paris 1992); TONNA, I., *Lineamenti di Filosofia Francescana* (Malta 1992).

1. O espírito franciscano

A Escola Franciscana de teologia e de filosofia começa em meados do século XIII, com os primeiros estudantes que acorreram em grande número às universidades de Oxford e de Paris, a fim de preparar-se adequadamente para exercer o mandato de evangelização recebido da Igreja. O magistério e a influência pessoal dos mestres fundadores, respectivamente de Roberto Grosseteste e de Alexandre de Hales, formados em ambiente platônico agostiniano do tempo, fortemente penetrado de aristotelismo, proporcionaram uma aliança natural entre o pensamento de Agostinho e os ideais de Francisco de Assis, que se tornaria cada vez mais sólida até o final do século XIII.

O espírito de amor desinteressado e humilde de Francisco para com Deus, o sumo bem, criador de todas as coisas, as que ele tratava como irmãs, a contemplação assídua da humanidade de Cristo, a serena confiança na docilidade da natureza, a firme esperança na paz e na convivência fraterna entre todos os homens constituem uma espécie de denominador comum que envolve desde o princípio, com maior ou menor intensidade, as sínteses doutrinárias elaboradas à sombra das duas grandes escolas.

Deste aspecto, a obra de Boaventura é o exemplo acabado da justificação teórica, filosófico-teológica, da experiência franciscana do mundo e da vida. A elevação da natureza à categoria de sinal e de símbolo das realidades superiores é conseqüência de sua visão exemplarista do mundo e o refletem ou *expressam* de mil maneiras. Investigar as relações de exemplaridade que se tecem entre Deus e as criaturas constituiu a tarefa principal do metafísico que desejava conhecer a estrutura mais profunda da realidade. Considerando atentamente o itinerário da síntese bonaventuriana, sentiremos sua perfeita adesão especulativa à vida e à experiência de Francisco de Assis. Compreenderemos, então, a profunda verdade com a qual se pode dizer que a doutrina bonaventuriana do exemplarismo corresponde ao *Cântico das criaturas* traduzido para a linguagem metafísica. Nesta atitude de humildade e de aceitação, é natural que as criaturas se mostrem mais dóceis e obedientes ao homem que não as agride nem as trata com violência, mas que permanece fiel à missão de conduzi-las a seu último fim que é Deus.

O que escreveu muito acertadamente É. Gilson a este propósito, dizendo que "o que Francisco só havia sentido e vivido Boaventura ia pensando; graças ao poder organizador de seu gênio, as efusões interiores do *Poverello* iam desenvolver-se em conceitos; as intuições pessoais desta alma tão destacada em toda classe de saber iam elaborando, à maneira de fermentação, a massa das idéias filosóficas acumuladas na Universidade de Paris..."[1], pode ser dito com mais ou menos legitimidade de todos os grandes pensadores franciscanos.

De fato, nunca será demais repetir que o espírito ou o carisma franciscano está presente em todos eles, pelo menos como estímulo e princípio unificador. A maioria das vezes, no entanto, este espírito age como fenômeno e princípio de seleção em um vasto mundo de idéias filosóficas e teológicas, sobretudo de Aristóteles e de Agostinho, eliminando umas, assimilando outras e adaptando não poucas, vindas do mundo árabe por Averroes e Avicena, e do mundo judeu por Avicebron[2]. Deste modo, formou-se lentamente a chamada Escola Franciscana, sob a inspiração do Poverello de Assis, cuja

---

1. É. GILSON, *La filosofía de San Buenaventura* (Desclée de Brouwer, Buenos Aires 1948) 73.

2. F. VAN STEENBERGHEN, "Bilan philosophique du XIIIᵉ siècle", em *Histoire de l'Église*, XIII: *Le mouvement doctrinal du IX au XIV siècle* (Bloud et Gay, Paris 1951) 459-480; F.X. PUTALLAZ, *Figures franciscaines. De Bonaventure à Duns Scot* (Les Éditions du Cerf, Paris 1997).

Capítulo II – Teoria do conhecimento

forma mentis lhe deu garantia de vigor e lhe imprimiu uma unidade que não cessou de alimentá-la ao longo dos séculos.

A verdadeira atualidade de Francisco de Assis para a ciência e para o estudo que, às vezes, provocou uma polêmica acesa foi declarada pelo próprio Francisco na carta que escreveu ao "irmão Antônio, meu bispo"[3], ao pedir-lhe que ensinasse aos irmãos do convento de Bolonha "a sagrada teologia, contanto que por razão desse estudo não extinguisse o espírito da santa oração e devoção, como está contido na Regra". A própria consciência da Ordem assim o entendeu desde o começo e procurou colocá-lo em prática. O estudo foi sempre visto em função do mandato de evangelizar recebido da Igreja, o qual exige logicamente uma séria e cuidadosa preparação teológica. Isto o souberam ver e colocar em prática os grandes mestres fundadores da Escola Franciscana: Antônio, Alexandre de Hales, Boaventura, Duns Scotus e seus discípulos, além de Roberto Grosseteste que primeiro em Oxford recebeu e ensinou, como mestre regente, os irmãos ali enviados em 1224.

Pela crônica de Tomás de Eccleston conhecemos a aliança exemplarmente vivida e praticada por eles entre o estudo e a santidade de vida[4]. Por sua vez em Paris, em pleno século XIII, o jovem Boaventura propunha-se seguir o mesmo ideal e preparava a lição que alguns anos depois deixaria consignada em fórmulas de tal maneira incisivas e lapidares que sobreviveriam ao desgaste dos tempos: "...não aconteça que pense [o leitor] que lhe basta a lição sem a unção, a especulação sem a devoção, a investigação sem a admiração, a circunspecção sem a exultação, a indústria sem a piedade, a ciência sem a caridade, a inteligência sem a humildade, o estudo sem a graça, o espelho sem a sabedoria divinamente inspirada"[5].

Teremos oportunidade de ver como os grandes mestres da Escola Franciscana souberam demonstrar com a vida e com as obras que a dimensão intelectual da experiência humana não pode nem deve ser vista como uma inutilidade, como um adorno supérfluo ou como um exercício facultativo ou entretenimento de ociosos em busca de complacência ou de satisfação própria. O exercício da ciência em geral, e da teologia em particular, foi sempre considerado um instrumento válido e necessário para uma prática mais solícita e eficaz da caridade para com Deus e para com os homens. É assim que Duns Scotus, no Prólogo de sua *Ordinatio*, estabelece que a teologia não é uma ciência teórica, válida por si mesma, mas uma ciência prática destinada a ensinar os homens o fim ao qual estão orde-

---

3. SÃO FRANCISCO DE ASSIS, *Escritos, Biografía. Documentos de la época* (BAC, Madri 1980[2]) 74.

4. *Tractatus Fr. Thomae vulgo dicti de Eccleston de Adventu Fratrum Minorum in Anglia* (Librairie Fischbacher, Paris 1909) 60.

5. *Itin.*, Pról. 4 (BAC I, 560s).

nados e os meios para alcançá-lo[6]. Por outra parte, somente uma fé inteligente – *fides quaerens intellectum* –, consciente de si mesma e das razões que a assistem, pode justificar a opção de vida segundo o Evangelho que fizeram consciente e livremente.

2. Teoria do conhecimento – Temas fundamentais

A teoria do conhecimento é uma dimensão essencial da temática filosófica característica do período áureo da Escolástica, sobretudo desde meados do século XIII em diante e princípios do século XIV. No campo do conhecimento, os pensadores franciscanos deram provas de um seleto senso crítico, de grande liberdade de espírito, de uma apreciável dose de originalidade na compreensão dos problemas e da busca das melhores soluções. Características bem patentes, por exemplo, ao apontar os limites e inconvenientes de uma filosofia puramente natural. É o caso, entre muitos outros, de Boaventura, que afirma expressamente a necessidade do recurso à fé, se quisermos uma visão completa e integral de toda a realidade. Desta mesma convicção participa Duns Scotus, ao defender que, no estado presente, a inteligência humana necessita de um suplemento de luz divinamente revelada para conhecer e alcançar o verdadeiro fim ao qual por natureza aspira.

Posição idêntica encontra-se, entre muitos outros, em Ockham, fortemente decidido a distinguir com grande precisão e rigor os dois campos irredutíveis da fé e da filosofia. Enquanto isso, encontramo-nos diante de posições doutrinárias no fundo idênticas, mas entendidas e expostas em contextos socioculturais muito diferentes e de acordo com as tendências e possibilidades de cada um, que impossibilitam, em seu ponto de partida, o achado de uma idéia, de um princípio unitário que permita abranger, se não todos os pensadores franciscanos dos séculos XII e XIV, pelo menos os nomes de Boaventura, Duns Scotus e Ockham.

Da leitura de seus textos filosóficos e teológicos, da grande diversidade de idéias e de influências que receberam, conclui-se de imediato a impossibilidade de qualquer tentativa de classificação ou agrupamento sob uma mesma intuição ou categoria intelectual, por mais apropriada e fecunda que se manifeste. Pensemos, por exemplo, em uma caracterização por uma simples tipologia teo-lógica – *teologia afetiva, espiritualista, antipelagiana, simbólica, antiintelectualista* (ou filosófica) *aristotelismo neoplatonizante, neo-agostinismo, realismo moderado, empirismo, nominalismo, conceitualismo* –, para nos sentirmos de imediato diante da exigência sempre renovada de uma caracterização ulterior que corrija ou complete o que há de unilateral e inadequado na primeira. Por isso, não nos pa-

---

6. Cf., entre outros, *Duns Scot. La théologie comme science pratique (Prologue de la Lectura)*. Introd., trad. et notes par G. SONDAG (J. Vrin, Paris 1996).

Capítulo II – Teoria do conhecimento

rece de todo justa e correta, por ser demasiado restrita e reducionista, a designação de aristotelismo neoplatonizante, proposta por F. van Steenberghen para definir o projeto de Boaventura, idêntico no essencial ao de Tomás de Aquino. Só que, segundo o mesmo autor, em Boaventura e em seus discípulos, o projeto de conservar as teses características do aristotelismo eclético, consideradas "elemento integrante da especulação teológica" pelo ensinamento tradicional da Igreja e pelos discípulos de Agostinho, se haveria concretizado, quase exclusivamente, em uma atitude defensiva e polêmica, enquanto que em Tomás de Aquino haveria evoluído para uma "síntese inovadora, robusta e sem fissuras"[7].

Esta opinião de Van Steenberghen suscitou numerosas críticas por parte sobretudo de historiadores e teólogos franciscanos, como, por outra parte, era de se esperar[8]. A conclusão irrecusável que se deve extrair de toda esta polêmica em torno do neo-agostinismo de Boaventura e de seus discípulos é a seguinte: "Boaventura não interrompe a linha de evolução que leva até Tomás de Aquino"[9]. O decreto de 1277 de E. Tempier, de maior amplitude que a mera reação do agostinismo contra o aristotelismo, enquadra-se dentro de um processo geral de alcance intelectual e espiritual diretamente relacionado com o papel da filosofia na construção da sabedoria cristã, como, segundo o julgamento de Ratzinger, o próprio Van Steenberghen reconhece[10].

O certo é que Boaventura ocupa, por direito próprio, um lugar de destaque na evolução da filosofia como sabedoria cristã, conferindo-lhe com seu trabalho uma unidade e uma coerência doutrinária antes desconhecidas.

Os autores franciscanos, desde finais do século XIII até meados do século XIV, são muito numerosos, dando mostra de grande diversidade de idéias e de posições no âmbito dos problemas do conhecimento. Em vez de tentar agrupá-los em uma determinada corrente de idéias, que somente serviria para reduzi-los unilateralmente a uma determinada concepção teórica a alguns traços reacionários e conservadores, é preferível devolvê-los, na medida do possível, à sua multiplicidade na história, a uma espécie de divergência rebelde à qual se refere P. Vignaux[11]. Impõe-se a volta aos textos disponíveis criticamente para se ver com surpresa e analisar *atitudes franciscanas*, concepções fi-

---

7. F. VAN STEENBERGHEN, "Le mouvement doctrinal du IX au XIV siècle", em A. FLICHE-V. MARTIN (eds.), *Histoire de l'Église depuis les origines jusqu'à nos jours*, XIII (Bloud et Gay, Paris 1951) 296.

8. L. VEUTHEY, *La filosofia cristiana di San Bonaventura* (Miscellanea Francescana, Roma 1996) 43-145.

9. J. RATZINGER, *La théologie de l'histoire de saint Bonaventure* (PUF, Paris 1988) 148.

10. *Ibid.*, 151.

11. P. VIGNAUX, *Philosophie au Moyen Âge* (Castella, Albeuve 1987) 64.

losófico-teológicas do mundo e da vida diante das exigências espirituais e intelectuais às quais tiveram que responder. Trata-se de devolver os textos à sua diversidade histórica e, ao mesmo tempo, às condições contingentes de sua emergência em função dos lugares e das situações histórico-culturais concretas, cuja compreensão se torna imprescindível para um entendimento correto e fiel dos autores[12]. Deste ponto de vista, às vezes oculto sob o amplo manto do agostinismo tradicional, se comprova como o problema se complica e se enriquece, visto que não se pode entender este franciscanismo como um traço unívoco e simples. Pelo contrário, mostra-se como uma *constelação* de centros de interesse, de núcleos de inteligibilidade, com múltiplas repercussões sobre a teologia, sobre a metafísica, sobre a doutrina do conhecimento, sobre a atitude frente a Aristóteles e ao aristotelismo, sobre a compreensão do papel da filosofia e do saber profano na construção de uma visão do homem e do mundo.

Todos os temas tradicionais encontram assim um denominador comum, suficientemente amplo, de harmonia com a consciência que cada um tem de sua filiação em uma Ordem fundada por Francisco de Assis. Certamente que os acentos serão postos diversamente, que as polêmicas e os debates permanecerão sempre abertos, mas, por outro lado, esta diversidade permite que venham à luz outros temas normalmente desconhecidos pelos historiadores da filosofia medieval e que foram provavelmente dominantes na mente dos próprios autores. Estão nessa situação, por exemplo, o sentido da pobreza que é como a cor franciscana da vida cristã, o sentido da história e de certas leituras e interpretações escatológicas.

Certamente, muitos destes elementos se foram integrando em diferentes sínteses doutrinárias, desde a crítica do conhecimento até as concepções éticas e políticas, da sociedade, da propriedade privada e do poder. Esta abertura de espírito diante da diversidade de posições permite que se percebam melhor as áreas de sombra e de luz, de progresso ou de retrocesso, ao sublinhar a ambivalência de cada autor. Sem fazer pender a evolução da história do pensamento de um único padrão, de uma idéia ou de um modelo abstrato, êste brotar incessante de doutrinas e opiniões tem a vantagem de convidar-nos a uma melhor articulação do desenvolvimento das idéias com as preocupações e necessidades dos tempos, com os acontecimentos tanto da história universal como da individual.

No entanto, deve-se sublinhar que todos os representantes da Escola Franciscana eram cristãos conscientes e convictos, formados nas disciplinas intelectuais das universidades de então. Ali se encontra um novo elemento comum; além de serem franciscanos, eles professavam a mesma fé cristã. Isto supõe a necessidade de analisar alguns problemas maiores e comuns que na Escolástica medieval formavam parte integrante da *teoria do conhecimento*. Referimo-nos, em particular, às relações entre autoridade e ra-

---

12. J.A. MERINO, *História de la Filosofía franciscana* (BAC, Madri 1993) XXVI.

Capítulo II – Teoria do conhecimento

zão, entre filosofia e teologia que, por estarem estas intimamente associadas, trataremos em conjunto. Começaremos por transcrever este texto de J.A. Merino, verdadeiramente propedêutico, por sua notável precisão e clareza, ao filosofar dentro da fé:

> A *auctoritas* e a *ratio*, a tradição e o saber racional que a esclarece, são os pilares da escolástica em sua fundamentação e em sua justificação. A autoridade é a primeira fiança do método escolástico. As *autoridades* eram os primeiros ensinamentos ou as doutrinas da Bíblia, dos Concílios e dos Santos Padres. Isto, que era fundamental na teologia, tinha sua incidência inevitável na filosofia. As *autoridades* no campo filosófico eram Platão e, sobretudo, Aristóteles, o *filósofo*, e Averroes, o *comentarista* de Aristóteles por antonomásia. Estas autoridades foram recolhidas nos *Livros de Sentenças* que constituíam o centro de estudo, de análise, de crítica e de interpretação[13].

Como seres dotados de razão, ou seja, de capacidade para perguntar-se a si mesmos, os pensadores franciscanos, como todos os escolásticos, sentiram-se movidos a dar razão da confiança que lhes merecia a autoridade daqueles em que criam, a apresentar motivos de credibilidade que a justificassem. Mas, advertidos pela lição de Agostinho, em sua obra *De utilitate credendi*, que diz que "desejar conhecer a verdade para purificar a alma, quando é a alma que deve ser purificada para conhecer a verdade, é algo perverso, pois se inverte a ordem das coisas"[14], os escolásticos criam de antemão na verdade que é apresentada pelas respectivas autoridades e que só depois era confirmada.

Esta atitude corresponde à segunda parte do método agostiniano na busca da verdade, formulado assim por ele: *intellige ut credas, crede ut intelligas*, entende para que possas crer, crê para que possas entender. Fórmula explicada no *Sermo* 43,9, que citamos: "Entende para que creias em minha palavra, crê para que entendas o Verbo de Deus – *intellige ut credas verbum meum; crede ut intelligas Verbum Dei*"[15].

A primeira parte da fórmula está constituída por uma espécie de propedêutica à metodologia seguida na elaboração da sabedoria cristã. A expressão *verbum meum* simboliza todas as autoridades antes referidas que produzem afirmações acessíveis à razão natural. O filosofar dentro da fé corresponde à segunda parte da mesma formulação agostiniana: crê para que possas entender. Este crer tem por objeto implícito os agentes transmissores das verdades reveladas, pelo crédito ou confiança que nos merecem, mas sobretudo as próprias verdades reveladas, os chamados artigos da fé compendiados na Palavra de Deus (*Verbum Dei*). Mas, ao defender a prioridade da fé em relação a um certo entendimento das verdades reveladas, Agostinho não incorre de modo algum no fideísmo. O papel imprescindível da razão filosófica, tanto na preparação do ato de fé como em um certo grau de entendimento das verdades reveladas. É afirmado por ele

---

13. *Ibid.*, XXV.
14. *De utilitate credendi* 16, 34 (PL 42, 90).
15. *Sermo* 43, 9 (PL 38, 258).

Manual de filosofia franciscana

continuamente: é a razão que nos persuade de que a fé deve preceder a uma ulterior e maior razão; por isso, por mínima que seja, essa primeira razão é prévia à própria fé. É esse mínimo de razão que torna razoável o princípio de que, sobretudo no domínio das verdades sobrenaturais, a fé deve preceder a razão[16].

Se a autoridade e a fé preparam o homem para o exercício correto e desembaraçado da razão, por sua vez, a razão leva a fé a um conhecimento mais profundo de si mesma e das verdades em que crê. A este propósito, observa criteriosamente J.A. Merino:

> Se o homem medieval estava mediatizado por algumas idéias na visão do mundo, do homem e da vida, nem por isso renunciou à liberdade de pensar. Os pressupostos de tipo religioso e cosmovisional o condicionavam certamente, mas nem por isso o determinavam a uma submissão irracional, pois o que a nós se nos apresenta hoje como um preconceito ele (o homem medieval) não o entendia como tal. Por outra parte, não se pode esquecer que todos os filósofos, antigos e novos, filosofam sempre a partir de certos pressupostos explícitos ou implícitos[17].

É certo que, por influência de Agostinho, razão e fé se encontraram nos grandes escolásticos do século XIII em um permanente dinamismo de circularidade no qual autoridade e razão , razão e fé se criticam mutuamente e mutuamente se potencializam e se promovem. Por um lado, a fé abre horizontes ilimitados a uma razão finita que, embora só e desamparada, se acomodará depressa às mais variadas formas de cepticismo e de racionalismo. Por sua vez, a razão filosófica, sempre ativa e vigilante, impede que a fé degenere por inércia ou por cansaço no puro e simples fideísmo, aliado natural do mais execrável fanatismo. É evidente que não se pode filosofar sem pressupostos ou dados anteriores ao ato de filosofar. Uma base de nada é um nada de base. Extremamente lúcido e oportuno é, a propósito disto, a passagem de J.A. Merino:

> O pensamento medieval estava ancorado e apoiado na fé cristã, mas necessitava de uma filosofia para que essa fé fosse razoável, e os diversos pensadores trataram de torná-la razoável de modos distintos e com pressupostos filosóficos diferentes. Para eles, estava claro que a fé e a razão não são idênticas, tampouco contraditórias, mas complementares. Elas são distintas no interior da própria pessoa, mas neste mesmo interior podem aliar-se e colaborar conjuntamente, segundo a tese agostiniana de que o homem não poderia crer se não tivesse alma racional. Mas, por sua vez, a fé amplia o horizonte da razão e oferece-lhe um suplemento de luz[18].

O importante é que se tenha consciência da situação concreta da qual se parte e na qual se está, para distinguir formalmente aquilo que a cada momento se vai fazendo. Esta consciência está bem presente nos escolásticos que, "como profissionais da fé, fazi-

---

16. *Epistula* 120, 1, 2, 3.

17. J.A. MERINO, ʔ*Historia...*, o.c., XVIII.

18. *Ibid.*, XXI; Cf. AGOSTINHO, *Enarrationes in Psalmum* 118, 18, 3 (PL 37, 1552).

Capítulo II – Teoria do conhecimento

am teologia e, como profissionais da razão, faziam filosofia"[19]. Foi neste contexto de entendimento agostiniano do serviço que mutuamente se prestam fé e razão, teologia e filosofia, que também os autores franciscanos elaboraram suas sínteses doutrinárias, de que são exemplo magnífico, sem preconceito de originalidade de cada um, as figuras de cume como Boaventura, João Duns Scotus e Guilherme de Ockham, como veremos a seguir.

3. São Boaventura

A obra do doutor seráfico é comparável a um itinerário da alma que, guiada inicialmente pela serenidade da razão, se compraz no entendimento daquilo em que crê – *intelligere credita* –, antes de elevar-se à visão beatífica da verdade suprema do Sumo Bem. Este conhecimento natural e de simples razão se situa entre a adesão da fé às verdades reveladas, ainda não suficientemente compreendidas, e a plenitude de um conhecimento que culmina na contemplação das idéias em Deus[20]. De fato, depois de ter estabelecido nas *Collationes in Hexaemeron* os fundamentos racionais da sabedoria cristã, Boaventura mostra que nossas luzes nos chegam pela via da fé, da Escritura e da contemplação mística[21]. E embora sua obra de inspiração teológico-mística se expresse mais abundantemente por meio de imagens e de símbolos, nem por isso deixa de recorrer a conceitos e raciocínios dialéticos sempre que a natureza do discurso o exija.

Certamente que o Deus da razão é o centro do tudo, mas Boaventura não separa o Deus da razão da razão do Deus da revelação. E isto porque, se a filosofia tem valor em si mesma e se distingue da teologia por seu método e objeto formal, seus princípios e resultados são insuficientes para encontrar por completo a verdade sem o concurso da fé e das luzes da revelação[22]. Se alguém que domina a ciência natural e a metafísica chegou ao conhecimento das causas e substâncias supremas e fica aí como se não houvesse nada mais que conhecer, cai necessariamente em um grave erro[23]. Para Boaventura, somente há um Deus, e este, como mostra a luz da fé, é trino e uno, infinitamente bom e poderoso. Os filósofos que desconhecem isto ou sempre que isolam as verdades da razão das verdades propostas pela fé se privam de uma verdade que, superando e completando as verdades adquiridas em sede natural e filosófica, as orienta para seu último e verdadeiro fim, o Deus da revelação cristã.

---

19. *Ibid.*, XI.
20. BOAVENTURA, *UMCh*. N. 15 (BAC I, 690s).
21. *Itin.*, c. 1, n. 2, (BAC I, 564-567).
22. *Hex.*, col. 6, n. 2 (BAC III, 300s).
23. *Brev.*, Prol. 3 (BAC I, 184s).

Manual de filosofia franciscana

Não obstante isto, Boaventura estabelece uma distinção formal entre os diversos graus de conhecimento que integram e potencializam em seu conjunto o processo ascensional da alma para Deus, como são, especialmente, o conhecimento *sensível*, o conhecimento *intelectual* e o conhecimento sapiencial ou *iluminativo*[24].

A doutrina bonaventuriana do conhecimento assenta-se na estrutura ontológica dos seres criados, que são em conjunto *ser, verdade e luz*, à medida que procedem livremente do ser incriado, da Verdade absoluta e da Luz substancial. De fato, Boaventura fundamenta os princípios do conhecer nos princípios do ser[25].

Pelo conhecimento, a verdade ontológica, o ser e a luz, que constituem estruturalmente todos os seres pelo simples fato de ser, podem converter-se em verdade lógica, quer dizer, em luz e conhecimento adquiridos experiencialmente pelo trabalho inteligente e livre do sujeito cognoscente. Conhecer-se consiste em acumular e irradiar luz: à medida que separa a luz das trevas, o conhecimento será indiscutivelmente a primeira e mais nobre tarefa do homem neste mundo pala crescente aproximação da luz suprema.

a) Conhecimento sensível

Relativamente ao conhecimento sensível com o qual se inicia o processo de conhecimento, Boaventura segue no essencial a doutrina de Aristóteles sobre o mecanismo e as respectivas funções de cada um dos sentidos[26]. Por outro lado, defende com Agostinho que o simples ato de percepção sensível envolve já o juízo ou avaliação enquanto reação ativa da alma racional sobre as informações que lhe chegam do exterior pelas portas dos cinco sentidos, estimadas de imediato sob o aspecto ou impressão de beleza, de suavidade e de eficácia[27]. Deste modo, a percepção se revela já uma operação simultaneamente passiva e ativa. Os sentidos exteriores recebem os dados sensíveis; o sentido interior (sentido comum, imaginação, estimativa, memória) sintetiza-os e julga-os. A partir desse momento podemos comprovar que a abstração aristotélica, à medida que considera que as formas das coisas se encontram nas próprias coisas, se conjuga em Boaventura com a iluminação agostiniana: as relações entre as coisas, a objetividade e a verdade vêm da iluminação do Verbo.

A função do juízo torna-se particularmente relevante não somente porque unifica os dados de cada sentido em particular, mas mais ainda porque os concretiza em uma mesma realidade objetiva. A necessidade e a universalidade com a qual se apresenta sua

---

24. *Itin.*, c. 1, n. 6 (BAC I, 568s); *Hex.*, col. 12, n. 16 (BAC III, 402-405).

25. *Itin.*, c. 3-4 (BAC I, 578-581).

26. *Ibid.*, c. 2, n. 8-9 (BAC I, 582-585).

27. *RATh.* n. 3 (BAC I, 646s); *II Sent.*, d. 39, a. 1, q. 2 concl.

verdade, porque superam a capacidade dos sentidos, somente são explicáveis, como em Agostinho, por influência ou iluminação da Verdade suprema ou Deus. Pelo juízo, não somente conhecemos aquilo que, de fato, conhecemos, mas também sabemos que conhecemos, porque temos disso consciência. Daqui resulta a superior energia cognoscitiva da alma, praticamente inesgotável. De fato, é a partir das operações mais elementares dos sentidos que a alma colabora com elas, potencializando-as, completando-as e aperfeiçoando-as, de tal modo que se pode dizer que o conhecimento é também obra sua, resultante de uma íntima colaboração do composto humano, corpo e alma[28].

O objeto do conhecimento sensível é constituído pelas realidades materiais enquanto apreendidas pelos sentidos externos sob a forma de *imagens sensíveis* que, depois de transformadas em espécies inteligíveis, são pela percepção depositadas na *memória* (ativa e passiva).

Isto significa que, pelo conhecimento, a realidade material penetra na alma, não em sua substancialidade material, mas intencionalmente, pela representação de sua *semelhança* ou *espécie*, no sentido interior e na percepção.

b) Conhecimento intelectual

Acima dos juízos de sentido comum, referidos ainda às realidades materiais, Boaventura reconhece a existência de juízos de experiência interna, que têm como objeto direto e imediato as idéias abstratas e purificadas de toda materialidade e, por isso, são universais e necessárias.

A passagem do particular e contingente ao universal deve ser feita por abstração. Esta operação consiste em recolher o que há de imutável e permanente nas coisas, sua essência, prescindindo das condições espácio-temporais que sempre acompanham sua existência concreta[29].

Na explicação do processo abstrativo, Boaventura recorre à doutrina aristotélica do entendimento agente, que imprime no entendimento possível a espécie inteligível resultante da abstração. Para evitar equívocos e falsas interpretações, Boaventura declara que o entendimento agente e o entendimento possível não se distinguem um do outro como duas faculdades autônomas, como se o primeiro fosse pura atualidade e o segundo pura potencialidade. São, antes, dois aspectos ou funções distintas de uma mesma inteligência individual que colaboram e convergem em um mesmo efeito, o ato de conhecer: o entendimento agente reage e atua sobre a espécie sensível, trans-

---

28. *Itin.*, c. 2, n. 9 (BAC I, 584s).

29. *Ibid.*, c. 3 (BAC I, 592-597) sobre os problemas do conhecimento intelectual veja sobretudo *II Sent.*, d. 3, p. 2, a. 2, q. 1; *II Sent.*, d. 30, a. 1, q. 1 concl.

formando-a em conceito (espécie expressa) e imprimindo-a no entendimento possível (espécie impressa)[30].

c) Conhecimento iluminativo ou sapiencial

A filosofia não se basta a si mesma. Corre o perigo iminente de extraviar-se, de prescindir do concurso da fé e das luzes da revelação. É impossível fechar-se em si mesma, se pretende ter acesso à verdade total, à verdade pura, sem mescla alguma de erro. Daí que não pode haver filosofia separada da teologia. A ciência e a filosofia, sobretudo, são caminho para outras ciências mais nobres e elevadas. Quem pára nelas, tomando-as como o absoluto do conhecimento, se submerge nas trevas[31].

Agora, a porta que abre o acesso à verdade de todas as coisas criadas é a inteligência do Verbo, fonte e raiz da compreensão de tudo. Sem esta luz e ulterior iluminação do alto, sem esta força, não somente se torna impossível alcançar a Deus, mas também o mundo sensível das criaturas, que só existem e têm sentido enquanto compreendidas como *dons do Criador*, que as chama à existência para manifestar-se por meio delas e, em um grau mais elevado, ser conhecido e amado pela criatura racional. É assim que a inteligência iluminada e sustentada pela fé leva o homem a reconhecer que transcende a razão e a filosofia, capaz de dissipar as dúvidas por uma multiplicidade de luzes que irradiam do Verbo encarnado[32].

Seguindo a Hugo de São Vitor, Boaventura distingue a *teologia mundana* ou filosofia, que utiliza o método demonstrativo, da teologia propriamente dita, que tem como função iluminar e esclarecer, abrindo à filosofia horizontes ilimitados de inteligibilidade[33]. Uma vez que o homem bem disposto, iluminado e purificado pela fé entra em si mesmo, descobre, juntamente com o conhecimento de si, o conhecimento de Deus como o mais intimamente presente e imediatamente cognoscível. Para Boaventura, a natureza deixa de ser um simples conjunto de fenômenos e de seres cuja compreensão se esgota no conhecimento científico das propriedades e leis que os regem, para transformar-se em um livro que em todas as suas páginas nos fala constantemente de Deus. A razão humana conserva todo seu valor, mas somente à medida que a fé a orienta para Deus, revelando-lhe o homem como imagem sua, ao mesmo tempo em que a onipotência de sua ação criadora e seu amoroso desígnio sobre todas as criaturas. A natureza

---

30. *DSSt.* C. 4, n. 12 (BAC V, 484-487); *Hex.*, col. 7, n. 12-13 (BAC III, 326-329).

31. *Hex.*, col. 3, n. 8 (BAC III, 236s).

32. *Ibid.*, col. 13, n. 12.17 (BAC III, 414-418s).

33. *Brev.*, p. 1, c. 8, n. 2 (BAC I, 230s); *Ibid.*, p. 2, c. 5, n. 2 (BAC I, 254s); *MTr.* q. 1, a. 2 (BAC V, 122-153).

Capítulo II – Teoria do conhecimento

brilha aos olhos do Doutor Seráfico como um livro fulgurante de sinais e símbolos cujo sentido é importante decifrar[34].

A natureza está feita de seres, cada um dos quais representa, à sua maneira, uma imagem, um vestígio, uma sombra, segundo a maior ou menor proximidade ou semelhança daquele que os fez. A condição dos seres criados consiste precisamente em sua não suficiência, que significa relação essencial com o Verbo de Deus incriado, luz e princípio do ser e do conhecer, no qual e a cuja imagem todas as coisas foram criadas[35].

Afetadas intrinsecamente de negatividade e de imperfeição, que se manifesta em sua própria multiplicidade, na composição universal da matéria e forma, de potência e ato, que se estende às próprias substâncias espirituais, como a alma, todas as coisas criadas evocam e proclamam seu Autor. Deste modo, o homem, purificado e iluminado pela luz da fé, fica habilitado, como Francisco de Assis, para ver tudo em sua origem fontal saindo da mão dadivosa de Deus criador. A existência de Deus – como ser por si necessário, absoluto, simples, imutável, sem o qual não existe nenhuma das substâncias imperfeitas, contingentes, relativas, compostas e mutáveis, nascidas como efeitos, *sinais, símbolos e imagens* da inesgotável expressividade de sua ação criadora – impõe-se como verdade eterna evidente, absolutamente certa, a toda inteligência que dela forma uma idéia correta e adequada. Esta certeza primeira é o fundamento de todas as nossas ulteriores certezas, luz imutável e indefectível que ilumina os juízos de nosso espírito mutável, conferindo, ao mesmo tempo, infalibilidade ao sujeito que conhece e imutabilidade à realidade conhecida. Criado livremente por Deus no tempo, o mundo depende totalmente de Deus, não somente em seu ser, mas também em sua origem. Assim, entre a criatura e o criador, Boaventura reconhece o abismo intransponível que separa, em termos de transcendência, o exemplar do exemplificado, o original da imagem. Esta dependência das criaturas com relação ao Criador, ao mesmo tempo em que faz delas um vestígio, uma sombra ou imagem, é também indício da presença oculta de Deus, antes de converter-se por virtude da graça sobrenatural em uma verdadeira deificação[36]. Este é o ponto de chegada, o verdadeiro destino da alma humana, que orienta toda concepção bonaventuriana do homem e de suas capacidades cognitivas.

Do que foi exposto se colhe que Deus é a Verdade essencial tanto do ponto de vista ontológico como do ponto de vista lógico. A verdade das criaturas é uma verdade imitada da verdade primeira; o grau de verdade realizado por cada uma depende do respectivo grau de ser. O ser das criaturas é relativo e participado e é mais ou menos *expressivo*, quer dizer, verdadeiro, conforme o respectivo grau de participação no ser. A criatura espiritu-

---

34. *SChr.*, q. 4, concl. (BAC II, 196-203).
35. *RATh.*, c. 12, n. 26 (BAC I, 656s).
36. *SChr.*, q. 2 ad 2 (BAC II, 142s); *Itin.*, c. 3, n. 3 (BAC I, 592-597).

Manual de filosofia franciscana

al, quer dizer, o homem, dispõe da inteligência para conhecer as coisas, mas enquanto tal só alcança a certeza de seus conhecimentos graças à influência ou iluminação da verdade primeira que é Deus, causa ou razão de nosso conhecer, que entra na alma como sol da inteligência. A colaboração de Deus no conhecimento humano resulta da influência desta luz que, irradiando das razões eternas, é garantia na atividade da razão humana de um rendimento pleno, ou seja, da certeza da verdade[37]. Mas a luz divina não é conhecida em si mesma e é apenas *co-intuída* enquanto brilha nos princípios universais ou razões necessárias, existentes desde sempre no Verbo divino como formas exemplares de todas as coisas. Deus é o princípio originário, fontal, porque é a fonte do espírito.

É o *objetivo do homem*, quer dizer, o fim de seus projetos, de seus desejos e aspirações, em uma palavra, de sua felicidade, mas não o termo ou objeto imediato de sua inteligência. Somente podemos alcançá-lo indiretamente, remontando-nos a ele pelos *vestígios* (causalidade eficiente) e em suas *imagens* (causalidade exemplar). Em ambos os casos, sua presença é apenas co-intuída[38].

Boaventura é um verdadeiro contemplativo sem desconfiar da especulação, à medida que esta leva a agir, a colocar em prática aquilo que conhece. Assumido pela sabedoria, o conhecimento natural e filosófico torna-se profundo amor, convertendo-se em um dinamismo vital, em uma ciência saborosa constantemente alimentada pelo esforço e pela devoção. Esta sabedoria se reproduz em visões cada vez mais abundantes e luminosas à medida que a experiência religiosa aumenta o esforço da inteligência com um conhecimento mais próximo da *co-intuição* do que da lógica das conclusões racionais. Trata-se de uma promoção da graça, da luz revelada na inteligência humana, com vistas a uma reintegração progressiva na unidade de Deus não somente de todo o universo conhecido, mas também e, sobretudo, do *homem*, feito para voltar a integrar-se ultimamente em Deus, pelo conhecimento e pelo amor[39].

Boaventura repete com freqüência que a claridade da fé nos ajuda a entender aquilo em que cremos. Ajuda a ver as coisas além da natureza, em todo o esplendor de seu estatuto ontológico de *vestígio* (seres irracionais) e de *imagens* (o homem, ser racional)[40]. Sob este ângulo ou perspectiva, não mais de simples *ciência*, mas de *sabedoria*, é que o homem vê todas as coisas na soberana dependência de seu Deus, que criou a todas. Razão suprema de todo o ser e de todo o conhecer, Deus é mais íntimo a todas elas do que cada uma é a si mesma por uma presença não somente real, mas também intencional. *Presença real*, porque criou tudo do nada, segundo um modelo exemplar eterno, e con-

---

37. *Itin.*, c. 2, n. 7 (BAC I, 582-583).

38. *Hex.*, col. 5, n. 13 (BAC III, 282-285); *MTr.*, q. 1, a. 1, n. 10 (BAC V, 98).

39. *SChr.*, q. 4 ad 19 (BAC II, 180-183).

40. *MTr.*, q. 1, a. 1 (BAC V, 94-121).

Capítulo II – Teoria do conhecimento

serva tudo por sua infinita bondade e amor. *Presença intencional*, porque, tendo criado o homem à sua imagem e semelhança, dotou-o de inteligência e liberdade capaz de conhecê-lo e de amá-lo, arrastando consigo nesse mesmo gesto toda a criação muda e impotente. Desta forma, a graça e o esplendor de todos os seres criados revelam e proclamam insistentemente com fortíssimas e altíssimas vozes a existência, a bondade e a beleza de seu Criador[41]. Mas em nenhum outro ser como no homem a existência de Deus se torna mais evidente e clamorosa. E isto porque o homem se descobre não somente como *vestígio* de Deus, mas como *imagem* dele, impressa (passiva) e expressiva (ativa). Desde então, mais do que como causa criadora, Deus passa a ser reconhecido pelo homem como termo e objeto de sua capacidade de conhecer e de amar.

Agora, diante do homem se desdobra, em toda a sua amplitude, o livro da criação, no qual Deus manifesta com palavras, sinais e símbolos os mistérios insondáveis de sua unidade, verdade e bondade. Para lê-lo corretamente e com desenvoltura é necessário que o homem aprenda a contemplá-lo com inocência e desprendimento, sem desejo de possuí-lo, com amizade fraterna e comovida. Somente assim poderá contar e dizer como Ele é dito no seio da Palavra eterna, que é o Verbo de Deus. Por sua estrutura ontológica, união substancial da alma e do corpo, o homem está destinado a servir de intermediário entre o espírito e a matéria, entre Deus e o mundo, como seu fiel depositário e inteligente administrador. Recolhendo em si todas as coisas e devolvendo-as, refletidas, luminosas e transparentes ao seu modelo exemplar, por virtude do ser de imagem que em si reconhece e ao qual adere em seguida com liberdade, o homem transforma o conhecimento em um verdadeiro ato de reconhecimento, com tudo o que o termo implica de humildade, gratidão e louvor.

A graça que faz do homem imagem co-natural e a graça que o ajuda a transformar esta imagem em semelhança crescente são dons igualmente gratuitos. Distintas, mas não separadas, a segunda cuida de tomar afeto para com uma primeira natureza já preparada e disposta a desenvolver-se em aproximações sucessivas de uma mais perfeita configuração ou semelhança com o exemplar ou modelo na mente divina. Do mesmo modo como a *sabedoria* não anula a ciência, tampouco a semelhança destrói a *imagem*; pelo contrário, potencializa-a e aumenta seu valor. Portanto, o reconhecimento das coisas como sinais e símbolos de outras realidades superiores não somente não as diminui ou degrada, mas as dignifica e engrandece.

A função de mediador entre Deus e o mundo, exercida pelo homem-imagem, somente será eficaz e integralmente cumprida, se o ponto de chegada é conhecido de antemão. Para isso é necessário educar e ver e, antes ainda, descobrir em si mesmo a *imagem* e desejar a semelhança até chegar à contemplação do verdadeiro Deus, uno e trino.

---

41. *I Sent.*, d. 3, p. 2, a. 1, q. 2.

Importa refazer o caminho que Deus fez, dentro de si e fora de si, até chegar ao mundo, para que o *retorno* que o homem-imagem há de realizar nada deforme nem perca, mas lhe devolva tudo e lho restitua com profunda humildade, com perfeita transparência e com permanente ação de graças. Itinerário de ida e de volta, em um e outro sentido e jamais acabado, porque Deus não cessa de criar e de recriar o mundo, o homem jamais acabará de entender o íntimo sentido da vegetação sacramental exuberante de sinais e símbolos que, continuamente, lhe prodigaliza a generosidade de uma natureza que geme na expectativa de encontrar um leitor atento, inteligente e livre.

Na lógica do esquema neoplotiniano do *egressus* (criação) e do *regressus* (conhecimento), posteriormente adaptado pelo Pseudo-Dionísio, Boaventura se serve aqui do verbo *reducere* e do substantivo *reductio* para explicar, em termos de conhecimento, a função congregadora e convocadora do homem-imagem no centro do mundo no qual vive e com o qual convive e que significa simplesmente referir, remeter, reconduzir, por exemplo, um ser a seu princípio, o efeito à sua causa, o múltiplo ao uno e, no caso presente, a imagem ao seu modelo.

Se a verdade das criaturas não se encontra inteiramente nelas, já que se trata de uma verdade derivada ou participada, não deixa, no entanto, de ser uma propriedade real, fonte e princípio de um conhecimento verdadeiro. É que a verdade ou caducidade das criaturas é somente relativa à permanência inalterável de Deus. Se Boaventura insiste com freqüência na variedade das criaturas, o faz para mostrar sua total dependência em relação com a estabilidade absoluta das perfeições divinas. Esta dependência essencial, que significa e mede o relativismo das criaturas, é concebida por Boaventura não somente em termos de causalidade eficiente, mas, sobretudo, em termos de influência atual e permanente. Tendo o nada como fundamento, as criaturas em si mesmas não são mais estáveis do que os corpos pesados suspensos no ar ou do que uma imagem gravada em uma superfície líquida; sua existência e conservação supõem a presença do ser original. Dentro desta ordem de idéias, Boaventura não duvida em comparar a dependência da criatura em relação a Deus com a dependência do acidente em relação à substância.

Enquanto produzidas do nada, as criaturas somente são possibilidade e vaidade. Sua existência lhes vem daquele que as faz ser o que antes não eram. Compostas de ato e de potência, não se identificam de nenhuma maneira com seu ser e, por isso, só existem pela presença e influência contínua da munificência divina.

Mas não é somente a indigência das criaturas que exige a presença contínua de Deus. Esta se impõe como conclusão lógica dos atributos divinos. Soberanamente simples e não conhecendo limites de espécie alguma, Deus é imenso e infinito – seu poder se estende a todos os seres. E porque no ser absolutamente simples e infinito o poder e a substância são uma só e mesma coisa, Deus é necessariamente presente a todas as coisas.

Sobre o relativismo metafísico inerente à analogia universal a síntese bonaventuriana do mundo registra como que uma simbólica divina. A consciência viva deste relati-

Capítulo II – Teoria do conhecimento

vismo simbólico está bem presente no intenso dinamismo que Boaventura imprime em sua síntese doutrinária e que se expressa tanto sob a fórmula particular da analogia universal como sob a fórmula mais técnica da redução da multiplicidade à unidade – *reductio omnis multiplicitatis ad unitatem*.

A aproximação entre a analogia universal e a *reductio ad unitatem*, já presente na *Summa* de Alexandre de Hales em referência expressa ao Pseudo-Areopagita, recebe em Boaventura um novo impulso. É verdade que a doutrina da analogia concilia de modo feliz a coexistência do Uno e do múltiplo, fazendo surgir no mundo criado não um ser novo diante do ser divino, mas um ser essencialmente relativo como expressão atenuada da unidade divina. Na verdade, os seres finitos são, ou, melhor ainda, *ex-sistem* à medida que, imitando a simplicidade divina, se constituem em uma determinada unidade, verdade e bondade. Mas, ao lado deste aspecto, por assim dizer estático ou passivo da analogia, Boaventura se compraz em sublinhar o aspecto dinâmico segundo o qual todos os seres se ordenam hierarquicamente em função de sua maior ou menor capacidade expressiva e, de significado em significado, nos reconduzem à Unidade suprema do ser que lhes deu o ser. A este propósito, é extremamente explicativo o paralelo estabelecido por Gilson entre as diferentes funções que a doutrina da analogia desempenha nos sistemas de Boaventura e de Tomás de Aquino:

> Preocupado preferentemente em fechar todos os caminhos que levam ao panteísmo e em excluir toda comunicação substancial de ser entre Deus e as criaturas, Tomás insiste com muito maior complacência sobre a significação de separação do que sobre a união da analogia. [...] À analogia agostiniana que une, ata e trata sempre de buscar comunidade de origem para assinalar semelhanças de parentesco, Tomás opõe a analogia aristotélica que separa, distingue, dá aos seres criados uma substancialidade e suficiência relativas, ao mesmo tempo que as exclui definitivamente do ser divino.
>
> A tendência fundamental de Boaventura é exatamente inversa à de Tomás de Aquino. Os filósofos que ele cita constantemente não são os que exaltam a criatura, confundindo-a com o ser divino, mas os que prejudicam a imensidade de Deus, atribuindo uma independência e suficiência excessiva à criatura. Então, lá onde Tomás se mostra, sobretudo, preocupado em colocar a criatura em seu próprio ser para eximi-la de pretender o ser divino, Boaventura se mostra sobretudo preocupado em esclarecer os laços de parentesco e de dependência que unem a criatura ao seu criador, para impedir a natureza atribuir-se uma completa suficiência e constituir-se como um fim em si [...] A analogia bonaventuriana projeta, através da aparente heterogeneidade dos seres, o laço tênue, mas indefinidamente ramificado, de suas proporções conceituais ou numéricas, e dá lugar a esse pulular de símbolos que se chama *Itinerário da alma a Deus*[42].

---

42. É. GILSON, *La filosofía de San Buenaventura*, 227s.

Manual de filosofia franciscana

No fundo, a analogia bonaventuriana pretende desvelar o segredo das coisas, sua verdadeira essência, determinando seu menor ou maior grau de aproximação da realidade divina, já que por denominação intrínseca todas elas são imitações expressivas de Deus. E como a influência ou presença de Deus é nelas contínua e envolvente, todas as criaturas são símbolos, são não tanto como sinais de uma realidade ausente e inacessível, mas, sobretudo, como testemunhos e representações imitativas da realidade transcendente que nelas se inscreve e, por isso mesmo, nelas e por elas reflete ou brilha. Particularmente, o mundo sensível desvela-se como uma alegoria, quer dizer, como sombra, como um vestígio, como um caminho e uma escada para subir ao Criador, como um livro escrito por fora em referência essencial e dinâmica à unidade primeira e original da bem-aventurada Trindade. Neste espelho do mundo, a alma contemplativa sente-se movida a passar da sombra à luz, do rasto da pegada à verdade, do livro à ciência verdadeira, da via ao termo, da criatura ao Criador[43].

Unida substancialmente ao corpo para torná-lo partícipe de seu próprio destino em sua ascensão para Deus, a alma terá necessariamente que apoiar-se nas realidades sensíveis. Reabilitados pela fé e pela graça, os sentidos transmitem ao leitor fiel e devoto a mensagem metafísica e religiosa da qual os seres materiais, por natureza, são portadores. E assim, do reto uso das coisas nasce, como diz Boaventura, a teologia simbólica tão exemplarmente praticada por ele, como demonstram seus textos: "[Todas as criaturas deste mundo sensível levam ao Deus eterno o espírito do que contempla e degusta], porquanto são sombras, ressonâncias e pinturas daquele primeiro Princípio, poderosíssimo, sapientíssimo e ótimo, daquela origem, luz e plenitude eterna e daquela arte (causa) eficiente, exemplante (exemplar) e ordenante (final); são não somente vestígios, simulacros e espetáculos postos diante de nós para co-intuir a Deus, mas também sinais que, de modo divino, nos foram dados"[44].

> A razão e a fé levam a estes esplendores exemplares. [...] Mas em qualquer criatura resplandece o divino exemplar, mas com mescla de trevas; por isso, é como certa opacidade mesclada com a luz. Assim mesmo, é caminho que conduz ao exemplar [...], é vestígio da sabedoria de Deus. Por todas estas razões, é um livro escrito por fora[45].

Entre muitos outros, estes textos são significativos do programa que a si mesmo se impôs o Doutor Seráfico: decifrar o mistério do mundo, passando da sombra à luz, do caminho ao termo, do vestígio à verdade, do livro à ciência verdadeira que reside em Deus.

Para realizar este desígnio, a teologia simbólica tem que se valer aqui da filosofia, quer dizer, tem que assumir a natureza das coisas para, com tudo o que elas têm e são,

---

43. *Brev.*, p. 2. C. 12, n. 1-2 (BAC I, 282-285).
44. *Itin.*, c. 2, n. 11 (BAC I, 588s).
45. *Hex.*, col. 12, n. 14 (BAC III, 402s).

Capítulo II – Teoria do conhecimento

construir um espelho que, a modo de uma escada que da terra sobe ao céu, lhe permita co-intuir o mistério de Deus.

Graças ao préstimo de seu simbolismo, as criaturas racionais, os seres sensíveis, ao mesmo tempo que manifestam a bondade de Deus que as criou, tornam-se partícipes dela. Pálidas e distantes ainda, estas representações simbólicas constituem o caminho normal e obrigatório do espírito encarnado em sua condição itinerante de recondutor da criação inteira à unidade primordial do Pai.

Como para Francisco de Assis, também para Boaventura as criaturas não são meros sinais de uma realidade transcendente e distante, mas expressões vivas que simbolicamente a prefiguram e contêm. Este expressionismo simbólico não somente não anula seu ser natural, mas enriquece-o e prolonga-o em uma referência essencial a um plano superior que as transcende. Inscrito na própria substância das coisas e, mais propriamente, nas condições transcendentais de unidade, verdade e bondade, o simbolismo bonaventuriano, superando o plano das relações exteriores, significa já uma certa assimilação da unidade, da verdade e da bondade essencial de Deus. Este aspecto eminentemente dinâmico da ordenação do homem ao sobrenatural, que arrasta consigo todas as criaturas, é característica peculiar de todo o pensamento franciscano desde Alexandre de Hales até Duns Scotus.

Impossibilitando o nascimento de qualquer catalogação artificial da realidade em religiosa ou a-religiosa, o pensamento de Boaventura encontra-se aqui com as tendências mais profundas de certa teologia da secularização. Desde o princípio e sempre, as coisas apresentam-se como um dom de Deus. Deste modo, para o franciscanismo de Boaventura, o mundo não é tanto um lugar de exílio, um vale de lágrimas, mas antes o novo paraíso no qual os olhos, iluminados pela fé, podem voltar a descobrir o rosto de Deus.

Conclusão

Dentro da espiritualidade cristã e fiel à doutrina agostiniana do mestre interior, Boaventura percorre um itinerário vigoroso e original que, superando a perspectiva da ciência, o eleva à perspectiva da sabedoria divina, do bem soberano, fonte de felicidade e de paz. Agora, isto somente se consegue por um movimento não do corpo, mas da alma, não por esforço próprio, mas por graça e iluminação de Deus que, infinitamente acima de todas as criaturas, lhes é infinitamente mais presente do que cada uma o é a si mesma. Realmente presente, porque criou todas as coisas do nada e mantém a todas no ser que lhes deu. Intencionalmente presente, porque criou um ser, o homem, capaz de conhecê-lo e de amá-lo. É assim que todo homem que verdadeiramente se conhece e se ama, conhece e ama aquele exemplar do qual é imagem – a presença real de Deus com a qual foi agraciado. O esplendor das coisas revela-nos Deus, se não somos cegos; falam-nos de Deus, se não somos surdos[46]. Mas nenhum *ser* é como o homem, como a alma humana, que não somente é vestígio, mas a *imagem* de Deus que proclama tão forte e tão alto que Deus existe[47]. Deve-se notar que em toda a obra de Boaventura sobressai a eminente dignidade da pessoa humana. A individualidade, a *pessoa*, acrescenta, junto da idéia de luz, a incomunicabilidade[48], que faz com que tudo lhe esteja ordenado, e só ela é diretamente ordenada a Deus, que mais do que simples *causa* é, sobretudo, *objeto* de seu conhecimento e amor[49].

4. João Duns Scotus

A teoria do conhecimento elaborada por Duns Scotus caracteriza-se essencialmente pelos traços fundamentais que a distinguem nitidamente da corrente aristotélico-tomista: a insistência no dinamismo irredutível da inteligência, quer dizer, na atividade criadora do sujeito em todo o processo cognitivo e a preferência concedida já não tanto ao conhecimento do universal, mas ao conhecimento do singular. E compreende-se. Duns Scotus nunca se esqueceu, por um lado, da lição agostiniana de que o conhecimento é um ato do sujeito que conhece e, por outro lado, da inspiração cristã e franciscana que leva ao ser individual, em concreto à pessoa, como o ser, dentre todos os seres criados, mais rico e perfeito em unidade, verdade e bondade e, por isso mesmo, o mais apto e digno de ser conhecido.

Para uma mais fiel e rigorosa compreensão da posição de Duns Scotus sobre os problemas do conhecimento, não convém isolá-lo do conjunto das várias opiniões que a condicionam e a tornam singular. Além disso, ele mesmo nos convida a isso, a analisar previamente as soluções dominantes em seu tempo. Impressionante o respeito e a atenção que dele merecem as opiniões mais opostas, quando ele pondera com grande objetividade e rigor os argumentos em que se apóiam.

a) Sujeito e objeto do conhecimento

Todas as correntes da escolástica reconhecem, na dinâmica do conhecimento humano, o resultado do encontro de um sujeito ou inteligência capaz de conhecer e de um objeto inteligível, quer dizer, capaz de ser conhecido. As divergências começam depois de colocar o problema do predomínio de um ou de outro fator, seja da potência cognos-

---

46. *Itin.*, c. 1, n. 1 (BAC I, 564s).
47. *MTr.*, q. 1, a. 1 concl. (BAC V, 110-113).
48. *III Sent.*, d. 5, a. 5, q. 2, n. 1.
49. *II Sent.*, d. 15, a. 2, q. 2; *Brev.*, p. 2, c. 4 (BAC I, 250-253).

Capítulo II – Teoria do conhecimento

citiva, por um lado, seja da realidade conhecida, por outro; e isto em cada uma das fases pelas quais passa seu processo complicado: a) entre as coisas materiais e as potências sensitivas que pela percepção concorrem na produção do *fantasma* ou *imagem*; b) entre a *imagem* e o *entendimento* agente ou inteligência ativa, cujo trabalho, graças à abstração, se destina a produzir a *espécie inteligível*; c) entre a espécie inteligível e o entendimento possível ou inteligência passiva, da qual resulta o conceito, que representa o culminar de todo o processo.

Com base na experiência psicológica, Duns Scotus conclui que sujeito e objeto são imprescindíveis na explicação do conhecimento. Mas importa precisar com o máximo rigor e objetividade o valor e alcance destes dois fatores na produção de um mesmo efeito.

Duns Scotus abre caminho, por meio de uma análise minuciosa, entre as duas orientações extremas em voga em seu tempo. A primeira, de inspiração platônico-agostiniana, representada por Henrique de Gand, põe todo o peso do ato intelectivo na alma: todo o conhecimento começa e termina na alma. Nesta perspectiva, o objeto não passa de uma ocasião necessária e nada mais. A segunda, defendida por Godofredo de Fontaines, se baseia no princípio aristotélico da potência e do ato, para sustentar que a inteligência humana não pode passar de potência a ato sem primeiro ser movida pelo objeto. Deste modo, é o objeto que atualiza e aperfeiçoa o conhecimento, na função de causa eficiente (G. de Fontaines) ou de causa formal (Tomás de Aquino). Porque nem uma nem outra destas duas posições corresponde à experiência, Duns Scotus acaba por rejeitá-las[50].

De fato, argumenta o Doutor Sutil, a solução apresentada por Henrique de Gand, além de ser ambígua, uma vez que não precisa a natureza de condição necessária por parte do objeto, é reconhecida como necessária para que haja conhecimento, e, por outro lado, não lhe é reconhecido valor de autêntica causa[51]. Mais ainda, atribuir ao sujeito praticamente toda a eficiência do ato de conhecimento equivale a fazer dele um infinito em potência, praticamente sempre em ato, o que contradiz manifestamente a experiência que nos ensina que conhecemos intermitentemente, quer dizer, que o conhecimento humano chega a ser depois de não ser[52].

A segunda orientação, de inspiração aristotélica, e que coloca a tônica da causalidade efetiva do ato cognoscitivo no objeto, é vigorosamente combatida por Duns Scotus, pois compromete irremediavelmente não só todas as iniciativas da inteligência, em concreto a formação de conceitos, de juízos e raciocínios, mas também sua própria dignidade espiritual, à medida que o efeito, ou seja, o conhecimento seria mais perfeito do que sua causa. A dimensão espiritual do homem ficaria reduzida a um simples meca-

---

50. *Ord.*, I, d. 3, p. 3, q. 2 (III, 245-288).
51. *Ibid.*, I, d. 3, p. 3, q. 2 (III, 252).
52. *Ibid.*

nismo registrador de fatos e acontecimentos, de modo que o conhecimento deixaria pura e simplesmente de ser um fenômeno vital e imanente ao sujeito que conhece, deseja e ama[53].

Diante dos inconvenientes que resultam das posições extremas – dos agostinianos, porque não prestam atenção suficiente à importância do objeto e dos aristotélicos, porque desprezam a atividade irrecusável do espírito –, Duns Scotus conclui que a causa eficiente e total do conhecimento se encontra conjuntamente na inteligência (alma) e no objeto, que deste modo convergem simultânea e integralmente na produção de um mesmo efeito, o conhecimento[54].

Diante das insuficiências e limites na interpretação do papel respectivo do sujeito e do objeto no conhecimento por parte das referidas orientações – uma porque não dá a importância devida à experiência, outra porque reduz o papel essencial da subjetividade –, Duns Scotus constrói sua teoria inovadora das *causas eficientes parciais*[55].

Excluída a causalidade total atribuída tanto à inteligência como ao objeto e reconhecendo-se, por outro lado, que estes dois princípios bastam para explicar o fenômeno do conhecimento, Duns Scotus conclui que ambos conjuntamente constituem sua causa integral[56].

A experiência mostra que, não raramente, as causas eficientes de um fenômeno são várias. Nesse caso, toda a eficácia da ação resulta da convergência das causas eficientes parciais na produção de um mesmo efeito. Entretanto, a relação entre elas não é sempre idêntica. De fato, podem concorrer *ex aequo*, à medida que, sendo da mesma natureza, desenvolvem o mesmo tipo de *eficiência*, independentemente umas das outras. Trata-se, por exemplo, de causas acidentalmente ordenadas, como no caso de dois cavalos que puxam o mesmo carro. Em outros casos, as causas parciais não concorrem em igual medida, mas segundo uma ordem de dependência essencial, denominando-se por isso mesmo de *causas essencialmente ordenadas*. De sua essencial ordenação se conclui que a segunda depende da primeira, que esta é mais perfeita que aquela e, por último, que deve agir ao mesmo tempo[57].

Quanto ao concurso das causas acidentalmente ordenadas, não é necessário quando se dá a concentração de toda a eficiência em uma das causas: um cavalo muito forte e robusto pode puxar sozinho uma carga que normalmente exige dois ou três cavalos;

---

53. *Ibid.* (III, 261).
54. *Ibid.* (III, 262).
55. *Ibid.* (III, 294).
56. *Ibid.* (III, 292s).
57. *Ibid.* (III, 293).

Capítulo II – Teoria do conhecimento

mas isso mesmo não se dá nas causas essencialmente ordenadas, nas quais o aumento de eficiência de uma não dispensa a eficiência das outras: uma paleta de pintar continua necessitando do concurso do pintor[58].

A ordenação essencial pode assumir uma dupla modalidade. Pode acontecer que uma das causas receba da outra sua eficiência causal ou, pelo contrário, que cada uma seja independente na esfera de sua exclusiva eficiência. Serve de exemplo, para o primeiro caso, a mão, o taco e a bola: a força do taco que coloca em movimento a bola lhe é transmitida pela mão. Para o segundo caso, temos o exemplo dos pais na geração humana: trata-se de duas causas essencialmente ordenadas, cada uma delas dotada de causalidade própria[59].

Sobre a base desta última forma de colaboração, quer dizer, a do pai e da mãe, é que Duns Scotus tenta explicar, pela geração natural dos filhos, a colaboração mútua do sujeito e do objeto no fenômeno do conhecimento. Trata-se de duas causas parciais essencialmente ordenadas com eficiência própria na esfera específica de cada uma. O objeto não recebe a eficiência específica da inteligência, nem a eficiência específica da inteligência lhe vem do objeto. Cada uma é perfeita em sua respectiva ordem de causalidade, embora, falando de maneira absoluta, a inteligência seja mais perfeita do que o objeto, não somente por ser de ordem espiritual, mas também porque o conhecimento depende essencialmente do dinamismo e intencionalidade vital da inteligência. Como potência ilimitada, a inteligência é con-causa indispensável em todos os atos de conhecimento, enquanto que o objeto concorre somente na produção daquele ato intelectual concreto que efetivamente se considera[60].

O conhecimento, precisamente porque é um ato vital, procede diretamente da alma. Ao dizer que o objeto age conjuntamente com a inteligência, este *agir ao mesmo tempo* deve ser entendido como um concorrer *em auxílio de*. Pois bem, o que corre em auxílio de, embora seja forçado a isso pela natureza das coisas, jamais será tido como agente principal. Insistindo nesta idéia, Duns Scotus chega a afirmar que o objeto não passa de uma espécie de instrumento da inteligência – *instrumentum ipsius intellectus* –, embora não receba sua própria eficiência causal da causa principal[61].

b) Conhecimento intuitivo e conhecimento abstrato

Rompendo decididamente com a corrente aristotélica, Duns Scotus considera o conhecimento do singular mais importante do que o conhecimento do universal. E isto

---

58. *Ibid.*
59. *Ibid.* (III, 293s).
60. *Ibid.*, q. 3 (III, 333).
61. *Ibid.* (III, 334).

porque o primeiro é um conhecimento direto e imediato do objeto, como atualmente existente e presente, portanto, sem interposição de imagem alguma ou representação sensível ou inteligível; o segundo, pelo contrário, prescinde ou abstrai da existência e presença atual de seu objeto, para captar somente sua essência mediante uma imagem ou representação sua sensível ou inteligível – *species sensibilis* e *species intelligibilis*. É este tipo de conhecimento de Deus, definido como conhecimento face a face, que a doutrina cristã indica a seus fiéis para a outra vida[62].

Em princípio, o singular, precisamente como singular, é cognoscível. De fato, a *haecceitas* que Duns Scotus introduz como princípio singularizador, como o princípio que faz com que um ser ou uma coisa seja *este* ser ou *esta* coisa (*haec*), é uma determinação positiva, constitutiva da realidade e, portanto, dotada de plena cognoscibilidade[63]. Somente que, apesar de sua limitada energia ativa em ordem ao ato de conhecer, a inteligência humana se encontra no estado atual – *pro statu isto* – condicionada pelas leis dos sentidos e do fantasma ou imagem[64]. Independentemente desta circunstância acidental, pelas mesmas razões pelas quais a individualidade ou singularidade representa uma perfeição no ser, também seu eventual conhecimento constitui necessariamente uma perfeição.

Na base da abstração e como seu fundamento ontológico, Duns Scotus introduz uma entidade nova à qual dá o nome de natureza comum – *natura communis* –, como tal, anterior e, por isso mesmo, indiferente tanto à singularidade como à universalidade. Na realidade, isto é, nos seres concretos, ela se encontra contraída na natureza individual; na inteligência, depois de ser libertada das condições pela abstração, existe uma natureza universal. As coisas que recebemos por meio dos sentidos são, de fato, concretas, singulares, mas, para que a inteligência possa passar do singular e concreto ao universal, é necessário que haja alguma coisa comum que sirva de fundamento a esta operação, algo indiferente ou neutro com relação à alternativa: ser sensível ou inteligível, singular ou universal. Em conformidade com o caráter abstrato de nosso conhecimento, a inteligência se orienta, como vimos, não tanto para a singularidade ou *haecceitas*, mas para a natureza comum – *natura communis* – que, assumida já em sua indiferença ou neutralidade, lhe confere um novo *modo* de ser, o modo da universalidade. Essa passagem ou transformação não é efeito da imagem presente na fantasia – *species sensibilis* –, porquanto esta imagem carece da determinação própria do universal. Tampouco a podemos atribuir à inteligência possível, à medida que esta se encontra simplesmente em potência; por isso, a causa principal de todo o processo deve ser atribuída à inteli-

---

62. *Ibid.*, II, d. 3, p. 1, q. 5-6 (III, 468).
63. *Quaestiones subtilissimae super libros Metaphysicorum*, VII, q. 15 (Ed. Vivès VII, 434-441).
64. *Ord.*, I, d. 3, p. 3, q. 3 (III, 323).

Capítulo II – Teoria do conhecimento

gência *agente* ou *ativa*. O fantasma é somente causa parcial e, de algum modo, subordinada à inteligência[65].

Na explicação do mecanismo de abstração, Duns Scotus serve-se de todo o aparato conceitual de herança aristotélica, que ele aceita e submete a um dinamismo operacional e criador. Este, certamente, é um traço característico da doutrina escotista da abstração que, segundo E. Bettoni, consiste em "atribuir uma certa capacidade criadora à inteligência agente"[66]. Sem atribuir-se, como Kant, poder constitutivo na ordem do ser e do conhecer, Duns Scotus reconhece à inteligência humana uma *intencionalidade ilimitada*, natural e intrinsecamente aberta ao conhecimento da universalidade ou da totalidade do ser.

c) O objeto próprio do conhecimento humano

O problema do *objeto próprio* ou *primário* da *inteligência humana* ocupa um lugar de grande relevo no pensamento de Duns Scotus. Trata-se de estabelecer qual é o objeto *primeiro*, na ordem da própria natureza, quer dizer, trata-se de identificar o objeto que determina o horizonte cognoscitivo do entendimento humano, sob o qual todos os demais objetos são conhecidos. A solução proposta pelo Doutor Sutil abre caminho através de uma cerrada análise crítica das duas correntes de pensamento dominantes em seu tempo: a corrente iluminista platônico-agostiniana e a corrente abstrativa aristotélico-tomista.

A primeira corrente, representada por Henrique de Gand, defende que Deus constitui o objeto primeiro natural do entendimento humano. Esta posição, cujo ontologismo é evidente apesar dos esforços em sentido contrário de alguns de seus defensores, compromete gravemente não só a intencionalidade da inteligência natural, mas também implica uma excessiva intervenção de Deus no processo do conhecimento humano[67].

A segunda orientação, protagonizada por Tomás de Aquino e sua escola, entende que a inteligência humana está naturalmente ordenada a conhecer a essência das realidades sensíveis, isolada por abstração de suas condições materiais. Duns Scotus observa que, no caso de ser verdadeira, esta teoria reduziria a capacidade máxima da inteligência humana ao âmbito das coisas materiais, o que de algum modo vai contra a doutrina da fé sobre a vida futura. De fato, Paulo ensina, no céu a alma conhece diretamente as coisas imateriais, face a face. Enquanto isso, a inteligência conserva no céu, intacta, a mesma capacidade que dispõe nesta vida terrena. Portanto, se no céu pode conhecer

---

65. *Quaestiones subtilissimae super libros Metaphysicorum*, VII, q. 18 (VII, 452-462).
66. E. BETTONI, *Duns Scoto Filosofo* (Milão 1966) 153.
67. *Ord.*, I, d. 3, p. 1, q. 3 (III, 69.78).

Manual de filosofia franciscana

diretamente as coisas imateriais (Deus, os anjos, etc.), não podemos afirmar que o objeto primeiro e adequado da inteligência humana seja a essência material dos seres materiais. Nem se pode dizer, previne Duns Scotus, que no céu a inteligência é elevada ou promovida a um estado superior de perfeição a fim de poder conhecer diretamente as realidades imateriais. A isto responde: ou este modo novo de conhecer supera ou não supera o poder da inteligência. No primeiro caso, a inteligência humana se tornará necessariamente uma nova potência, diferente daquela que se encontra na vida presente. Se não o supera, temos a prova de que o objeto primeiro e adequado de nossa inteligência não é a *quidditas* ou essência da coisa material, mas o ser enquanto ser em sua máxima indiferenciação com relação ao particular ou ao universal, ao finito ou ao infinito, ao material ou ao imaterial.

Por estas razões, Duns Scotus se nega a aceitar que a essência material dos seres materiais – *quidditas rei materialis* – ou, neste caso, Deus, possam ser considerados o objeto próprio e adequado da inteligência humana em virtude de sua própria natureza – *ex natura potentiae*. Em sua opinião, o objeto formal, naturalmente primeiro e adequado de nossa inteligência, é o ser enquanto ser. Isto significa que todos os seres, enquanto cognoscíveis, podem ser atualmente objeto de nosso conhecimento, inclusive o ser infinito ou Deus[68].

Daí não resulta que possamos ter um conhecimento natural imediato de Deus. Na presente condição de *homo viator*, a inteligência humana dirige-se imediatamente às realidades sensíveis. Mas, tratando-se, como neste caso, do objeto primeiro e adequado da inteligência humana, se entende como tal aquele objeto que supera e compreende a todos, inclusive os casos particulares, como quando se diz que o objeto próprio e adequado da vista não é o que se pode ver à luz de uma vela, mas tudo aquilo que a vista pode abarcar como simples poder ou faculdade de ver[69]. Tampouco se diz que a inteligência humana possui capacidade natural para conhecer a essência divina em si mesma, porque o conceito geral e unívoco de ser não inclui em si esta essência divina que, como tal, é particular. O objeto primeiro e adequado da inteligência, em sua condição de potência natural, deve compreender tanto as coisas materiais como as imateriais, embora no estado presente não possa conhecer diretamente as coisas imateriais. Se a essência material das coisas materiais fosse o objeto primeiro e adequado da inteligência, a metafísica como ciência do ser enquanto ser seria impossível.

O objeto primeiro e adequado da inteligência é, portanto, o ser em toda a plenitude de sua extensão que compreende todos os âmbitos da existência, tanto material como imaterial, tanto real como possível. Com outras palavras, a inteligência humana

---

68. *Ibid.*, *Prologus* q. un. p. 1, n. 1 (I, 1s).
69. *Ibid.*, I, d. 3, p. 1, q. 3, n. 24 (III, 112s).

Capítulo II – Teoria do conhecimento

está, por natureza, aberta a toda a realidade, através do ser comuníssimo que, por isso mesmo, é seu primeiro objeto à medida que constitui a matriz e o horizonte a partir do qual se formam e se organizam todos os demais conceitos[70]. À semelhança da vontade que é capaz de querer tudo o que, de algum modo, se lhe oferece como um bem, também a inteligência pode conhecer tudo o que se lhe apresenta como verdadeiro. Isto em princípio ou de direito, porque, como já dissemos, na situação atual a inteligência é inicialmente posta em movimento pelas realidades materiais ou sensíveis. Enquanto isso, seu dinamismo, sua força ativa lhe permite elaborar um conceito de ser que, transcendendo o ponto de partida, constitui a base da metafísica: embora o ser material não nos seja dado imediatamente, podemos, no entanto, apreendê-lo mediante este conceito comuníssimo de ser[71].

Pois bem, este ser é um conceito predicável de toda a realidade, de todos os seres. É um conceito real, predicado não de conceitos, mas de coisas – *in quid* –, porquanto designa as coisas como tais. Na mente de Duns Scotus, este conceito real e absoluto de ser é unívoco, pois se predica indiferenciadamente de tudo quanto é ser, antes de qualquer determinação ulterior. Para o caso, ele argumenta da forma seguinte: podemos estar certos de que estamos diante de um ser sem que saibamos se é finito ou infinito; logo, possuímos um conceito mais simples e anterior à sua divisão em finito e infinito. Dito isto – diz ele –, se nossos argumentos não se baseassem em um só e único conceito de ser, quando é assumido como termo médio em um silogismo demonstrativo, por exemplo, da existência de Deus, a conclusão seria equívoca. Nosso conhecimento natural de Deus, assim como o conhecimento metafísico, como ciência do ser enquanto ser, postula como fundamento um conceito unívoco de ser[72].

É neste horizonte de inteligibilidade metafísica do ser enquanto ser, quer dizer, do ser unívoco, que se processa o conhecimento natural de Deus pela aplicação dos primeiros princípios aos atributos e perfeições transcendentais que sempre o acompanham e intrinsecamente o estruturam. Horizonte de inteligibilidade que, apesar de estar confinado nos limites espácio-temporais de nossa atual condição itinerante, se revela suficientemente amplo e fecundo para que cresça nele sempre, de geração em geração, o conhecimento da verdade[73].

Como já indicamos, o ser unívoco situa-se antes e acima das categorias clássicas em que ulteriormente se distribui toda a realidade criada. Em uma palavra, o ser é transcendente a todas as determinações ulteriores e, juntamente com o ser, todos os atri-

---

70. *Ibid.*
71. *Ibid.*, q. 2, n. 5 (III, 18).
72. *Ibid.*, d. 3, p. 1, q. 3, n. 3 (III, 73).
73. *Ibid.*, IV, d. 1, q. 3, n. 8 (Ed. Vivès XVI, 136).

butos que dele se derivam, constituindo deste modo o âmbito dos transcendentais[74]. Além do próprio conceito de ser, Duns Scotus distingue três classes de transcendentais.

A primeira classe está constituída pelos atributos conversíveis com o ser, ou determinações do ser, como são *a unidade, a verdade, a bondade e a beleza* e que, tendo a mesma extensão que o ser, podem ser denominados como predicados de todos os seres.

Em segundo lugar, estão os transcendentais disjuntivos, ou seja, determinações enunciadas em alternativa de tal modo que uma ou outra parte da disjunção sempre se verifica; neste caso, os transcendentais *finito ou infinito, necessário ou contingente, absoluto ou relativo*, etc. A respeito disso vale o seguinte princípio: da existência do menos perfeito é legítimo concluir a existência do mais perfeito, mas não a inversa[75].

E, por último, as chamadas *perfeições puras* ou *perfeições simples*, isto é, determinações que, por sua natureza, não admitem qualquer restrição ou limitação. Por si mesmas, as perfeições puras são sempre perfeições onde quer que se dêem, seja qual for o sujeito ao qual pertença. A inteligência racional, a força ou o vigor físicos, a cor, etc. são perfeições, mas mistas, mescladas, por natureza, de perfeição e de imperfeição, porque estão limitadas ou circunscritas aos seres finitos. O ser, a vida, a inteligência, a liberdade, pelo contrário, são perfeições simples, pois não implicam necessariamente nenhuma imperfeição, podendo ser ditas por natureza tanto do ser finito como do ser infinito ou de Deus. Somente variam em virtude da perfeição ou imperfeição do sujeito ao qual pertencem, são infinitas em Deus e finitas nas criaturas. É fácil perceber a importância dos transcendentais, sobretudo dos disjuntivos e das perfeições simples, para a fundamentação intelectual da metafísica e do conhecimento natural de Deus[76].

Da mesma maneira que o conceito de ser, também os conceitos transcendentais e os das perfeições puras são adquiridos a partir da experiência que nos mostra a presença nas criaturas de certas perfeições como, por exemplo, o ser, a vida, a inteligência, a liberdade, etc., das quais eliminamos ou abstraímos a imperfeição resultante da condição criatural dos sujeitos aos quais pertencem. A fixação da inteligência em sua razão formal de perfeição permite a definição final de tais conceitos que, deste modo, podem ser atribuídos univocamente às criaturas e a Deus.

Distinguindo-se formalmente de seu modo imperfeito de realização, as perfeições simples (ser, inteligência, liberdade, etc.) oferecem uma espécie de traço de união entre as criaturas e Deus, uma base lógico-ontológica para o trânsito do ser finito ao Ser infinito. De fato, as perfeições simples encontram-se em Deus segundo sua significação

---

74. *Ibid.*, II, d. 1, p. 1, q. 4, n. 5 (III, 335).
75. *Ibid.*, I, d. 3, p. 2, q. un. n. 13 (III, 195).
76. *Ibid.*, d. 8, p. 1, q. 3, n. 18-19 (IV, 205s).

Capítulo II – Teoria do conhecimento

própria, quer dizer, formalmente, embora de modo análogo e eminente; quanto às perfeições mistas (por exemplo, sol, luz, rocha, água, etc., só metaforicamente lhe podem ser atribuídas: encontram-se em Deus não em sentido próprio, mas só virtualmente, enquanto incluídas de modo implícito na insondável riqueza de seu ser.

Enquanto isso, os conceitos de perfeições puras, por serem unívocos à medida que prescindem da modalidade de ser que determinam, não são, no entanto, os conceitos mais perfeitos, pois alcançam seu objeto somente de longe e impropriamente. A este propósito, é importante pensar, adverte Duns Scotus, que as determinações modais não constituem novas perfeições ontológicas, limitando-se somente a fixar a modalidade ontológica peculiar ou o grau de perfeição dos seres dos quais as perfeições podem ser univocamente predicadas. Para obter um conceito perfeito de algum ser ou de alguma realidade, é necessário apreendê-los em um conceito composto que inclua a respectiva modalidade[77].

d) Conhecimento do singular

Duns Scotus afirma que a verdade está diante da inteligência do mesmo modo que o bem está diante da vontade. Assim como a vontade não se contenta com nenhum bem particular ou limitado, tampouco a inteligência se contenta com nenhum tipo de verdade, mas quer conhecer a verdade toda. É sempre o ser integral, o ser em sua totalidade, ao que aspiram tanto a vontade como a inteligência, uma sob o aspecto do bem, a outra sob o aspecto da verdade[78].

É neste contexto que a pergunta pela inteligibilidade dos seres singulares enquanto singulares emerge com vigor e pertinência. Entretanto, esta pergunta pode ser entendida em relação com a inteligência, tomada em sentido geral e abstrato, ou em sua condição histórica e atual, quer dizer, *pro statu isto*. No primeiro sentido, a questão é de natureza metafísica; no segundo, pertence à psicologia[79].

Pergunta-se, em primeiro lugar, se a inteligência humana é capaz, absolutamente falando, quer dizer, de direito, de conhecer os seres singulares em sua singularidade. A resposta de Duns Scotus é positiva. E a razão está no fato de que a inteligibilidade corresponde à entidade: quanto mais rica e densa é a entidade, mais perfeita e completa a cognoscibilidade. Pois bem, a singularidade não é mais que a entidade que, advindo pelo acrescentamento à natureza específica, a constitui em seu último grau de unidade e atualidade. Pela mesma razão, a singularidade não somente é cognoscível por si mes-

---

77. *Ibid.*, d. 3, p. 1, q. 2, n. 10 (III, 26).

78. *Ibid.*, IV, d. 50, q. 6, n. 5 (Ed. Vivès XXI, 554s).

79. *Quaestiones subtilissima super libros Metaphysicorum*, VII, q. 15, n. 3 (Ed. Vivès VII, 435s).

Manual de filosofia franciscana

ma, mas também pode-se dizer que é objeto primeiro e adequado da inteligência, absolutamente falando, em termos de perfeição, pois inclui em si *todo* o conteúdo cognoscível de que dispõe e não somente uma parte. De fato, conhecer alguma coisa sem sua singularidade equivale a conhecê-la só parcialmente. Mas conhecê-la como singular significa conhecê-la em sua totalidade, quer dizer, juntamente em sua essência e em sua singularidade[80].

Em sentido relativo, ou seja, de fato, enquanto referida à capacidade atual da inteligência humana, a resposta de Duns Scotus é negativa. Melhor ainda, Duns Scotus somente nega que se conheça o último grau de atualidade do singular, que é sua própria singularidade. Podemos conhecer, entretanto, imediata e intuitivamente a existência do singular, sua natureza individual, seus acidentes, etc., mas não conhecemos imediatamente e por si a singularidade do indivíduo. Se fôssemos capazes de conhecer a singularidade em si mesma, seríamos capazes de distinguir dois indivíduos cuja diferença fosse somente sua respectiva singularidade ou *haecceitas*.

Pois bem, um acontecimento semelhante não é possível na situação presente da inteligência humana. O fato é que a singularidade dos indivíduos não impressiona nem comove nossa inteligência, ao contrário de sua existência e de outras propriedades, como a unidade numérica, a subsistência e a incomunicabilidade. Apesar disso, no estado atual, nossa inteligência é incapaz de conhecer a última entidade, ou seja, a singularidade que faz de um indivíduo um ser único e singular[81]. Esta posição de Duns Scotus corresponde a uma certa tentativa de valorização do indivíduo, reconhecendo-lhe um primado de dignidade que a filosofia grega, e sobretudo a aristotélica, nunca admitiriam. De fato, Duns Scotus afirma com certa insistência que a singularidade induz a perfeição tanto no ser como no conhecer. O fato de não poder conhecer o singular direta e imediatamente como tal significa indubitavelmente uma imperfeição por parte da inteligência humana, imperfeição devida à sua presente situação histórica[82]. Imperfeição esta que, de algum modo, deve ser atribuída de direito – *de jure* – à falta de inteligibilidade intrínseca do singular em si e por si mesmo, quer dizer, em virtude de sua própria natureza, mas anterior à situação concreta, na qual a inteligência humana atualmente se encontra, limitada e sem possibilidade de acesso à singularidade (devido à falta original, à sua união com o corpo). Convém insistir, para compreender melhor o pensamento de Duns Scotus, em que esta condição da inteligência humana é meramente histórica, não conseqüência de sua própria natureza. Além disso, como teólogo, Duns Scotus nunca poderia esquecer-se de que a mais profunda aspiração da inteligên-

---

80. *Ibid.*
81. *Ibid.*, q. 15, n. 5 (Ed. Vivès VII, 437s).
82. *Ox.*, II, d. 3, q. 11, n. 9 (Ed. Vivès XII, 276).

Capítulo II – Teoria do conhecimento

cia cristã e sua mais ardente esperança estão postas na visão face a face do próprio Deus, o Ser singularíssimo por excelência. Como conclusão, segundo Duns Scotus, a inteligência humana, faculdade de conhecimento superior aos sentidos, é, por natureza, capaz de conhecer tanto o universal como os seres singulares, embora não os conheça atualmente na plenitude de sua singularidade[83].

Caso particular de conhecimento imediato e intuitivo são os atos internos pela pessoa que os vive e experimenta e, mais ainda, o autoconhecimento de si mesma. Duns Scotus não tem dúvida: o conhecimento dos atos psíquicos é tão imediato como o conhecimento dos primeiros princípios[84]. Podemos equivocar-nos no que ouvimos, vemos, sentimos, etc., mas não quanto ao fato de ouvir, de ver e de sentir. Duns Scotus aprofunda este problema da intuição em um estudo conjunto sobre o autoconhecimento da alma humana e dos anjos[85].

Com relação à alma humana, ele afirma que, sendo esta inteligível de si mesma e estando sempre presente a si mesma, realiza todos os requisitos ontológicos – *in actu primo* – para poder passar ao ato segundo – *ad actum secundum* –, quer dizer, ao seu autoconhecimento[86]. No entanto, na passagem sobre o autoconhecimento, a capacidade nativa da inteligência humana experimenta um obstáculo insuperável, resultante das condições concretas em que atualmente se encontra, como é o fato de que antes da produção do ato segundo deve ser movida por um objeto sensível, externo. Considerada em si mesma, antes de conhecer-se efetivamente – *in actu primo* –, a alma é uma realidade inteligível dotada por si mesma de capacidade ontológica para conhecer-se virtualmente, diz Duns Scotus. Segundo isto, porque não há limitações físicas ou corporais, de espaço e de tempo, no anjo o autoconhecimento é sempre atual. Pelo contrário, na alma humana, quer dizer, no homem, o autoconhecimento somente se dá quando a inteligência é movida ou atualizada por um objeto exterior e sensível[87].

Duns Scotus relata a este propósito uma experiência dos atos internos do sujeito (subjetivos) como se fossem uma visão interior dos próprios atos. O objeto ou termo desta experiência é a *inerência* dos atos ao sujeito que tem deles percepção e visão interior. Juntamente com a percepção dos atos é também percebido o eu, como sujeito de seus próprios atos, pois aquele ato reside em nós – *inest in nobis ille actus*. Se alguém ousasse negar estes atos, dever-se-ia dizer que não é homem, porque não tem a visão interior do ato que outros homens reconhecem possuir.

---

83. *Quaestiones de anima*, q. 22 (Ed. Vivès III, 627ss).
84. *Ord.*, I, d. 3, p. 1, q. 4, n. 7 (III, 138).
85. *Ibid.*, n. 10 (III, 144).
86. *Ibid.*, p. 2, q. 1 (III, 517).
87. *Ibid.* (III, 517).

Manual de filosofia franciscana

Esta visão interior é uma espécie de intuição do ato à maneira de um contato imediato de natureza ontológico-psicológica, por um lado entre o sujeito conhecente e o objeto conhecido, e por outro lado entre o sujeito conhecente e o respectivo ato[88].

A percepção da própria pessoa ou do próprio *eu* identifica-se com o juízo da existência e precede o próprio conceito de existência. É que a percepção não é um conceito, mas uma tomada de consciência carregada de inteligibilidade, a partir da qual a inteligência começa a elaborar conceitos, a formular juízos, a concatenar raciocínios, de forma que se manifeste cada vez mais. A percepção de nossos atos internos não admite possibilidade de erro, impõe-se com certeza absoluta – de muitos de nossos atos temos certeza como primeiros e, por isso mesmo, conhecidos[89]. Embora, *de fato*, segundo Duns Scotus, só podemos conhecer a alma inteiramente através de seus atos, isto não invalida que a inteligência possa conhecer o ser espiritual e chegar a Deus, graças à mediação das criaturas[90]. Quanto à percepção de uma realidade que é presente – *praesentialiter* – ao sujeito conhecente por si por intuição intelectual, Duns Scotus diz que ela não é *científica*, por não ser fruto de um raciocínio, mas conhecimento imediato, evidente em si e por si, *origem e princípio da ciência e fundamento de toda a ciência humana adquirida*. Isto significa que todo o conhecimento das coisas deriva da intuição ou conhecimento imediato.

Por tudo quanto foi dito, é fácil concluir que, para Duns Scotus, a inteligência não é uma *tabula rasa* na qual não há nada escrito, mas é formalmente uma realidade em ato, um princípio de atividade cognoscitiva. Sendo por natureza uma força cognitiva, a inteligência comporta-se, no exercício de sua atividade, como uma luz, como um princípio de inteligibilidade projetiva destinada a iluminar todos os seres ou toda a realidade existente. A luz deste conhecimento é por natureza indeterminada, no sentido de que sua capacidade de determinação pela presença do objeto jamais se esgota, por mais numerosas que sejam as sucessivas atualizações particulares. É como uma abertura insaciável, pela qual a inteligência se diz ilimitada, porque se encontra em condições de conhecer tudo aquilo que se lhe apresenta como objeto do conhecer[91].

Nesta amplitude ilimitada da inteligência cabem todos os valores inteligíveis do ser, desde o nível mais elementar da sensibilidade até o nível mais elevado da espiritualidade (alma e Deus). Neste sentido, podemos dizer que há em Duns Scotus uma relação transcendental entre a intencionalidade invencível da inteligência como forma e

---

88. *Ox.*, IV, d. 43, q. 2, n. 10-11 (XX, 40).

89. *Ord.*, I, d. 3, p. 1, q. 4, n. 10 (III, 145).

90. *Ibid.*, q. 3, n. 22 (III, 110).

91. *De rerum principio*, a. 1, s. 7 (Ed. Vivès IV, 216); cf. P. GLORIEUX, "Pour en finir avec le 'De rerum principio'": *AFH* 31 (1938) 225-234.

Capítulo II – Teoria do conhecimento

capacidade de conhecimento e a totalidade do ser[92]. Constitutivamente, quer dizer, por sua própria natureza, a inteligência como luz naturalmente cognoscitiva se encontra sempre em ato (*ato primeiro*); no entanto, sua atualização em conhecimento efetivo, seu exercício concreto, depende do encontro eventual com o objeto (*ato segundo*). Na ordem ontológica, a potência da inteligência no homem precede, como condição de possibilidade, todo conhecimento, assim como a própria influência inicial dos sentidos.

Encontramos aqui uma espécie de inatismo ou apriorismo não expressamente formulado, é certo, e muito menos em termos de conteúdo (formas, categorias), que de fora se impõe ao objeto, condicionando ou limitando sua real percepção. Ao contrário do apriorismo material de Kant, o apriorismo de Duns Scotus é simplesmente virtual ou funcional à medida que a intencionalidade da inteligência humana o orienta para o encontro efetivo da verdade e do ser, que é o mais ilimitado do conhecimento e do amor.

Conclusão

O pensamento filosófico-teológico de Duns Scotus inscreve-se no âmbito da mais antiga tradição escolástica franciscana, desenvolvendo intuições de Agostinho formuladas muitas vezes em termos aristotélicos. Dentro do espírito franciscano, tampouco busca no estudo o saber pelo saber nem a própria satisfação, mas o reconhecimento público da glória de Deus e de tudo quanto Deus ama, porque Deus é amor e tudo criou por amor. Metafísico excepcional, dotado de gênio agudo e penetrante, é um dos maiores exploradores, no período áureo da Escolástica medieval, da natureza e dos limites do conhecimento humano.

Situando-se ainda no rescaldo dos acesos debates intelectuais que continuaram depois da condenação do aristotelismo em 1277, Duns Scotus, em sua qualidade de teólogo cristão, procura substituir a visão pagã de um mundo regido em todas as suas manifestações e atividades pela inflexível necessidade de leis e princípios universais, pela visão cristã de um mundo livremente querido por um Deus cuja essência é a liberalidade, a comunicabilidade e o amor gratuito, ao qual, segundo seus desígnios, o homem está chamado a responder também com amor, que é aqui igual à docilidade de obediência e de prontidão.

A intuição da lei de amor, como princípio e fim de tudo, é em Duns Scotus profundamente viva e atuante. É desta intuição imutável que brota a ágil e complexa síntese filosófico-teológica do Doutor Sutil ao estabelecer a harmonia, a ordem e a continuidade entre as realidades aparentemente descontínuas e que constituem, ao mesmo tempo, o fundo do ser e determinam a diversidade dos objetos e dos respectivos modos de

---

92. *Ord.*, I, d. 3, p. 3, q. 2, n. 38 (III, 323).

conhecer. Entre todos os elementos inteligíveis com os quais Duns Scotus refaz o caminho, em termos de conhecimento, e que leva de retorno a Deus, sobressaem o ser, objeto primeiro da inteligência, a atividade do sujeito no conhecimento, a univocidade do ser, o conhecimento intuitivo do singular, a eminente dignidade da pessoa. De todas estas unidades temáticas encontramos referências ou análises mais ou menos desenvolvidas em Roberto Grosseteste e em Gonçalo de Balboa, em Agostinho e em Boaventura, em Aristóteles e em Tomás de Aquino, especialmente em Averroes, que inspirou Duns Scotus, seja direta seja indiretamente, por oposição e contraste, perspectivas inovadoras sobre a univocidade do ser, em especial, e a contingência do mundo criado.

Mas todas as idéias e sugestões recebidas foram repensadas criticamente por Duns Scotus e organizadas em uma síntese original de incomparável solidez e coerência que desafia o passar do tempo. Está fora de toda dúvida que Duns Scotus continua a tradição mais antiga dos franciscanos de Oxford e de Paris, fidelidade à fé cristã e ao espírito de Assis, procurando imprimir maior densidade e consistência ontológica a muitas das intuições presentes em Boaventura e Agostinho. Seu espírito crítico o leva a abandonar a teoria da iluminação divina, à qual recorreram Agostinho e Boaventura para explicar o conhecimento humano, mas com ambos coincide em reconhecer que o amor é guia imprescindível e fecundo nos caminhos da inteligência e da vontade em direção à verdade e ao bem supremos. Tampouco admite as razões seminais, mas introduz um princípio espiritual, a *haecceitas*, fonte de autonomia e de originalidade que distingue os *indivíduos*.

Em oposição a Tomás de Aquino, Duns Scotus considera que o entendimento ativo e o entendimento passivo não são duas faculdades realmente distintas, mas duas funções diferentes de uma única e mesma faculdade. Tampouco pensa, ao contrário de Tomás de Aquino, que se possa extrair dos princípios aristotélicos uma concepção da realidade compatível com a cristã. É. Gilson aponta a razão de fundo desta divergência nos seguintes termos:

> Segundo Santo Tomás de Aquino, os filósofos consideram as naturezas em si mesmas, os teólogos como vindas de Deus para voltar a Ele; segundo Duns Scotus, pelo contrário, os filósofos são aqueles que, considerando as coisas somente em si mesmas, são levados naturalmente a pensar a realidade em termos de necessidade inquebrantável, com manifesto prejuízo da liberdade[93].

Por outro lado, a juízo de Duns Scotus, Aristóteles e, com ele, todos os pensadores que não conheceram e não tomaram em sua devida conta a revelação cristã acabam por não compreender o íntimo valor e significado das coisas, porque ignoram, em último termo, a essência das leis às quais obedecem. A partir desta perspectiva, a realidade há de aparecer-lhes fatalmente como um sistema de relações necessárias e imutáveis nas quais não há lugar nem espaço para a liberdade. Sem liberdade, o universo fica sujeito

---

93. É. GILSON, *Jean Duns Scot. Introduction à ses positions fondamentales* (J. Vrin, Paris 1952) 642.

Capítulo II – Teoria do conhecimento

ao rigorismo inflexível e inexorável das leis naturais. Por isso, à semelhança de Boaventura, Duns Scotus desconfia de uma filosofia pura ou separada, disposto a denunciar em seguida seus limites, as conclusões parciais e os resultados intrinsecamente incompatíveis com a doutrina revelada[94].

Da eminente dignidade da pessoa humana Duns Scotus extrai, como Boaventura e seguindo Agostinho, um argumento decisivo para afirmar a relevância do sujeito espiritual no processo do conhecimento, já que afirma com convicção que as teses *passivistas* humilham a inteligência humana[95]. No ato de conhecer, a inteligência, determinando-se a si mesma, goza de um certo poder de iniciativa que desmente a universalidade do princípio aristotélico segundo o qual *nada se move a si mesmo*.

O homem, compêndio do cosmos, denominado por isso mesmo um mundo pequeno – *minor mundus* –, introduz-se, pelo privilégio da inteligência e da liberdade, no dinamismo que, por graça e exemplo de Cristo, leva tudo a Deus, suma Verdade e sumo Bem. Daí a tônica e a particular insistência de Duns Scotus na defesa do conhecimento intuitivo do singular e, entre todos os singulares, na presença humana: somente ela é capaz de inscrever em si ou de interiorizar, pela inteligência e livre adesão, a ordem inteira do universo e de suas causas, compreendida existencialmente – *in actu exercito* –, a plenitude da perfeição cristã.

Pelo pensamento, o homem, que traz consigo o mundo inteiro, é chamado a depositá-lo religiosamente e com reconhecimento nas mãos de Deus. E, finalmente, vê completa e culminada a última solidão – *ultima solitudo* –, constitutiva de sua essência ontológica como pessoa, fonte e origem da pobreza franciscana, a qual, por sua vertiginosa capacidade obediencial a Deus, se transforma paradoxalmente na mais íntima e perfeita união com Ele[96].

5. Guilherme de Ockham

Dentro da tradição filosófica escolástica, a maioria dos autores costuma distinguir uma tríplice primazia com relação ao objeto primeiro do conhecimento humano; primeiro quanto ao tempo, primeiro de adequação e primeiro de perfeição.

Sem distinção prévia alguma, Guilherme de Ockham defende o primado absoluto do singular e o caráter imediato de seu conhecimento. O singular é inteligível por si mesmo na especificidade concreta de sua própria existência, ao contrário da opinião ge-

---

94. E. BETTONI, *Duns Scoto Filosofo* (Vita e Pensiero, Milão 1966) 35.
95. *Ord.*, I, d. 3, p. 3, q. 1 (III, 201-244).
96. *Ox.*, III, d. 1, q. 1, n. 17 (XIV, 165).

neralizada entre os seguidores de Aristóteles de que o singular é inefável, atribuindo, portanto, todo o peso da inteligibilidade ao universal, Ockham defende com convicção e tenacidade o valor e o primado absoluto do singular[97]. Superando a intenção das condenações do aristotelismo avicenizante e tomista de 1270 em Paris e de 1277 em Oxford, Guilherme de Ockham decide remeter à fé a solução de muitos problemas que estão na origem das intermináveis disputas e condenações doutrinárias, reservando à razão o estudo e a análise das experiências quotidianas que entram na esfera da consciência humana.

A verdade é que Ockham acentua a distinção entre fé e razão ou entre revelação e ciência, fazendo delas duas dimensões radicalmente divergentes, absolutamente autônomas ou independentes. A fé situa-se acima da natureza humana, e as verdades nas quais se crê pela fé superam a capacidade da razão humana. Em sua ótica, a transcendência da fé sobrenatural aprofunda um abismo insuperável entre o homem e Deus, entre a razão e a fé, inaugurando uma descontinuidade invencível entre a lógica humana e a lógica divina. Deste modo, seria grave presunção pretender demonstrar pela razão ou inclusive explicar racionalmente as verdades que pertencem à fé. Semelhante atitude seria equivalente a tentar submeter à razão o que é superior à razão, fazendo da razão humana a medida suprema de toda a verdade, pretensão que o iluminismo e o racionalismo dos tempos modernos ousarão realizar, negando a revelação e a religião sobrenaturais. Amputado do sobrenatural, o cristianismo passa por sucessivas reduções até ficar confinado aos limites da pura razão. Ao acentuar a distinção de fé e razão, Ockham estende o domínio da fé a algumas verdades consideradas demonstráveis por muitos de seus predecessores, como, por exemplo, a imortalidade da alma, o que diminui ainda mais o poder da razão.

Apesar disso, nota-se em toda a obra do *Venerabilis Inceptor* um forte sentimento de Deus, de seu poder e de suas infinitas perfeições, além de uma fé inalterável na revelação divina e na autoridade da Igreja, até o ponto de proclamar que *a autoridade da Igreja é maior do que toda a capacidade do engenho humano*[98]. Ainda assim, ao mesmo tempo adere firmemente a todas as verdades reveladas, move-se com grande liberdade por entre as verdades de ordem natural, inclusive de ordem religiosa, embora não fazendo parte do depósito da fé. Neste campo, exige a clareza e a evidência, não se sentindo disposto a obedecer à autoridade. Seu ideal consiste em alcançar a certeza em todos os domínios, seja pela fé, pela razão ou pela experiência. De fato, uma verdade pode ser certa, porque foi revelada por Deus que, sendo a sabedoria suprema e a bondade infinita, não pode enganar-se nem enganar-nos. Pode ainda ser evidente, porque deriva de uma de-

---

97. J.A. MERINO, *Historia*, 228-293, com bibliografia indicada.
98. *De sacramento altaris*, c. 36.

Capítulo II – Teoria do conhecimento

monstração lógica evidente ou como resultado de uma experiência direta e imediata. Nosso conhecimento será evidente sempre que a evidência de um juízo ou proposição (*complexum*) é conseqüência mediata ou imediatamente do conhecimento dos termos (*incomplexum*) que o compõem. Trata-se sempre de verdades conhecidas por si mesmas (*propositiones per se notae*)[99].

Lendo a obra de Ockham, facilmente se percebe a idéia de que toda sua especulação filosófica obedece a dois princípios fundamentais: o princípio da onipotência divina e o princípio da economia do pensamento. Para a onipotência divina, Guilherme de Ockham reivindica o poder de fazer tudo o que não inclui contradição. Isto quer dizer que Deus não depende de nenhuma causa criada, mas, pelo contrário, que todas as causas criadas ou segundas dependem de Deus. Em correlação com a onipotência divina e contra o determinismo de Aristóteles, ele afirma a contingência absoluta de toda a ordem natural ou criada[100].

Com relação ao princípio da economia do pensamento conhecido pela navalha de Ockham, sua referência e aplicação são uma constante ao longo de toda a produção filosófica e teológica do autor, princípio expresso geralmente pela seguinte fórmula: não se devem multiplicar os entes sem necessidade.

a) Conhecimento intuitivo e abstrato

Ockham tinha uma concepção da ciência muito próxima da dos modernos. Ao contrário dos clássicos medievais, fiéis à lição de Aristóteles, para ele o conhecimento perfeito é o conhecimento que desce ao contato com o concreto, com o particular, em uma palavra, o conhecimento experimental ou *intuitivo* do singular. Este conhecimento resulta da experiência direta e imediata dos seres concretamente existentes, em virtude da qual se pode saber se o objeto conhecido existe ou não existe. Por sua vez, o conhecimento abstrato prescinde da presença do objeto conhecido e, precisamente por isso, de si mesmo nunca nos poderá garantir se o objeto existe ou não. É importante saber que a intuição alcança não somente as realidades presentes da experiência externa, mas também e de modo particular as realidades da experiência interna, como os atos de nossa inteligência e os movimentos da vontade ou os sentimentos de alegria, de tristeza e semelhantes.

O conhecimento intuitivo pode ser *perfeito*, se tem por base a experiência de uma realidade atual e presente, ou *imperfeito*, se se refere a uma experiência já passada, embora perdurando na consciência pela memória. Está claro que o conhecimento intuiti-

---

99. *I Sent.*, Prol., q. 1, 25-27.
100. *Quodlib.*, VI, q. 6.

vo imperfeito não passa de uma derivação do primeiro, de cuja experiência é reflexo e prolongamento na recordação[101]. O conhecimento intuitivo constitui a base, o fundamento do conhecimento experimental (*experimentalis notitia*). É certo que Ockham admite a possibilidade de um conhecimento intuitivo de um objeto não existente, mas trata-se de uma possibilidade metafísica, meramente hipotética, cuja realização exigiria uma intervenção extraordinária de Deus. Por definição, o conhecimento intuitivo, tanto intelectual como sensível, supõe necessariamente a existência ou presença do objeto que o produz: *naturalmente o conhecimento intuitivo normal não se pode obter nem conservar sem o objeto existente*[102].

Ao conhecimento intuitivo de uma realidade segue logicamente o conhecimento abstrato da mesma, a qual, por sua vez, se nos apresenta também sob um duplo sentido, segundo se refere ao universal ou ao singular. O conhecimento abstrato do universal é um conceito abstraído de muitos singulares, o que permite conhecer uma série de objetos. Por sua vez, o conhecimento abstrato do singular ocupa-se somente da singularidade da experiência de um objeto, mas abstraindo de sua existência e de todas as demais condições que lhe pertencem contingentemente e dele se predicam. Na prática, o conhecimento abstrato do singular identifica-se com o conhecimento intuitivo imperfeito[103].

Segundo a doutrina aristotélica, a inteligência humana não tem conhecimento direto do singular, mas somente do universal. Ockham, pelo contrário, fundamenta todo o conhecimento intelectual na intuição do singular, pois somente ele pode garantir um conhecimento imediato do objeto, legitimando, desta forma, um juízo evidente do tipo: este objeto, esta realidade existe ou não existe, está ou não está presente ao conhecimento[104]. Não se trata de um conhecimento ou intuição meramente sensível, porque um ato de percepção sensível não pode constituir, por si só, causa próxima e imediata de um juízo intelectual. Simultaneamente com a intuição sensível se dá a intuição intelectual, e somente ela é capaz de justificar um juízo evidente[105].

Precisamente porque sempre precede ao conhecimento abstrato, como condição sua de possibilidade, somente o conhecimento intuitivo pode servir de fundamento para um conhecimento verdadeiramente científico. Possuímos um conhecimento evidente quando a evidência de um juízo resulta imediata ou imediatamente do co-

---

101. *I Sent.*, Prol., q. 1, 6-8.

102. *Quodlib.*, VI, q. 6.

103. Cf. a este respeito T. DE ANDRÉS, *El nominalismo de Guillermo de Ockham como filosofía del lenguaje* (Gredos, Madri 1967) 117; A. GHISALBERTI, *Guilherme de Ockham* (Edipucrs, Porto Alegre 1997) 71.

104. *I Sent.*, Prol., q. 1.

105. *Ibid.*

Capítulo II – Teoria do conhecimento

nhecimento dos termos que o integram[106]. É depois, nos termos dos juízos, onde deve ser posta toda a atenção, pois neles reside a razão suficiente de sua evidência. Muitos juízos são suficientemente evidentes e tidos como verdadeiros somente pelo conhecimento dos termos – proposições evidentes por si mesmas –, o que não acontece com os juízos contingentes, cuja evidência será sempre indireta e mediata, que resulta de uma base intuitiva.

Na verdade, para abstrair de uma coisa as propriedades concretas que a acompanham como suas, é necessário ter delas um conhecimento prévio intuitivo que as mostre concretamente presentes na existência dessa mesma coisa. A intuição reflete e representa, por isso mesmo, o estatuto ontológico do ser e do conhecer próprios do homem itinerante ou peregrino neste mundo. Importa ter presente que nossos acontecimentos intuitivos são, em geral, muito imperfeitos e incompletos, pelo que o número de verdades contingentes, que eles nos permitem conhecer, é muito limitado, além de que, na vida presente, não é dado ao homem ter um conhecimento intuitivo de Deus só por suas capacidades naturais.

É necessário recorrer com freqüência à demonstração que, finalmente, se reconduz à experiência de um conhecimento intuitivo de natureza intelectual que capta não somente o universal, o abstrato e o necessário dos grandes mestres da Escolástica, mas também mais direta e imediatamente o singular, o concreto e o contingente – "a inteligência [humana] conhece intuitivamente o singular aqui e agora e segundo todas as condições em que os sentidos o conhecem"[107]. A intuição, em Ockham, anda intimamente associada à realidade concreta, à qual se abre de par em par, com todo seu ser e existir, não somente pelos sentidos, mas também pela inteligência, pela vontade e pela afetividade. Os atos de conhecer e de querer, os sentimentos de tristeza e de alegria não são visíveis nem palpáveis, mas de natureza espiritual, inteligíveis. Contudo, são diretos e indiretamente presentes à consciência que os vive e experimenta e, por isso, são dotados de uma evidência que não há dúvida que a possa vencer. Tanto mais íntimos e evidentes quanto sua experiência e intuição se mostram incomunicáveis, intransferíveis, o que levou Ockham a dizer que expressam o conhecimento mais certo e evidente (*certius et evidentius*). A propósito, escreve muito acertadamente J.A. Merino: "O eu quero, o eu desejo, o eu sinto, o eu penso não são deriváveis de outra experiência anterior nem redutíveis de alguns enunciados. São experiências e intuições originárias e fundantes". E conclui com observação justa e terminante: "A evidência do *cogito* de Ockham faz pensar no *cogito* agostiniano e no *cogito* cartesiano"[108].

---

106. *Ibid.*
107. *II Sent.*, q. 13, 284.
108. J.A. MERINO, *Historia*, 299.

b) Origem e natureza dos conceitos universais

O conhecimento humano parte da apreensão intuitiva do singular para, por meio da apreensão abstrata, elevar-se aos conceitos universais, ou seja, a unidades neutras que podem ser predicadas de muitos indivíduos particulares. A análise metodicamente mais desenvolvida sobre os universais encontra-se na segunda distinção do Livro I do *Comentário às Sentenças*[109]. Ali se declara terminantemente que não se encontra nas coisas singulares nenhuma espécie de universalidade que corresponda aos conceitos universais. As coisas reais, concretas e existentes são essencialmente singulares. Um universal concretamente existente é um absurdo, daí a rejeição como algo simplesmente falso e absurdo – *simpliciter falsa et absurda* – da opinião dos que admitem, por exemplo, a existência, entre os seres reais, de um homem universal, do qual os indivíduos seriam simples participações[110].

Do mesmo modo, e por análoga razão, é rejeitada a opinião de Duns Scotus, segundo a qual existe em cada coisa singular uma natureza em si *comum* que, indiferente do universal e do singular, é apreendida como universal pela inteligência e, pela *haecceitas* – princípio de individuação –, *existe* concretizada ou fundida com a natureza individual, da qual se distingue somente formalmente[111]. Em suma, Ockham rejeita implacavelmente todas as opiniões que advogam qualquer espécie de universalidade – de natureza, de essência, de forma – que se apresente, de algum modo, como anterior ou distinta da singularidade dos seres singulares. Ockham tem consciência nítida de que esta sua opinião vai contra o pensamento da grande maioria de seus predecessores e mestres[112].

Contra todas as autoridades por ele aduzidas, ele mantém, com renovada convicção e determinação, sua tese: afirmo não haver nas mesmas coisas nenhum universal, nem real nem subjetivamente – *nec realiter nec subjective* –, da mesma maneira que a palavra *homem*, que é uma verdadeira qualidade, não existe em Sócrates ou no sujeito por ele designado [...] Portanto, o universal não existe na realidade fora da alma ou do sujeito conhecente. É isto que têm em mente Aristóteles e Averroes, seu comentarista, e todos os filósofos que pensam corretamente o universal[113].

Entretanto, a pergunta sobre a origem e a natureza do universal presente na alma ou no sujeito conhecente persiste e requer uma resposta adequada. Ph. Boehner pensa que Ockham, preocupado por salvaguardar a objetividade dos conceitos, passou a con-

---

109. *I Sent.*, d. 2, q. 2-3, 74-336.

110. *Ibid.*, q. 5.

111. *Ibid.*, q. 6.

112. *Ibid.*, q. 7.

113. *Ibid.*

Capítulo II – Teoria do conhecimento

siderá-los, não sem alguma vacilação, subjetivamente subjetiva, como acidentes ou qualidades espirituais da alma. E, por último, levando em conta o princípio de economia que proíbe multiplicar entes além do necessário em ordem à explicação da realidade e dos fatos, passou a interpretá-los à luz da chamada teoria das modalidades de entendimento (*intellectio*)[114]. Segundo esta teoria, o universal resulta do pensamento das coisas e, como tal, é um acidente da alma. Enquanto realidade espiritual, é singular; enquanto predicável de muitos, é universal[115].

A objetividade ou realismo dos conceitos universais está garantida pela passividade da inteligência que se limita a recebê-los, uma vez produzidos naturalmente e sem intervenção da inteligência e da vontade[116].

Donde se pode concluir que Ockham foi injustamente acusado de nominalismo e de cepticismo. Pois bem, como acabamos de ver, os conceitos universais não são por ele reduzidos a simples nomes aplicados arbitrariamente às coisas, mas conhecimentos (*intellectiones*) intelectuais da realidade, com fundamento não em uma substância universal qualquer, mas na realidade mesma das coisas individuais.

A inteligência e as coisas singulares, devidamente aproximadas, são suficientes para originar o conhecimento[117]. Por isso, Ockham elimina tudo o que os grandes escolásticos costumaram interpor entre a inteligência e a realidade, sobretudo as espécies apresentadas como meio de conhecimento. Se, de fato, a intuição imediata do singular constitui a verdadeira fonte de conhecimento, bastará a experiência intuitiva do sensível, quer dizer, do mundo exterior, e a experiência espiritual reflexiva de nossos próprios atos internos para explicar-nos cabalmente a origem e evolução de todos os nossos conhecimentos.

O valor e a função dos universais resumem-se em significar a realidade. Tanto os conceitos específicos como os genéricos são sinais naturais que significam e expressam a realidade concreta. Se os animais e os homens emitem naturalmente sons que significam paixões e sentimentos inferiores da alma, porque está dotada da maiores recursos, a inteligência humana poderá, com maior razão, produzir qualidades ou conceitos para significar diversas coisas[118]. Embora sua formação não seja de todo compreensível, porque a natureza se furta a tal processo, a origem dos universais está explicada assim: o conhecimen-

---

114. PH. BOEHNER, "The realistic conceptualism of William of Ockham", em *Collected Articles on Ockham* (Nova York-Lovaina-Paderborn 1958) 157-174.

115. *I Sent.*, d. 2, q. 8, 290.

116. *Rep.*, II, 25: "...dico quod universalia et intentiones secundae causantur naturaliter sine omni activitate intellectus et voluntatis a notitiis incomplexis terminorum".

117. *Ibid.*: "[...] posito activo sufficiente et passivo et ipsis approximatis, potest poni effectus sine omni alio".

118. *I Sent.*, d. 2, q. 8.

to intuitivo do objeto causa, de maneira direta e imediata, o conceito próprio daquele objeto e o conceito de espécie a que pertence. O conceito de gênero é também causado pelo conhecimento intuitivo, não pela intuição de um único objeto[119], mas por muitas intuições de objetos de diversas espécies[120]. Quanto à natureza do universal, Ockham parece haver adotado a teoria que o identifica com o próprio ato de ser, com o ato próprio da intelecção abstrativa que prescinde não somente da existência, mas ainda de todas as condições que, de modo contingente, afetam as coisas ou delas se predicam[121].

Com a rejeição das espécies inteligíveis que os grandes mestres da Escolástica haviam introduzido como objeto mediador com o qual se conhece – *objectum quo* –, fica garantido o máximo de objetividade ao conhecimento, pois a inteligência se encontra em contato direto e imediato com a realidade. É o abandono da doutrina clássica do conceito como imagem representativa e sua ação como *signo* ou sinal que abriu perspectivas novas à gnosiologia e encontrará novo consenso na interpretação da intencionalidade na fenomenologia de nossos dias, concepção que, faz poucos anos, era posta em relevo por Teodoro de Andrés[122], que distingue no sinal dois níveis de significação. O primeiro, significativo-representativo, próprio da imagem e da marca, representação verdadeira da coisa significada, pela qual se gera um conhecimento, um novo conhecimento, ou melhor, a recordação de algo anteriormente conhecido[123]. O segundo, significativo-lingüístico, que irrompe inesperado e original, revestido de novas e surpreendentes analogias e combinações para suscitar mais profundas e abundantes intelecções. Ockham compara-o com a capacidade que a fumaça tem para significar o fogo, os lamentos de um paciente para significar a dor, o riso para significar a alegria, etc. Trata-se de uma relação que excede de longe a simples relação de nexo causal da relação de causa/efeito[124].

A aparente contradição entre os dois textos referidos na nota 27, na qual o primeiro parece negar toda a atividade da inteligência na elaboração dos universais, enquanto que o segundo, pelo contrário, afirma expressamente sua intervenção direta, explica-se facilmente sobre a base da seguinte explicação dada por T. de Andrés: "As afirmações são referentes à passividade do entendimento agente e da espécie inteligível, visto que em muitas outras passagens Ockham reivindica uma certa atividade do entendimento na formação dos conceitos"[125].

---

119. *Ibid.*, d. 2, q. 7.

120. *Quaestiones in libros physicorum*, q. 7 (IV, 411-412).

121. *I Sent.*, Prol., 1.

122. T. DE ANDRÉS, *El nominalismo*, 79-95.

123. *I Sent.*, d. 3 (II, 545).

124. *Summa logicae*, I, 14 (I, 49).

125. T. DE ANDRÉS, *El nominalismo*, 106-191.

Capítulo II – Teoria do conhecimento

Confirma-se assim, como escreve Ghisalberti, que, depois de ter vacilado longamente, Ockham acabou por abraçar a tese segundo a qual o universal coincide com o próprio ato de entender. Ao abandonar todas as teorias que faziam do conceito universal uma imagem, uma semelhança ou uma ficção, aparece a teoria que vê nele um sinal, ou seja, uma reação espontânea, imediata e, de certo modo, ativa da inteligência diante da realidade objetiva[126]. A capacidade de gerar conhecimento acrescenta a função suposicional, pela qual o sinal lingüístico tem a capacidade de *supor*, quer dizer, de estar em lugar ou em vez da coisa significada no interior de uma proposição.

O conceito universal é um sinal natural que tem como característica essencial o estar a serviço de outra coisa, até a extenuação de si mesmo. Sair de si mesmo ao encontro dos outros é sua missão. Significar até ficar exausto é todo o seu ser, toda sua verdade. Ockham – adverte T. de Andrés – não deixa de reconhecer uma certa objetividade ao conceito universal, um certo fundamento em si mesmo, sempre que não seja entendido como algo que se impõe entre o sujeito e o objeto, mas como um sinal lingüístico, cujo conteúdo objetivo se esgota na intencionalidade, na capacidade de referir-se, de tender para fora de si mesmo[127].

Ao tratar dos universais, Ockham desenvolve uma crítica radical contra as concepções realistas que estão na base dos diferentes tipos de distinção admitidos pelos grandes escolásticos do século XIII: real, de razão e formal ou de razão com fundamento *in re*[128].

A este respeito, a posição de Ockham é bem clara e terminante: dá-se a distinção real entre seres reais numericamente distintos, à medida que um não se identifica com o outro; a distinção de razão somente existe entre conceitos ou termos que têm definições diferentes. Entre Sócrates e Platão há distinção real; entre o ser e o não-ser não há distinção real, mas somente de razão, porque se trata de conceitos. A distinção formal, que Ockham admite excepcionalmente entre a essência divina e as pessoas (individuais), não é aplicável no âmbito das criaturas[129]. A base que legitima a atribuição de vários juízos verdadeiros universais acerca de uma mesma realidade, como, por exemplo, *Sócrates é um homem, Sócrates é um animal*, reside na propriedade que os conceitos têm de supor, quer dizer, de poder estar em lugar de Sócrates no interior de uma proposição[130].

Sustentar que o universal e o individual estão ambos presentes no indivíduo, embora somente lógica ou formalmente distintos, significa que são entre si contraditórios.

---

126. *Summa logicae*, 1, 15 (I, 53).
127. T. DE ANDRÉS, *El nominalismo*, 174.
128. *I Sent.*, 2, 4-7 (II, 99-266); *Summa logicae*, 1, 15-16 (II, 54).
129. *I Sent.*, 2, 3 (II, 78s).
130. *Summa logicae*, 2 (I, 250).

E isto não somente porque o universal é predicado de muitos, não só em ato, mas principalmente porque por sua natureza (*de se, ex natura sui*) é predicado, ao contrário do indivíduo, ao qual a predicação repugna naturalmente[131]. A distinção entre o universal e o singular não resulta da interferência da inteligência; já são distintos por si mesmos antes de qualquer ato da inteligência.

A única possibilidade de manter a distinção entre universal e individual é reconhecer a diferença radical entre ambos: o universal é um conceito, um sinal mental, enquanto que o individual é um ser real, uma coisa existente por si no plano natural.

Ockham defende que a inteligência humana é capaz de alcançar a realidade. Esta capacidade lhe é garantida pela função essencialmente significativa dos conceitos juntamente com a aptidão para ocupar o lugar das coisas. Funções naturais e espontâneas sem necessidade de justificações ulteriores e engenhosas. Esta posição de Ockham o coloca a coberto de alguma suspeita de subjetivismo: o conceito não reflete uma modificação do espírito, mas reenvia-nos às realidades existentes, das quais, por natureza, é sinal e, portanto, objetivo. É sinal natural, não simplesmente convencional.

Atendendo ao caráter mental dos conceitos universais por um lado, e, por outro, à sua subjetividade, a teoria geral do conhecimento desenvolvido por Ockham corresponde propriamente a um conceitualismo e a um conceitualismo realista, como defende Ph. Boehner. Convém notar que, com o conceitualismo realista, Ockham, na qualidade de teólogo que sempre quis ser, pretendeu somente realizar a dependência radical de todas as criaturas com relação à absoluta liberdade divina, sem prejuízo de um conhecimento real e verdadeiro por parte da inteligência humana. O conceitualismo está chamado a eliminar o necessitarismo resultante das idéias universais que, a partir de fora e desde o início, se interpunham entre o sujeito e o objeto do conhecimento e às quais a própria inteligência divina parece estar subordinada.

Na negação e abandono da ontologia do universal com seu interminável cortejo das essências e das espécies, Ockham faz ressaltar toda a ontologia clássica do singular concreto, existente em ato, como único ser verdadeiramente real. "Os demais *modos de ser* da metafísica tradicional devem ser vistos e interpretados como simples modos de significar, maneiras de referir-se ao ente em seu modo mais original e fundamental de ser"[132]. Deste modo, a semiologia está chamada a substituir a metafísica tradicional, convertendo todo seu conteúdo, entendido como outros tantos modos de ser, em simples modos de dizer, de referir ou de significar. A este propósito, Pierre Alféri pode afirmar, com toda razão, que "o nominalismo de Ockham não é mais do que esta ampla

---

131. *I Sent.*, 2, 7 (II, 236s).
132. J.A. MERINO, *Historia*, 290s.

Capítulo II – Teoria do conhecimento

expropriação da ontologia por uma teoria dos sinais"[133]. A universalidade somente é inteligível enquanto sinal significativo. "Em si mesmo, o universal é uma coisa singular numericamente una; só a significação lhe confere caráter, forma singular realmente existente em inteligência de universalidade, à medida que pode ser dita de muitos seres"[134]. Somente a significação torna compatível a unidade do universal com a pluralidade de seres aos quais se pode atribuir.

Conclusão

Ockham é um pensador polemista por condição, independente, original e ousado. Não de acordo com as soluções encontradas por seus antecessores para problemas que não eram propriamente os seus, ele abriu novos caminhos para a teologia e para a filosofia que lhe pareciam mais de acordo com as preocupações e necessidades dos homens de seu tempo.

Em sua condição de filósofo-teólogo cristão e franciscano, o que foi e sempre quis ser, não se lhe ajustam qualificativos como *céptico, empirista, nominalista*, com os quais se pretende em vão chamá-lo. Pode-se dizer que sua opção decidida pelo *singular* e pelo *concreto*, ao lado da radical contingência diante da liberdade da onipotência de Deus, que o criou, constitui o ponto de partida do ockhamismo.

O mundo está constituído não por um conjunto de naturezas comuns ou de formas universais, mas por indivíduos simples, que o são de pleno direito, quer dizer, por vontade divina, por si mesmos subsistentes e inteligíveis. Daí a violenta reação contra o abstracionismo da filosofia aristotélica, ou contra a natureza comum de Duns Scotus e a rejeição total de um mundo de arquétipos ou de idéias universais, à maneira platônica ou acomodadas por Agostinho e Boaventura, na mente divina, como idéias exemplares.

Todo o desenvolvimento ulterior do pensamento de Ockham se canaliza em harmonizar o universal e o concreto para tornar possível um conhecimento científico, embora o universal não represente expressão de necessidade alguma no seio do contingente e, portanto, suponha uma ameaça à universal liberdade divina. Ockham sente-se aqui obrigado a romper com a ontologia clássica de tendência agostiniana ou aristotélica e sobretudo de Duns Scotus, acentuando o papel do conhecimento empírico no conhecimento das leis da natureza, do mesmo modo que releva a importância da liberdade humana nas instituições políticas e na evolução da história. Abandonando o terreno ilusório da ontologia clássica, reduz o conhecimento dos universais, como aliás toda a teoria geral do conhecimento, a um puro fato de semelhança entre singulares e, por-

---

133. P. ALFÉRI, *Guillaume d'Ockham. Le singulier* (Les Éditions du Minuit, Paris 1989) 33.

134. *Summa logicae*, 1, 34 (II, 44s).

Manual de filosofia franciscana

tanto, do exclusivo domínio da psicologia e da lógica. A metafísica é substituída por uma ciência da linguagem, segundo a qual as idéias e os princípios não passam de uma espécie de codificação coletiva da experiência humana, como sinais lingüísticos conceituais aplicáveis aos indivíduos e ao mundo dos homens. A este respeito, Teodoro de Andrés escreve:

> Este descobrimento da estrutura íntima do conceito lingüístico como *não-representativo*, mas como algo meramente referencial ou de "envio a", é, ao nosso parecer, uma das mais originais contribuições do ockhamismo à teoria do conhecer, contribuição que coloca Ockham em uma posição de autêntica modernidade[135].

A explicação de um interesse crescente por Ockham, que se vem manifestando desde algum tempo até agora[136], reside talvez numa certa sintonia do ockhamismo com algumas das orientações da metafísica do existente concreto.

Conclusão geral

Não é fácil situar no quadro evolutivo das mentalidades científicas da Idade Média as posições que se refletem na produção filosófico-teológica dos três representantes maiores da Escola Franciscana, cujas doutrinas acabamos de recordar. Não obstante, utilizando como instrumento de trabalho um gráfico proposto faz poucos anos por Orlando Todisco[137], talvez possamos dizer, em termos de aproximação do que nelas se encontra de mais característico e especial, que Boaventura, por exemplo, é dos três o que mais e melhor reflete um ideal científico de natureza marcadamente teológica. De fato, segundo Boaventura, todas as disciplinas, desde a matemática até a metafísica e passando pela física, se encaminha para Deus como fundamento e explicação última de todos os problemas. É neste contexto que se situa indubitavelmente a obra paradigmática que tem por título *Redução das ciências à teologia*, muito mais próxima do ideal científico dos gregos, sobretudo de Platão e de Aristóteles, do que dos modernos.

Os elementos fundamentais da metafísica bonaventuriana são, como vimos, a criação, o exemplarismo e a iluminação. A criação significa a origem divina do mundo, criado do nada e totalmente dependente de Deus, enquanto que o exemplarismo revela as criaturas respectivamente como sombras, vestígios e imagens de Deus, seu exemplar e modelo; por sua vez, a teoria da iluminação descreve os vários graus ou fases que a alma

---

135. T. DE ANDRÉS, *El nominalismo*, 282.

136. Referimo-nos em particular a P. ALFÉRI, o.c.; C. MICHON, *Nominalisme. La théorie de la signification d'Ockham* (J. Vrin, Paris 1994).

137. O. TODISCO, "Duns Escoto e Ockham difensori di diverse prospettive scientifiche": *MisFran* 69 (1969) 337-357.

Capítulo II – Teoria do conhecimento

está chamada a percorrer em sua subida ou retorno a Deus. Em todas as ciências, o Verbo de Deus é o *meio* de onde tudo procede e para onde tudo converge. Por isso, Boaventura será sempre o filósofo da sabedoria cristã, que utiliza com grande destreza e abundância os recursos da razão e da fé na articulação sistemática de sua síntese doutrinária.

O ideal científico de Duns Scotus continua uma acentuada índole teológica, mas assemelha-se muito mais, em certos aspectos, aos autores modernos. Trata-se, contudo, de um autor medieval, pois também trabalha, tendo como horizonte a recondução de todas as coisas a Deus, tomado como fundamento último e estável de todas as ordens e dimensões do ser. Sua síntese filosófico-teológica, com a qual pretende superar criticamente todos os sistemas anteriores, abrindo caminho para Deus por meio da univocidade do ser, das perfeições simples ou puras, da pessoa, é substancialmente de índole medieval, pois Deus é, em grande parte, eixo e medida dos problemas em função dos quais essas doutrinas representam a solução encontrada.

Já se afirma a centralidade do homem, de sua consciência e de sua liberdade, mas não suficientemente explorada em todas as suas dimensões e possibilidades. Intuições ontológicas e metafísicas profundas associam-se na mente do *Doctor subtilis ac marianus* com a experiência da irrefutável liberdade do homem e o reconhecimento da exultante majestade divina para recomendar sua atualidade crítica diante do esquecimento, nos homens de hoje, da eminente dignidade da pessoa e da força invencível do amor na construção da paz e da justiça e do bem-estar entre os homens.

Duns Scotus sobrepõe às múltiplas e complexas articulações da analogia a univocidade do ser que, assim, abarca a Deus e a criatura, a substância e os acidentes e, juntamente com as perfeições puras, nos dá um conhecimento positivo de Deus, embora finito e limitado. O conhecimento natural e intuitivo do singular substituiu a realidade material (Tomás de Aquino) ou a Deus (Henrique de Gand) como objeto primeiro e adequado da inteligência, dando ao amor humano a reciprocidade de um interlocutor de mérito, capaz de entrar em diálogo.

Ao contrário de Boaventura e de Duns Scotus, o ideal científico de Ockham é de índole exclusivamente científica. Como defensor intransigente da liberdade, Ockham rejeita desde o princípio a mentalidade científica da Idade Média, em especial o que se refere à revelação divina. Entre fé e razão, entre teologia e filosofia, não há nada em comum: duas esferas do saber absolutamente incomunicáveis, cada uma com seu próprio objeto, sua finalidade e metodologia diferentes. Daí a acentuação do poder da razão humana na investigação das verdades naturais, filosóficas e científicas, na independência de qualquer autoridade tanto de teólogos como de filósofos e sobretudo do magistério eclesiástico. Nesta perspectiva, Guilherme de Ockham se mostra mais moderno do que Duns Scotus e, certamente, o *Venerabilis Inceptor* é pioneiro, embora muitas vezes

Manual de filosofia franciscana

inconsciente, da nova mentalidade científica à qual O. Todisco dá o nome de empíri-co-humanística.

Deve-se destacar que quase todas as universidades européias receberam a influên-cia das doutrinas ockhamistas. Apesar de numerosas acusações, nem sempre justas, por exemplo, de ter quebrado o equilíbrio entre fé e razão, entre filosofia e teologia, deve-se reconhecer que o interesse pela realidade concreta e empírica preparou o caminho para a ciência moderna[138]. Na relativa descontinuidade doutrinária dos autores apresenta-dos, mais de uma vez se tem a prova de que o progresso do conhecimento acompanha sempre o progresso da geração humana[139].

---

138. Cf. L. COIMBRA, *S. Francisco de Assis* (Tavares Martins, Porto 1964): "A Ciência moder-na bem pode dizer-se que é filha da boa amizade franciscana do homem e da Natureza".
139. *Ord.*, IV, d. 1, q. 3, n. 8.

CAPÍTULO III
METAFÍSICA

José Antonio Merino

Bibliografia

ALFÉRI, P., *Guillaume d'Ockham. Le singulier* (Paris 1989); BOULNOIS, O., *Duns Scot la rigueur de la charité* (Paris 1998); GHISALBERTI, A., *Il medioevo teologico. Categoria della teologia razionale* (Bari – Roma 1998); HONNEFELDER, L., *Scientia transcendens. Die formale Bestimmung der Seitendheit und Realität in der Metaphysik und der Neuzeit (Scotus-Suárez-Wolff-Kant-Pierce)* (Hamburgo 1990); IAMMARRONE, L., *Giovanni Duns Scoto metafísico e teologo* (Roma 1999); MERINO, J.A., *Historia de la filosofía medieval* (Madri 2001); TODISCO, O., *Lo stupore della ragione. Il pensare francescano e la filosofia moderna* (Pádua 2003); VEUTHEY, P., *El pensamiento en la Edad Media* (Madri 1995).

Introdução

Atualmente, a palavra *metafísica* não goza de boa impressão, pois costuma ser considerada como equivalente a doutrina dogmática, em sentido pejorativo, ou como disciplina que oferece afirmações não verificáveis nem constatadas como falsas sobre realidades que escapam à experiência empírica. Hume, Kant, o neopositivismo e o mecanicismo converteram em suspeita ou em negativa essa palavra que tem suas origens no pensamento filosófico grego. Precisamente uma das obras mais ricas de problemas e aporias que a história da filosofia oferece leva o nome de *Metafísica*, escrita por Aristóteles. E justamente a *Metafísica* do Estagirita não oferece um sistema dogmático, mas a força e as aventuras de um espírito em busca da verdade.

A metafísica, mais do que oferecer uma doutrina, pergunta-se com anterioridade que coisa implica a afirmação, prévia a qualquer outra: *existe alguma coisa?* Que propriedades competem àquilo de que se fala enquanto isso é uma coisa existente, quer dizer, que propriedades correspondem e competem ao *ente enquanto ente?* Isso pode fazer pensar que grande parte da metafísica dê a impressão de não ensinar nada de novo, já que trata não tanto de descobrir verdades, mas de tomar consciência daquilo que já está implícito em nossas próprias afirmações e que, de algum modo, já sabemos. No entanto, não é de pouca monta saber com clareza aquilo que efetivamente se pensa. Esse radical desejo de conhecer o que se pensa é inato ao ser humano e, portanto, não se pode prescindir da metafísica, pois ela é praticada de um modo implícito ou explícito, embora a gente não se aperceba disso.

Se a pergunta da metafísica se concentra em saber *o que é o ser*, então a urgência filosófica fundamental consiste em precisar a própria estrutura do ser em geral: a estrutura da substância e a estrutura da realização do ser concreto. Conhecer a estrutura do ser foi a grande preocupação de Aristóteles, como se reflete em não poucas passagens de sua *Metafísica* e nos livros da *Lógica* e das *Categorias*, que tratam de enfrentar um problema muito difícil. Neste último livro, ele chega a precisar, com notável clareza, o que entende por estrutura do ser. O Estagirita propõe-se encontrar aqueles pontos de vista a partir dos quais se possa considerar qualquer ser, o ser em geral, para logo interpretá-los conceitualmente. Mas, visto que se dá identidade entre o ser e o pensar, nossos conceitos têm uma conotação ontológica e lógica ao mesmo tempo. Por isso, as categorias (a substância e os nove acidentes) refletem tanto aspectos reais como diretrizes do pensamento lógico. Por conseguinte, a estrutura do ser é, ao mesmo tempo, estrutura do pensar. Com outras palavras, a ontologia comporta a lógica e a epistemologia.

A estrutura do ser é certamente muito importante, mas não o é menos a estrutura da substância, enquanto é concreção do que existe. Para a pergunta: "quem existe ou o que é que existe"?, a resposta é: a substância. E se a substância é um sustentáculo (*substantia* dos acidentes), dever-se-á continuar perguntando em que consiste ela mesma. E consiste na essência. Daí que toda a substância possui uma estrutura dual de existir e de consistir, de existência e de essência. Essa estrutura da substância implica outra dualidade: matéria e forma, que correspondem, por sua vez, à dual concepção de possível e de real, de potência e de ato.

Mas, por sua vez, a própria estrutura da substância implica a estrutura de sua realização, de seu estar-aí, sendo-assim. Para a realização da substância, enquanto existência, entram em jogo a dinâmica ativa e operante das causas: eficiente ou causal, final, material e formal. Toda esta dialética, que parte da estrutura do ser, passa pela estrutura da substância e termina na estrutura de sua realização, é um processo agudo e penetrante do pensamento para compreender o mundo, seu sentido e inteligibilidade.

Se o ser é inteligível, se o ser é idêntico ao pensar, a ontologia, a lógica e a epistemologia se complementam em um projeto interdependente e arquitetônico. O mundo, as coisas e a natureza são inteligíveis, têm existência, consistência e inteligibilidade. As coisas e os seres que há no mundo, nós os concebemos como realidades impregnadas de inteligibilidade. Pois bem, essa inteligibilidade interna dos seres provém da causa originante, que é inteligente, já que são a obra de um Deus inteligente. Por esta razão,

Capítulo III – Metafísica

Aristóteles apresentava a teologia como coroação e ápice da metafísica. Para Platão, a causa da inteligibilidade dos seres encontra-se nas idéias divinas, e todas elas têm sua consistência na idéia de Bem. Se as coisas possuem sua própria inteligibilidade e o homem é capaz de detectá-la, é porque a existência de um ser superior, Deus, lhe deu estrutura fundacional e inter-relacional. Se o Deus aristotélico é puro pensamento que, ao pensar seus próprios pensamentos, coloca nas coisas a inteligibilidade, o Deus de Platão intervém mais diretamente, através da mediação de um demiurgo, projetando no mundo suas idéias exemplares.

Com a chegada do cristianismo, entra na filosofia um novo conceito fundamental, desconhecido para os gregos, como é o conceito de criação. Segundo a Bíblia, Deus criou todos os seres através da palavra, quer dizer, sem matéria prévia determinante. O universo não é o resultado de forças antagônicas irracionais ou produto do azar e da necessidade, como tampouco é filho de um deus menor e cruel, mas criatura do Deus trino. Com isso, se oferece uma nova cifra de interpretação ontológica do ser. O conceito de criação do nada, *creatio ex nihilo*, sintetiza a peculiar visão bíblica do mundo e a radical diferença com a filosofia grega. O criacionismo apresenta, *in radice*, a difícil solução para o problema permanente do como e do por que o múltiplo deriva do Uno, o finito deriva do Infinito.

Com isso se coloca de um modo original e novo o interrogante fundamental pelo ser. Esta questão entra pela primeira vez na filosofia ocidental, que será explicitada na reiterada pergunta: *por que existe o ser e não o nada?* Esta pergunta radical já foi formulada por Santo Agostinho, passou por Leibniz até chegar a Heidegger. Agora, o problema é mais radical do que na filosofia grega, pois a questão prioritária não está na análise do ser e da substância, mas em como o ser saltou do nada, como o não-ser se converte em ser. Se na filosofia grega o problema fundamental, além da pergunta pelo ente e por suas concreções, era de essência, dado que a existência não era problema, porque o mundo em sua totalidade é absoluto e não contingente, com o pensamento judeu-cristão a existência passa ao primeiro plano e converte-se na grande questão ontológica. A metafísica, a partir deste momento, atém-se mais à presença do que à essência. Este fato filosófico determinará definitivamente a metafísica dos pensadores franciscanos com seu forte sentido do concreto e da gratuidade do existente enquanto efeito de uma Presença criadora amorosa.

Os pensadores da chamada grande Escolástica dos séculos XIII e XIV estruturam seu pensamento filosófico segundo os modelos de Platão e de Aristóteles. Mas entre estes e aqueles está a importante mediação dos filósofos árabes (Avicena e Averroes) e dos judeus (Avicebron e Maimônides) que, com sua peculiar visão religiosa e interpretação própria dos filósofos gregos, influíram tanto nos filósofos medievais posteriores. Fato que se deve destacar, porque nas mediações culturais se dão elementos que aderem e colorem a própria doutrina transmitida.

Na Escolástica medieval, tanto cristã como judaica e árabe, encontra-se a grande preocupação por explicar o mundo com suas coisas a partir da fé religiosa ou da teologia concreta, não somente para compreender o cosmos, mas também para saber qual é o lugar do homem nesse mesmo mundo. Daí a pergunta comum a todos os escolásticos sobre o que existe, por que existe e em que consiste o mundo com suas coisas. Trata-se de buscar as razões causais e estruturais do ser enquanto tal e em suas concreções reais e possíveis. A metafísica não é, de modo algum, uma doutrina dogmática nem elucubrações caprichosas e vãs de mentes raras, mas a expressão de espíritos inquietos, sagazes e penetrantes por compreender o mistério profundo do mundo e dos seres que há nele.

Na Escola Franciscana faz-se também uma reflexão filosófica profunda a partir dos modelos metafísicos então vigentes. Mas nos mestres franciscanos destaca-se sua índole vital, sua visão realista e sua maneira peculiar de interpretar os temas metafísicos a partir do horizonte mental e afetivo da própria família. Por isso, podemos oferecer aqui a metafísica segundo a perspectiva dos mestres mais significativos na Escola Franciscana. Os pensadores desta família não seguem ordens impostas nem por leis nem por disciplina de escola, mas percebe-se em todos eles um horizonte especulativo comum e peculiar, embora haja não poucas discrepâncias nas visualizações de cada pensador.

1. Metafísica de São Boaventura

a) Fundamentação metafísica bonaventuriana

Viu-se antes como Aristóteles interpreta a metafísica ou a filosofia primeira como ciência que considera o ser enquanto ser, o ente enquanto ente, e as causa que o articulam em sua existência e essência. Só se conhece profundamente uma coisa ou um ser quando são conhecidas suas causas. Aristóteles apontou quatro causas do ser: eficiente e final (causas externas), material e formal (causas internas). Conheceu também a causa exemplar, mas ficava reduzida praticamente à causa formal. A causa exemplar aristotélica apresenta-se como um modelo que deve ser imitado, como é o caso do artista, quando imita ou plasma o modelo ou a idéia ao realizar sua obra. No entanto, para Platão, a causa exemplar tem muito mais importância, enquanto que as idéias divinas, subsistentes, são o modelo que o demiurgo imita e copia na formação das coisas e dos seres naturais. Quer dizer, estes são uma participação e uma radiação obscura das idéias que servem de modelo. Mas, visto que Platão ignorava a verdade revelada da criação, faltava-lhe o fundamento para poder chegar à compreensão verdadeira e exata das idéias divinas e da natureza de Deus.

O Doutor Seráfico, partindo da criação, do Deus trino cristão e das idéias divinas, destaca o valor da causa exemplar, que se converte praticamente em objeto específico da metafísica e em princípio hermenêutico de sua filosofia. Para este franciscano, aque-

Capítulo III – Metafísica

le que não puder conhecer nos seres o modo como se originam, como são levados a seu fim e como resplandece neles a divindade não poderá possuir verdadeiro conhecimento deles[1]. Três são, pois, os grandes problemas da metafísica: a criação (Deus como causa eficiente), o exemplarismo (Deus como causa exemplar) e o retorno dos seres a Deus (Deus como causa final)[2].

Portanto, deve-se concluir que a metafísica consiste na consideração e interpretação do ser e de suas causas, principalmente da causa exemplar. Toda criatura, por sua própria natureza, é imagem e semelhança da eterna sabedoria[3]. O ser é o objeto da metafísica, mas a unidade do ser que faz com que este seja objeto de uma ciência, unidade de analogia e não de univocidade nem de equivocidade, fundamenta-se e apóia-se no exemplarismo. Este enfoque exemplarista está mais próximo da metafísica platônica do que da aristotélica.

Boaventura conhecia bem a filosofia de Aristóteles e chama-o de filósofo por excelência[4]. As múltiplas citações que ele faz do filósofo ateniense demonstram que tinha dele um conhecimento nada comum. O doutor franciscano não poupava a ocasião de reconhecer os méritos filosóficos do Estagirita. O principal era o fato de ter acentuado, contra Platão, o valor da experiência sensível e desse modo o fato de ter posto as bases do método científico. No entanto, ele se surpreende de que o Filósofo tenha ensinado a eternidade do mundo, teoria, a seu parecer, pouco filosófica[5], e de que fale somente como um filósofo que se ajusta unicamente à ordem natural.

Outro dos pontos doutrinários que torna impossível um entendimento e diálogo entre Aristóteles e o cristianismo está na oposição irredutível à teoria platônica das idéias[6]. No entanto, a teoria platônica do exemplarismo contém *in radice* o criacionismo cristão, quer dizer, a doutrina segundo a qual Deus é reconhecido como causa eficiente, final e exemplar de todo o universo. Segundo o Doutor Seráfico, a Platão foi concedido o dom de falar com sabedoria, enquanto que ao Estagirita o dom de expressar-se cientificamente. Platão preocupou-se com o problema do homem, ao passo que Aristóteles se interessou mais pelo problema do mundo.

Na opinião de Gilson, "não é certo que Boaventura não se converteu em aristotélico nem por ignorância nem por culpa da cronologia"[7]. Seus escritos demonstram que o

---

1. *Hex.*, col. 3, n. 2.
2. *Ibid.*, col. 1, n. 27.
3. *Itin.*, c. 2, n. 12.
4. *II Sent.*, d. 1, p. 1, a. 1, q. 2 concl.
5. *Hex.*, col. 2, n. 5.
6. *Ibid.*, col. 6, n. 2.
7. É. GILSON, *La philosophie de Saint Bonaventure* (J. Vrin, Paris 1943) 11.

Doutor Seráfico "conhecia muito bem Aristóteles: cita-o com freqüência, sua linguagem técnica é em grande parte de cunho aristotélico, admira-o sinceramente e considera-o um pensador de primeira ordem; no entanto, não o estima. Nem sequer por um instante supõe que a verdadeira filosofia coincida com suas doutrinas e, muito menos, que a teologia, custódia da fé, deva minimamente ser modificada para dar espaço às suas teses. Desde seu primeiro contato com o pensamento pagão de Aristóteles, Boaventura está convencido de tê-lo compreendido, julgado e superado"[8].

Esta atitude bonaventuriana diante de Aristóteles explica também as convergências e divergências intelectuais entre o Doutor Seráfico e o Doutor Angélico, defensor e seguidor da metafísica aristotélica.

b) A metafísica em chave exemplarista

A filosofia é a reflexão e explicação acertada ou aproximada da realidade. Mas a realidade é complexa e múltipla. Como explicar e vincular o uno e o múltiplo, o Criador e a criatura, a eternidade e o tempo, o divino e o humano, a substância e os acidentes? A metafísica é a ciência do ser enquanto tal. Mas os seres reais e concretos, como se relacionam? Qual é o nexo entre o ser necessário e o contingente, entre Deus e o mundo? Existe entre eles identidade, contradição ou analogia?

Para os filósofos medievais, tais dilemas não desembocavam em uma aporia ou em uma alternativa excludente, mas em uma visão integradora, porém sem confusão. O ser de Deus e o ser das criaturas colocam-se em dois planos diversos: o ser de Deus é o ser originário, fontal, pleno; o ser criatural é participativo, imagem, semelhança e cópia de Deus. As posições ou métodos filosóficos medievais característicos para dar uma resposta filosófica a esta problemática são a analógica e a exemplarista. A tese analógica defende que todos os seres criados ou contingentes representam e encarnam a mesma perfeição divina, embora em grau diverso. Todos eles são cópias e seres explados do autêntico modelo e razão fundante, que é Deus, do qual se distinguem. A posição exemplarista consiste em sublinhar as semelhanças e a relação íntima que existe entre Deus e as criaturas. Estas duas posições não se opõem, mas se integram; a classificação dos autores depende de onde se coloque o acento, como é o caso de Tomás de Aquino, que opta pela primeira, e de Boaventura, que escolhe a segunda.

A chave da posição analógica, segundo o sistema aristotélico, é a teoria do ato e da potência. Mas, dado que Aristóteles rejeitou a posição exemplarista, caiu em erros fundamentais e não alcançou a perfeita sabedoria. Inclusive os próprios platônicos, que não ti-

---

8. *Ibid.*, 12.

Capítulo III – Metafísica

veram a chave do verdadeiro exemplarismo, o conhecimento do Verbo, tampouco conseguiram a sabedoria e não evitaram o erro apesar de que "pareciam iluminados"[9].

A posição exemplarista é a chave da filosofia bonaventuriana. Daí a simpatia para com Platão e para com os neoplatônicos, embora Boaventura conhecesse melhor o neoplatonismo cristianizado por Macróbio, Agostinho e Boécio. Mas Platão e os filósofos pagãos que defendiam o exemplarismo permaneceram envolvidos nas trevas, "porque careciam da fé"[10]. O verdadeiro segredo do exemplarismo consiste no tríplice conhecimento do Verbo incriado, por quem são produzidas todas as coisas; o conhecimento do Verbo encarnado, por quem são reparadas todas as coisas; o conhecimento do Verbo inspirado, por quem são reveladas todas as coisas[11]. Embora Platão fosse o primeiro em descobrir a verdade do exemplarismo, prova clara de que a razão natural pode chegar a Deus como causa exemplar de todas as coisas, não alcançou sua profundidade, porque não conheceu o Verbo incriado, que é o único caminho que introduz de cheio na metafísica exemplarista[12]. É precisamente aqui que se encontram e se juntam a filosofia e a teologia.

Para conhecer a estrutura e o dinamismo metafísico bonaventuriano é necessário deter-se no conteúdo ontológico e hermenêutico da idéia exemplar, já que o exemplarismo é a doutrina das relações de expressão que existem entre as criaturas tal qual são em si mesmas e tal qual são em Deus ou no Verbo. As coisas estão em Deus como idéias exemplares. Pois bem, a idéia é uma semelhança, uma espécie de cópia formada pela inteligência à imitação do ser exemplar. Segundo Boaventura, há três espécies de semelhança: a de univocação ou participação (que não pode dar-se entre Deus e as criaturas), a de imitação (que implica uma semelhança da criatura com o Criador e o princípio do conhecimento que Deus tem com ela) e a exemplativa (que acentua a razão exemplar entre o Criador e a criatura). O filósofo franciscano opta por esta última. Esta semelhança exemplativa de expressão é a idéia que Deus tem das coisas e que este doutor denomina de idéia, verbo, arte e exemplar[13].

Esta interpretação das idéias, em sentido dinâmico, tem suas origens em Plotino, que interpreta as idéias mais como forças exemplares do que como substâncias, ao estilo platônico. A palavra que mais se ajusta a esta doutrina de semelhança é a palavra *expressão*. A tese bonaventuriana das idéias, segundo Gilson, poderá chamar-se de *expressionismo*. Mas "o expressionismo em Boaventura supõe uma concepção de Deus cuja inspiração profunda é bastante diferente da de Tomás de Aquino e radicalmente incompatível com

---

9. *Hex.*, col. 3, n. 2.
10. *Ibid.*, col. 4, n. 1.
11. *Ibid.*, col. 3, n. 2.
12. *Ibid.*, col. 3, n. 4.
13. *I Sent.*, d. 35, a. un., q. 1; *SChr.*, q. 2 concl.

a de Aristóteles"[14]. Boaventura não foi um eclético, mas elaborou um sistema pessoal a partir da tradição e em conformidade com sua índole e própria cosmovisão. E o exemplarismo é a chave interpretativa de seu pensamento filosófico-teológico.

c) Origem dos seres

O Doutor Seráfico sublinha as grandes dificuldades que os filósofos pagãos tiveram para explicar e determinar como se originou a multidão e variedade dos seres particulares. Tais filósofos partiam da necessidade de reconhecer uma causa eficiente do simples, do complexo, do mutável e do imperfeito. Mas o que não chegaram a compreender foi a necessidade de que essa causa eficiente das propriedades das coisas fosse, ao mesmo tempo, a causa de sua existência. Todos eles admitiam o princípio metafísico *ex nihilo nihil*, nada se faz ou se produz do nada, mas não acertaram ao dar soluções convincentes, pois, como demonstra a história dos filósofos pré-socráticos, cada pensador ou cada sistema é permanente correção dos anteriores, enquanto colocações inadequadas e soluções falsas.

Inclusive a solução dos platônicos, que indica três causas eternas: Deus, as formas separadas ou modelos ideais e a matéria, tampouco foi muito satisfatória. Nem sequer Aristóteles supera Platão neste campo, já que caiu no erro de ignorar a criação e admitir a eternidade do mundo, embora se trate de escusá-lo por isso. Os filósofos pagãos não puderam chegar a uma verdadeira solução da origem dos seres, porque lhes faltou a luz da fé. Unicamente o exemplarismo metafísico pode descobrir filosoficamente as raízes divinas da origem temporal dos entes concretos.

Os sistemas exemplaristas pagãos, quando quiseram explicar a origem da multiplicidade dos seres, imaginaram uma série de emanações de Deus até a matéria. Segundo a tese do exemplarismo pagão, Deus podia produzir somente uma primeira Inteligência, baseando-se no princípio falso de que uma causa absolutamente simples pode produzir unicamente um efeito. No entanto, Boaventura defende o contrário: a simplicidade divina é o fundamento metafísico da multiplicidade dos seres sem necessidade de recorrer a intermediários ou demiurgos. Pois, quanto mais simples é uma causa, tanto mais poderosa e forte é para produzir muitos efeitos. Deus, por ser simplicíssimo, pode produzir de si mesmo e por si mesmo uma variadíssima multidão de seres[15].

---

14. É. GILSON, *La philosophie de Saint Bonaventure*, 134; cf. J.M. BISSEN, *L'exemplarisme divin selon S. Bonaventure* (J. Vrin, Paris 1929) 93-94; M. OROMÍ, "Filosofía ejemplarista de San Buenaventura", em *Obras de S. Buenaventura* III (BAC, Madri 1972) 3-134.

15. *II Sent.*, d. 1, p. 1, a. 1, q. 2 concl.

Capítulo III – Metafísica

Outra razão que explica a multiplicidade e variedade dos seres é a suma bondade divina, que é infinita e, ao comunicar-se *para fora*, cada coisa particular só expressa parte dessa infinita bondade, pois cada ser é limitado, e unicamente a totalidade e a imensa variedade dos seres criados é capaz de refletir ontologicamente quem é o criador[16].

A razão última da criação de todos os seres é o efeito da bondade divina que tende a difundir-se e a comunicar-se. Daí que a vocação ontológica de todas as criaturas consiste em manifestar a razão de seu existir, quer dizer, ser testemunhas da bondade de Deus. Em reconhecer e expressar esta finalidade intrínseca está sua própria utilidade[17].

Para Boaventura, é evidente que Deus não tem necessidade das criaturas. Se elas existem é porque Ele as ama e porque o Bem tende a difundir-se e é a razão gratuita de tudo o que existe. A bondade e as perfeições infinitas de Deus causam a criação do nada e são, além disso, a razão fundante da multiplicidade dos entes reais. E se os seres criados, em sua diversidade, foram colocados na existência, a causa não é para aumentar a glória divina, mas para manifestá-la e comunicá-la. Por conseguinte, esses seres não podem reduzir-se à sua pura materialidade concreta, mas devem ser entendidos e explicados a partir de uma hermenêutica da significação e da comunicação.

O doutor franciscano reduz a três os gêneros das substâncias criadas: a corporal, a espiritual e a composta de ambas. A primeira está próxima do nada; a segunda está perto de Deus; e a terceira ocupa o termo médio. Cada uma tem sua própria missão, sua própria inteligibilidade e sua razão comunicativa, porque no universo bonaventuriano tudo é linguagem, respectividade e vinculação ontológica. É um mundo cheio de sentido e de significado, porque o *logos* amoroso de Deus o sustenta e o recria.

d) Estrutura ontológica dos seres

Para a compreensão global do universo e da estrutura ontológica dos seres reais que o integram, Boaventura serve-se principalmente da revelação cristã e das diversas interpretações de Platão, Aristóteles, Agostinho, Avicena, Averroes, Avicebron ou Avicebron e Maimônides. Mas servir-se não quer dizer repetir, mas integrar em um sistema pessoal e próprio.

Composição hilemórfica

Boaventura, seguindo seu mestre Alexandre de Hales, defendeu a composição hilemórfica de todas as criaturas, teoria comum na Idade Média. Todo ser finito tem em

---

16. *Ibid.*, d. 1, p. 2, a. 1, q. 1 concl.
17. *Ibid.*, d. 1, p. 2, a. 2, q. 1 concl.

si mesmo o princípio do ser e o princípio da limitação. O princípio do ser, quer dizer, o princípio criativo, é a *forma*, enquanto que o princípio da limitação, quer dizer, o princípio passivo, é a *matéria*, pois nenhuma criatura é ato puro. Todo ser finito contém o princípio da limitação, que é a matéria. É evidente que Boaventura não se refere aqui à matéria física corporal, mas à matéria em sentido metafísico e radical, enquanto princípio de *limitação* no ser, de *potência* e de *possibilidade*; ao passo que a forma é princípio do ato e da perfeição.

A matéria corporal e a matéria espiritual têm em comum o ser da limitação. "A matéria considerada em si mesma não é nem espiritual nem corporal. Seu princípio fundamental de limitação e de potência, oposta ao ato, pode aplicar-se indiferentemente tanto a uma forma espiritual como a uma forma corporal"[18].

Admitindo-se que a matéria seja em si o princípio da potência e de limitação do ser, como a forma é o princípio do ato, resulta que esta matéria, seja espiritual seja corporal, se encontra em todo ser finito, e somente Deus está livre dela. Portanto, a alma – o mesmo se diga do anjo – está composta de matéria e de forma. Encontramo-nos aqui, pois, diante de um hilemorfismo geral. Resulta evidente que o conceito bonaventuriano de matéria não coincide com o conceito de outros mestres medievais como, por exemplo, o de Tomás de Aquino, como tampouco coincide com o hilemorfismo comum ou aristotélico e adere ao hilemorfismo do neoplatonismo.

Pluralidade das formas

A pluralidade das formas é outra tese característica do hilemorfismo neoplatônico. Boaventura nunca tratou *ex professo* esta questão, embora a pluralidade das formas esteja implicada necessariamente em seu sistema e em sua concepção da forma, que é distinta da interpretação aristotélico-tomista.

Na corrente aristotélico-tomista, a forma é essencialmente o que constitui o ser de uma coisa, que o define e o delimita. É o princípio que outorga a perfeição substancial, mas determinando de tal modo a substância que esta já fique definitivamente configurada e não pode acumular outra perfeição essencial, a não ser que abandone a primeira forma para poder ter outra nova. Todas as outras perfeições que sobrevenham são simplesmente acidentes[19]. Ao contrário, a forma substancial bonaventuriana, ao mesmo tempo que confere uma perfeição substancial, não limita o ser da coisa, mas dispõe a

---

18. *Ibid.*, d. 3, p. 1, a. 1, q. 2 ad 3.
19. TOMÁS DE AQUINO, *De potentia*, q. 3, a. 9 ad 9.

Capítulo III – Metafísica

substância para receber outras formas substanciais superiores sem desaparecer as formas inferiores, visto que cada uma delas confere sua perfeição concreta e específica[20].

A forma bonaventuriana tem uma dupla tarefa: em primeiro lugar, dá à matéria a primeira determinação, consistente em seu constituir-se como corporeidade em geral; em segundo lugar, a forma prepara a matéria para receber outra ulterior atualização e perfeição, a de ser de barro, de madeira, de ferro, etc. A forma inferior conota sempre uma exigência de outra forma superior, à qual está ordenada, contanto que a matéria tenha nova capacidade para receber outras perfeições[21].

O conceito que Boaventura tem de forma está em perfeita sintonia com as exigências de seu sistema exemplarista, da mesma forma que o Aquinate está em sintonia com sua própria metafísica. Se se levam em conta estas duas correntes intelectuais, tão diferentes, como observa Gilson, não pode surpreender esta divergência na interpretação da forma e como cada uma está formulada e interpretada de acordo com as exigências do próprio sistema[22].

Na visão unitária que Boaventura tem do universo, a estrutura de cada ser é uma hierarquia harmônica de perfeições ou formas substanciais que o universo espelha. O homem é um microcosmos que sintetiza o macrocosmos, quer dizer, reúne em si todas as formas hierarquizadas ou perfeições, desde a forma elementar da luz até a forma espiritual do anjo. A concepção hierárquica do universo, em consonância com seu sistema exemplarista, é a motivação e a razão da teoria bonaventuriana da multiplicidade das formas.

O princípio de individuação

Boaventura não admite a tese daqueles que, baseando-se em Aristóteles, sustentam que a matéria é o princípio de individuação[23], pois resulta muito difícil compreender que precisamente aquilo que é comum a todos, como é a matéria, possa ser a causa principal de distinção e de individuação. Por outra parte, afirmar que a forma seja o princípio de individuação e postular uma forma individual que venha depois daquela da espécie é passar ao extremo oposto.

A postura bonaventuriana está em interpretar que a individuação deriva da união da matéria e da forma e como conseqüência dessa união ontológica. Se uma substância individual é uma realidade limitada dentro de uma espécie concreta, deve-se à forma;

---

20. *II Sent.*, d. 17, a. 1, q. 2 ad 6.
21. *Ibid.*, d. 17, a. 2, q. 3 concl.
22. É. GILSON, *La philosophie de S. Bonaventure*, 224s.
23. *II Sent.*, d. 3, p. 1, a. 2, q. 3 concl.

se é *esta* realidade, deve-se principalmente à matéria, à qual a forma se une no espaço e no tempo. A individuação, portanto, expressa uma realidade substancial, uma substância composta de matéria e forma, como igualmente pode conotar uma realidade acidental: o número, por exemplo. A individualidade implica duas coisas: a individuação que surge da união dos dois princípios de matéria e forma, e a distinção de outros seres, que é a origem do universo.

Razões seminais

O conceito de matéria primeira não significa para Boaventura total indeterminação e pura possibilidade, mas inclui em si as *rationes seminales*, que conotam certa causalidade interna, de modo que nem tudo o que brota da matéria deva ser atribuído à causa extrínseca e à forma. A forma da corporeidade é colocada por ele na luz, que deve ser entendida no sentido metafísico da luz e segundo a interpretação de R. Grosseteste. Todos os seres corporais estão informados, enquanto se refere à forma substancial, pela luz. A luz é a forma material da matéria primeira, à qual se deve a capacidade de conter e de desenvolver passivamente as razões seminais.

A teoria da *rationes seminales* não é o resultado de experimentos físicos nem de uma observação empírica, mas funda-se, por uma parte, na autoridade de Agostinho; e, por outra parte, em um raciocínio filosófico *a priori*. A matéria seria como *seminarium* ou receptáculo de sementes, onde Deus criou, em estado virtual, as formas corpóreas que depois se atualizarão de um modo sucessivo. Quer dizer, estas razões seminais estavam originariamente na matéria em estado de germe ou virtualmente. Uma semente, de fato, pode ser indiferentemente raiz de uma ou de muitas árvores, pois isso depende da fecundidade do terreno.

Segundo este doutor franciscano, o universo não passou de um salto do nada ao ser, mas se formou segundo um plano progressivo, seguindo o esquema dos seis dias da narração do Gênesis. Estava convencido de que Deus criou conjuntamente os elementos básicos que depois entrariam na construção do universo.

O Doutor Seráfico conserva a expressão *razões seminais*, à qual dá um sentido diverso da agostiniana de criação simultânea. Todo ser contingente está composto de matéria e de forma, como se viu. Toda a *matéria* foi criada no princípio. As formas, no entanto, foram-se criando no curso dos seis dias. As razões seminais não são as formas em *ato*, mas em *potência*. Elas não são "nem matéria espiritual nem matéria corporal, mas uma certa potência espiritual conferida pelo criador à matéria corpórea, fundada sobre ela e em dependência dela"[24]. Ele mesmo se coloca a questão se estas razões seminais estão

---

24. *Ibid.*, d. 25, p. 2, a. 2, q. 1 ad 2.

Capítulo III – Metafísica

em potência puramente *passiva* ou em potência *ativa*. E opta pela segunda forma, enquanto que lhe parece mais inteligível e mais próxima da verdade[25].

e) Fundamentação ontológica da luz

A teoria da luz é muito importante no pensamento bonaventuriano, que afirma que o céu empíreo foi criado entre as quatro primeiras realidades (o céu empíreo, a natureza angélica, a matéria e o tempo)[26]. A imagem mítica do céu empíreo corresponde, em termos filosóficos, à realidade da luz. De fato, a luz é aquela forma corpórea perfeitíssima que se configura como o princípio originário de todas as formas corpóreas. Entre o céu empíreo e a matéria física estabelece-se uma relação de bipolaridade: enquanto a matéria se constitui como o princípio passivo de todos os corpos, o céu empíreo se constitui como a reserva inesgotável de todas as energias ativas que se distribuem em todas as formas ou em todos os princípios ativos existentes no universo.

Por sua própria natureza, a luz se difunde por todas as partes e, ao propagar-se, informa a matéria física e prepara-a para receber as demais formas.

> A forma que é própria da luz tem esta prerrogativa: que quando ela se une a outra forma, mais do que limitar-se a apresentar-se como realidade necessitada de um posterior aperfeiçoamento, toma imediatamente a importância de uma forma ou de uma natureza apta para servir de apoio a outras formas corpóreas e apta para transformar-se em fonte de atividade, mas de uma atividade proporcional à dignidade e à capacidade operativa de cada forma corpórea[27].

A luz é uma forma fundamental dos corpos. Não é como uma de tantas formas e algo genérico, mas a forma que serve de intermediária ou princípio de união entre a matéria e as formas específicas.

Em virtude desta posição de mediação, a luz age como princípio genérico de atividade. E a partir deste princípio, posteriormente cada forma adquirirá sua peculiar capacidade operativa. A luz, apesar de ser uma forma corpórea, não é objeto da experiência sensível, mas torna-se sensível através de seu esplendor, quer dizer, através da cor que comunica aos corpos[28]. Os historiadores do pensamento medieval viram na doutri-

---

25. *Ibid.*, d. 7, p. 2, a. 2, q. 1 concl.

26. *Ibid.*, d. 1, p. 1, a. 2, q. 3.

27. *Ibid.*, d. 13, a. 2, q. 3 ad 5; cf. E. BETTONI, *San Bonaventura da Bagnoregio* (Milão 1973) 141-143.

28. *Ibid.*, d. 13, a. 2, q. 3 ad 3; cf. V.CH. BIGI, "La dottrina della luce", em *Studi sul pensiero di S. Bonaventura* (Assis 1988) 105-142. Boaventura expõe sua teoria da luz principalmente em *II Sent.* 310-372. 419-423, embora se encontrem mais textos disseminados por outras obras.

na da luz um dos elementos nucleares da filosofia bonaventuriana, à qual se deu o nome, repetidas vezes, de *metafísica da luz*.

O termo *luz* é usado igualmente para designar uma realidade tanto espiritual como corporal, embora este termo indique fundamentalmente a realidade corpórea. Boaventura distingue três acepções do termo *luz*: luz como natureza celeste, luz como fogo e luz como resultante da igualdade da estrutura dos elementos. Segundo Bigi, o Doutor Seráfico – seguindo o uso comum –, quando emprega o termo *luz*, entende com isso uma realidade corpórea e não espiritual. O vocábulo luz não indica sempre em nosso pensador a mesma realidade corpórea, quer dizer, não é um termo unívoco, mas análogo. Em sentido próprio, a luz é a quintessência ou o quinto corpo celeste. A luz ígnea (terceira espécie de fogo) é luz em sentido analógico, enquanto que os *espíritos* animais e o calor animal podem chamar-se luz somente em sentido lato. Neste sentido, Boaventura aproximar-se-ia mais de Avicena, Aristóteles e Averroes do que de Agostinho.

A luz, enquanto forma corpórea, não estaria em analogia com a luz enquanto forma espiritual. A luz, forma corpórea, é um elemento substancial e constitutivo, junto com a matéria, do corpo luminoso. Esta matéria, que se une substancialmente à forma de luz, já é corpórea, quer dizer, já está informada pela forma substancial da corporeidade e da forma da extensão.

Embora se questione se a doutrina da luz em Boaventura pertence à ordem física ou à ordem metafísica, a conclusão – segundo Bigi – é clara: "A doutrina da luz é somente de ordem física"[29]. A luz existe unicamente como luz concreta, quer dizer, como *tal* luz, não como luz em si. E, ao se dizer luz concreta, está-se indicando uma realidade particular, o que questionaria a chamada metafísica da luz. Esta é a tese à qual chega o citado autor em seu detalhado e sério estudo. Mas, para a justa interpretação deste problema, é necessário enquadrá-lo na perspectiva sinóptica do pensamento bonaventuriano, onde elementos físicos, além de sua densidade concreta, remetem a elementos metafísicos que oferecem uma doutrina unitária, difícil de fracionar em setores isolados e que exigem uma visualização da sincronia dos fatores integrantes. Se Boaventura é um filósofo-teólogo que se caracteriza por seu simbolismo, resultaria muito difícil que restringisse o tema da luz à ordem física, sendo assim que a luz, enquanto efeito da iluminação, necessita estar apoiada e fundamentada em outra realidade fundante como é a perspectiva metafísica. Todo texto explícito evoca sempre um horizonte de alusividade, e a realidade física da luz adquire toda sua força ontológica e cosmológica a partir do horizonte da metafísica.

---

29. V.CH. BIGI, o.c., 138-141.

Capítulo III – Metafísica

f) Tempo e história

Boaventura viveu o problema da temporalidade com paixão e abordou-o com seriedade e profundidade. Sentiu o drama da temporalidade do ser finito, do mundo e do homem. Segundo ele, o tempo foi concretizado por Deus juntamente com a matéria, com o céu empíreo e com os anjos. É, então, uma das quatro primeiras realidades criadas. Ele sublinha que o tempo não é uma criatura no sentido de substância, ao estilo da matéria criada ou das outras criaturas. É criatura no sentido de con-criada junto com outras realidades substanciais. Mas necessita de um fundamento ou de um sujeito sobre o qual possa apoiar-se para existir.

Qualquer ser pode ser considerado a partir de aspectos diversos: em seu aspecto essencial e estático, estudando-se os princípios permanentes e constitutivos que o integram, e em seu aspecto de fluir e de sua duração, quer dizer, enquanto realidade temporal.

O tempo pode ser interpretado de quatro modos: a) modo comuníssimo: o tempo enquanto medida de qualquer duração criada; b) modo comum: o tempo enquanto medida de qualquer mutação, quer dizer, a passagem do não-ser ao ser ou a passagem de um modo de ser a outro modo de ser; c) modo próprio: o tempo enquanto medida do movimento ou da variação sucessiva, regular, contínua; d) modo mais próprio: o tempo enquanto medida de movimento ou de variação sucessiva, contínua e reguladora segundo a norma do movimento da oitava esfera[30]. O primeiro modo vê o tempo sob o aspecto estático; o segundo modo considera-o sob o aspecto dinâmico; o terceiro concebe o tempo como medida da variação instantânea e descontínua; o quarto restringe à medida da variação sucessiva e contínua. Este último é o tempo da filosofia aristotélica, tempo como medida do movimento local segundo o ritmo do movimento da oitava esfera. O terceiro modo corresponde ao tempo agostiniano, enquanto medida também das variações de origem espiritual e que não estão submetidas à lei do movimento das esferas celestes.

Boaventura rejeita explicitamente o tempo aristotélico, já que é insuficiente para interpretar a narração bíblica e o fluir do ser espiritual e de suas opções livres. Segundo ele, somente pode ser aceito aquele modo de tempo, sem precisar qual, que é considerado e interpretado como a medida da passagem do não-ser ao ser. Para este franciscano, o começo da temporalidade está fixado pela frase do Gênesis: "No princípio Deus criou o céu e a terra" (Gn 1,1). Mas distingue dois significados de criação: criação-ação e criação-paixão. Deus é o princípio da ação criadora, enquanto que o criado é a ação criada. O criado *sofre* ou padece a ação criadora. Por isso, a criação-paixão não é outra coisa que o *padecer* da criação-ação[31].

---

30. *II Sent.*, d. 2, p. 1, a. 2, q. 1. O tema da temporalidade é tratado por Boaventura também no *Breviloquium* e no *Hexaemeron*.

31. *I Sent.*, d. 40, a. 1, q. 1, f. 2; *II Sent.*, d. 1, p. 1, a. 3, q. 1 ad 1.

A criação é produção do nada; de tal modo que o produzido, em qualquer aspecto, tem um *agora*, não um *antes*. Por conseguinte, a temporalidade afeta radicalmente o ser da criatura. De fato, o *agora*, no qual consiste toda a essência do tempo[32], é precisamente a medida interna da passagem do não-ser ao ser, quer dizer, é a medida da criação passiva. Portanto, o *agora* temporal não pode ser estático, mas um ser que flui, segundo a tese agostiniana. Boaventura, seguindo Agostinho, diz que o *nunc* temporal *flui em contínua sucessão*[33].

A temporalidade do mundo é um dos problemas filosóficos que mais afetou Boaventura. Há um dado biográfico, de seus anos de estudante em Paris, que é sumamente revelador a este respeito. "Quando eu assistia às aulas, ouvi dizer que Aristóteles defendia a eternidade do mundo; e quando escutei as razões e os argumentos que se davam em favor disso, meu coração começou a palpitar, e pensei: como pode ser isto?"[34] Esta auto-revelação demonstra a importância que tinha este tema para seu autor na elaboração de uma cosmovisão teórica e existencial. "Colocar o mundo eterno é transtornar a Sagrada Escritura e dizer que o Filho de Deus não se encarnou"[35]. Defender a eternidade do mundo significa cair em um erro radical que liquida toda a sabedoria, enquanto tal erro se opõe à causa do ser, já que Deus, se o mundo fosse eterno, não seria a causa total do ser, mas somente causa parcial. O doutor franciscano vê no problema da temporalidade um desafio para a própria fé, pois negar a temporalidade do mundo significa separar-se radicalmente do cristianismo.

Este doutor escutou de seus professores a acusação contra Aristóteles, por isso se opôs a ele neste problema, como se opôs também aos pré-socráticos e ao próprio Platão. É necessário esclarecer que a atitude filosófica de Aristóteles, quanto à temporalidade ou eternidade do mundo, não está muito clara, como o confirmam as diversas e, inclusive, opostas interpretações de seus mais ilustres comentaristas.

Boaventura apresenta diversos argumentos físicos, ontológicos, teológicos, psicológicos e morais para atacar a eternidade do mundo. A temporalidade do mundo é uma verdade fundamental não somente para o cristianismo, mas também para a razão e para a moral. A própria razão pode demonstrar a contradição da eternidade do mundo. Os mais radicais e sãos princípios da filosofia exigem que o mundo e seus seres sejam produzidos do nada.

---

32. *II Sent.*, d. 1, p. 1, a. 1, q. 2 ad 4.
33. *Ibid*, d. 2, p. 1, a. 1, q. 1.
34. *DPr.*, col. 2, n. 28.
35. *Ibid.*, col. 2, n. 25.

Capítulo III – Metafísica

No pensamento bonaventuriano, a temporalidade está intimamente vinculada à historicidade, como o demonstra J. Ratzinger, que colocou em relevo a oposição entre a concepção do tempo em Aristóteles e em Boaventura. Para o Estagirita, o tempo é um círculo móvel, um eterno repetir-se do mesmo sem clara demarcação entre o início e o fim, já que eles mesmos se implicam. Boaventura rompe esta circularidade[36].

A concepção do tempo em Boaventura apóia-se na verdade da criação e do retorno do mundo a Deus, quer dizer, a partir da perspectiva da causa eficiente e da causa final. O tempo é a medida da saída (*egressus*) da criatura do Criador e é também medida do retorno (*regressus*) do mundo à sua fonte originária. É patente que no pensamento bonaventuriano a temporalidade se identifica com a historicidade. Ao passo que em Aristóteles não se pode falar da historicidade, porque o acontecer do mundo e das coisas está finalizado, já que é um eterno círculo que gira sobre si mesmo, onde tudo é princípio e fim ao mesmo tempo. Não existe aqui um caminho de progresso para algo distinto, porque desemboca necessariamente em um começo.

No tempo bonaventuriano distinguem-se claramente três categorias ontológicas condicionantes e distintas: a irreversibilidade, a heterogeneidade e a finalização. Categorias metafísicas que não entram no necessitarismo aristotélico. Precisamente porque o fluir temporal é irreversível, heterogêneo e finalizado, é *história*, e o fluir do ser medido pelo tempo é histórico.

2. Metafísica de João Duns Scotus

a) A metafísica como dobradiça entre a filosofia e a teologia

Para Duns Scotus, a metafísica tem uma função mediadora e intermediária entre a filosofia e a teologia. A visão do mundo pode colocar-se legitimamente a partir de duas perspectivas diversas. A partir do ponto de vista da filosofia grega, que se apóia sobre a natureza física, acaba necessariamente, por necessidade racional, no *primeiro motor imóvel* como ápice da filosofia. Mas, a partir da visualização do teólogo, que parte da fé, o mundo não aparece como necessidade, mas como realidade radicalmente contingente que depende não do primeiro motor imóvel, mas da vontade criadora de Deus, que opera livre e contingentemente. Trata-se de duas visões confrontadas que dificilmente

---

36. Cf. J. RATZINGER, *La théologie de l'histoire de S. Bonaventure* (Paris 1988) 162-167; cf. V.CH. BIGI, o.c., 145-247, onde expõe amplamente o problema do tempo em Boaventura e suas conseqüências filosófico-teológicas; A. GHISALBERTI, "La concezione del tempo in San Bonaventura", em *San Bonaventura Maestro di vita francescana e di sapienza cristiana* I (Atas do Congresso Internacional pelo VII Centenário de São Boaventura, Roma 1976) 429-446; também no mesmo volume K. LOSS, "Bonaventura von Bagnoregio und die Probleme der Geschichte", 757-766.

poderiam juntar-se, pois a contingência radical contrasta frontalmente com a necessidade racional. Este é o problema real que Scotus vê na concepção do mundo que os filósofos e teólogos oferecem. Se se dá a razão aos teólogos, então resulta que somente Deus é necessário, e o mundo, com tudo o que há nele, é contingente, com o que se destrói o necessitarismo racional. E se se dá a razão aos filósofos em seus raciocínios sobre a natureza, a fé dos teólogos e a liberdade divina, que estes defendem, ficam descartadas. Portanto, os filósofos e os teólogos não podem entender-se facilmente, pois as dimensões da razão e a da fé se encontram em planos diversos.

Diante desta dificuldade real, o Doutor Sutil vê a única saída no fato de que alguém seja filósofo e teólogo ao mesmo tempo, mas sem mesclar nem confundir a filosofia e a teologia nem em seus conteúdos nem em seus métodos. Quando a mente do filósofo é a mesma do teólogo, pode ser iluminada pela fé, não para apropriar-se dela, mas para que ilumine a razão em sua capacidade cognoscitiva e para uma compreensão da Revelação. Quando a mente do teólogo é a mesma do filósofo, se verá obrigada a expressar as verdades reveladas com conceitos humanos capazes de conectar a contingência radical com a liberdade criadora de Deus e não com razões do necessitarismo grego.

Segundo Duns Scotus, é necessário descobrir ou inventar uma nova ciência que, com método próprio e objeto próprio, se ajuste à inteligência humana e possa superar as aporias dos filósofos e teólogos. Esta nova ciência é a *Metafísica*. O doutor franciscano não entende a metafísica em sentido tradicional: nem como ciência que vem depois da física nem como filosofia primeira nem tampouco como ciência que trata de Deus; para isto está a teologia, e para outro, a física. O objeto da metafísica é distinto e não pode provir nem da física nem da teologia. Para encontrar tal objeto da metafísica deve-se transcender a própria física e instalar-se em um plano distinto, pois a metafísica é uma ciência essencialmente necessária, ao passo que a física é somente contingentemente necessária.

Mas, para alcançar o plano da metafísica, o filósofo deve conhecer, como teólogo, que o mundo físico é contingente e depende radicalmente da vontade criadora que opera contingentemente. A teologia não oferece ao filósofo o objeto da metafísica, mas descobre-lhe novos horizontes para que transcenda a física, como ciência contingente, e possa detectar o sentido ontológico do real e suas últimas razões fundantes e últimas[37]. Esta atitude de Duns Scotus como filósofo e teólogo é fundamental para a compreensão de seu pensamento e de sua dialética. Ele distingue claramente o objeto da razão e da fé e o método próprio da filosofia e da teologia. Por isso, não se deve confundi-las nem tampouco separá-las. Pela fé se transcende a filosofia e se abre à metafísica; e

---

37. A fé teológica pode iluminar a razão natural no seguinte: que Deus criou o mundo livremente; que na mente divina estão os arquétipos, as idéias ou as ciências possíveis; que a alma humana está destinada a ver a essência divina. Verdades que ampliam a capacidade da razão puramente natural.

Capítulo III – Metafísica

a partir da metafísica se concebe a teologia não como uma transmetafísica, mas como a ciência humana do divino.

Deste modo, a metafísica se converte em ciência bisagra da filosofia e da teologia. O problema prático estará em detectar quando Scotus age como filósofo e quando age como teólogo. Por isso, deve-se estar muito atento à leitura de seus textos para não cair em incompreensões e em deformações doutrinárias e de método. Não poderá ser adequadamente entendido o pensamento escotista com categorias exclusivas de Aristóteles ou de Agostinho, pois o Doutor Sutil é um pensador original.

A própria tese escotista da univocidade repousa sobre a estrutura da metafísica. O conceito de univocidade coloca em crise a teoria da analogia a serviço da metafísica da participação como se apresenta em Dionísio Areopagita, em Boaventura, em Tomás de Aquino e em Henrique de Gand. A teoria do ente, pensado em sua unidade conceitual como unívoco a Deus e às criaturas, modifica profundamente a situação vigente da filosofia analógica. O ente converte-se em objeto de um saber transcendental, neutro, indiferente e comum e é anterior a toda consideração teológica.

A metafísica, ciência do ente enquanto ente, pode converter-se, por seu objeto primeiro, em ontologia anterior e em propedêutica para a teologia natural. Se a relação entre ontologia e teologia está presente no âmbito da metafísica, então pode-se falar de uma estrutura *onto-teológica* que vincula o ser contingente com o ser necessário. A metafísica não somente é a coroação da filosofia física, mas é ingresso na teologia.

b) *Conceito unívoco do ser*

Um dos elementos mais relevantes do pensamento escotista é sua teoria sobre a univocidade do conceito de ente, com o qual o entendimento humano se dispõe a conhecer qualquer realidade, humana e divina. Se no *estado atual* do homem o conhecimento é abstrato, é necessário encontrar um conceito adequado que dê fundamento ao discurso metafísico e teológico. Este conceito deve ser onicompreensivo; e para isso é necessário que o conceito de ente seja unívoco, aplicável a Deus e às criaturas.

A tese da univocidade do ente vai contra a doutrina analógica de Henrique de Gand, a qual, segundo o parecer de Scotus, compromete a própria possibilidade do homem para elevar-se ao conhecimento de Deus. A univocidade deve ser o instrumento mental que capacite o homem a estar aberto à realidade total, finita e infinita, humana e divina, contingente e necessária.

A univocidade designa "a unidade de razão daquilo que é predicado"[38]; é a identidade de um conceito. A identidade do conceito unívoco predicado vai além da identi-

_____

38. *Ord.*, I, d. 8, n. 89 (IV, 195).

dade real dos sujeitos dos quais se predica. Quer dizer, o conceito pode ser idêntico em si mesmo sem que seja idêntico nos casos aos quais se refere. A univocidade designa a unidade de um mesmo conceito enquanto se predica de muitas coisas. "Para que não haja conflito no tocante ao nome de univocidade, chamo de conceito unívoco aquele que é uno; de tal modo que sua unidade é suficiente para a contradição, quando se afirma e se nega algo da mesma coisa"[39]. A univocidade não designa coisas idênticas no nome e no sentido, mas designa a unidade e a identidade de um conceito, assumindo as exigências da lógica segundo os requisitos do princípio de não contradição. A univocidade lógica de um conceito é sua unidade consistente.

Mas, ao falar aqui da univocidade lógica do conceito, não se esquece nem se passa por cima da analogia real e da equivocidade da ordem física ou metafísica, pois um conceito idêntico pode, de fato, aplicar-se a vários gêneros e espécies sem contradição; ele os transcende ao mesmo tempo que os significa.

A univocidade lógica é um caso particular da univocidade em geral.

> Há, de fato, uma dupla univocidade: a primeira é lógica, segundo a qual muitos entes se encontram em um só conceito comum; a outra é natural, e segundo ela alguns se encontram em uma só natureza real [...] Além dessas duas modalidades de univocidade há outra, metafísica, segundo a qual alguns estão unidos no gênero próximo, e ela é intermediária entre as duas anteriores; é, de fato, menor do que a primeira e maior do que a segunda[40].

Há, então, três classes de univocidade: univocidade física ou natural, que implica identidade real e identidade da espécie própria de muitos seres singulares; univocidade metafísica, que se funda na unidade do gênero próximo de diferentes seres; univocidade lógica, que consiste unicamente na unidade do conceito comum a muitos seres e é difícil precisar se tem um fundamento na realidade e qual é este fundamento. Segundo Bettoni, "a novidade principal da elaboração escotista do conceito de univocidade está aqui: em tê-la estendido também a conceitos que subentendem realidades radicalmente diversas entre si"[41].

---

39. *Ibid.*, I, d. 3, n. 26 (III, 18).

40. *De anima*, q. 1, n. 6 (Vivès III, 477).

41. E. BETTONI, *Duns Scoto. Filosofo* (Milão 1961) 71. É necessário advertir que Scotus escreveu em latim e isso implica um problema de terminologia e de significado ao interpretá-lo em outra língua. Quando ele fala do que nós costumamos chamar de *ser*, não emprega ordinariamente o infinitivo abstrato *esse*, mas o particípio concreto *ente* ou o substantivo abstrato *entitas*. Como sinônimos ele usa também os termos *res* e *realitas*. Toda essa riqueza de matizes desaparece quando empregamos simplesmente o termo ser ou ente. Para um esclarecimento sobre esta problemática cf. T. BARTH, "El ser del mundo y sus razones según Santo Tomás de Aquino y Juan Duns Escoto", em *VV* 65 (1959) 5-30.

Capítulo III – Metafísica

O propósito de Duns Scotus é demonstrar que a univocidade do conceito de ser, que é o primeiro dos conceitos transcendentais (*ens, unum, verum, bonum*), se concretizará em patentear que ao conceito de ser, tomado em sua absoluta indeterminação, não se pode negar uma determinada consistência para que seja logicamente operante. O *ens* é de per si indiferente à qualificação de infinito e de finito e, portanto, pode aplicar-se a ambos[42] e predicar-se univocamente de Deus e das criaturas. Se não houvesse um conceito unívoco, resultaria impossível ao homem o conhecimento da realidade divina. A univocidade do conceito de ser, e das noções transcendentais, está vinculada logicamente à afirmação de que o objeto próprio do entendimento é o *ente enquanto ente*.

A Scotus não interessava tanto o que une ou separa o ser infinito do ser finito, mas encontrar no plano conceitual uma abertura absoluta a toda a realidade, finita e infinita, e um instrumento adequado que permita ao homem vincular-se com a totalidade do ser. A finitude e a infinitude são simples modos intrínsecos do ser. A noção de ente torna presente o ser em sua totalidade, mas uma totalidade ainda por explorar: funda a objetividade do conhecer, mas sem a configuração de um objeto determinado.

Com a univocidade do conceito de ser, Duns Scotus quer superar a insuficiência da analogia tradicional e o faz com diferentes e numerosos argumentos[43]. A analogia está relacionada com a univocidade como o incompleto que busca um suplemento para alcançar a unidade. "O *ens*, enquanto *maxime scibile*, tomado no sentido mencionado, não significa outra coisa que condição de possibilidade do conhecimento objetivo em geral", na interpretação de Heidegger[44]. A analogia que o Doutor Sutil trata de superar não é tanto a analogia tomista, mas a de Henrique de Gand, autor de uma extensa *Suma de Teologia* muito utilizada na Escola Franciscana. Na perspectiva escotista, a univocidade traduz a unidade, a identidade e a comunidade quiditativas do conceito de ente. Para que a metafísica seja possível, a unidade do ser deve ser pensável em um conceito. E para superar a limitação constitutiva da analogia dos conceitos segundo Henrique de Gand, é necessário afirmar a unidade do conceito de ser. Os ataques, então, não vão contra a analogia tomista, mas contra a do teólogo de Gand, como o deixa bem cla-

---

42. *Ord.*, I, d. 8, n. 81 (IV, 190). Segundo LIBERA, Duns Scotus "apresenta a metafísica como ciência que tem por objeto o ente e por objeto supremo Deus. Esta tese, por sua vez corroborada por numerosos princípios avicenianos, transfere a teoria da 'indiferença da essência' em nível da teoria do conceito de *ens*": *La filosofia medievale* (Bolonha 1991) 68.

43. *Ibid.*, I, d. 3, n. 44-45 (III, 29s).

44. M. HEIDEGGER, *Die Kategorien und Bedeutungslehre des Duns Scotus*. Frühe Schriften (Frankfurt a. Main 1972). A propósito do *ente lógico* diz Heidegger que Scotus supera Aristóteles.

ro P. Vignaux: "Tomás de Aquino não se apresenta aqui como o doutor da analogia, o adversário da univocidade do ser; Henrique de Gand ocupa este lugar"[45].

Duns Scotus não se move tanto por um afã de crítica contra ninguém, mas pela necessidade de encontrar um conceito de ser que seja aplicável a Deus e às criaturas; e as filosofias de seu tempo não o convenciam. Por isso, foi à busca de novos conceitos. Segundo O. Boulnois, "é necessário entender a destruição da analogia no duplo sentido de uma *refutação* da metafísica de Henrique de Gand e de uma *refundação* integral de toda metafísica sobre o fundamento da univocidade do conceito. A univocidade não é tanto uma destituição quanto uma instauração"[46]. Com a univocidade, a metafísica anterior abre-se a novas e mais altas possibilidades. Ao refundar a analogia sobre a univocidade, permite instaurar em sua unidade a metafísica moderna como uma ontologia do conceito. A univocidade aperfeiçoa a analogia e coloca-a em um novo lugar de significação.

A superação da analogia tradicional pela univocidade do ente apresenta-se como a condição de possibilidade para uma metafísica enquanto ciência. Deste modo, Duns Scotus conseguiu um lugar de destaque na história da metafísica. A possibilidade da metafísica e sua função se apóiam sobre a univocidade. "Parece que isto – diz Duns Scotus –, colocar a univocidade do ente com relação a todas as coisas, destrói toda a filosofia"[47]. Tem-se a impressão de que a importância da univocidade dependesse da destruição que ela conota. O Doutor Sutil tem clara consciência das conseqüências de sua univocidade enquanto supõe uma nova alternativa para a metafísica tradicional. Não se trata de um ataque à metafísica como seus adversários o acusam, mas de fundamentá-la de outro modo e de potencializar suas possibilidades. "Digo que não destruo a filosofia, mas aqueles que colocam o contrário destroem a filosofia"[48].

---

45. P. VIGNAUX, "Métaphysique de l'Exode et univocité de l'être chez J. Duns Scot", em AA.VV., *Celui qui est* (Paris 1986) 115. Se Scotus não ataca a analogia tomista, significa que está de acordo com ela? A este respeito responde Gilson: "Evidentemente, perderia tempo quem quisesse conciliar as duas doutrinas e igualmente se quisesse refutá-las uma com a outra. A origem das divergências é anterior ao conflito que aqui as enfrenta". É. GILSON, *J. Duns Scot. Introduction à ses positions fondamentales* (J. Vrin, Paris 1952) 102. Neste mesmo livro (84-115), Gilson prefere falar do *ente comum*, em vez do ente unívoco pela relação que, segundo ele, existe entre tal noção e a metafísica essencialista de Avicena, que se apóia precisamente na natureza comum. No entanto, para Bettoni, a tese do ente unívoco deve desvincular-se de qualquer referência metafísica para vê-la em sua pura funcionalidade gnosiológica. E. BETTONI, *Duns Scoto, Filosofo*, 143-179; cf. também T. BARTH, *De univocitatis entis scholasticae intentione principali necnon valore critico* (Roma 1953).

46. O. BOULNOIS, "Introduction" à J. Duns Scot", em *Sur la connaissance de Dieu et l'univocité de l'étant* (Paris 1988) 11-81.

47. *Lectura* I, d. 3, n. 105 (XVI, 264).

48. *Ibid.*, I, d. 3, n. 110 (XVI, 265).

Capítulo III – Metafísica

A univocidade não mina os alicerces da metafísica, mas fundamenta-os. A situação real é o contrário, já que é a analogia que a destrói. Mais ainda, graças à univocidade, a teologia se fundamenta mais e melhor. "Se o ente não comportasse uma intenção única, unívoca, a teologia pereceria pura e simplesmente"[49], já que o discurso teológico supõe a aplicação dos conceitos de nossa experiência finita a Deus. Se não houvesse univocidade entre o ser finito e o ser infinito, e se nossos conceitos tivessem razões analógicas para o criado e o incriado, então "não haveria absolutamente evidência alguma" na teologia[50]. A univocidade fundamenta a metafísica e torna possíveis a filosofia e a teologia. A teologia, então, somente pode salvar-se articulando-se de outra maneira. Deste modo, vê-se claramente que Duns Scotus não foi destruidor da metafísica, como foi acusado, mas seu fundamentador a partir de um novo horizonte de integração gnosiológica e ontológica.

c) O ser unívoco e os transcendentais

A univocidade do conceito de ser, enquanto só expressa a *entidade*, é nuclear no pensamento escotista para a fundamentação da metafísica e para poder demonstrar a existência de Deus.

> Chamo unívoco o conceito que de tal maneira é *uno* que sua unidade é suficiente para que seja uma contradição afirmá-lo e negá-lo da mesma coisa ao mesmo tempo e que, tomado como termo médio de um silogismo, una de tal maneira os termos extremos que não seja possível equivocação nem engano[51].

Com outras palavras, um conceito é unívoco sempre e quando em si mesmo significa a mesma realidade[52]. O ser é um conceito absolutamente simples que expressa a *entidade* (*entitas*), realidade simplicíssima e é, ao mesmo tempo, indeterminado e sem mais qualificações.

Os transcendentais são também conceitos reais, como o conceito de ser. São produto de uma operação mental certamente, mas significam uma realidade existente. Chamam-se transcendentais, porque transcendem todos os gêneros categoriais: "Do mesmo modo que a razão do (gênero) mais geral não está em ter sob si muitas espécies, mas em não ter outro gênero acima [...] assim também um transcendental qualquer não tem nenhum gênero sob o qual está contido"[53]. O transcendental não se define por sua universalidade, mas por seu caráter negativo, quer dizer, por não estar incluído em

---

49. *Ibid.*, I, d. 3, n. 113 (XVI, 266).
50. *Ibid.*
51. *Ord.* I, d. 3, n. 26 (III, 18).
52. *Ibid.*, I, d. 8, n. 88 (IV, 195).
53. *Ibid.*, I, d. 8, n 114 (IV, 206).

um gênero. O caráter negativo dos transcendentais está em superar a tábua das categorias. Como acertadamente disse Boulnois, esta interpretação supõe a ruptura de Duns Scotus com a tradição anterior; não estar em um gênero ou não estar em uma categoria são sinais que indicam, no século XIII, um modo de existência não real[54].

Duns Scotus dá aos transcendentais uma amplitude maior do que seus contemporâneos, pois estes os limitavam às *paixões conversíveis* com o ser (uno, verdadeiro, bom, belo), enquanto que o Doutor Sutil os amplia e diversifica. Inclusive, o finito entra no campo dos transcendentais. "O ser divide-se antes em infinito e finito do que em dez categorias, pois um destes, o finito, é comum aos dez gêneros"[55]. O finito é um transcendental ao não estar limitado por um gênero determinado; pode ser objeto de uma consideração metafísica, sobretudo em sua complementaridade com o infinito.

Segundo Duns Scotus, há dois tipos de conceitos qualitativos do ser: os que qualificam direta e simplesmente e são os atributos ou paixões do ser, quer dizer, os chamados tradicionalmente transcendentais *conversíveis*, e os que qualificam o ser de um modo disjuntivo, quer dizer, os transcendentais *disjuntivos*: infinito-finito, necessário-possível, incriado-criado, incausado-causado, ato-potência, etc. A estes deve-se acrescentar o último modo dos transcendentais, chamados de perfeições absolutas, que unicamente se predicam de Deus, por transcender todas as categorias finitas, como por exemplo todo-poderoso.

Brevemente pode-se resumir a metafísica dos transcendentais do modo seguinte: a) o ser como o conceito mais simples, comum e fundamento de todas as coisas no qual estão incluídas; b) os transcendentais conversíveis com o ser enquanto tal na medida em que acrescentam uma qualificação nova: uno, verdadeiro, bom, belo; c) os transcendentais disjuntivos enquanto são inerentes ao ser: infinito-finito, necessário-possível, incriado-criado, etc.; d) os transcendentais das perfeições absolutas enquanto se predicam eminentemente de Deus: todo-poderoso, onisciente, etc.

Todos estes graus estão perfeitamente escalonados para oferecer uma visão ontológica estruturada e gradual da realidade e para aproximar-nos de Deus. O ser unívoco é neutro e indiferente a Deus e às criaturas. Os transcendentais conversíveis são também neutros, mas acrescentam à universalidade do ser determinadas qualificações significantes. Os disjuntivos oferecem um conhecimento distintivo de Deus, superando as qualidades negativas das criaturas. Os transcendentais das perfeições absolutas reconhecem-se como tais pelo uso teológico de seus predicados, que atribuem a Deus qualidades negadas ao ser finito. Deste modo, Scotus prepara-se metafísica e teologicamente para fundamentar as provas da existência de Deus.

---

54. O. BOULNOIS, o.c., 57, cf. 56-63.
55. *Ord.* I, d. 8, n. 113 (IV, 205s).

Capítulo III – Metafísica

d) Contingência e criação

O mundo é patente e evidente para o homem, mas é, ao mesmo tempo, problemático e estranho. Por isso, foi e continua sendo objeto permanente de perguntas, de respostas e de soluções inacabadas. Pergunta-se por sua *existência*: O que existe? Por que existe? E para que existe? Pergunta-se pela sua *consistência*: Em que consiste sua estrutura interna, sua essência, sua densidade ontológica? Pergunta-se por sua *situação*: É permanente ou temporal, é eterno ou contingente? A cada pergunta segue a inevitável problemática: Qual é sua origem e seu término? Qual é sua composição real? E como se explica o movimento, a mudança?

Diante de um mundo evidente e imediato, as respostas já não são tão evidentes nem imediatas, porque se colocam e se formulam a partir dos pressupostos e preconceitos de um sistema condicionante, de uma escola determinada ou de algumas crenças prévias. Cada um filosofa a partir de seu próprio horizonte mental. Os gregos filosofam a partir do mundo exterior; os árabes e judeus a partir da alma e do interior das coisas, os cristãos medievais a partir de Deus; os racionalistas a partir da própria subjetividade; os estruturalistas a partir das estruturas selecionadas, etc. João Duns Scotus, como bom teólogo, vê o mundo a partir da fé, mas interpreta-o a partir da razão e em coerência com sua metafísica peculiar, como autêntico filósofo. Não se deve esquecer que ele é teólogo e filósofo ao mesmo tempo.

Para entender um sistema, uma filosofia e uma cosmovisão, deve-se conhecer o próprio horizonte de visão, colocar-se nele e compreender a partir dele. O horizonte de Duns Scotus é o da criação que olha e interpreta o mundo não a partir do problema do movimento, como acontecia na filosofia grega, mas a partir da *nihilidade* que pretende ser e a partir do criador que o passa do não ser ao ser, da pura possibilidade a uma realidade concreta. O problema filosófico não é, então, a questão da mudança e do movimento, mas outro mais radical: o salto do nada ao ser. A solução para este misterioso problema não se encontra na pura razão humana, mas na fé teológica.

Pois bem, as verdades teológicas podem iluminar e condicionar a especulação filosófica. Como sublinha Oromí, três verdades teológicas iluminam a compreensão de uma ontologia real: "1ª) que Deus criou o mundo por um ato libérrimo de sua vontade; o que significa que o mundo é essencialmente contingente, não somente existe, porque 2ª) na mente divina estão necessária e atualmente todas as idéias ou essências possíveis; o fato de que a vontade divina opera contingentemente, ao escolher as essências da mente divina para realizá-las, significa que as essências realizadas podiam ser essencialmente outras: aí radica sua contingência radical; 3ª), que nosso entendimento, nossa alma, está destinada a ver a essência divina, não em abstrato, mas concretamente, *ut es-*

Manual de filosofia franciscana

sentia haec"[56]. Estas verdades teológicas não podem deixar indiferente a razão crente, já que lhe abrem novas perspectivas ocultas à simples razão.

O problema da contingência está intimamente ligado ao da criação no pensamento escotista. A contingência não é um problema exclusivamente filosófico nem exclusivamente teológico. Implica e complica tanto a filosofia como a teologia. A tese da contingência e da criação é basilar e nuclear em Duns Scotus, pois a filosofia sozinha é, de fato e de direito, incapaz de oferecer uma solução adequada ao problema ontológico da realidade existente não somente enquanto existente, mas também enquanto existência concreta e específica. A explicação última da contingência está em Deus, que age e intervém no mundo de um modo absolutamente livre.

A contingência é um modo de ser daquilo que existe atualmente[57]. Segundo Duns Scotus, há duas classes de contingência: de mutabilidade e de evitabilidade. A primeira significa que algo do existente pode ser diverso do que é ou, inclusive, que não possa existir de fato. A existência de algo não quer significar necessidade dele, pois pode existir ou não existir, já que é indiferente a ser e a não ser[58]. A contingência de evitabilidade (*in fieri*) significa que uma coisa existe, mas a sua contrária poderia existir ao mesmo tempo. A contingência é um fato inconcusso, imediato e evidente; portanto, não é objeto de demonstração. A raiz ontológica da contingência é dupla: uma interna, quer dizer, sua própria finitude ou limitação metafísica; e outra extrínseca, quer dizer, a infinitude da causa primeira que cria livremente. O contingente é um modo de ser positivo, mas finito. Todo ser finito possui um determinado grau de ser ou positividade que encerra uma certa negatividade ou privação de ser mais[59].

Unicamente o ser infinito é ato puro sem potencialidade nem determinabilidade na ordem do ser. Todos os demais seres estão privados de algum grau de atualidade[60]. Enquanto o infinito é absolutamente necessário, porque possui a plenitude da existência[61], o finito, que é contingente, existe realmente, mas recebe toda sua possibilidade da causa eficiente primeira, que lhe comunica o ser e o conserva gratuitamente.

Segundo o filósofo franciscano, a filosofia pagã admitiu, de fato, a contingência do ser sensível, mas foi incapaz de dar uma explicação metafísica e coerente sem cair em

---

56. M. OROMÍ, o.c., 56. Sobre a relação em Duns Scotus entre criação e contingência. Cf. L. IAMMARRONE, *Giovanni Duns Scoto metafisico e teologo. Le tematiche fondamentali della sua filosofia e teologia* (Roma 1999) 425-476.

57. *Quaest. in Metaphysica* 1. 9, q. 15, n. 12 (Vivès, VII, 615).

58. *Ox.*, III, d. 18, q. un., n. 17 (XIV, 693).

59. *Ord.*, I, d. 8, n. 31 (IV, 165).

60. *Ibid.*, n. 36 (IV, 167).

61. *Ibid.*, d. 2, n. 437 (II, 375).

Capítulo III – Metafísica

contradições[62]. Embora tivesse chegado a reconhecer uma primeira causa universal incausada, um ser necessário, no entanto, não soube esclarecer corretamente as verdadeiras relações de dependência das coisas com relação a Deus nem a radical contingência do ser e do operar das mesmas. A filosofia pagã não podia chegar a um conhecimento profundo do mundo material e do lugar do homem nele, porque desconhecia o fato determinante da criação. Por isso, ignorou a condição histórica do *homo viator* e seu fim último, caindo no erro do necessitarismo e interpretando a relação de Deus com os seres mundanos em termos de causalidade natural ou necessária. E, como conseqüência, não chegou a conhecer a autêntica estrutura do ser contingente. Somente à luz teológica da criação o universo se torna inteligível gnosiologicamente e explicável ontologicamente. A criação converte-se em código hermenêutico e oferece-nos a autêntica chave de inteligibilidade, de compreensão e de interpretação.

O aspecto principal da verdade da criação não está em que o mundo tenha sido feito no tempo nem que tenha sido tirado do nada, mas em que a ação criadora seja radicalmente contingente e determinantemente *livre*. Este fato contingente e livre da ação criadora se opõe ao necessitarismo grego como ontologicamente errôneo e gnosiologicamente deformante[63]. Deus e as criaturas não constituem um universo homogêneo conectado pela necessidade, mas um universo heterogêneo unido pela liberdade e pelo amor. A relação existente entre Deus e as criaturas não pode ser explicada adequadamente com a categoria da causalidade nem de causa e efeito, embora seja válida, mas com a categoria relacional Deus-criaturas. Scotus tem uma expressão própria para sublinhar a relação ativa de Deus com as criaturas: *práxis*, que traduz o vínculo livre e amoroso de Deus com os seres criados[64]. A relação criatural implica e comporta uma dependência ontológica de Deus que condiciona a estrutura íntima do ser contingente e escapa à relação potência-ato. Deve-se, pois, aproximar-se do mundo não somente com a inteligência como realidade cognoscível, mas também com a vontade como realidade amada.

O mundo como necessidade, liberdade, gratuidade ou superfluidade continua sendo problemática urgente de nosso tempo. A filosofia escotista poderia dar uma resposta ontológica à pergunta de Heidegger: "Por que há ente e não o nada?"[65], e à tese sartriana que considera a existência como algo que está demais.

---

62. *Ibid.*, I, d. 8, n. 223-306 (IV, 279-328); *ibid.*, I, d. 2, n. 83 (II, 177s).

63. *Ox.*, III, d. 16, q. 2, n. 13 (XIV, 642).

64. *Ord.*, Prol., n. 217-366 (I, 151-237); *Lect.*, Prol. N. 137 (XIV, 47).

65. M. HEIDEGGER, *Was ist Metaphysik?* (Frankfurt a.M. 1951) 38.

e) A temporalidade

O mundo contingente está empastado de temporalidade. O tempo é uma das categorias filosóficas mais universalmente admitida e mais dificilmente compreendida e explicada. Ao abordar o tema do tempo, Duns Scotus, como de costume, analisa as opiniões correntes para poder dar sua visão pessoal.

Em primeiro lugar, ele considera a concepção agostiniana-bonaventuriana, segundo a qual o tempo está em tudo aquilo que tem o ser depois de haver saltado do nada, quer dizer, o tempo afeta todo o criado. Nesta perspectiva agostiniana, o tempo define-se como a medida da passagem do não ser ao ser[66]. O franciscano escocês critica esta tese, porque o nada ou o não-ser não tem nenhuma medida e, por isso, não tem justificação a medida no salto do não-ser ao ser. Para perceber o tempo, não basta a variação ou a mudança radical. Está somente no próprio tempo aquela forma pela qual uma realidade mutável se transformou sucessivamente, e atualmente se conserva nela de um modo individual[67]. Quer dizer, o tempo mede o movimento contínuo, não o movimento descontínuo.

Também critica o fundamento que se dá à *unidade* do tempo. Não se pode dizer que o tempo é *uno*, porque é a medida da variação causada pela matéria, que sempre anela revestir-se com uma nova forma; e dado que a forma é uma em todas as realidades materiais, por isso deve defender-se que o tempo também é uno[68]. É certo que a matéria é uma por essência, responde Scotus; mas enquanto está informada é múltipla. O tempo, então, é a medida da variação em ato, não da variação em potência.

Duns Scotus aceita a definição aristotélica: "O tempo é o número do movimento segundo um anterior e um posterior"[69]. O número, antes que medida, significa quantidade, e sua razão explicativa é a divisibilidade[70], onde o anterior e o posterior são as verdadeiras partes do tempo. Estar no tempo é estar no número. Além disso, Duns Scotus coloca em relação as partes do movimento com as partes do tempo[71]. Mas aqui, por movimento não se entende o devir metafísico, mas o movimento acidental, que é posterior à quietude. O móvel, enquanto precede a mudança de um lugar a outro, não está submetido à medida do tempo e nem sequer ao agora temporal[72]. Por esta razão, o Doutor Sutil

---

66. *Ord.*, II, d. 2, n. 188 (VII, 239).
67. *Ibid.*, II, d. 2, n. 183 (VII, 237).
68. *Quaest. in Metaph.* 1. 5, q. 10, n. 2 (Vivès VII, 265).
69. *Ibid.*, 1. 5, q. 8, n. 2 (Vivès VII, 248).
70. *Ibid.*, 1. 5, q. 9, n. 2-4 (Vivès VII, 251s).
71. *Ord.*, II, d. 2, n. 95-115 (VII, 198-208).
72. *Ibid.*, n. 114 (VII, 207).

Capítulo III – Metafísica

sustenta que Deus poderia criar alguma coisa sem tempo, embora o criar implique mudança, mas este caminho não seria aquele do qual fala Aristóteles[73]. O franciscano nega que se dê o tempo como medida das variações espirituais enquanto tais.

Para o filósofo escocês, o tempo é medida uniforme, sucessiva, contínua. O tempo é uniforme enquanto que, considerado em si, é idêntico a si mesmo; mas, se se considera com relação ao passado e ao futuro, se chama distinto, porque faz referência ao fim do passado e ao princípio do futuro[74]. É medida sucessiva enquanto é quantidade, e é impossível que o mesmo segundo a substância seja fim e princípio de uma quantidade[75]. É medida contínua enquanto o instante temporal continua as duas partes do tempo, quer dizer, o fim da parte passada e o princípio da futura, como um ponto que, com seu movimento, causa uma linha[76].

f) O hilemorfismo

O hilemorfismo ou a teoria aristotélica da composição de matéria e forma está muito presente no pensamento escotista, como nos demais autores medievais. Que a matéria e a forma intervenham como princípios constitutivos nas coisas sensíveis não se discute. O problema surge, quando se trata de avaliar a densidade ôntica de tais princípios.

Duns Scotus coloca-se a pergunta se existe a matéria, quer dizer, se nos seres submetidos a geração e corrupção há uma realidade positiva, alguma entidade positiva, dotada de ser próprio e realmente distinto do ser da forma[77]. E responde afirmativamente, pois o composto não seria tal se não se compusesse ao menos de dois elementos; e a matéria não seria um desses elementos se não gozasse de realidade positiva e própria. Para ser sujeito requer-se que seja *algo* e que possua entidade própria. Com isso, se julga interpretar adequadamente o pensamento de Aristóteles, pois a matéria aristotélica é o receptáculo da forma; e se aquela não fosse algo, não poderia ser recebida por esta. "Portanto, ao outorgar à matéria somente a potência objetiva e não subjetiva, nega-se ao Filósofo (Aristóteles) toda a razão sobre a matéria"[78]. É impossível, em linha aristotélica, reduzir a matéria a simples potência *objetiva*; é necessário que seja uma potência subjetiva, quer dizer, um sujeito.

---

73. *Ibid.*, n. 184 (VII, 237).

74. *Ibid.*, n. 106 (VII, 203).

75. *Ibid.*, n. 101 (VII, 201s).

76. *Ibid.*, n. 103 (VII, 202s).

77. *Ibid.*, d. 12, q. 1, n. 1 (Vivès XII, 497). Para uma análise detalhada sobre o hilemorfismo escotista cf. P. STELLA, *L'ilemorfismo di G. Duns Scoto* (Turim 1955).

78. *Ox.*, II, d. 12, q. 1, n. 1 (XII, 497).

Se a matéria é uma das causas do ser, requer-se que seja *algo*, pois o nada não é causa de nada. O engendrável (causável) não pode ser simples; portanto, está composto de matéria e forma. Mas, se a matéria é nada, resulta que o engendrado está composto de nada e de forma, o que é absurdo. Scotus conclui, dizendo que "a matéria tem uma certa realidade fora do entendimento e da causa, e é em virtude desta realidade que ela pode receber as formas substanciais que são simplesmente os atos"[79]. A matéria possui certa atualidade, embora seja a mínima entre os seres e tenha, por isso, o máximo de potencialidade.

Contra Tomás de Aquino, que sustenta que a matéria primeira não possui atualidade, Duns Scotus acentua que é uma realidade distinta da forma e que é *algo* positivo. A matéria primeira não pode ser considerada como uma possibilidade de ser, como um ente em potência, como a simples condição de todas as coisas, mas como algo já existindo, embora com existência mínima. Encontra-se na escala inferior dos seres, mas é ser do princípio ao fim. Não nos esqueçamos aqui do conceito do ser unívoco.

A atualidade ou o ser que se atribui à matéria primeira é distinto do que corresponde à forma. O ser da matéria exclui qualquer qualificação e determinação que corresponde à forma. A matéria e a forma são princípios diversos que se distinguem entre si em virtude de uma diferença radical. A matéria é essencial e constitutivamente determinável, e a forma é essencial e constitutivamente determinante. Ambas se anelam e são estruturalmente complementares. Em virtude dessa complementaridade a matéria e a forma se unem com vínculo substancial[80].

A Duns Scotus não parece impossível que a matéria primeira exista sem forma alguma, pois Deus tem a possibilidade de fazer com que exista a matéria em estado puro. Mas na natureza histórica, quer dizer, a nossa, esta eventualidade é excluída. A matéria primeira, enquanto termo imediato de um ato criador, está além e acima da influência de uma natureza criada. O dogma da criação está condicionando a reflexão filosófica sobre o hilemorfismo. As exigências do criacionismo não podem ser sacrificadas a Aristóteles.

O motivo que impulsiona Duns Scotus a reconhecer na matéria uma certa atualidade é que não chega a compreender como se pode sustentar que a matéria primeira foi criada e ao mesmo tempo afirmar que recebe da forma sua própria atualidade. Que Aristóteles interprete a matéria primeira como pura possibilidade da forma é compreensível, porque ignorava a verdade da criação. O que Duns Scotus propõe é adaptar o conceito aristotélico de matéria primeira às exigências da criação.

---

79. *Ibid.*, n. 13 (XII, 505).
80. *Ibid.*, q. 2, n. 3 (XII, 576).

Capítulo III – Metafísica

É claro que Scotus tem um conceito menos rigoroso da união substancial do que o Aquinate. Mas esta tese escotista deve ser interpretada em todo o seu dinamismo e desenvolvimento final, como se poderá constatar na teoria sobre a possibilidade de diversas formas substanciais no tema da união entre a alma e o corpo.

g) A natureza comum

Somente existe o indivíduo; e tudo o que há no indivíduo está individualmente ou individualizado. É necessário sublinhar isto para entender a relação entre a natureza comum e a singular. A natureza comum não existe no indivíduo, mas dá-se individualmente em todos os demais, enquanto que a natureza individual se dá unicamente no indivíduo.

Mas, apesar de que somente exista o indivíduo, seu conhecimento é problemático. Desde que Platão e Aristóteles dirigiram o problema da individualidade pela via indireta do universal, o indivíduo só se compreende a partir do universal, já que a essência, em sentido estrito, é só a essência específica. Embora somente exista o indivíduo, para chegar a ele deve-se fazer o rodeio pelo universal. Esta mediação necessária do universal ou ato mediático do universal, do conceito específico, não toca diretamente a individualidade concreta, e seus resultados são parciais, incompletos e insatisfatórios.

A teoria platônico-aristotélica de enquadrar e interpretar o indivíduo pela via indireta do universal e da espécie levou a perguntar-se o que é o indivíduo, o que é a natureza comum ou específica e que relação existe entre o universal e o concreto. Problemas comuns nas escolas da Idade Média, mas interpretados diversamente.

A tese fundamental de Duns Scotus sobre a natureza comum é que esta tem certo grau de realidade e de *unidade*, inferiores às do indivíduo concreto, mas suficientes para que cheguem a ser objeto de consideração metafísica do entendimento por uma parte e elemento constitutivo da substância por outra parte[81].

A natureza comum é indiferente ao singular e ao universal, pois não é nem única nem múltipla, nem singular nem universal, já que precede naturalmente a todos estes modos de ser[82]. Enquanto não se identifica com nenhum dos modos possíveis de ser e precede a todos, a natureza comum possui uma quididade que a torna capaz de ser objeto do entendimento e de ser definida[83]. Esta natureza comum ou específica tem uma quididade e unidade próprias e é indiferente à singularidade e à universalidade; pode conver-

---

81. *Ord.*, d. 3, n. 30 (VII, 402).
82. *Ibid.*, n. 31 (VII, 403).
83. *Ibid.*, n. 32 (VII, 403).

139

ter-se em substância concreta e singular ou em conceito universal. Se se vincula ao princípio de individuação, a natureza comum constitui o elemento específico da substância singular; se se vincula ao entendimento, se converte no objeto do conceito universal.

A incumbência da natureza comum desenvolve-se em duas frentes: na linha da constituição da substância concreta, como se verá ao tratar logo o tema da individuação, e na linha da constituição do conceito universal, quer dizer, em sua relação com o entendimento[84].

A tese escotista sobre a natureza comum, em relação com o entendimento, pode ser sintetizada do modo seguinte: a natureza comum constitui o fundamento remoto do universal, já que é indiferente tanto à singularidade como à universalidade. A natureza comum, considerada no existente concreto, é o universal físico. Conceitualizada pelo entendimento (*prima intentio*), é o universal metafísico e, aplicada a todos os indivíduos da espécie (*secunda intentio*), é o universal lógico. Portanto, entre a unidade concreta do individual sensível e a unidade universal inteligível da predicação lógica existe a natureza comum, como unidade específica, unidade de essência e de inteligibilidade.

Para Scotus, o fundamento *in re* do universal não está no indivíduo, mas na natureza comum. Isto quer dizer que entre as coisas reais e concretas há uma certa *comunidade* ou parentesco físico. A natureza comum possui em si um grau de realidade e de unidade extraída do singular[85].

No tema dos universais, o doutor escocês preocupa-se muito em precisar o fundamento objetivo dos conceitos, seguindo sua formação e sensibilidade oxfordianas. Ele intui no mundo real uma *comunidade* que, sem chegar a ser uma universalidade, a prefigura e a fundamenta. Scotus defende um realismo moderado e rejeita explicitamente as soluções extremas do ultra-realismo e do nominalismo[86].

---

84. *Ibid.*, n. 33-34 (VII, 403s).

85. *Ibid.*, n. 30 (VII, 402).

86. Sobre a interpretação da natureza comum escotista foram dadas muitas opiniões contraditórias. Aqui recolho unicamente uma muito significativa e surpreendente, a de Marx e Engels: "O materialismo é filho natural da Grã-Bretanha. Já seu escolástico Duns Scotus se perguntava *se a matéria não podia pensar*. Para fazer este milagre ele recorreu à onipotência de Deus, quer dizer, urgiu a própria teologia a pregar o materialismo. Ele era também nominalista. O nominalismo encontra-se como elemento central nos materialistas ingleses. Isso é, em geral, a primeira expressão do materialismo". ENGELS-MARX, *La sacra famiglia* (Roma 1969) 168. A esta interpretação pode-se opor a de Unamuno, embora não se trate desta questão, mas da importância do pensamento escotista: "Profundíssimo revolucionário Duns Scotus! Maravilhoso libertador do espírito! Custa-me admitir que aquele ensinamento medieval não tenha deixado raízes profundas na educação moderna!" M. DE UNAMUNO, "La educación", em *Ensayos* I (Aguilar, Madri 1945) 336.

Capítulo III – Metafísica

h) O princípio de individuação

O princípio de individuação está estreitamente vinculado à tese da natureza comum. A natureza comum é o fator específico sobre o qual se apóia a individuação. E o princípio de individuação é o elemento que caracteriza a natureza comum no conceito composto substancial e o que a expressa e a concretiza em sua singularidade.

O problema da individuação coloca-se nos seguintes termos: se a natureza comum ou essência específica é indiferente tanto para a universalidade como para a singularidade, como deixa sua indiferença e se encarna na coisa sensível? Esta passagem se consegue através de um processo gradual de diferenças (*formalitates*) que a vão especificando. Segundo Scotus, cada coisa sensível está constituída, enquanto individualidade, por uma série de *formalitates*. De tal modo que cada ser sensível compreende uma pluralidade de *formalitates* que têm valor próprio em cada sujeito individual[87].

Se na ordem lógica a contração se consegue acrescentando-se diferenças específicas ao conceito universal, até chegar à espécie última, que constitui a diferença característica do indivíduo, na ordem ontológica se segue um processo semelhante. À natureza comum acrescenta-se uma série de *graus metafísicos* ou formalidades descendentes que se escalonam até terminar no indivíduo: substância, corpo, ser vivo, animal, racional. "O singular acrescenta alguma entidade à entidade universal"[88].

Duns Scotus dedica seis questões ao problema da individuação[89]. Analisa e critica as diversas interpretações de então. Para ele, a razão da individuação não pode ser colocada nem na matéria, embora seja *signata quantitate*, nem em uma *entidade positiva* entendida como atualização completa do ser substancial[90]. O indivíduo possui uma perfeição mais intensa e uma unidade mais significativa do que a espécie ou natureza comum. Segundo este pensador, o indivíduo é um ser mais perfeito do que a espécie, e na relação indivíduo-espécie prevalece o primeiro sobre a segunda. Não é o indivíduo para a espécie, mas o contrário. Daí a urgência de encontrar uma entidade positiva e caracterizante do ser singular.

---

87. *Ord.*, II, d. 3, n. 187 (VII, 483).

88. *Ibid.*, n. 192 (VII, 483). Entre as diversas formalidades há distinção que não é nem real nem lógica. Cada formalidade tem sua própria entidade e está dotada de própria unidade. Cf. M. OROMÍ, "Teoría de las distinciones en el sistema escotista", em *VV* 5 (1947) 257-287.

89. *Ibid.*, n. 1-7 (VII, 491-494). O problema da individuação é o problema da constituição da individualidade. Avicena estudou este tema e encontra em Aristóteles a solução: a individualidade depende da matéria. Nesta mesma linha se move Tomás de Aquino, embora coloque a individuação na *materia signata quantitate*.

90. *Ibid.*, II, d. 3, n. 188 (VII, 483s).

Esta entidade positiva foi chamada pelos seguidores de Duns Scotus *haecceitas*[91], heceidade, e se apresenta como o aperfeiçoamento definitivo da forma substancial. No caso do homem, por exemplo, a heceidade é a coroação da forma humana, em virtude da qual não é somente *homem*, mas *este* homem como ser singular e irrepetível.

A heceidade não deve ser interpretada como uma nova realidade que se acrescentasse à forma e que a determinasse de algum modo, mas é a própria forma substancial em sua última fase de perfeição ou, se se prefere, é a atualização definitiva da matéria, da forma e do composto. A heceidade é a meta final justa e adequada da riqueza entitativa da forma substancial. O indivíduo é a expressão perfeita da forma substancial e sua realização completa[92].

A heceidade é a última atualidade da forma.

> Trata-se aqui – escreve Gilson – de uma individuação *da* quididade, mas não pela quididade. Sem trair o pensamento de Duns Scotus, poder-se-ia dizer que é uma individuação da forma, mas não pela forma. Pois em nenhum momento saímos da forma predicamental da essência. A existência não pode ser considerada, pois funda uma coordenação distinta das quididades e de suas respectivas entidades. A ordem do existir atual, que Duns Scotus não ignora, não pode intervir no sistema dos constituintes quiditativos do ser, o qual deve poder constituir-se mediante seus recursos próprios desde o gênero supremo até a espécie especialíssima. Permite também a determinação ompleta do singular sem recorrer à existência; é antes a condição exigida necessariamente para toda existência possível, já que somente são capazes de existir os sujeitos completamente determinados pela diferença individual; em suma, os indivíduos[93].

Cada uma das entidades que integram a composição de um indivíduo tem em si uma certa individualidade, pois esta se identifica com o ato de existir, e toda entidade é individual por si mesma. No composto individual entram, pelo menos, seis entidades: matéria universal e matéria particular, a forma universal e a forma particular, o composto universal e o composto particular[94].

A solução escotista ao problema da individuação supõe o reconhecimento no indivíduo de um valor ontológico desconhecido na tradição escolástica. O individual ad-

---

91. A *haecceitas* deriva de *haec*, esta; e poderia ser traduzida por *estidade* ou *istoidade*, significando com isso a determinação última e completa da matéria, da forma e de seu composto. Cf. *Rep.*, II, d. 12, q. 8, n. 5 (XXIII, 38). O termo *haecceitas* não se encontra na *Ordinatio*, embora apareça na *Reportata Parisiensia*, onde intervieram tanto seus discípulos. A heceidade não pode ser conhecida diretamente, mas indiretamente e através da mediação de conceitos abstratos. O espírito da tese escotista da heceidade é acolhido em não poucos contemporâneos, como, por exemplo, em Zubiri com sua teoria da *talidade*.

92. *Ord.*, II, d. 3, n. 212-252 (VII, 495-516).

93. É. GILSON, *J. Duns Scot*, 464s.

94. *Rep.*, II, d. 12, q. 8, n. 8 (XXIII, 39s).

Capítulo III – Metafísica

quire primazia sobre o universal, e o conhecimento do singular é o mais perfeito. Com isso se faz frente à supervalorização do universal que predomina em Platão, Aristóteles e Tomás de Aquino e se abre passagem para o individualismo da filosofia moderna, mas na forma de personalismo, como se pode constatar na antropologia escotista.

> Somente com Duns Scotus – escreve H. Heimsoeth – sobrevém uma grande mudança em toda a questão. Para Scotus, não somente o universal é substancial e real. A natureza culmina no indivíduo. A individualidade das criaturas e a diferença essencial de cada uma com relação aos demais indivíduos não significam uma perfeição das mesmas, mas algo que Deus quis expressamente [...]; o individual é a coroação de sua obra. O individual eleva-se por cima dos meros gêneros e espécies como uma forma *superior* de existência, a suprema do ser das criaturas. Os indivíduos são um fim último e supremo do Criador [...] Ricardo de Mediavilla havia assinalado na individualidade a característica do indivíduo com relação à espécie. Daqui Duns Scotus parte, mas insistindo em que esta resistência, por assim dizer, da unidade individual à divisão, é algo a mais do que a privação da divisibilidade, pois há nela algo positivo, um princípio positivo de indivisibilidade [...]. Junto às formas universais da forma *quidditas*, únicas das quais se havia falado até então, deve-se ter uma forma de *haecceitas*, e ela funda, em geral, a *ultima realitas*, o supremo ser de tudo[95].

É necessário sublinhar que o denominado individualismo escotista difere muito do individualismo da modernidade, porque os pressupostos metafísicos e antropológicos são muito diversos. Deve-se insistir em afirmar que o individualismo escotista é antes um personalismo, como o afirma sua metafísica da alteridade.

i) Essência e existência

Na estrutura ontológica dos seres materiais, Duns Scotus distingue dupla composição: uma, de matéria e forma; e outra, especial de natureza comum e heceidade. Mas, existe além disso a composição de essência e existência? Parece que o Doutor Angélico defendeu a distinção real entre essência e existência e não simplesmente a distinção de razão. Assim, pelo menos, o entenderam os representantes da Faculdade de Artes de Paris que, invocando a autoridade de Aristóteles e Averroes, negavam a distinção real. Tal problemática se aguçou mais tarde, quando Henrique de Gand atacou violentamente a distinção real e com não menos energia a defendeu o tomista Gil de Roma[96].

Scotus não entrou nesta acalorada discussão nem a enfrentou diretamente. Quando surge tangencialmente o problema, ele diz que "uma essência que esteja fora de sua causa e que não tenha algum ser, pelo qual seja essência, me parece uma contradi-

---

95. H. HEIMSOETH, *Los seis grandes temas de la metafísica occidental* (Madri 1974) 181-183.
96. É. GILSON, *L'être e l'essence* (Paris 1962).

ção"[97]. Ele exclui a distinção real entre essência e existência: "é simplesmente falso que a existência seja algo diverso da essência"[98]. Analogamente "é falso dizer que a existência é para a essência o que a operação é para a potência, já que a existência é realmente idêntica à essência e não procede da essência, enquanto o ato ou operação procede da potência e não é realmente idêntico à potência"[99].

Por outra parte, ele rejeita também a distinção formal *ex natura rei*, que se dá entre duas ou mais formalidades realmente idênticas, que são inseparáveis entre si, embora se possa conceber uma sem a outra. A essência e a existência não são de fato duas formalidades[100]. Fica, pois, a distinção modal que brota da concepção da existência como modo intrínseco da essência e encontra-se entre aquela forma *ex parte rei* e aquela puramente lógica. Com Mastrio, poder-se-ia chamar de *forma modal*[101], embora os diversos intérpretes escotistas não estejam de acordo neste campo. Os modos não constituem uma verdadeira composição nem podem ser concebidos sem a essência modificada. A existência é um modo intrínseco da essência e define-se pelo modo de ser desta[102]. As distinções formais e modais não são físicas, mas metafísicas, e dão-se no ser finito, não no infinito, que é simplicidade absoluta.

3. Metafísica de Guilherme de Ockham

a) Revisão da metafísica

Ockham foi um filósofo-teólogo eminentemente prático, animado pelo sentido do concreto e pela idéia clara de defender a plena autonomia da onipotência de Deus. Estas duas convicções o levaram a evitar todo tipo de mediações e intermediários, tanto no campo ontológico como no teológico, que possam impedir a relevância das mesmas ou obscurecê-las. Daí o ataque à metafísica das essências, que se havia introduzido na teologia e na filosofia cristãs por influência do pensamento grego. Platão havia organizado o mundo das idéias ou das formas eternas, que talvez as considerasse distintas de Deus, mas lhe havia servido de modelos para a formação do mundo em sua estrutura inteligível. De fato, os filósofos cristãos aproveitaram-se desta teoria para explicar a criação do mundo. Embora os filósofos cristãos admitam em Deus idéias das coisas individuais, no entanto, conservavam a teoria platônica das idéias universais, não en-

---

97. *Ox.*, II, d, 12, q. 1, n. 16 (Vivès VII, 564).

98. *Ibid.*, IV, d. 13, q. 1, n. 38 (XVII, 692).

99. *Ibid.*, II, d. 16, q. un., n. 19 (XIII, 28).

100. *Ibid.*, I, d. 8, n. 112 (IV, 205).

101. B. MASTRO, *Metaphysica specialis* (Veneza 1678), pars posterior, d. 8, q. 2, a. 4, n. 141.

102. *Ord.*, I, d. 8, n. 108-111 (IV, 202-204).

Capítulo III – Metafísica

quanto formas subsistentes, mas enquanto paradigmas. Em consonância com a teoria das idéias universais em Deus, defendia-se a tese de certa forma de realismo na explicação das idéias universais do homem.

O *Venerabilis Inceptor*, como se chamava este mestre franciscano, atacou a metafísica das essências como invenção que não podia ter lugar nem posto na teologia e na filosofia cristãs. Ele era um lógico perspicaz, amante da clareza e da simplicidade, que sempre quis praticar com a aplicação do *princípio de economia*: "Non sunt multiplicanda entia sine necessitate" (não se devem multiplicar os entes sem necessidade), e que formulou do seguinte modo: "Faz-se inutilmente com muitas coisas o que se pode fazer com poucas" (*frustra fit per plura quod potest fieri per pauca*). É a conhecida e chamada *navalha de Ockham*. Ele quis desprender-se do que considerava entidades supérfluas e fictícias: substância primeira distinta da substância segunda, essência distinta da existência, relações lógicas que pretendem passar por ontológicas, espécies mediadoras entre o sujeito e o objeto, etc. Devem-se preferir as explicações simples às complicadas e rebuscadas. Deve-se ajustar à experiência imediata antes que recorrer a processos não verificáveis nem constatados como falsos empiricamente.

b) O objeto da metafísica

O franciscano inglês defende a tese aristotélica de que o objeto da metafísica é o ser. Mas disso não se segue que a metafísica possua uma necessária e estreita unidade fundamentada na unidade de seu objeto. Pelo fato de que o objeto da metafísica seja o ser, não se requer necessariamente que todas as expressões da metafísica tenham como objeto o ser. Há diversas partes da metafísica ou diversas ciências metafísicas que têm objetos diferentes. Pelo fato de que tais partes da metafísica tenham tal relação interna que permita falar-se de metafísica e que o objeto da metafísica seja o ser, não se pode concluir que a metafísica seja ciência unitária, quer dizer, numericamente uma.

A metafísica ockhamista é uma revisão da metafísica tradicional. Guilherme de Ockham rejeita a distinção real entre essência e existência, da qual Tomás de Aquino se servia para acomodar a metafísica aristotélica às exigências teológicas, como igualmente a distinção formal e modal de Duns Scotus e de outros mestres medievais. Também critica a excessiva separação entre substância e acidentes, já que a substância não é conhecida nem compreendida a não ser através dos acidentes. Não conhecemos o fogo em si mesmo, mas mediante seu acidente de calor. Da substância somente podemos ter conceitos conotativos e negativos, como podem ser: "a substância é sujeito dos acidentes", "o ser que não existe em outro", "o ser subsistente por si", etc. Mas todos eles são simples substratos desconhecidos e que só a experiência pode revelar e esclarecer[103].

---

103. *I Sent.*, d. 3, q. 2, 401-405.

A mesma verificabilidade empírica coloca em crise também o princípio de causalidade. Pelo conhecimento de um fenômeno ou de um número ou realidade não se pode dizer que se chegue ao conhecimento de outro fenômeno ou realidade que seja causa daquele, já que o conhecimento se adquire através de um ato experiencial. Pois bem, a causa e o efeito são duas coisas diversas que, embora vinculadas, exigem dois atos distintos de experiência para ser conhecidos[104]. Portanto, o conceito metafísico de causa eficiente deve ser revisto e corrigido.

Mais dura ainda é a crítica que ele faz ao conceito metafísico da causa final. A causalidade do fim consiste em ser amado ou desejado por alguém. Mas que o fim seja amado ou desejado não significa que se opere de um modo determinado e necessariamente. A causalidade final é mais metafórica do que real[105]. Não se pode demonstrar empiricamente nem através de proposições evidentes que um determinado efeito tenha necessariamente uma causa final[106].

Também o conceito fundamental da teoria hilemórfica aristotélica, quer dizer, a metafísica da matéria e da forma, deve ser revisado e corrigido. O doutor inglês insiste fortemente na *individualidade* dos princípios metafísicos da realidade concreta, já que há tantos princípios constitutivos quantos são os seres singulares. Os princípios não podem ser universais, porque o universal não é real, e nada universal pode ser princípio de algo individual. Os princípios determinantes dos seres devem ser individuais e diversos; quer dizer, a matéria e a forma de uma coisa são diversas da matéria e da forma de outra coisa. E, em sintonia com a Escola Franciscana, defende que a matéria não é simples potencialidade, mas possui sua própria atualidade. A atualidade da matéria estaria na extensão.

O pensador franciscano separa-se da metafísica das essências, das substâncias e dos princípios universais para embarcar na metafísica da singularidade ou do indivíduo[107]. Esta opção pelo indivíduo e a polarização para o singular é o tom constante do ockhamismo. Ele parte do singular e conclui com o singular, porque é uma filosofia em marcha para o concreto. Por isso, essa filosofia é diametralmente oposta aos grandes sistemas do século XIII, que buscam a inteligibilidade da realidade e sua estruturação ra-

---

104. *Ibid.*, Prol., q. 9, 240.

105. *II Sent.*, q. 3-4, 71-79.

106. Quanto à causa exemplar, ele a nega como autêntica causa, em sentido aristotélico, mas pensa que pode ser aceita em sentido lato enquanto conhecimento ou modelo que precede à produção de uma coisa.

107. Vignaux sublinhou a metafísica do indivíduo como característica do ockhamismo: "Em um como no outro (Abelardo e Ockham) chega-se a afirmar, sobre um problema posto pela lógica dos termos, sinais das coisas, a metafísica do indivíduo, que constitui, talvez, o essencial do nominalismo". P. VINAUX, "Nominalisme", em *DThC* XI/I, 742.

Capítulo III – Metafísica

cional através de princípios universais que superem a dispersão dos singulares e se encontrem em uma *natureza* comum, nos gêneros e nas espécies. Ockham faz seu experimento audaz de querer explicar a realidade em toda a sua diversidade pluriforme, mas a partir de uma ciência estruturada ou vertebrada no singular e no concreto.

c) Ente, existência e essência

A metafísica, que é ciência do ser enquanto ser, não se interessa por uma coisa como, por exemplo, a substância ou os acidentes, mas pelo conceito de ente[108]. Este conceito de ente não pressupõe algo que deva ser conhecido antes de conhecer os entes particulares. Este conceito abrange todas as coisas que estão na mente e fora dela, quer dizer, tanto o universo mental como o composto, o puramente pensado e o realmente existente[109]. O conceito de ente forma-se mediante um processo de generalização progressiva de tudo aquilo que existe lógica e ontologicamente e do que se considera aquela nota abstrata de *ser*. O conceito de ente é apto para acolher e representar todas as coisas reais e possíveis. A prioridade da noção de ente é uma *prioridade de conseqüência*, enquanto é efeito do percurso desde a realidade até ao conceito e não ao contrário[110]. Ockham não se detém muito na descrição e na análise da formação do conceito de ente, enquanto que prefere deter-se mais nos modos de predicação sob a perspectiva lógica.

O ente é particípio do verbo *esse* e, portanto, está vinculado a suas conotações semânticas. O filósofo inglês interpreta o ser em diversas acepções. Pode apresentar-se como significando a existência, quando dizemos, por exemplo, que "Sócrates é" ou que "Sócrates existe". Usando-o neste caso, como um predicado verbal, o ente emprega-se aqui como sinônimo de ser, para significar tudo aquilo que existe ou pode existir. Pode empregar-se também como copulativa que serve para unir o predicado ao sujeito[111]. O termo *ser* pode variar, além disso, em relação ao caso do substantivo que o segue, de acordo com a regra gramatical. Pode-se falar do ser de Deus, do homem, das coisas, etc., empregando o termo *ser* com o significado de ente ou de existente. Mas, se em lugar de usar o genitivo usarmos o acusativo ao dizer, por exemplo: ser moral, ser animado, ser amarelo, então não se toma o ser segundo seu significado ontológico, mas segundo seu significativo explicativo, quer dizer, não se usa o ser em seu significado próprio[112].

---

108. *III Sent.*, q. 10, 345.
109. *Ibid.*, d. 3, q. 1, 392.
110. *Ibid.*, d. 2, q. 9, 332.
111. *Ibid.*, d. 36, q. un., 546.
112. *Ibid.*, 547-561. Cf. A. GHISALBERTI, *Guglielmo di Ockham* (Milão 1972) 98-120.

147

Falando com propriedade, ser significa existir. O problema agora consiste em saber em que consiste a existência de uma coisa e qual é a essência do existente. A existência não pode qualificar-se nem como substância nem como acidente, já que é a possessão do ser. A existência simplesmente é e não pode ser definida por uma essência. Existência e essência identificam-se, e não há entre elas distinção nem real nem formal nem modal. Entre os diversos argumentos que Ockham esgrime para negar a distinção entre essência e existência está o de *ex parte Dei*: se a essência e a existência fossem duas realidades distintas, Deus poderia fazer existir uma sem a outra. Poderia produzir a existência de um anjo sem produzir a natureza angélica ou, pelo contrário, poderia criar uma natureza angélica sem que existisse nenhum anjo[113].

A essência e a existência de uma coisa identificam-se completamente, da mesma maneira que uma coisa se identifica consigo mesma. Para o filósofo franciscano, a essência e a existência são dois termos que significam absolutamente a mesma coisa, embora em modos gramaticais diversos: a essência significa a coisa nominalmente, ao passo que a existência a significa verbalmente, por ser predicado verbal. Se a essência e a existência se identificam, é óbvio que as coisas são elas mesmas em virtude de sua própria existência como coisas individuais. Portanto, não interessa saber como uma essência existe ou pode existir nem tampouco se coloca o problema da relação entre a existência e a essência do ser individual.

d) A univocidade do ser

Ockham está de acordo com Duns Scotus na defesa do conceito geral de ser como conceito unívoco. O *ser* é um conceito predicável em sentido unívoco de todas as coisas existentes[114]. "Há um conceito comum a Deus e às criaturas, predicável deles"[115]; mas a teoria do conceito unívoco de ser exclui qualquer implicação panteísta.

Guilherme de Ockham distingue três tipos de univocidade. Em primeiro lugar, por unívoco se entende aquele conceito que é comum a um certo número de coisas que são perfeitamente semelhantes. Várias coisas são perfeitamente semelhantes, quando nelas não há nenhuma nota característica que tenha que ser significada com um conceito diverso. Se examinarmos as notas essenciais de Sócrates e as compararmos com as de Platão, não encontramos nenhuma distinção que requeira definição diversa. Neste sentido, é unívoco o conceito que expressa a espécie que só integra indivíduos. Em segundo lugar, entende-se por conceito unívoco aquele conceito comum a um certo número

---

113. *Summa log.*, III-2, c. 27, 93; *Quodl.*, II, q. 7, 143-144.
114. *I Sent.*, d. 2, q. 9, 317.
115. *Ibid.*, 312.

Capítulo III – Metafísica

de coisas que em parte são semelhantes e em parte diferentes. Isso acontece aos entes que entram em um mesmo gênero. Assim, por exemplo, o homem e o cavalo são semelhantes em ser animais, mas suas formas são diversas. Em terceiro lugar, entende-se por conceito unívoco aquele conceito comum a uma pluralidade de seres que não são semelhantes nem substancial nem acidentalmente. Neste caso, um conceito comum a Deus e às criaturas é unívoco, enquanto que não são semelhantes nem substancial nem acidentalmente, pois não há nada intrínseca ou extrinsecamente que possa ser semelhante a Deus e às criaturas[116]. Este último tipo de univocidade é unicamente conceitual, pois se refere àquele tipo de conceitos que expressam realidades totalmente divergentes ou, pelo contrário, que podem expressar realidades totalmente coincidentes que chegam até a identificação real.

A univocidade ockhamista é simplesmente lógica ou conceitual e não implica nenhum parentesco entre os entes extramentais, os quais são singulares por sua própria natureza.

Quanto à tese daqueles que sustentam que o conceito de ser é análogo e não unívoco, Ockham oferece diversos modos de entender a analogia. Se por analogia se entende a univocidade do terceiro tipo exposto antes, então o conceito unívoco de ser certamente pode ser chamado de *análogo*[117], mas de fato nos encontramos diante de uma univocidade conceitual.

Quanto à univocidade, ele sublinha que não pertence aos conceitos, mas às palavras, quer dizer, aos termos falados ou escritos. Mas, quando concebemos uma pluralidade de seres, então temos ou um só conceito ou vários conceitos. Mas, se uma palavra corresponde a um só conceito, está empregada univocamente. Se corresponde a mais conceitos, está empregada equivocamente. Não há, então, lugar para a analogia nem no terreno dos conceitos nem no dos vocábulos falados ou escritos. Visto que a predicação denominativa ou conotativa é reduzida ao unívoco, deve-se concluir que a predicação somente pode ser ou unívoca ou equívoca.

Ockham reafirma que o conceito geral de ser é unívoco. Sem um conceito unívoco não poderíamos conhecer a Deus. Na vida do *homo viator* não temos intuição da essência divina nem possuímos um conceito exato de Deus, mas podemos concebê-lo com um conceito comum predicável de Deus e dos demais seres[118]. O conceito de ser é unívoco, mas em que acepção de univocidade? É claro que, não sendo nem um conceito específico nem um conceito genérico, somente resta entendê-lo no terceiro modo, quer

---

116. *Ibid.*, 335-336.
117. *III Sent.*, q. 9, 338.
118. *I Sent.*, d. 2, q. 9, 317.

dizer, segundo aquela univocidade que ofereça um conceito capaz de fazer integrar a realidade em todos os seus elementos mais díspares. E o conceito de ente tem o privilégio de poder predicar-se de todas as realidades extramentais sem implicar por isso parentesco físico[119]. Mas, se o ente como conceito é unívoco, enquanto termo falado ou escrito que se refere a coisas concretas, é equívoco.

Quanto aos termos chamados transcendentais: ente, uno, verdadeiro, bom, Ockham diz que são conotativos[120]. O ser, em sentido ockhamista, é *um instrumento de singularização*, na expressão de Moody[121], que conduz ao singular, e a partir dele são compreensíveis o ser e os demais transcendentais.

e) A relação

Um dos conceitos especialmente problemáticos em Ockham é o de *relação* (*ad quid*), ao qual se dedicaram importantes comentários[122]. A categoria aristotélica da relação teve distintas interpretações na filosofia medieval, que Ockham conhecia e criticou. Ele rejeita sobretudo a teoria segundo a qual a relação teria um valor ôntico, de maneira que lhe corresponderia na realidade algo distinto dos objetos relacionados.

Este doutor não se refere às relações trinitárias, mas à relação nas criaturas. E a relação *in creatis* não tem um substrato real. Os conceitos de relação não são de fato conceitos que façam simplesmente referência a seres singulares. "A relação não é outra coisa que a coisa absoluta"[123], entendendo por coisas absolutas as substâncias e as qualidades. A relação entre um homem e outro, como pode ser seu pai, amigo ou vizinho, não é um acréscimo, algo distinto dos elementos relacionados; não constitui uma terceira realidade entre os indivíduos em relação.

As relações são termos ou nomes que indicam absolutos: substâncias e qualidades. A relação enquanto tal não tem uma realidade fora da mente. Por exemplo, a paternidade não é algo distinto do pai e do filho. O *Venerabilis Inceptor* não defende que a relação seja idêntica a seu fundamento. "Eu não digo que uma relação seja realmente o

---

119. *Ibid.*

120. *Summa log.*, I, c. 10, 38.

121. E.A. MOODY, *The logic of William of Ockham* (Londres 1935) 173-175.

122. Cf. E.A. MOODY, *The logic of William of Ockham*, 156-161; L. BAUDRY, *Lexique philosophique de G. d'Ockham* (Paris 1958) 230-233; G. LEFF, *William of Ockham. The metamorphosis of Scholastics Discourse* (Manchester 1075) 230-233; H. GREIVE, "Zur Relationslehre Wilhelms von Ockham": *FrSt* 49 (1967) 248-258.

123. *Summa log.*, c. 50, 150; cf. d. 50-54, 150-179.

mesmo que seu fundamento, mas somente uma intenção e um conceito na alma que significa muitos absolutos"[124].

Se a relação nas criaturas não é uma coisa que esteja fora da mente e, portanto, não é a realidade mesma das *coisas absolutas*, deve ser algo mental, *intra animam*; e a categoria relação, que a significa, há de ser um sinal referente a esse algo da mente e, por conseguinte, uma *intentio secunda*. A relação é um "nome de segunda imposição ou de segunda intenção"[125]. Mas sabemos que com isto não se sustenta que é algo arbitrário, que não se possa pensar ou não pensar caprichosamente, pois os nomes de segunda intenção, por sua própria natureza, são sinais naturais das primeiras intenções e podem substituí-las em uma proposição[126].

A teoria ockhamista da relação fundamenta toda uma cosmovisão. Se o universo está constituído de absolutos, substâncias e qualidades, que podem estar relacionados com maior ou menor intensidade espácio-temporal, não estão condicionados nem mediatizados por entidades chamadas *relações reais*. O universo não é algo distinto e funcional fora dos seres que o integram. Conhecer o universo não é partir de um conceito geral, mas aproximar-se empiricamente de todos os seus singulares, como seres absolutos. E, a partir desta perspectiva, Ockham contribuiu para o desenvolvimento da ciência experimental.

f) Da metafísica à física

A crítica que Ockham faz à Física de Aristóteles, e também à tradicional, está fundamentalmente em passar dos conceitos metafísicos aristotélicos à natureza física dos seres individuais. As categorias de Aristóteles, que são modos diferentes de referir-se aos entes, devem ser interpretadas como um conjunto de conceitos que não oferecem nenhuma divisão real nos seres singulares. Somente as categorias da substância e da qualidade significam coisas absolutas e diferentes: uma coisa é uma substância, mas um som ou um calor é uma qualidade. Se exceptuarmos a relação, à qual não corresponde nenhum substrato real, todas as demais categorias significam coisas individuais e conotam aspectos concretos do real. Exemplo típico da redução ao singular encontra-se na quantidade, que não é outra coisa que as mesmas coisas individuais qualificadas.

Os próprios conceitos aristotélicos de matéria, de forma e de privação têm uma referência física concreta e são redutíveis à singularidade dos seres. Não existe matéria indiferenciada e não quantificada no mundo natural. Se todos os conceitos não significam

---

124. *I Sent.*, d. 30, q. 1, 314.
125. *Summa log.*, I, c. 49, 155.
126. *Ibid.*, I, c. 11, 38-41; *Quodl.*, V, q. 35, 583s.

outra coisa que realidades singulares, quer dizer que só tem consistência o real em ato. Nesta mesma perspectiva, deve ser interpretada também a dualidade de *ato e potência*. Na natureza, dá-se uma sucessão de estados e processos atuais, e por isso a potencialidade é uma figura, um nome para indicar a realidade de um ser que ainda não é. A física é destino inevitável da ontologia ou da metafísica.

A ontologia não desaparece no ockhamismo, mas vem reduzida a uma dimensão mínima. Se a ontologia tem por objeto o ser concreto em sua singularidade, somente pode interpretar a singularidade como existência situada no espaço e no tempo, como matéria quantificada e como forma geométrica. Se a ontologia está voltada para a experiência e para a intuição do singular, o conhecimento do real não se conseguirá através das essências, das definições universais, mas através da experimentação. Deste modo, a física absorve todo o conhecimento real e verdadeiro, pois somente ela pode oferecer conhecimentos empiricamente fundados de tudo aquilo que está situado no espaço e no tempo. Se o pensamento de Ockham trata de safar-se da visão metafísica da natureza, não é para refugiar-se em uma matematização universal, já que ele não previu a matemática como resposta última à intuição do singular[127].

g) Ontologia do singular

O valor da experiência sempre tem sido reconhecido e sublinhado no mundo franciscano em sua dimensão existencial e teórica, sobretudo na corrente oxfordiana, seguindo a trajetória de Roberto Grosseteste, Roger Bacon e Duns Scotus. Mas o doutor inglês radicaliza a categoria experiencial e o reconhecimento do concreto que, segundo ele, não havia sido suficientemente tematizado e valorizado. Com este afã, ele transforma a ontologia escotista do ente unívoco em ontologia do ente singular. O mundo não é essência, mas presença, conjunto de seres singulares irrepetíveis que não têm essência, mas são essência e se manifestam na presença. Cada singular é um certo absoluto indivisível que não é compreensível a partir do universal, a partir da essência abstrata, mas a partir de si mesmo. O singular é o primeiro tanto em ordem do ser como na do conhecer. De fato, o nominalismo caracteriza-se por essa orientação do pensamento que ensina a *nomear*, com rigor e exigência, os seres singulares existentes e que as ciên-

---

127. HEIDEGGER, tratando do "mundo como simples objeto para um sujeito", faz observar que este fenômeno foi preparado "desde muito longe, sobre o terreno da linguagem, pela separação nominalista das palavras e das coisas. O formalismo ockhamista, esvaziando o conceito de realidade, torna possível a idéia de uma chave matemática do mundo", "Séminaire de Thor", em *Questions* IV (Paris 1987) 219-221. Embora seja certo que Ockham oferece um conhecimento quantitativo da matéria, no entanto, não se pode esquecer sua insistência sobre o singular, incontrolável a qualquer tipo de universalização.

Capítulo III – Metafísica

cias têm que descobrir e respeitar. Daí a importância da lógica, da filosofia da linguagem e da semiótica.

A primeira grande questão ockhamista é responder à pergunta: o que é o singular? A resposta adequada a esta interrogação condicionará a interpretação do saber. Guilherme de Ockham não dá a resposta a partir da metafísica tradicional, mas em termos lógicos. E não dá uma só definição do singular, mas três. A primeira é uma definição nominal, muito geral, mas indispensável: "Primeiramente, chama-se singular aquilo que é uma só coisa em número e não muitas coisas"[128]. Este doutor chama de *singular* e de *indivíduo* não somente a tal homem, tal animal, tal planta, mas a tudo aquilo que é *um* e *não muitos*.

A segunda pertence ao gênero do discurso, que se pode chamar ontologia e concerne a coisas individuais, a seres singulares: "Em segundo lugar, chama-se singular a coisa fora do espírito que é uma e não muitas e não é sinal de outra coisa"[129]. O ser singular último, a *res singularis*, está determinado especificamente como o singular que não é sinal. A definição do ser singular último como um *não-sinal* não é acidental. A precisão de *não-sinal* aparece em todas as definições da mesma ordem[130], e nosso autor acrescenta-o regularmente ao simples termo de coisa[131]. O ser singular, a unidade numérica real, como este cachorro, esta árvore, Pedro, etc., não é de modo algum um sinal. Isso só pode ser significado em sua singularidade.

A terceira pertence ao gênero do discurso, que pode chamar-se de *semiologia*, quer dizer, teoria dos sinais; trata-se aqui dos *singulares* no sentido próprio da semiologia. Os singulares assim entendidos podem chamar-se de sinais *singularizantes*. "Em terceiro lugar, chama-se singular o sinal próprio a um só, que é chamado de termo discreto"[132]. Estes sinais singulares ou singularizantes ele os denomina de *termos discretos*, e realizam a possibilidade do sinal, que é a do nome próprio, como, por exemplo, Sócrates, Platão, etc., ou a dos demonstrativos *esta* (árvore), *este* (cachorro), *aquele* (gato). O termo discreto, enquanto nome próprio ou demonstrativo, designa um só ser singular. O singular, no sentido da semiologia, não qualifica o sinal em sua unidade numérica de sinal, mas sua significação, sua referência singular. Daí a rejeição em apre-

---

128. *Quodl.*, V, q. 12, 529. As definições que se encontram aqui são recolhidas também em *Summa log.*, I, c. 19, 65-67. Sobre a teoria do singular em Ockham, cf. P. ALFÉRI, *Guillaume d'Ockham. Le singulier* (Paris 1989) 15-105.

129. *Ibid.*, V, q. 12, 529.

130. *Summa log.*, I, c. 14, 48 e c. 19, 66.

131. *Ibid.*, I, c. 38, 106.

132. *Quodl.*, V, q. 12, 529.

sentar o sinal segundo o modelo bonaventuriano da representação, do vestígio e da imagem: *vestigium, imago, fictum*[133].

Os sinais da lógica escolástica, como a espécie, o gênero, o universal, são incapazes de expressar os seres singulares últimos[134]. Somente os sinais singularizantes podem oferecer a chave fundamental de significação. Com isso, se sublinha uma tese característica da filosofia ockhamista: que o ser singular não é inefável, em oposição à tese contrária, que era comum. E assim se chega à teoria da experiência e à ontologia do concreto, em clara oposição à metafísica do universal.

A singularidade, então, é a característica fundamental do ser, desse ser último, exterior, que não é sinal e não remete a outro, mas a si mesmo. Esse é objeto próprio e verdadeiro da ontologia possível. A tese de que "toda coisa fora do espírito é realmente singular e uma em número"[135] é fundacional e não pode ser demonstrada, mas mostrada. Essa singularidade é imediata, evidente e não é derivável nem demonstrável. A singularidade é o modo mais radical de ser do ente. É seu *modo de ser*. Os demais modos de ser da metafísica tradicional devem ser analisados e interpretados como simples modos de significar, como maneiras de referir-se ao ente em seu mais original e fundamental modo de ser. A partir desta ontologia do concreto, os pretensos modos de ser da metafísica clássica como o ser por si e por acidente, o ser em potência e em ato, essência e existência, substância e acidente, não são outra coisa que modos de falar e de significar[136], já que tudo o que existe não pode ser outra coisa que um ente singular, existente em ato[137].

A ontologia, então, não tem outra tarefa do que analisar, descrever e definir os entes singulares em sua própria singularidade, que é seu modo real de ser. A ontologia do universal, das essências, da natureza comum, dos gêneros e das espécies deve deixar passagem para a ontologia do real concreto. Atribuindo à ontologia unicamente a pura singularidade, destrói-se a ontologia realista tradicional, e Ockham desengancha-se da tradição metafísica que partia de Aristóteles e foi repensada e recolocada por Boécio, Tomás de Aquino, Boaventura e Duns Scotus. O doutor inglês não pretende esvaziar a ontologia tradicional, mas transladar a um novo gênero de discurso os conteúdos dos universais ou das substâncias segundas, quer dizer, os gêneros e as espécies. Todo o conteúdo da metafísica tradicional deve ser incorporado e interpretado na teoria dos sinais.

---

133. *I Sent.*, d. 3, q. 9, 544-551.

134. *Summa log.*, I, c. 63, 193-194.

135. *I Sent.*, d. 3, q. 6, 196.

136. *Summa log.*, I, c. 38, 107-108.

137. *Ibid.*, I, c. 38, 108.

Capítulo III – Metafísica

Na perspectiva ockhamista, o campo da ontologia reduz-se à pura singularidade. A semiologia recoloca a metafísica tradicional, e todo o seu conteúdo se converte em sinais. Como diz Alféri, "o *nominalismo* de Ockham não é outra coisa que essa larga expropriação da ontologia por uma teoria dos sinais"[138]. A universalidade só é inteligível enquanto é sinal. À medida que ela é sinal, o universal é uno, mas somente é universal por sua significação[139]. Somente a significação, no marco da semiologia, torna compatível a unidade do universal e a pluralidade das coisas que definem seu domínio de pertença, que é seu campo de referência[140]. Desta maneira, todos os modos de ser de uma coisa universal podem estar apresentados e interpretados como modos de significação.

h) O singular tem essência?

A oposição entre essência e existência não é de origem grega, mas medieval e está enraizada tanto na teologia árabe como na cristã. Segundo Ockham, tal distinção não é justificável, pois a essência não se distingue da coisa singular enquanto ela é ou existe. O singular não tem essência. Este homem, este cachorro, este carvalho não possuem uma essência de homem, de cachorro, de carvalho, pois para se dizer que uma coisa singular tem essência dever-se-ia mostrar ou demonstrar que a essência se distingue de algum modo da coisa mesma; e isto é indemonstrável. Tudo aquilo que é do singular é singular. A essência de Sócrates não tem nada a ver com a essência de Platão, a essência desta árvore não tem nada a ver com a daquela outra árvore. Esta é uma aplicação e uma conseqüência da rejeição da realidade do universal. A essência não é menos singular que a coisa da qual ela é essência. Não há essência do cavalo ou da macieira. A essência não se distingue da coisa à qual se refere, da mesma maneira que aquela coisa do universal não se distingue daquela coisa do singular.

Guilherme de Ockham, em nome precisamente de Aristóteles, nega a distinção e separação de essência e existência. "Parece-me que não há aí duas coisas e que a existência (*esse, existere*) não significa algo distinto da coisa (*distinctum a re*)". "A essência e a existência não são duas coisas, mas dois termos, *coisa* e *ser*, que significam uma só e única coisa: um de maneira nominal e outro de maneira verbal. Por isso, um não pode ser convenientemente empregado em lugar de outro, pois não tem a mesma função"[141]. A distinção de funções significativas das palavras essência e existência não tem densidade ôntica nem referência ontológica.

---

138. P. ALFÉRI, *Guillaume d'Ockham*, 33.

139. *Summa log.*, I, c. 14, 48.

140. *Ibid.*, 49.

141. *Ibid.*, III,-2, c. 27, 554.

Manual de filosofia franciscana

A essência não é algo universal nem é distinta da existência nem se distingue da coisa concreta e singular. "A existência da coisa não é outra coisa que sua essência"[142]. O ser concreto não *tem* essência, mas *é* sua própria essência. O que quer dizer que o singular não é inefável, como sustentavam os defensores da metafísica do universal e das essências, mas é e torna-se inteligível em si mesmo.

i) O singular é inteligível?

O problema da inteligibilidade do singular foi muito importante na reflexão filosófica do final do século XIII e princípio do século XIV[143], que distinguia a propriedade originária de um objeto de pensamento segundo três formas de primazia: temporal, de adequação e de perfeição. Na tradição filosófica escolástica o universal levava a primazia, e o singular se alcançava através da mediação do conceito.

O doutor inglês afirma a primazia do singular e o caráter imediato e direto da intelecção do singular, que é inteligível em sua facticidade (como existente) e em sua especificidade concreta (como essência). Esta inteligibilidade do singular é primordial, direta e imediata[144]. A primazia absoluta do conhecimento do ser concreto em sua facticidade e em sua especificidade prova que o singular é a causa primordial e imediata do conhecimento; e qualquer interposto ou intermediário, como são os conceitos, entre o sujeito e o objeto complica e obscurece o problema gnosiológico. Se a intenção intelectual do singular é um fato originário e fundacional, isso explica que a teoria do universal real, o realismo, se apresentara como o grande inimigo para a compreensão do singular. Ockham atacou implacavelmente o realismo do universal, tanto o realismo tosco como o tímido e sutil. E neste ataque toca a melhor parte a Duns Scotus.

O singular para Guilherme de Ockham é sua própria essência, sem necessidade de participar de uma essência universal; e, portanto, em si e por si é inteligível. É inderivado e é o primeiro na ordem do ser e do conhecer. O singular é empírica e ontologicamente o primeiro e irrenunciável inteligível e goza de plena autonomia no lógico, no ontológico e no gnosiológico. O singular não necessita ser fundamentado, mas ser descoberto e compreendido em sua própria concretitude. Ockham é, certamente, moder-

---

142. *Ibid.*

143. Para uma exposição histórica e comparativa desta questão cf. C. BÉRUBÉ, *La connaissance de l'individuel au moyen âge* (Paris-Montreal 1964); sobre a tese ockhamista cf. 143-224, 258-277.

144. No *Comentário às Sentenças*, d. 3, q. 5-8, 442-542, faz-se grande defesa da inteligibilidade do singular, que não é inefável, como geralmente se afirmava seguindo a Aristóteles, mas o primeiro conhecido e o primeiro inteligível, e ataca a primazia escotista do conhecimento do ser comum e da espécie ínfima.

Capítulo III – Metafísica

no por sua interpretação do singular e pela amplitude que dá à lógica e à filosofia da linguagem, mas não pode ser desarraigado nem deslocado do século XIV no qual viveu e no qual se sentiu incômodo, porque seu olhar penetrante já explorava novos horizontes doutrinários que, depois, o Renascimento e a modernidade confirmariam. Com razão e fundamento escreve Abbagnano que Guilherme de Ockham "é a última grande figura da escolástica e, ao mesmo tempo, a primeira figura da modernidade"[145]. É um pensador eixo entre duas culturas limítrofes no tempo, mas muito distantes em suas intenções e propósitos. Daí é que resulte um personagem muito discutido e seja avaliado com critérios opostos. Mas não se poderá afirmar que sua passagem pela história da filosofia passou sem deixar vestígio. Talvez seja o filósofo medieval mais presente na filosofia atual.

Conclusão

Pudemos constatar, nesta rápida e esquemática exposição, como a metafísica não é uma disciplina dogmática nem um pacote de doutrinas preconcebidas e aprioristicas, mas investigação do que implica a *afirmação do ser*, entendido como valor inteligível fundamental. No mundo real e concreto, o pensamento penetrante descobre um valor transcendental, em virtude do qual as diversas realidades singulares formam parte da comunidade universal dos seres que, religados entre si, constituem o universo pela estrutura ontológica fundamental de seus elementos específicos. Esta reflexão filosófica é comum às diversas escolas medievais de inspiração cristã, porque elas partem do pressuposto da contingência radical do mundo e da tese determinante da criação.

Neste horizonte de reflexão, se elabora também a metafísica da Escola Franciscana, com suas convergências e divergências. Por isso, poder-se-á discutir a originalidade ou não da chamada metafísica franciscana. Mas o que pode servir de paradigma doutrinário em uma comunidade científica e filosófica não impede que a visualização própria e a sensibilidade pessoal dos pensadores singulares sejam contrastantes. Normalmente, o pensamento se elabora a partir de uma experiência, embora não se limite a ela e, inclusive, trate de transcendê-la e de corrigi-la. Na Escola Franciscana, a experiência pessoal e comunitária é a arqueologia fundante da reflexão e elaboração do sistema filosófico-teológico. Podemos afirmar que a experiência existencial de cada pensador e a vivência comunitária foram o subsolo sobre o qual se construiu a metafísica dos mestres franciscanos. Além das aparentes e reais diferenças das diversas expressões metafísicas dos três mestres aqui expostos, emerge uma convergência surpreendente. Na explícita diacronia entre os três, evidencia-se também uma comum sintonia e um olhar o mundo

---

145. M. ABBAGNANO, *Storia della filosofia*, I (Turim 1982) 623.

a partir de perspectivas mentais diversas, mas convergentes em uma mesma meta intencional e em uma índole comunitária de pensamento.

Boaventura, com a metafísica do exemplarismo, trata de ressaltar a importância do Verbo como arqueologia essencial na ordem do ser, do conhecer e do agir. Duns Scotus, com sua metafísica do ser unívoco, pretende ter um instrumento para detectar o fio de conexão entre o finito e o infinito, entre a criatura e o Criador, entre o mundo e Deus. A metafísica ou ontologia do ser concreto de Guilherme de Ockham, que defende também o conceito unívoco do ser, trata de revalorizar os seres reais e contingentes, porque interpretou que foram hipotecados em sublimes abstrações, ao mesmo tempo que manifesta a mais audaz afirmação sobre a absoluta liberdade de Deus. No fundo, as três metafísicas são a resposta implícita à pergunta permanente: por que o ser e qual é o seu sentido ontológico? Pois bem, para a compreensão e alcance da metafísica destes autores, é necessário que ela seja reconhecida e valorizada nos temas referentes ao mundo, ao homem e a Deus, inclusive no tema da ética.

A metafísica da Escola Franciscana é uma metafísica do ser fundante e vinculante; e, por isso, é também uma metafísica da presença, da participação, da pertença e da religação. A metafísica do Êxodo, segundo a expressão que Vignaux aplica a Duns Scotus, fundamentou uma atitude fraterna e de camaradagem existencial com os seres e com as coisas do mundo. Esta metafísica do Êxodo fundamenta também uma ontologia do ter, do poder e do usar. Uma camaradagem existencial que tem sua peculiar expressão na atitude histórica do *homo viator* e em sua relação fraterna com os outros e com as coisas.

A metafísica dos mestres franciscanos transmite um grande otimismo naturalístico porque está convencida de que tudo o que existe é dom gratuito de Deus. Tudo é graça. O sentimento de gratuidade, manifestado na valorização e apreço de cada ser, evidencia-se na concepção da bondade dos seres, inclusive materiais. A ontologia do concreto é a base da teoria comum da pluralidade de formas substanciais. Inclusive a matéria é boa e possui também sua santidade originária e sua bondade ontológica. Essa atitude otimista faz com que os seres naturais sejam tratados com cortesia e respeito e não demonizados. Por este motivo, é oferecida uma ontologia da comunicabilidade e não de suspeita, e muito menos de ressentimento. O fundo de cada ser não é a obscuridade nem o trágico nem o dionisíaco, mas o revérbero ôntico de seu Criador, pois se os seres naturais não são luz, pelo menos são penumbra luminosa. Todo o universo, com seus seres, é luminoso, porque cada criatura é palavra de Deus.

Tanto os pressupostos ontológicos bonaventurianos como os escotistas se conectam com o conceito clássico de metafísica, na perspectiva de Platão e de Aristóteles. Na metafísica destes filósofos gregos, o tema de Deus não se desprende do tratado geral do ser, mas constitui seu natural complemento e coroamento. Não há aqui uma radical se-

Capítulo III – Metafísica

paração entre ser finito e infinito. Quer dizer, não se dá uma ontologia que estude, por uma parte, o ser sensível e contingente e, por outra parte, o mundo transcendente e distante, o mundo de Deus com suas idéias eternas e essências, como duas ontologias separadas. Essas ontologias seriam realmente problemáticas. A metafísica dos mestres franciscanos oferece uma visão unitária do ser, enquanto contingente e necessário, finito e infinito. Seguindo a dialética de Platão e de Aristóteles, tanto Boaventura, com sua metafísica exemplarista, como Scotus e Ockham, com seu conceito sobre a univocidade do ser, tratam de vincular o ontológico com o teológico. Aqui não há divórcio nem vazio entre o ser finito e o ser infinito, entre o mundo e Deus.

A metafísica dos franciscanos é ontologia da totalidade do ser sem solução de continuidade entre contingente e necessário, entre o finito e o infinito, entre o mundo e Deus. A ruptura destes campos ontológicos é produto característico da modernidade. Foi Ch. Wolff (1679-1754) quem dividiu a filosofia em metafísica geral (ontologia) e metafísica especial (cosmologia, psicologia e teologia), quer dizer, entre ontologia fundamental e ontologias regionais, trazendo com isso um mal-entendido em filosofia que ainda padecemos. Para os mestres franciscanos, a metafísica é ontologia, e ontologia é metafísica. E as ontologias regionais somente são compreensíveis adequadamente em referência e sintonia com a ontologia geral, que nem por isso deixa de ser metafísica.

Poder-se-á avaliar e discutir o que se queira dizer sobre a precisão ou imprecisão da expressão *onto-teologia*[146]. O certo é que na metafísica dos mestres franciscanos o onto-teo-lógico é expressão de uma visão unitária e de um pensamento arquitetônico e de síntese, em harmonia e sintonia entre os seres, o Ser e o pensar. A tríade relacional entre ser-pensar-querer subjaz e sustenta o pensamento fecundo da metafísica específica dos mestres franciscanos.

---

146. Sem entrar na problemática desta questão limito-me agora a sublinhar que, para o primeiro Heidegger, a pergunta filosófica é em si mesma dupla, ontológica e teológica: "A filosofia é onto-teologia". Inclusive, "quanto mais originariamente ela reúne esta dualidade, tanto mais autenticamente é filosofia". M. HEIDEGGER, *Schelling* (Nápoles 1994) 103. Para o Heidegger de 1936, a expressão *onto-teologia* não tem de modo algum o aspecto negativo que lhe dará posteriormente pela influência kantiana em separar radicalmente o ontológico, o cosmológico, o teológico e o psicológico. Este mesmo filósofo alemão sublinha que os termos *teologia* e *teológico* não provêm do âmbito eclesial nem se encontram no Novo Testamento, mas provêm da filosofia pagã e concretamente de Platão; inclusive critica e rejeita as fórmulas: *a filosofia é teologia secularizada* ou *a teologia é filosofia aplicada*.

CAPÍTULO IV
TEOLOGIA NATURAL

Vicente Muñiz

Bibliografia

ANDRÉS, T. de, *El nominalismo de Guillermo de Ockham como filosofía del lenguaje* (Madri 1969); BETTONI, E., *S. Bonaventura da Bagnoregio* (Milão 1973); BISSEN, J.M., *L'exemplarisme divin selon S. Bonaventure* (Paris 1929); BOUGEROL, G., *Introducción a San Buenaventura* (Madri 1984); GHISALBERTI, A., *Introduzione a Ockham* (Bari 1976); GILSON, É., *Jean Duns Scot. Introduction à ses positions fondamentales* (Paris 1952); MUÑIZ, V., *Significado de los nombres de Dios en el "Corpus Dionysiacum"* (Salamanca 1975); ID., *"Homo et mundus". La estética según Escoto* (Roma 1984); OROMÍ, M., *Duns Escoto y el objeto de la Metafísica* (Madri 1960); ID., *El ser y la existencia de Dios en Escoto* (Madri 1960); RÁBADE, S., *Guillermo de Ockham y la filosofía del siglo XIV* (Madri 1960); TODISCO, O., *G. Duns Scoto e Guglielmo d'Occam. Dall'ontologia alla filosofia del linguaggio* (Cassino 1989); VEUTHEY, L., *La filosofia di S. Bonaventura* (Roma 1971); ZAMAYÓN, P., *Hacia Dios. Cinco lecciones sobre San Buenaventura* (Roma 1940).

Nossa exposição se limita, dado ao caráter de compêndio exigido pelo presente Manual, à visão filosófica que Boaventura e Duns Scotus nos oferecem de Deus. Neles se recolhe, por outra parte, o mais fundamental e característico do pensamento franciscano. Acrescenta-se, como último grande pensador da escola, já com idéias e inovações renascentistas, Guilherme de Ockham[1].

---

1. Para uma sucinta visão da Escola Franciscana, cf. G. FRAILE, *Historia de la Filosofía*, II (BAC, Madri 1966) 712.

1. São Boaventura

a) O tema de Deus: sua cognoscibilidade

Deus é Luz Infinita e, por isso, é sumamente cognoscível em si. No entanto, é cognoscível também para o homem? Que meios ou que vias o homem deve utilizar para fazer com que Deus seja cognoscível para ele?

O enfoque do problema acerca da cognoscibilidade de Deus, em Boaventura, não pergunta por sua existência nem trata de demonstrá-la por meio de raciocínios. De acordo com sua visão metafísica dos seres criados segundo uma escala ontológica – reflexo, imagem e semelhança –, sua preocupação não é a existência de Deus, mas a maneira, o modo em que o homem tem acesso a Deus. Por este motivo, a pergunta "Deus Existe?" é substituída por outra: Como a existência de Deus é uma verdade indubitável? Porque a questão é em que sentido, de que modo e maneira toda criatura necessariamente *clama por*, *tende por* seu próprio ser a Deus. Assim, o pensamento bonaventuriano considera a existência de Deus um falso problema, um pseudoproblema, já que Deus está necessariamente presente em cada criatura, enquanto esta o leva em seu ser como *imagem* dele[2]. Que Deus existe é verdade certíssima.

b) Itinerário do homem a Deus: pressupostos

O itinerário do homem a Deus está constituído por três *vias* ou *caminhos*, em cada um dos quais a existência Deus se corrobora com raciocínios. Por isso, estas *vias* ou *caminhos* pressupõem a realidade metafísica sobre a qual são possíveis. Tal realidade abrange dois fatos irrefutáveis: a criação e o ser das criaturas.

A criação

Desde o momento em que o conceito de ser se constitui, afirmando-se a si mesmo de maneira absoluta e necessária, fica colocado o problema parmenidiano do múltiplo. Como pode existir multidão de seres, quando o ser é uno, absoluto, necessário? Problema a ser debatido será então a existência do múltiplo, que haja muitos seres. Isto nos faz retroceder à onipotência de Deus que, se quer, cria. Quer dizer, coloca no ser os numerosos entes diferentes e diversos sem que haja nada de tais entes nem algo com que possam ser feitos. No entanto, entre o ser e o nada não cabe mais do que um termo médio: *a imagem do ser*. O *reflexo do ser*, seu *vestígio* ou sua *pegada*. A multiplicidade das coi-

---

2. "Seu conhecimento (de Deus) nasce com a inteligência racional, porquanto traz em si razão de imagem, por cuja virtude tem inserido em si mesma um natural apetite, conhecimento e memória daquele a cuja imagem foi feita". *MTr.*, q. 1, a. 1, c (V, 49; BAC V, 111).

Capítulo IV – Teologia natural

sas e dos homens é possível só e unicamente só, se se admite que sua existência não consiste mais do que em ser imagem, semelhança, vestígio ou pegada do verdadeiro Ser. O verdadeiro Ser, assim, é a *causa exemplar eminente infinita*, cujas virtualidades inesgotáveis de imitação os entes do universo realizam de mil maneiras. Por isso, a metafísica deve tratar antes de tudo da causa exemplar na qual encontram explicação adequada todos os seres, imagens ou exemplados[3].

Os entes, ao passarem do não-ser ao ser, necessariamente são criados no tempo, não eram e começaram a ser, fazem *história*. Por este motivo, a criação é impossível que possa ser *ab aeterno*, como Tomás de Aquino sustentou naquela época.

Os seres criados

Segundo o que foi indicado, todas as criaturas do mundo são, à sua maneira e em diversos graus, semelhanças de Deus, participações ou imitações, distantes e imperfeitíssimas, das perfeições divinas. A escala ontológica que constitui a criação, Boaventura a expõe em seu *Itinerário*[4]. Nesta participação das idéias exemplares ou razões eternas, há diversos graus: *Sombras*, quando a representação é distante e confusa; *Pegadas* ou *vestígios*, quando a representação é distante, embora um pouco mais distinta, procedente de uma causalidade divina; *Imagens*, quando a representação é próxima e distinta, como acontece na alma do homem; *Semelhança*, representação que corresponde propriamente à graça divina, pela qual o homem, animal racional, participa da mesma vida de Deus e de sua beatitude. Desta maneira, tudo o que não é Deus, se não se quer ser panteísta nem ontologista, necessariamente tem que ser "imagem dele".

c) As "vias": exercícios da razão

No itinerário do homem para chegar a Deus, Boaventura distingue entre o conhecimento de sua existência e o de sua essência. Ao aceder ao conhecimento de Deus, o importante é apreender sua existência e, a partir dela, se poderá depois rastrear algumas propriedades de sua essência.

---

3. A metafísica reduz todo o conhecimento da multiplicidade dos seres ao Único Primeiro Princípio, ou a Deus, enquanto princípio, fim e exemplar do qual saíram segundo as razões ideais. *RATh.*, n. 5 (V, 321; BAC I, 651). Também *Hex.*, col. 1, n. 17 (V, 332; BAC III, 189).

4. "Toda criatura é por sua natureza uma imagem ou semelhança da eterna sabedoria". *Itin.*, c. 2, n. 12 (V, 45; BAC I, 589); "E por isso, toda criatura que procede de Deus é seu vestígio; toda criatura que conhece a Deus é sua imagem; é sua semelhança toda e somente a criatura na qual Deus habita". *SChr.*, q. 4 concl. (V, 24a.; PITM. 165-167).

Primeira via (psicológica)

Trata-se, nesta primeira via, de mostrar como a verdade acerca da existência de Deus é uma verdade naturalmente inata em toda alma racional[5]. Propõem-se alguns argumentos de índole neoplatônica. Assim, pelo amor humano à sabedoria eterna, por seu desejo de felicidade perpétua e, finalmente, por sua aspiração à paz imutável e infinita. Cada uma destas inclinações do homem careceria de sentido, se não tivesse um objeto real existente. Tal objeto também deve ser infinito, imutável e eterno. A estes argumentos confere valor universal o fenômeno da idolatria que erra a respeito da essência de Deus, mas confirma sua existência. Logo, segundo este raciocínio, Deus existe.

Segunda via (física)

Neste segundo exercício silogístico, a razão tem acesso à existência de Deus, utilizando o princípio de causalidade, aplicado às criaturas. São reflexões sobre o ser "causado" destas[6]. Dado que sua essência é "ser efeito", tem-se que chegar a uma primeira causa, a um primeiro existente. Boaventura, na construção lógica desta via, não se limita somente a um número limitado de provas nem se esforça por fundamentá-la em sólidos argumentos, já que a existência de Deus é inata e evidente na alma, por ser esta "imagem" do próprio Deus. Mais do que demonstrar, é propósito bonaventuriano colocar diante de nossa mente a verdade da existência de Deus que nos é co-natural.

Terceira via (ontológica)

O argumento ontológico de Anselmo foi recolhido do *Proslogion* por Boaventura que o apresentou com nova modalidade, identificando o *ens quo melius cogitari nequit* (o "ente melhor do qual não pode ser pensado nenhum outro ser") com *veritas*. Assim, no *Comentário às Sentenças*, ele afirma: "Deus ou a *suma verdade* é o próprio Ser, cujo predicado – existência – está incluído no sujeito, Deus". Esta proposição equivaleria a esta outra: "Se Deus é Deus, Deus existe". Ao conhecer os termos da proposição, ambos mutuamente se incluem. Enunciada a proposição Deus ou suma verdade, a necessidade intrínseca de seu ser é tal que imediatamente a mente capta sua existência[7]. A definição de Deus em Anselmo inclui um conteúdo que nosso pensamento deve desenvolver para tirar a conclusão.

---

5. "Na primeira via, se mostra que a verdade 'Deus existe' está impressa em todas as almas racionais". *MTr.*, q. 1, a. 1 (V, 45; BAC V, 95).

6. *Hex.*, col. 5, n. 28-29 (V, 358-359; BAC III, 295); *MTr.*, q. 1, a. 1, (V, 47; BAC V, 95); *Itin.*, c. 1-2 (V, 298.302; BAC I, 566.577).

7. "Deus sive summa veritas est ipsum esse [...] (cuius) praedicatum (= est) clauditur in subiecto (Deus)". *I Sent.*, d. 8, p. 1, q. 2 concl. (I, 20).

Capítulo IV – Teologia natural

Mas em Boaventura esta definição se transforma em evidência imediata, porque participa da necessidade da conclusão. Por isso, se a proposição "Deus é Deus" é evidente, a conclusão "Deus existe" é logicamente tão evidente como a premissa da qual se infere, pois cai dentro do mesmo significado de Deus.

d) Atributos de Deus

Visto que Deus é o Ser absoluto, perfeição absoluta e razão de ser de todas as criaturas, atributo principal seu é sua unicidade. Deus é sumo ser e, por isso, é *único*. Exclui outro igual a Ele, por sua *simplicidade suma*. Também da análise do conceito de Deus se segue que Ele é infinito, eterno, imutável, onipotente, onipresente e onisciente[8]. Boaventura sublinha os atributos divinos do *Bem* e do *Amor*. Por influência da *Teologia Mística*, ele une o Sumo Bem à Suprema Luz que se difundem por todas as criaturas.

A visão *trinitária* de Deus pertence à fé e à revelação. Permanecendo, em contrapartida, só no âmbito da filosofia, convém prestar atenção particular a estes atributos de Amor-Bem e de Luz.

A Bondade, o Bem, é meta natural do processo metafísico que o ser percorre, dando-lhe suma perfeição. A Bondade, o Bem, não é mais do que *o ser enquanto é perfeito*. Enquanto no campo da realidade impera o determinismo dos sentimentos e dos fatos, e no campo das idéias puras impera o determinismo da lógica, somente no campo do Bem, da perfeição, se dá lugar para a liberdade. Desta Bondade fontal, que é Deus, procede a criação que Ele realiza por *Amor*, definitivamente *porque ele quer livremente*. Trata-se do primado da Bondade e do Amor, que Francisco viveu e do qual teve experiência e que Boaventura fez seu e especulou sobre o mesmo e sistematizou em seus escritos.

O universo todo, particularmente o homem, é obra da bondade divina enquanto esta é causa eficiente, exemplar e final. Deus cria, porque é Bondade e, porque é sua causa eficiente, ama todas as suas criaturas. *Bonum est diffusivum sui*.

Deus, ser infinito e incriado, absolutamente simples, é no sentido mais próprio, e não no puramente translatício, também Luz. E os entes participam tanto mais desta luz quanto mais próximos estão de Deus. Dá-se, deste modo, segundo já se apontou, uma graduação ontológica, cuja plenitude maior ou menor depende da proximidade ou distância daquele que é em si mesmo a Luz. Em seguida, encontram-se duas classes de Luz: a incriada e a criada. Da criada diz-se que é substância comum de todos os corpos, sua determinação primeira, a qual é acompanhada de seu modo de ser, o de manifestar-se e o de *brilhar* e operar como corpo. Segundo estas idéias, não causa estranheza

---

8. "(Deus) é o Ser puro, o ser que é simplesmente ser, o ser absoluto, o primeiro ser, eterno, simplicíssimo, atualíssimo, perfeitíssimo e sumamente uno". *Itin.*, c. 5, n. 5 (V, 523; BAC I, 617).

que a alma humana seja luz que se torna transparente a si mesma e na qual se torna visível a imagem daquele que seu ser reflete. Nesta linha, move-se também a estética bonaventuriana. *Pulchritudo circuit omnem rem*[9]. Deus é beleza suma e a causa exemplar infinita de imitabilidade inesgotável. Segundo isto, a partir das noções agostinianas de beleza, para julgar esta nas criaturas, o mesmo critério estético radica no maior conteúdo expressivo que possa possuir com relação à sua causa exemplar. Dá-se, desta maneira, igualmente no universo criado, uma escala de beleza cujos extremos são a distância e a proximidade de Deus.

Assim, então, a existência de Deus, segundo o pensamento bonaventuriano, pode ser considerada em duas dimensões.

A primeira converte a existência de Deus na experiência vital do modo de ser do homem: *seu ser-imagem de Deus*. Por isso, trata-se de algo indubitável: o próprio ser do homem, em sua consideração ativa ou passiva. O homem, enquanto imagem de Deus, possui-o ativamente pelo conhecimento ou pelo amor; possui-o passivamente, porque Deus, como Autor de todo ser criado, está de algum modo em suas criaturas, como qualquer artífice está em suas obras[10].

A segunda dimensão estrutura-se mediante exercícios dialéticos com caráter só confirmativo do que já estava provado na dimensão anterior[11]. Suas argumentações vão desde o exterior até a interioridade do homem e configuram a partir desta interioridade sua ascensão a Deus e sua união com Ele.

Conclusão

Se a cultura é a medida das coisas pressupostas, não resta dúvida que entre as mais importantes destas coisas se encontre a linguagem. E isto, até o ponto de que se poderia afirmar que a cultura européia se foi realizando em torno de duas grandes e opostas valorizações da palavra. Uma valorização superior e outra inferior. A primeira puxa o fio condutor dos grandes momentos do pensamento grego-cristão. A segunda, pelo contrário, aparece nos momentos críticos da cultura nos quais proliferam sistemas agnósticos e cépticos. Particularmente, o cepticismo é sempre, em última instância, cepticis-

---

9. V. MUÑIZ, "La contemplación estética en San Buenaventura": *NatGr* 14 (1967) 181-204. Também "La doctrina de la luz en el Pseudo-Dionisio y San Buenaventura": *VV* 33 (1975) 227-251.

10. "O conhecimento da existência de Deus é inato na alma racional por ser sua imagem, em virtude da qual estão inseridos nela uma tendência natural e um conhecimento e memória daquele segundo o qual foi criada". *MTr.*, q. 1, a. 1 (V, 49; BAC V, 111).

11. "São, antes, certos exercícios intelectuais que manifestam a verdade evidente e já mostrada". *MTr.*, q. 1, a. 1, (V, 48; BAC V, 113).

Capítulo IV – Teologia natural

mo da palavra. Atualmente, em nosso horizonte cultural, se vislumbra o surgir de outra cultura com um homem novo, com uma visão nova da terra, de seu próprio ser e de Deus. A ciência ultrapassou a mera conquista do átomo, a terra é contemplada a partir do céu através de cujos caminhos andam satélites feitos pela indústria humana, o homem sente-se dono do mundo e, diante de Deus, é agnóstico ou céptico, ideando um ateísmo semântico. Comprovar, verificar, falsificar são critérios de movimentos científicos para os quais tanto o teísmo como o ateísmo são linguagens carentes de significado e de sentido.

Assim, o neopositivismo lógico, ou o *Tractatus Logico-Philosophicus* e a filosofia analítica inglesa relegam a expressão religiosa ao âmbito da subjetividade, do que não é possível poder demonstrar nem provar *cientificamente*[12]. O tema de Deus pertence à atitude passional que cada um possa adotar às suas crenças. E não ao trabalho científico.

Por este motivo, é comum escutar um discurso no qual se afirma que, além de 2000, o homem crente unicamente será ou um místico com experiência de Deus ou um ateu convencido.

Neste contexto, a visão bonaventuriana de Deus e do homem, enquanto é semelhança de Deus, pode conectar-se com a filosofia analítica inglesa, com *l'élan vital* de Bergson ou com o método gnosiológico de Zubiri de "ater-se às coisas mesmas".

A partir da ciência e do neopositivismo lógico, o problema da existência de Deus tem um capítulo ilustrativo com as respostas a Flew nas conhecidas "parábolas de Oxford"[13]. O *blik*, a atitude do homem, de maneira prévia, está disposto à afirmação de Deus, porque a isto empurraria seu ser reflexo ou imagem do mesmo. A verificabilidade neopositivista ou a falsidade popperiana tem um modo de tornar-se verificável ou falsificável em virtude da experiência religiosa da alma do homem. Mas não seria conhecer científico, porque não poderia voltar a repetir-se e controlar-se todas as vezes que cada um quisesse, seria válido somente para o sujeito que tem essa experiência religiosa.

Se o *Itinerário* de Boaventura é considerado como obra de incomparável misticismo, *l'élan vital* de Bergson é fonte de força vigorosa que enche o mundo e a vida do homem em sua subida a Deus[14]. Com matizes muito próprias, Boaventura e Bergson apontam três níveis ascendentes: o nível da *experiência sensível*, o nível da *experiência íntima* e o nível *metafísico*. Interessa, antes de tudo, este último nível. Nele, Boaventura estabelece as relações do homem com o *Ser pleno*, Deus, a partir de sua peculiaridade antropológica. Boaventura atribui ao homem em sua relação com Deus três notas: ser

---

12. V. MUÑIZ, *Teorías del lenguaje en la expresión religiosa* (Montecasino, Zamora 1975) 65-99.

13. D. ANTISERI, *Dal neopositivismo alla filosofia analitica* (Roma 1966) 246; ID., *Filosofia analitica e semantica del linguaggio religioso* (Bréscia 1970^2) 52-60.

14. H. BERSON, *Oeuvres* (Paris 1963^2). Ver *Les deux sources*, 1.018-1.170 e *L'évolution créatrice*, 761.

imagem dele, ter capacidade para assemelhar-se a Ele mediante a *deiformidade* e achar nele a *plenitude beatificante*. Ser "imagem de Deus" constitui a íntima estrutura do próprio homem. Em uma passagem, Boaventura diz: "esse imaginem Dei non est homini accidens, sed potius substantiale"[15]. A partir da imagem chega-se à *semelhança* e, sobretudo, à forma *beatificabilis*. À perfeição plena segue sempre a felicidade total.

Como para Boaventura, também para Bergson a *intuição do Ser* é a rota pela qual se chega à *deificação definitiva*. O ponto mais alto nesta rota é *l'élan vital* que, em certa medida, comunga com as idéias bonaventurianas. A alma mística tem o grande privilégio de poder ter experiência imediata do princípio da vida. O místico não se pergunta, então, por que algo, não se pergunta por nada. Não se pergunta, porque sua experiência concreta, pela qual sente o desenvolvimento vital dos seres, lho dá vivencialmente resolvido. Aqui, o místico vê a Deus de modo positivo. E o *Amor* é o que melhor define a irradiação de Deus pela criação inteira. A convergência destes dois caminhos, em Bergson e em Boaventura, consiste em que o homem sobe neles sempre para Deus, embora Bergson o realize em uma *experiência integral*.

Heidegger, unido em seu discipulado a Husserl, aceita plenamente o método fenomenológico em sua obra *Ser e Tempo*. Trata-se da conhecida máxima, proposta pela fenomenologia: "voltar às coisas mesmas". É o que X. Zubiri, filósofo espanhol, utiliza em seu método de conhecimento como um *ater-se às coisas mesmas*. Ele acusa Husserl de ter deslocado seu propósito de captar a *essência eidética* – a coisa mesma – para uma evidência do *fático*, do *empírico*.

Para Zubiri, "voltar às coisas mesmas" significa que voltar ao homem é voltar àquilo que o constitui em seu ser: a luz. O homem, de fato, constitui-se de *luz*, e a sua luminosidade deixa ver, coloca em *evidência*, tudo o que foi criado. Ele mesmo, ao ser Luz, é transparente, deixa passar por seu ser a luz do fogo, Deus, de onde provém sua luminosidade. Desta maneira, o homem necessariamente se *re-liga* ao Ser Absoluto que é em si mesmo infinita Luz[16]. Quem conhece bem o pensamento de Zubiri se encontrará na mesma órbita de Boaventura e de sua subida transcendente para o ápice do Ser que é Deus, a luz ofuscante na qual arde o amor da imagem por aquele de quem é imagem e a quem seu ser deixa transparecer e com quem se une.

Como se pode observar, a visão de Deus do pensamento franciscano, manifestada por Boaventura, pode aproximar-se da filosofia moderna e ter pontos de contato com o sentir da sociedade do presente século.

---

15. *II Sent.*, d. 16, a. 1, q. 2, f. 4 (II, 397); *Itin.*, Prol. 1 (V, 295; BAC I, 557).
16. X. ZUBIRI, *Naturaleza, Historia, Dios* (Madri 1965⁵) 238s.

2. João Duns Scotus

Duns Scotus, dentro do desenvolvimento do pensamento escolástico, encontrou-se em uma encruzilhada. Por um lado, a interpretação que os gregos fizeram do homem e do mundo a partir da necessidade, que exigia o conhecimento das leis físicas, e do movimento eterno, que concluía em um motor imóvel. Por outro lado, a especulação cristã que revelou a liberdade e a gratuidade de Deus na criação e o caráter radicalmente contingente dos seres criados. Como conjugar estas duas visões opostas do homem e do mundo? Como elaborar uma metafísica que conjugasse a necessidade e a eternidade do movimento da filosofia grega com o caráter radicalmente transitório e caduco do ser criado livre e gratuitamente pelo Deus da fé cristã? Para dar solução às dificuldades que esta encruzilhada oferecia, Duns Scotus ideou uma gnosiologia e uma metafísica de novo cunho, nas quais ocupavam lugar principal os conceitos de *ser* e de *univocidade*. A partir deles, torna-se compreensível sua visão de Deus e dos seres criados. Ele nunca quis ser um filósofo nem teólogo, mas simplesmente um pensador cristão, cujo propósito foi entender e explicar para si mesmo, a partir de sua capacidade de razão, a fé cristã e a própria vida.

a) Perspectiva gnosiológica escotista

O conhecimento humano, em sua atividade, distingue o problema do ser e o problema de seu conhecimento. Ser refere-se ao ser em si, ao ente em si. Em contrapartida, o ser, o ente do conhecimento, remete à sua verdade, enquanto o ser em si do objeto é captado pela inteligência humana. "O objeto em si é naturalmente antes que o ato de ter sido captado pela inteligência"[17].

Visto que todo objeto é cognoscível em si, os limites de sua cognoscibilidade afetam a capacidade do cognoscente. Scotus, aqui, tenta superar o pensamento agostiniano franciscano e o puramente aristotélico sobre o conhecimento necessário e universal, pensamentos representados por Henrique de Gand e por Tomás de Aquino, respectivamente.

Com esta finalidade, faz distinção entre a capacidade da inteligência humana e o exercício de tal capacidade nesta vida[18].

O ente enquanto ente, *ens in quantum ens*, é objeto primeiro ao qual naturalmente se orienta ou tende o entendimento humano e por "cuja razão se entende todo o resto"[19]. No entanto, *circunstancialmente – pelo pecado original ou por outra causa condi-*

---

17. *Ord.*, I, d. 3, p. 3, q. 1.
18. *Ord.*, I, d. 3, n. 122 (III, 74); cf. *Ord.*, d. 3, n. 187 (III, 113).
19. *De anima*, q. 21 (Vivès III, 613).

cionante – esta capacidade não se exercita perfeitamente, mas sua atividade somente recai sobre a *essência da coisa material* ou, melhor, sobre a *quiditas rei sensibilis*. Portanto, o entendimento humano tem capacidade para conhecer o ser em sua totalidade: o concreto e o abstrato, o finito e o infinito. Sua capacidade é, então, ilimitada, mas em sua situação mundana atual, segundo já se apontou, somente a exercita sobre a *quiditas sensível, sobre as coisas físicas*.

Por outra parte, o entendimento humano, por sua própria natureza, apreende também *intuitivamente* os entes.

Assim os conhece em sua singularidade e não somente *por abstração*. Duns Scotus defenderá sempre, em linha com o empirismo praticado em Oxford, o primado do singular sobre o universal e abstrato. A partir da fé e da revelação, a teologia ensina que, depois de sua morte, o homem verá a Deus face a face, tal como Ele é: vê-lo-á em sua unidade e gozará em sua contemplação *intuitivamente*. Conhecer por meio da abstração o ente individual e singular é conhecer muito imperfeitamente, mas o entendimento humano tende e orienta-se por natureza a conhecer sempre o mais perfeitamente possível. Quer dizer, *intuitivamente*. Por isso, em seu estado mundano atual (*pro statu isto*), circunstancialmente, o homem conhece através do universal ou da abstração, mas não perde sua capacidade intuitiva. Esta poderá ser exercitada, depois da morte, em seu estado definitivo eterno, quando gozar fruitivamente de Deus. O intelecto humano conhecê-lo-á *intuitivamente*, sem necessidade de abstração alguma.

b) Perspectiva metafísica escotista

Tomás de Aquino e outros pensadores escolásticos chegam a Deus através das criaturas e, por este motivo, dissertam sobre o tema a partir de uma visão da *quididade sensível ou essência física*. Duns Scotus, ao contrário, o faz a partir de uma visão metafísica do conceito de *ente unívoco* com suas propriedades transcendentais e, portanto, a partir de uma *essência metafísica*. "*A existência não é razão* por si da cognoscibilidade metafísica de um objeto. A Metafísica tem por objeto *as essências*"[20].

As provas da existência de Deus na Metafísica escotista somente podem ter fundamento na realidade essencial do ser com suas *propriedades transcendentais disjuntivas* que, assim, distinguimos das propriedades disjuntivas do ser *físico*. E, por sua vez, a partir da univocidade do termo *ser*. A este respeito, convém notar:

1) Duns Scotus, ao falar do objeto da metafísica, emprega uma terminologia latina com acepções significativas que mostram diversos matizes. Assim, ele utiliza *esse, ens, entitas* e, como sinônimos destes, *res* e *realitas*. E, em vez do infinitivo abstrato *esse* ou do

---

20. *Quodl.*, VII, 8.

Capítulo IV – Teologia natural

substantivo abstrato *entitas*, o Doutor Sutil gosta mais de utilizar *ens*, de acordo com o particípio grego *on* (wn) e seu *the being* natal; os termos *entitas* e *realitas* costumam designar uma estrutura de parte no *ens concretum*, por exemplo: *entitas individualis* ou *entitas specifica*.

2) Aristóteles exige para a univocidade: *unidade de nome, unidade de conceito e unidade de coisa*. Em contrapartida, Duns Scotus requer unicamente a *unidade de nome e unidade de conceito*. Em uma passagem clara, ele afirma: "Chamo unívoco o conceito que de tal maneira é uno que sua unidade é suficiente para que seja uma contradição afirmá-lo e negá-lo ao mesmo tempo da mesma coisa e que, tomado como termo médio de um silogismo, una de tal modo os termos extremos que não seja possível equivocação nem engano". E, mais resumidamente: "Um conceito é unívoco, sempre quando em si mesmo significa uma mesma coisa ao usá-lo".

Duns Scotus distingue três classes de *univocidade*: a *física*, a *metafísica* e a *lógica* ou *transcendental*. A *física* é "aquela univocidade segundo a última forma completiva"[21]. A *metafísica* convém ao conceito do gênero próximo: *secundum quam aliqua uniuntur in genere propinquo*[22]. E a *lógica* ou *transcendental* chama *unívoco* o que advém a nosso entendimento somente por uma única razão, segundo a qual, depois, se predica de muitos outros. Com este conceito de univocidade *trascendental*, Duns Scotus quer superar a analogia tradicional[23].

Tendo presente este pequeno preâmbulo de idéias defendidas por Duns Scotus, a cognoscibilidade de Deus foi proposta por ele da seguinte maneira: Deus é naturalmente cognoscível pelo homem durante esta vida? Ele esclarece a questão, ao indicar que pergunta pelo Deus cristão, manifestado na revelação. Trata-se, então, do conhecimento humano, não tomado em sua absoluta possível capacidade, mas em seu exercício temporário durante a vida terrena. Para este conhecimento, Scotus defende que a univocidade do ente compete tanto ao ser criado como ao ser incriado. "Deus não é cognoscível por nós naturalmente, a não ser que o ente seja unívoco para o ser criado e para o ser incriado"[24]. A Duns Scotus, então, não interessa a *capacidade* do conhecimento humano no âmbito da *intuição* do *Ente, Deus*. Interessa-lhe somente chegar ao conhecimento de Deus pela apreensão de seu *Esse* mediante a *abstração* de sua *quididade sensível*. Não, porém, de sua *quididade sensível física*, mas de sua *quididade transcendental*.

Questão prévia para demonstração da existência de Deus é examinar se a proposição "Deus existe" é em si mesma evidente. Referida a Deus, a proposição é evidente em

---

21. *Ord.*, I, d. 3, n. 26 (III, 18).

22. *De anima*, q. 1, n. 6 (Vivès III, 477).

23. *Ord.*, I, d. 3, n. 44-45 (III, 29-38).

24. *Ibid.*, I, d. 3, q. 3, n. 139.

si. É *per se nota*, como dirão os escolásticos. Mas, referida ao homem no exercício de seu intelecto nesta vida mortal, não é cognoscível na evidência de seus termos. O homem não possui um conceito próprio de Deus nem demonstração estrita *a priori* que o Ente Infinito exista. O conceito de Ente, mesmo sendo unívoco, e de Infinito, não incluem sua *existência*. No entanto, a razão humana pode demonstrar a existência de Deus *a posteriori*, chegar pelo efeito à causa.

c) Provas da existência de Deus

A elucubração escotista, aqui, tenta dar solução a três questões:

a) Entre os entes existentes há um Ente Infinito?

b) Este Ente Infinito, se existe, é evidente para o homem?

c) Acaso não há mais que um único Deus?

Duns Scotus, em primeiro lugar, explica que em Deus se dão propriedades relativas que são alcançáveis pelo homem. Distingue nelas duas classes: umas competem à causalidade, outras à eminência. E, visto que a causalidade pode ser *eficiente* e *final*, apresenta três vias em uma tríade: eficiente, final e eminencial. Por isso, Scotus quer, conseqüentemente, chegar às três conclusões seguintes:

a) Existe um ser que é absolutamente primeiro nas três ordens: eficiente, final e eminente.

b) O ser que é primeiro nestas três ordens é sempre somente ele mesmo.

c) O ser que reúne estas três primazias é Deus.

Primeira conclusão: o Ser primeiro em causalidade eficiente, final e eminente

1º) *Existe uma causa primeira eficiente.* Se entre as essências possíveis há alguma que possa ser realizada, que seja "efectível" (para empregar a mesma palavra de Duns Scotus), deverá haver uma causa eficiente primeira que passe da possibilidade interna dessa essência a realizá-la, a torná-la *efetiva*. O processo de dependência de uma essência eficiente de outra e esta de outra, sem que haja uma *primeira*, absolutamente primeira, da qual dependem as demais já *efetivas*, feitas, seria absurdo, impossível. Deve-se, pois, concluir em uma essência causal *primeira eficiente* de todas as outras essências efectíveis. Da existência real de essências que, antes, somente foram possíveis se chega à existência real da Essência ou Ser incausado Primeiro. *Secunda conclusio de Primo Effectivo est ista, quod simpliciter Primum Effectivum est incausabile*[25].

---

25. *Ibid.*, I, d. 2, n. 43 (II, 51), n. 27 (II, 139s), n. 58 (II, 164s).

Capítulo IV – Teologia natural

2°) *Existe uma causa primeira final.* Se algo pode ser ordenado a um fim, alguma causa final é possível. *Tornar efetiva uma essência*, dar-lhe realidade, exige orientá-la a seu fim natural. Um efeito se atualiza quando um fim concreto move e estimula à causa eficiente a realizá-lo. Como no caso anterior, um processo *in infinitum* de fins de essências possíveis é absurdo. Por isso, deve-se inferir necessariamente a essência causal, absolutamente primeira, que é a causa dos fins das demais essências, sendo ela incausada. Ela é fim último e, como conseqüência, não pode haver fim ulterior. Sendo as essências possíveis efectíveis ordenadas a um fim, por terem sido realizadas, exigem que exista a Essência primeira incausada e fim último em si[26].

3°) *Existe uma causa primeira eminente.* Se é possível que uma natureza, uma essência, seja perfectível, deve-se inferir uma Essência primeira, uma natureza primeira, possível e eminente em perfeição. A argumentação escotista segue a dialética e o processo das duas vias anteriores. O processo *in infinitum* é absurdo. Por este motivo, há de se concluir uma natureza, uma essência primeira possível que, ao mesmo tempo, seja incausável e independente de qualquer fim que não seja ela mesma e goze de perfeição eminente ou suprema.

Duns Scotus integra estas três supremacias em uma mesma dialética de inclusão, de compromisso mútuo e de justificação ontológica e racional.

Neste âmbito essencial no qual se desenvolve, o pensamento escotista volta também a fixar-se no argumento ontológico anselmiano (*Deus est id quod maius cogitari nequit*). Para conseguir que o argumento anselmiano seja válido e probativo, Scotus situa-o no âmbito de sua pensabilidade, de sua possibilidade. Com este fim, introduz um elemento importante: a *não-contradição*. Da existência do ente finito, que é real, ele conclui que quem a possibilita e torna pensável é o Ente Infinito. Se este não existisse, nem sequer seria possível nem pensável outro ente qualquer.

Segunda conclusão: o ser primeiro da primazia da eficiência, da finalidade e da eminência é sempre o mesmo

O ser primeiro, causa eficiente, é fim último. Além disso, é, entre os seres que existem, o mais eminente e da mesma natureza.

Duns Scotus ter-se-ia inspirado, para demonstrá-lo, em uma passagem de Averroes: "Dá-se uma causa primeira nesta tríplice primazia com relação a todos os seres, quer dizer, enquanto causa eficiente, causa formal e causa final", segundo afirma em *X Metaph.* e também no fim de *XII Metaph.*

---

26. *Ibid.*, I, d. 2, n. 60-63 (II, 165-167).

Scotus demonstra a unicidade do ser que é causa primeira nestas três primazias, dando diversas razões, particularmente cinco. Assim, por exemplo, do *Primeiro Princípio* ele afirma: a) o entendimento infinto é numericamente uno; b) a vontade infinita é numericamente una; c) a potência infinita é numericamente una; d) o ser necessário é numericamente uno; e) a bondade infinita é numericamente una. Com a prova destas afirmações Scotus conclui a verdade da unicidade de Deus. A dialética escotista segue os mesmos passos: não são possíveis dois infinitos. Não pode haver dois entendimentos infinitos, duas vontades infinitas nem duas potências infinitas, já que dois infinitos seriam primeiros com relação aos mesmos seres, e estes dependem em razão de sua essência própria. Mas ao depender de dois infinitos, teriam que possuir duas essências, o que é contraditório. Seria um absurdo. Quanto ao ser necessário (quarta afirmação), uma espécie multiplicável é multiplicável ao infinito. O necessário múltiplo é contraditório. Diga-se o mesmo da bondade: toda vontade se satisfaz plenamente em um bem infinito; se houvesse outro, o primeiro deixaria de ser infinito[27].

Terceira conclusão: este ser primeiro nas três primazias é Deus?

Existe, então, um ser infinito em perfeição, causa primeira e fim último de todas as coisas, a quem chamamos, de diferentes maneiras, *Deus*. Sua existência parece já profusamente provada. No entanto, permanece em sua simplicidade toda a dialética escotista resumida nesta argumentação: "O mundo existe, o mundo foi criado por Deus; logo, Deus existe". Deus é quem possui reunidas as três primazias de eminência, de eficiência e de finalidade. O Doutor Sutil vê aqui a manifestação dos caracteres que revelam a bondade de Deus, uma sabedoria infinitamente comunicável e amável, infinitamente perfeita. De Deus: "triplex primitas exprimit tres rationes summae bonitatis, quae est summa communicabilitas, summa amabilitas et summa integritas". E isto porque o Bem é amável e difusivo de si mesmo por própria natureza. Nada se doa perfeitamente, se não se doa com generosidade. E o bem é sinônimo de perfeição, já que perfeito é aquilo a que não falta nada[28].

Vista a necessidade ontológica de um ser primeiro na primazia da tríplice ordem assinalada, pode-se voltar à questão: Existe entre os entes um ente que seja infinito?

A infinitude apresenta-se como a característica mais própria de Duns Scotus. Dentro da dilucidação da univocidade do ser, finitude e infinitude são modos intrínsecos de todo ente existente: a infinitude de Deus e a finitude de tudo que não seja Deus. *Quando afirmo ente infinito, não possuo um conceito como se fosse algo acidental, mas um conceito per si*

---

27. *Ibid.*, I, d. 2, n. 157-181 (II, 222-236).
28. *De primo principio*, c. 3, n. u.

Capítulo IV – Teologia natural

do ente em certo grau de perfeição, a saber, infinita[29]. A infinitude compete unicamente a Deus. Em Deus, de fato, dá-se a perfeição formal na infinitude da essência, como em sua raiz e em seu fundamento[30]. Trata-se não de um simples atributo pertencente à Divindade, mas do constitutivo formal de sua essência.

d) Deus como Ser Infinito

Ao provar a existência de Deus, Duns Scotus procede a partir do Ente Infinito. De fato, o *ente infinito* adquirido por abstração do sensível inclui propriedades que certamente exigem uma causa separada, existente *in actu*, sem a qual não poderiam existir. Este modo escotista de proceder é preferível aos demais. Mas particularmente porque vai, não a partir do contingente, mas a partir do necessário. A partir da necessidade da essência. Todas as outras perfeições divinas podem ser participadas de algum modo pelas criaturas; a infinitude está em Deus como algo pertencente à sua essência, sem que possa ser transferido nem comunicado aos demais entes. Na infinitude é marcada a distância ontológica entre o Ser Infinito e tudo quanto existe de seres criados.

Aprofundar no conhecimento deste Ente Infinito é obra da revelação e da teologia, não do filósofo. Assim, se dá a passagem a uma espiritualidade autenticamente cristã, distante de todo panteísmo ou de qualquer pseudomisticismo religioso. Igualmente, também se dá a passagem a uma estética que tem como objeto formal a contemplação fruitiva do próprio Deus[31].

Conclusão

Em sua visão do tema de Deus, João Duns Scotus conecta com a sociedade atual em um âmbito no qual ordinariamente se move a experiência. Como aconteceu com Boaventura, mas neste a partir de seu pensamento exemplarista-agostiniano. Para o Doutor Sutil, exemplarismo, iluminação divina, processos de racionalização aristotélico-tomistas são somente materiais para apontar os limites de um novo, último e definitivo panorama até onde pode chegar a filosofia greco-cristã. A experiência de que Duns Scotus nos fala é a experiência de necessário que contém o Ser Absoluto.

A visão escotista de Deus coloca o homem em seu desnudo e mero ser contingente. Deus é o Senhor e Dono de todo ser criado. A experiência metafísica do ser que é, mas

---

29. *Ord.*, I, d. 3, q. 2,.3 n. 58.
30. *Ox.*, d. 13, q. 1, n. 32 (XVII, 689s).
31. V. MUÑIZ, *Homo et Mundus. La estética según Escoto* (Roma 1984) 190-208.

pode deixar de ser, afunda o homem em uma situação de rebeldia e desespero ou de aceitação e reconhecimento de sua insignificância. No primeiro caso, surgem os ateísmos, os *nihilismos*, a agonia trágica do cristianismo. No segundo, em contrapartida, o homem se re-liga ao Absoluto, estabelecendo com ele qual deve ser a relação fundamental: atitude genuinamente religiosa de adoração e de agradecimento. A Revelação mostrará, além do mais, o Absoluto em sua vida íntima, Trindade de Pessoas em idêntica natureza, que ama o homem, como Pai. Deste modo, o afeto filial será a atmosfera na qual a piedade cristã possa desenvolver-se.

Por este motivo, o Ente absolutamente necessário, Deus, está presente na inteligência do homem, segundo a laboriosidade correta que exercite, ou pode ocultar-se e guardar silêncio. O ateísmo não é resultado da perspicácia e talento da inteligência, mas resultado de irreflexão e de não aprofundar no conhecimento da realidade. Quando o entendimento abdica de um adequado e correto trabalho, Deus é impensável. A sociedade atual vive a experiência do silêncio de Deus, não só porque não se escuta sua palavra, mas porque Ele foi impedido de expressar-se como Ele é. Para isto contribuem neopositivismos lógicos e super-homens à maneira de Nietzsche e pseudocientíficos. No entanto, vive também a experiência de buscar e de encontrar aquele do qual tudo depende. O homem de hoje deve fazer sua a oração religiosa de Duns Scotus: "Ajuda-me, Senhor, em minha investigação sobre o alcance de nossa razão natural no conhecimento do verdadeiro ser que predicaste de ti".

João Duns Scotus foi uma mente aguda e perspicaz e adquiriu uma profunda e sutil visão do mundo, do homem e de Deus. Foi subindo a partir da ladeira das essências existentes até o ápice do monte onde lhe deslumbra a essência, identificada com a existência, do Ente Primeiro Infinito. Com profundidade analítica, Scotus conseguiu elaborar uma síntese do conhecido por revelação e do conhecido somente pelo trabalho industrioso da razão. Um pensamento que não é somente teológico nem somente filosófico. Simplesmente é *cristão*. Graças à sua preclara mente pode ser considerado um dos maiores metafísicos da história.

3. Guilherme de Ockham

Em Guilherme de Ockham reúnem-se e condensam-se, como em um ponto nevrálgico, as tendências críticas mais importantes da Idade Média anterior. Discípulo de Duns Scotus, ele mantém, no entanto, uma independência e autonomia, sendo sobretudo para a filosofia a última grande figura do pensamento escolástico que prenuncia em grandes traços o renascimento e a futura modernidade. Nele se perfilam as teses do *nominalismo* e adquire particular relevo a atitude empirista com a importância que se dá ao conhecimento do singular. Entre os avatares políticos em que viveu, comprometido com Luís da Baviera em sua luta contra o papado, ele passou o final de sua vida na corte de Munique. Nas presentes páginas, não interessam seus escritos políticos, embora não careçam de valor. Interessa, sobretudo, colocar em relevo sua visão de Deus, que está unida à sua concepção da ciência e da metafísica e que pode principalmente ser colhida de sua *Ordinatio sive Scriptum in librum primum Sententiarum* e de seus *Quodlibeta septem*.

a) Metafísica e conceito de ser

Para Ockham, a Metafísica já não ocupa um lugar de privilégio; deixou de ter um sujeito unitário e versa sobre o termo e proposições. A Metafísica escotista do ente unívoco converte-se em uma ontologia do singular. A singularidade é o modo mais radical de ser do ente. Seu modo de ser. Do singular são dadas três definições: "Aquilo que é uma só coisa em número e não muitas coisas", "chamo de singular a coisa fora do espírito que é uma e não muitas e não é sinal de outra coisa", "chama-se singular o sinal próprio de um só, que é chamado termo discreto"[32]. Esta visão do singular leva a uma teoria do conhecimento que estabelece a apreensão intuitiva do objeto concreto e contingente. A idéia abstrata é um sinal que orienta ao objeto, e a palavra seria expressão da idéia abstrata. Na filosofia escolástica anterior, temos a tríade: objeto extramental, a idéia abstrata na mente em lugar do objeto e a palavra ou termo (gramática) em lugar da idéia. Para Ockham, isto seria uma falácia. O universal, enquanto idéia abstrata, e a palavra não reproduzem na mente o objeto concreto, o objeto extramental, já que tudo quanto existe é singular. O universal é somente um sinal sob o qual se designa a espécie, o gênero, etc. O singular é, propriamente, chamado de "termo discreto" e pertence ao campo da semiologia, designa objetos individuais concretos, extramentais, como o fazem os nomes próprios e os demonstrativos.

b) Ente e conhecimento de Deus

Segundo o que foi indicado, objeto da metafísica será o ente singular, concreto. A distinção escolástica entre essência e existência não tem justificação. O ente singular existente, enquanto existe, não se distingue de sua essência. "A existência da coisa não é outra coisa do que sua essência"[33].

Como Duns Scotus, ele distingue conhecimento abstrativo e conhecimento intuitivo que abrange o âmbito sensível e o intelectual. Na metafísica o *ente* é entendido

---

32. *Quodlib.*, V, q. 12.
33. *Summa Log.*, III-2, c. 27.

como um nome "ao qual corresponde um conceito comum a todas as coisas e que pode enunciar-se essencialmente de todas as coisas da mesma maneira que se enuncia essencialmente um conceito transcendental". Assim, pois, os transcendentais correspondem ao *ente* e, por isso, seu conceito goza de certa "primeiridade" determinada (*primitas*). O *ente* é "primeiridade" determinada em todos os sujeitos, mas Deus o é em razão de sua perfeição. A partir deste ponto de vista, *primitate perfectionis*, Deus é o sujeito da metafísica. Somente quando é enunciado de forma unívoca, enquanto é o mais geral dos termos, se dá o conhecimento de Deus e da realidade concreta, da substância[34]. Este *ente* não representa nem corresponde a algo, mas é um simples predicado para poder construir uma proposição. Todas as proposições metafísicas gozam de unidade coerente de predicação comum graças ao conceito de *ente*. Sua univocidade radica na unidade de significado, da predicação do conceito comum a Deus e à criatura. Mas não designa e denota a realidade única e concreta, infinita em perfeição, que é Deus. Além disso, o emprego de *ens* é equívoco: "de todas as coisas que se pode enunciar não se enuncia da forma adequada a um conceito"[35].

O conhecimento humano, antes de tudo, é conhecimento intuitivo. De modo imediato, concreta e experimentalmente, o homem reconhece o que é e existe. E, por negação, o que não é e não existe. De nosso conhecimento humano intuitivo de um ente existente singular é impossível aceder ao conhecimento de outro singular. Por este motivo, Deus não pode ser conhecido mediante o conhecimento das criaturas, unas e concretas. "Não se pode saber de forma evidente que Deus existe"[36].

No entanto, analogicamente a como acontece com o conceito unívoco e transcendental do ser, podem-se abstrair da realidade conceitos comuns de forma unívoca a Deus e às criaturas. Assim, os conceitos de amor, sabedoria ou bondade. Adquire-se desta maneira, ao unir tais conceitos, outro composto, adequado e aplicável a Deus. Isto oferece uma porta aberta para a demonstração metafísica da existência de Deus. Mas estas provas serão filosóficas e não científicas, por basear-se na abstração. O termo Deus representa uma primeira causa que gera e conserva. A conservação recebe maior relevância do que a criação, e pode-se dela concluir a causa eficiente.

J.A. Merino resume a elucidação ockhamista sobre Deus nestas palavras: "Para o pensador inglês, ao mais que podem chegar as provas racionais da existência de Deus é a afirmação de um *ser primeiríssimo e transcendente*, que está muito longe do Deus revelado. E quanto à natureza e atributos divinos, não se dão autênticas provas, mas simples

---

34. Em *I Sent.*, d. 3, q. 8.

35. *Summa log.*, I, 38.

36. *Quodlib.*, I, 1.

Capítulo IV – Teologia natural

persuasões; não gozam da prerrogativa científica que exige as *demonstrações* e que exclui qualquer possibilidade de dúvida e impõe ao entendimento humano um assentimento incondicional"[37]. As provas racionais sobre a existência de Deus podem ser assumidas e sustentadas em sua afirmação de que existe um ser perfeitíssimo, mas não no que se refere a seus atributos, como a unicidade e outros próprios de sua pessoa.

---

37. J.A. MERINO, *Historia de la filosofía franciscana* (BAC, Madri 1993) 342.

CAPÍTULO V
ANTROPOLOGIA

José Antonio Merino

Bibliografia

AA.VV., *Il pensare formativo francescano* (Pádua 1999); BÉRUBÉ, C., *De la philosophie à la sagesse chez saint Bonaventure et Roger Bacon* (Roma 1976); BETTONI, E., *Le dottrine filosofiche di Pier Giovanni Olivi* (Milão 1959); BONANSEA, B., *L'uomo e Dio nel pensiero di Duns Scoto* (Roma 1991); BOUGEROL, J.G., *Introducción a San Buenaventura* (Madri 1984); IAMMARRONE, L., *Giovanni Duns Scoto metafisico e teologo* (Roma 1999); MERINO, J.A., *Humanismo franciscano. Franciscanismo y mundo actual* (Madri 1982); ID., *Visión franciscana de la vida cotidiana* (Madri 1991); ID., *Historia de la filosofía franciscana* (Madri 1993); TODISCO, O., *G. Duns Scoto e Guglielmo d'Occam* (Cassino 1989); ZAVALLONI, R., *L'uomo e il suo destino nel pensiero francescano* (Assis 1994).

Introdução

Colocar bem e resolver adequadamente o problema da existência humana foi sempre o destino direto ou indireto das filosofias de todos os tempos. Talvez nunca se estudou tanto a questão humana como em nossa época. Apesar de tantos estudos especializados e exímios, resulta que "não possuímos uma idéia unitária do homem"[1]. Nesta mesma direção Heidegger aponta que "em nenhuma época o homem se tornou tão problemático como na nossa"[2]. A antropologia franciscana pode oferecer a nosso tempo novas perspectivas para uma melhor compreensão do ser humano, esse eterno desconhecido, que continua sendo um mistério por esclarecer ou um enigma por decifrar.

---

1. M. SCHELER, *El puesto del hombre en el cosmos* (Buenos Aires 1967) 24.

2. M. HEIDEGGER, *Kant und das Problem der Metaphysik* (Frankfurt a.M. 1951) 189. As diversas correntes contemporâneas refletem a insatisfação diante da questão humana. Cf. J.A. MERINO, *Antropología filosófica* (Madri 1981).

A sistematização de uma antropologia filosófico-teológica dentro da Escola Franciscana parte de duas fontes distintas que convergem em um mesmo propósito doutrinário, mesmo quando seus postulados sejam real e historicamente diversos. A primeira fonte é a experiência vivida de Francisco e da primitiva comunidade, onde o homem concreto e existencial é acolhido e interpretado a partir de uma sensibilidade fraterna e que faz com que o membro do grupo se sinta relacionado e em referência a outros. A segunda fonte é o contexto cultural da época medieval que interpretava o homem com as categorias gregas e as teologias vigentes, que já se haviam forjado a partir da patrística grega e latina. Quer dizer, nos grandes mestres do pensamento franciscano observa-se claramente a aceitação, com reservas, dos pressupostos filosófico-teológicos tradicionais que, por sua vez, são interpretados e corrigidos graças à força irresistível de uma experiência privilegiada.

O pensamento medieval é preferentemente ontológico e essencialista, quer dizer, trata de analisar a realidade e descobrir seus elementos intrínsecos e característicos para logo sintetizá-los em definições exaustivas. Platão, Aristóteles, Agostinho, Boécio, etc. representam um gigantesco esforço intelectual de sínteses formuladas em densos conceitos. Deus e a eternidade, o mundo e a finitude, o homem e seus elementos constitutivos foram objeto de uma atenção especial de exploração analítica. Os mestres franciscanos, como em geral a maioria dos autores medievais, aceitam e repetem as conhecidas e tradicionais definições de Boécio e dos mestres que se converteram em razão de autoridade. No pensamento franciscano dá-se muita importância ao conhecimento do homem. De tal modo que é de mais interesse conhecer-se a si mesmo do que qualquer conhecimento astrológico, botânico, biológico e sociológico.

Quando os gregos definiram o homem como animal racional, eles o concebiam como um animal que, graças à razão, a um *logos*, a uma faísca divina, se elevava acima dos outros animais. A razão era considerada como uma faculdade divina posta a serviço e disposição do homem. Era concebida por Platão, Aristóteles, Marco Aurélio, Sêneca e Plotino como hóspede divino alojado nesse animal humano, como um estrangeiro que aspira retornar à pátria. Ao definir o homem como animal racional, leva-se em conta o fator racional como dom divino, como instrumento divino que tem acesso ao mundo do espírito, mundo realmente distinto do mundo da animalidade. A razão apresenta-se, no ambiente greco-romano, como estatuto divino e como um ponto de vista absoluto, através do qual o homem pretendia ver a realidade última e comunicar-se com ela. No estoicismo, que tanta influência teve no pensamento posterior, o homem tem um profundo sentimento de harmonia com a natureza, ao mesmo tempo em que se sente livre, autônomo, autárquico e auto-suficiente. Tudo isso graças ao poder extraordinário da razão.

Mas, com a chegada do cristianismo, a razão, tal como aparecia anteriormente, é profundamente questionada, como igualmente se questiona o sentido mesmo do ho-

Capítulo V – Antropologia

mem, enquanto o homem e a razão se interpretam a partir de perspectivas metafísicas distintas. O lugar do homem no mundo tem um deslocamento e uma nova missão. A razão já não é de essência divina, como para Platão e para os estóicos, mas uma faculdade ou atributo privilegiado do homem. A razão agora fica desabsolutizada, integra-se mais profundamente no homem em simples faculdade humana com as ambigüidades próprias de todo o humano. O homem continua sendo definido como animal racional, mas a razão já não é esse hóspede divino que habita no homem, mas a condição própria do existente humano que se traduz em uma maneira particular de ser e de agir.

A razão humana deixa de ser divina e torna-se humana. O homem já não se caracteriza por sua absoluta independência, por sua autarquia, mas por sua dependência livre, racional e responsável diante de Deus, fundamento do ser e do conhecer, como aparece em Santo Agostinho, Santo Tomás, São Boaventura, João Duns Scotus, etc. Certo que em cada um destes autores a capacidade da razão tem matizes e características próprias, mas todos eles coincidem no essencial: a necessidade da graça de Deus e de sua iluminação, entendida esta de modo natural ou sobrenatural, para que a razão desempenhe bem todo o seu potencial humano. Deste modo, podemos dizer com Cassirer que "chegamos assim a uma subversão completa de todos os valores mantidos pela filosofia grega. O que em um tempo pareceu ser o privilégio supremo do homem aparece agora como perigo e tentação; o que constituía seu orgulho torna-se sua humilhação mais profunda"[3].

Não se trata agora de rebaixar ou de desvalorizar o poder racional do homem, como postulado de certos princípios metafísicos baseados no pessimismo ou no fideísmo. O que acontece é que o homem mesmo é desabsolutizado e relativizado, pois somente Deus é o ser absoluto e o ponto supremo de referência e de destino. De fato, quando os pensadores cristãos analisam o homem existencial, vêem nele uma grande luta onde a razão facilmente costuma perder. Eles constataram que entre as paixões, a imaginação e a razão é muito difícil que haja harmonia, ordem e submissão. Isto até os moralistas confirmam. Então, a definição do homem como animal racional não será uma frase atrevida, desproporcional e inadequada? É certo que os escritores medievais repetem essa definição, mas realmente que alcance tem e como se realiza? Se o homem é animal racional, se a razão é o que o caracteriza, então por que encontramos tanta dificuldade em conseguir ser homens e ser razoáveis? O homem tem-se tornado mais complexo, ambíguo e dramático. É certo que o homem ainda continua sendo definido por sua racionalidade, como sua própria característica, como algo pertencente a seu ser e à sua natureza; mas de um modo subjacente e inconfessado se considera a pessoa humana como um projeto, como um devir, e ele é convidado a que seja sua própria defini-

---

3. E. CASSIRER, *Antropología filosófica* (México 1974) 27.

ção. Na realização deste projeto existencial, a razão não basta por si mesma, como acontece no estoicismo, mas reclama a ajuda e a intervenção divinas.

Já desde o primeiro fundador da Escola Franciscana em Paris, Alexandre de Hales, se dá grande importância à reflexão sobre o tema antropológico, no qual insistirão tanto os mestres de Paris como os de Oxford. Em todos eles se observa uma atenção particular à questão do homem muito convergente em suas colocações e soluções. Neste tratado, serão expostas as teses dos mestres mais destacados da Escola Franciscana e que elaboraram sistematicamente uma visão antropológica em sintonia com a própria metafísica e cosmologia.

1. O homem segundo Alexandre de Hales

Alexandre de Hales dá grande espaço ao tema do homem. Na *Summa theologica II*, ele dedica toda a *inquisitio quarta* à antropologia, que leva o título *De homine*. O homem é interpretado em chave hilemórfica, como composto de alma e de corpo. Mas sua reflexão se apóia sobre a parte mais nobre, a alma. As almas são criadas por Deus[4]. Portanto, não são emanações de Deus nem são parte da substância divina[5]. O pecado original, então, pode ser explicado e interpretado sem necessidade de recorrer à teoria traducianista[6].

a) O composto humano

Em sintonia com seu espírito compilador, ele recolhe as diversas definições ou descrições sobre o homem que davam Agostinho, Cassiodoro, Sêneca, o Damasceno, etc. Mas Alexandre de Hales insiste em afirmar que a alma não é somente uma substância, mas é uma substância *simpliciter*, um *ens in se* "composto de forma e de matéria intelectual"[7]. A alma está unida ao corpo segundo o esquema hilemórfico da união da forma com a matéria[8]. Mas esta união se explica e se interpreta na linha agostiniana, já que "a alma racional se une a seu corpo como o motor ao que é móvel e como a perfeição formal à realidade que aperfeiçoa"[9]. Insiste em que a alma vivifica o corpo, embora esteja

---

4. *SH* II, n. 329 (II, 400).

5. *Ibid.*, n. 322 (II, 389-391).

6. *Ibid.*, n. 327 (II, 396s). (Observação do tradutor: o termo traducianista é relativo a traducianismo, uma teoria que tenta explicar a origem e formação da alma humana).

7. *Ibid.*, n. 328, sol. (II, 399).

8. *Ibid.*, n. 347 (II, 421s).

9. *Ibid.*, n. 345, sol. (II, 420).

Capítulo V – Antropologia

unida a ele como o marinheiro à nave. "A alma tem com o corpo a mesma relação que o marinheiro tem com a nave. Mas o marinheiro, segundo a substância, se distingue da nave, pois move a nave e só acidentalmente se move; portanto, a alma é substância distinta do corpo"[10].

A alma possui três faculdades: intelectiva, sensitiva e vegetativa. Mas estas faculdades não podem ser chamadas, sem mais, partes da alma, no sentido estrito de *parte*[11], embora se distingam entre si e da própria essência da alma. A alma não pode subsistir sem suas potências nem pode agir sem sua colaboração, como também as potências não são inteligíveis e operativas se se desvinculam da alma. Da mesma maneira que o *ser* e o *agir* não são idênticos, assim também não o são a *essência* e a *potência*. A pluralidade de potências tem como fundamento uma pluralidade de partes da alma[12]. A concepção hilemórfica da alma associa-se à distinção entre a alma e suas potências. Somente Deus é simplicidade absoluta e sem partes nem distinções possíveis. Os seres criados têm dualidade e devem-se distinguir neles a essência e suas potências, como se distinguem o ser e o agir. "A essência da alma, então, é aquilo pelo qual a alma é absoluta essência, a potência é aquilo pelo qual a alma é capaz de fazer ou de receber algo"[13].

b) Ser imagem de Deus

Hales prova a imortalidade da alma com diversos argumentos. O primeiro, por razão do desejo intrínseco de felicidade que todo espírito tem. "Visto que a alma, por sua própria natureza, aspira à felicidade, em sua própria natureza é imortal. Este argumento é tomado da causa final". O segundo, "é tomado da justiça de Deus", quer dizer, é um argumento ético. É necessária a imortalidade da alma para fazer justiça aos bons e aos maus. Outro argumento ele o esgrime do fato ontológico de ser imagem de Deus. "A alma possui a imortalidade, porque sua natureza consiste em ser imagem de Deus"[14]. Com o argumento psicológico do desejo e com o ontológico da *imago Dei*, Alexandre de Hales antecipou dois princípios hermenêuticos muito importantes na Escola Franciscana, como se demonstrará em Duns Scotus e São Boaventura.

É uma tese comum que o homem é imagem de Deus, segundo o ensinamento do Gênesis. A questão surge quando os autores se perguntam se esse ser imagem está somente na alma ou no composto humano de alma e corpo. A influência platônica e a neo-

---

10. *Ibid.*, n. 321, b, 3 (II, 386).
11. *Ibid.*, n. 351, sol. (II, 428).
12. *Ibid.*, n. 328, c-d, (II, 398).
13. *Ibid.*, n. 319, sol. (II, 381).
14. *QQ.*, 32 (I, 558-562).

platônica haviam introduzido nos pensadores medievais uma notável desconfiança e receio contra o corpo, embora esta atitude pessimista se visse refutada pelo dogma da Encarnação. A tese prevalente nos autores do século XII negava ao corpo a prerrogativa de imagem, pois a imagem deve corresponder a seu modelo e arquétipo; e este arquétipo é de natureza espiritual. Portanto, o ser imagem corresponde à alma e não ao corpo.

A tese defendida por Alexandre é que todo o mundo material não é a queda do espírito em uma esfera inferior, nem se trata de uma degradação na ordem ontológica, mas é também uma manifestação do amor divino. Neste cosmos, perfeitamente projetado e organizado, o homem tem lugar privilegiado, como fim de toda a criação. Nele se realiza a síntese de matéria e espírito, de corpo e alma[15].

Para o mestre franciscano, o homem é imagem de Deus não somente quanto à alma, mas também quanto ao composto de alma e corpo, segundo o modelo da encarnação, na qual Cristo assumiu nossa própria natureza[16]. O caráter de imagem se reconhece singularmente nesta união entre o Verbo e a natureza humana. Em virtude desse caráter vinculante e esponsal entre o Verbo e nossa natureza, a imagem convém mais ao homem do que ao anjo[17]. Afirma que o corpo participa da prerrogativa de ser imagem de Deus enquanto está unido à alma.

É certo que em seus escritos se encontram muito mais citações sobre a alma como imagem de Deus do que sobre o composto humano como imagem. Mas não se vê nele essa suspeita negativa para com o corpo como em outros autores medievais. O corpo não é um impedimento para a alma. Mais ainda, ele o vê e o interpreta com seu dinamismo natural como orientado para a alma. No corpo dá-se também uma harmonia (*consonantia*) e uma beleza como resultado da conjunção de todos seus membros[18].

c) O livre-arbítrio

Uma das principais características do homem, que o diferencia do animal e dos seres inferiores, é a capacidade de decisão, que implica uma opção segundo determinados critérios axiológicos. Se o homem se decide pelas coisas terrenas, em sua alma se cria uma espécie de distorção (*curvitas animae*), mas se se decide pelas realidades supremas, então o espírito adquire sua natural retidão. Esta faculdade de decisão e seleção se chama livre-arbítrio.

---

15. *Glossa* II, d. 1, n. 26 (II, 11); n. 6, d-e (II, 4); d. 9, n. 26 (II, 96s); d. 15, n. 9 (II, 142).
16. *Ibid.*, d. 1, n. 28 (II, 12s); n. 32 (II, 14s); d. 16, n. 4 a (II, 148).
17. *Ibid.*, d. 5, n. 8 d-h (II, 142s); d. 20, n. 3 a (II, 176).
18. *QQ.*, 65, n. 4 (III, 1314s).

Capítulo V – Antropologia

Alexandre de Hales recolhe diversas definições sobre o livre-arbítrio, segundo as apresentavam Agostinho, Anselmo e Bernardo, tratando de conjugá-las em uma unidade mais ampla. O homem possui o livre-arbítrio, porque foi criado à imagem de Deus[19]. O livre-arbítrio, enquanto *arbítrio*, identifica-se com a razão e, enquanto *livre*, identifica-se com a vontade[20]. Chama-se, então, faculdade da razão e da vontade. O homem, através da razão, tende à verdade; e, mediante a vontade, tende ao bem, pois o livre se refere aos dois aspectos. O livre-arbítrio compreende a razão e a vontade que é superior à razão, mas inferior à sindérese, porque esta se encontra sobre todas as potências da alma[21]. A harmonia ontológica do homem rompe-se como conseqüência do pecado, quer dizer, da ruptura da retidão natural.

O livre-arbítrio é comum a Deus e ao homem, embora de modo diverso e analogicamente. De Deus se predica em sentido original e primário; e do homem em sentido secundário e derivado. O mestre franciscano sublinha que o livre-arbítrio no homem é uma faculdade ou função da razão e da vontade conjuntas e unicamente nesta conjunção é compreensível e explicável. Enquanto está intimamente vinculado à razão e à vontade, é inseparável da alma e é expressão da liberdade natural. Alexandre de Hales, seguindo São Bernardo, distingue entre *liberdade de arbítrio e liberdade de conselho* e sustenta que, enquanto se pode perder esta, não se pode perder a outra[22].

2. O homem segundo São Boaventura

O Doutor Seráfico, partindo da criação, do Deus cristão e das idéias divinas, destaca o valor da causa exemplar, que se converte praticamente no objeto específico da metafísica e em princípio hermenêutico de filosofia. Segundo este mestre, aquele que não puder conhecer nos seres o modo como se originam, como são levados a seu fim e como resplandece neles a divindade, não poderá possuir verdadeiro conhecimento deles[23]. Três são os grandes problemas da metafísica: a criação (Deus como causa eficiente), o exemplarismo (Deus como causa exemplar) e o retorno dos seres a Deus (Deus como causa final)[24]. A magnitude de Deus e o maximalismo teológico bonaventuriano não

---

19. *Glossa* II, d. 24, n. 4 b (II, 209).
20. *Ibid.*, n. 7 d (II, 211s).
21. *Ibid.*, d. 24, n. 14 c (II, 217).
22. *SH.*, II, n. 402 (II, 479).
23. *Hex.*, col. 3, n. 2 (V, 342).
24. *Hex.*, col. 1, n. 27 (V, 324).

rebaixam o homem nem são causas de um minimalismo antropológico, mas o homem adquire sua verdadeira magnitude à luz da grandeza divina.

O exemplarismo bonaventuriano interpreta o homem como o termo médio da criação. O que une os extremos do finito e do infinito, o mundo e Deus, porque é criatura temporal e espiritual ao mesmo tempo. Deus fez o homem espírito e matéria corporal para que fosse como que a síntese do universo e o encarregado de orientar tudo à sua origem e fonte. "O primeiro princípio fez este mundo sensível para dar-se a conhecer a si mesmo, quer dizer, para que o homem fosse conduzido por ele como por um espelho e por um vestígio a amar e louvar a Deus, seu artífice"[25]. O homem é semelhante a Deus e infinitamente diverso. Aí reside o drama existencial do ser humano. Por isso, o conhecer-se a si mesmo é muito mais importante do que conhecer todas as demais ciências[26]. A antropologia é fundamental para uma compreensão global do homem, mas também do mundo e de Deus.

a) O homem como unidade e totalidade

Boaventura define o homem como "animal racional"[27]. Esta definição do homem vincula a realidade do corpo mortal e a da alma intelectual. Duas realidades tão diversas entre si e, no entanto, tão unidas que sua separação com a morte parece uma violência natural; e a própria natureza do homem exige, de algum modo, a ressurreição sobrenatural.

> A própria natureza requer que o homem conste de corpo e de alma juntos, como matéria e forma que têm mútua inclinação e mútua necessidade; por força, deve-se verificar a ressurreição assim como a reclamam a natureza, a infusão da graça e a retribuição da justiça, segundo as quais se deve reger a totalidade das coisas[28].

O homem é conjuntamente uno e composto. Está composto de corpo e alma, mas de um corpo como matéria e de uma alma que é forma do corpo; de tal maneira que, unidos, constituem "um por essência"[29], do mesmo modo que qualquer composto de matéria e forma constitui uma unidade de ser, sendo aquela princípio da potência e esta princípio do ato. Assim resulta que todo ser é *uno*, enquanto síntese alcançada da potência e do ato. "A alma é a perfeição do corpo destinado a ser vivificado pela vida ra-

---

25. *Brev.*, p. 2, c. 11, n. 2 (V, 229).

26. *Solil.*, c. 1, n. 2 (VIII, 29s).

27. *I Sent.*, d. 5, a. 1, q. 2 concl. (I, 439s).

28. *Brev.*, p. 7, c. 5, n. 2 (V, 86).

29. *II Sent.*, d. 17, a. 1, q. 2 ad 6 (II, 414).

Capítulo V – Antropologia

cional"[30]. "Uma e outro estão destinados a unir-se entre si tanto substancial como acidentalmente, e não só acidentalmente, porque então os dois não constituiriam uma unidade por essência"[31].

Em chave hilemórfica, a alma representa o ato e a forma, tendendo para o corpo como a forma para a matéria, já que a alma é realmente o ato do corpo. Por conseguinte, é necessário que haja uma alma em todo corpo, do qual seja a forma própria. A alma tende ao corpo como a seu co-princípio necessário para desenvolver-se existencialmente. Daí o motivo "por que a alma não é totalmente feliz, se não está unida a seu corpo"[32]. A alma é forma, é um ser vivo, inteligente e livre.

> A alma não somente é a perfeição do corpo humano segundo suas potências sensíveis, porque o corpo humano está ordenado a uma perfeição mais elevada do que a do corpo animal, mas também é perfeição do corpo enquanto complemento de sua essência e segundo a totalidade de suas potências. Tem, então, um apetite e inclinação naturais para com o corpo e, através dele, é capaz de deleitação e de compaixão[33].

A alma sente através do corpo, com o qual constitui uma unidade singular e única.

O homem, composto de alma e de corpo, é "uno por essência"[34]; e os co-princípios que o integram são intimamente interdependentes e estão condicionados entre si. Inclusive, "a ação da alma resulta entorpecida por um defeito do corpo. A razão está em que a união da alma e do corpo constitui um terceiro que é uno por essência"[35]. Daí que as ações e paixões do corpo e da alma se devem adjudicar e atribuir a esse *uno por essência*, que é o homem. *Viver, sentir, mover-se, pensar, gozar, conhecer, amar* e as demais atividades físico-psíquico-espirituais são resultado do homem, como centro convergente do ser e do agir dos elementos estruturais que o integram. A alma *sente* através do corpo, e o corpo necessita ser vivificado pela alma.

b) A alma

Boaventura separa-se da tese platônica da alma prisioneira "no cárcere do corpo" e vincula-se à tese aristotélica da alma como forma do corpo. Mas tampouco aceita sem mais a doutrina aristotélica da simples *forma*, totalmente dependente da matéria e destinada a de-

---

30. *Ibid.*, d. 2, p. 2, a. 2, q. 3 ad 3 (II, 82).
31. *Ibid.*, d. 1, p. 2, a. 3, q. 2 f. 2 (II, 50).
32. *Sermo I in Sabato Sancto*, n. 4 (IX, 269).
33. *III Sent.*, d. 16, a. 2, q. 1 concl. (III, 354).
34. *II Sent.*, d. 31, a. 1, q. 1 concl. (II, 741).
35. *Ibid.*, d. 25, p. 2, a. un. q. 6 concl. (II, 622).

saparecer com a corrupção da matéria, como acontece no resto do mundo material, onde a forma não pode subsistir em si mesma e está em total dependência da matéria.

Embora a forma ordinária esteja limitada à atividade material, no entanto, não acontece o mesmo com a alma, que tem suas próprias atividades espirituais: "No que se refere à atividade vegetativa e sensitiva, a alma pode exercê-la unicamente nos limites do corpo, mas o caso da atividade intelectual é completamente diferente"[36], visto que ultrapassa infinitamente o corpo, embora dependa dele como instrumento ou meio proporcional. A alma racional tem sua própria atividade, que não depende do corpo, como o ato de entendimento, que não é material"[37]. A alma, embora seja forma do corpo humano, goza de própria subsistência espiritual independente do substrato material do corpo.

A alma racional é *forma substancial*, é substância espiritual simples e deiforme. Visto que subsiste em si mesma, deve conotar os elementos de toda substância finita: a *matéria*, princípio de possibilidade e de limitação do ser, e a *forma*, princípio do ato e da determinação[38]. Isto é próprio da alma espiritual e não da alma animal, pois esta não é forma subsistente nem goza de atividades espirituais, mas é a simples forma da matéria corporal, da mesma forma que as demais formas da natureza material.

A alma racional está constituída de forma e de matéria como condição de sua própria subsistência, mas tal matéria é puramente espiritual e, portanto, sem partes quantitativas e sem extensão. Esta tese bonaventuriana é lógica aplicação do hilemorfismo universal. No entanto, embora "a alma racional esteja composta de matéria e de forma, tende por si à união com o corpo. Igualmente este, também composto de matéria e de forma, tende à união com a alma"[39].

O corpo e a alma são duas substâncias vinculantes que se complementam mutuamente segundo o dinamismo e a estrutura da forma e da matéria. De tal modo que "a união da alma com o corpo constitui uma unidade por essência"[40]. Entre a alma e o corpo há uma tendência mútua de união, pois Deus, na criação, uniu o corpo à alma segundo um apetite natural e mútuo[41]. Este destino vinculante entre a alma e o corpo não fica limitado ao tempo e ao espaço, mas exige sua continuidade depois da morte. Daí o fundamento ontológico da ressurreição dos corpos.

---

36. *Ibid.*
37. *Ibid.*, d. 19, a. 1, q. 1, f. 9 (II, 459).
38. *II Sent.*, d. 17, a. 1, q. 2 ad 5 concl. (II, 415).
39. *Ibid.*, ad 6 (II, 414).
40. *Ibid.*, d. 25, p. 2, a. un., q. 6 concl. (II, 622).
41. Cf. *Brev.*, p. 7, c. 5, n. 1 (V, 286).

Capítulo V – Antropologia

A concepção bonaventuriana da alma diferencia-se notavelmente da tomista. Em primeiro lugar, a alma, segundo Boaventura, ocupa a mesma escala espiritual que os anjos, de maneira que a distinção é antes de caráter acidental do que substancial e, como eles, está composta de matéria e forma, coisa que o Aquinate nega. Para Santo Tomás, a alma é uma substância incompleta que busca a união com o corpo por própria necessidade de complementação. Sua própria individualidade depende de sua relação ontológica com o corpo. Para o Doutor Seráfico, a alma é uma substância completa, mas anela à união com o corpo não para receber, mas para dar, não tanto para aperfeiçoar-se, mas para comunicar suas perfeições ao corpo. Informar o corpo é um ato de desejo natural que pertence à sua essência; mas este ato unitivo é um fato que não brota de uma indigência, mas do desejo de comunicar-se e de aperfeiçoar. É uma perfeição da alma o fato de poder informar o corpo, mas a essência desta perfeição consiste no fato de comunicar a outro as próprias qualidades e perfeições.

Outra diferença está no fato que, para o dominicano, como para os aristotélicos ortodoxos, a alma é essencial e fundamentalmente o ato e a enteléquia do corpo organizado. O franciscano não nega isto, inclusive o assume, mas, segundo ele, não é esta a sua missão primordial. A alma é antes de tudo uma substância espiritual e subsistente em si mesma, é imortal e está dotada das faculdades próprias de um ser espiritual: existe como ser, vive, conhece e goza de liberdade. Mas seu desejo de união com o corpo não é para *informá-lo* simplesmente, mas seu desejo substancial e intrínseco de comunicação a impele a unir-se a uma matéria corporal devidamente organizada para poder desenvolver sua capacidade, suas virtualidades e suas faculdades. Somente neste sentido a alma pode ser definida como ato e enteléquia do corpo humano[42].

c) A alma e suas faculdades

O dinamismo próprio da alma é abertura e comunicação. A alma dirige seu dinamismo para fora, para dentro e para cima, quer dizer, seu dinamismo para as coisas exteriores, para si mesma e para as realidades superiores. Com relação a este movimento tendencial, há três categorias de potências ou faculdades: o *sentido*, voltado para fora; a *razão*, voltada para a própria intimidade, e a *inteligência*, orientada para cima. Mas, levando-se em conta que cada um destes três aspectos é duplo, encontramo-nos com seis potências da alma: o sentido e a imaginação, a razão e o entendimento, a inteligência e o ápice da mente ou a faísca da sindérese[43].

___

42. Cf. L. VEUTHEY, *La filosofia cristiana di San Bonaventura* (Roma 1971) 75-92.
43. *Itin.*, c. 1, n. 4 (V, 297).

No *Hexaemeron*, este tríplice aspecto da alma é considerado como "três potências: a animal, a intelectual e a divina, segundo o tríplice olho: da carne, da razão e da contemplação"[44]. A potência *animal*, ou o olho da carne, compreende o sentido e a imaginação; a potência *intelectual* compreende a razão e o entendimento, a potência divina compreende a *intuição* e a potência *afetiva*. Por conseguinte, "tríplice é a potência, e seis são as operações"[45]. Todas estas potências ou faculdades se reduzem, em último termo, a duas: ao conhecimento e ao amor. "As potências da alma racional pertencem ou à razão ou à vontade"[46]. A própria memória não é outra coisa que um aspecto do conhecimento. Portanto, as duas faculdades a se levar em conta explicitamente são o conhecimento e a vontade. A alma racional é sede da memória, da inteligência e da vontade. Mas a razão, enquanto tal, é a faculdade de conhecer, em oposição à vontade, que é a faculdade de apetecer e de amar.

Boaventura divide a faculdade do conhecimento intelectual em razão, entendimento e inteligência, acrescentando, além disso, o ápice da alma ou a sindérese. À razão corresponde a faculdade da abstração conceitual e discursiva que, partindo da matéria e dos sentidos, alcança o conhecimento intelectual. O conhecimento é a faculdade para conhecer a alma, a Deus e as idéias. A inteligência é a faculdade do conhecimento intuitivo que se eleva desde as criaturas ao Criador. A sindérese, ou ápice da mente, é um conhecimento experiencial que se obtém através da união e da experiência imediata, pertencendo mais ao amor do que à inteligência propriamente dita.

Junto a estas divisões, o Doutor Seráfico coloca ainda a distinção entre entendimento especulativo e entendimento prático, entre razão superior e razão inferior[47]. O entendimento especulativo refere-se ao verdadeiro enquanto tal, e o prático ao verdadeiro enquanto bom. O primeiro projeta ao conhecimento, o segundo à ação. Trata-se de dois aspectos de um mesmo conhecimento intelectual. A razão superior é a alma enquanto imagem de Deus, e sua atividade está totalmente orientada para ele e para os valores eternos, para os quais se move e se dirige. A razão inferior é a própria alma enquanto se dirige ao mundo material, embora a verdadeira solução a encontre na razão superior.

A dinâmica da alma bonaventuriana apresenta-se deste modo: os sentidos abrem-se ao mundo material, a inteligência conhece o objeto, a razão prática julga sobre o bem e sobre o mal. A vontade, pelo contrário, é atraída pelo bem ou por aquilo que tem a aparência de bem. A vontade tem uma inclinação inata ou apetite para o bem ou para o seu sucedâneo. Mas há também um duplo apetite: o natural ou instintivo e o deliberado. O primeiro dei-

---

44. *Hex.*, col. 5, n. 24 (V, 358).
45. *Ibid.*, n. 25 (V, 358).
46. *II Sent.*, d. 25, p. 1, a. un., q. 2 concl. (II, 596).
47. *Brev.*, p. 2, c. 9, n. 7 (V, 226).

Capítulo V – Antropologia

xa-se guiar por seu próprio impulso para o bem; o segundo é o resultado de uma livre escolha ou deliberação da vontade iluminada pela razão. Aquele é a vontade natural; este é a vontade eletiva ou a vontade humana, chamada também de *livre-arbítrio*[48].

"A vontade propriamente dita é, pois, o apetite guiado pela razão"[49]. Mas estar guiado pela razão não quer dizer que necessariamente a siga, pois o livre-arbítrio consiste precisamente na possibilidade de fazer uma opção contrária ao juízo da razão. O livre-arbítrio implica deliberação da razão, a liberdade de escolher e a decisão final. É, então, resultado da colaboração entre a razão e a vontade. "A liberdade resulta de sua íntima colaboração"[50]. O livre-arbítrio é *arbítrio*, porque é um juízo da razão, e é *livre*, porque é um ato da vontade. Sua realização verdadeira depende do concurso simultâneo da razão e da vontade. "É claro que o livre-arbítrio [...] começa na razão e se consuma na vontade, e, como a dependência está principalmente na faculdade que realiza a consumação, se conclui que a liberdade reside fundamentalmente na vontade"[51].

A razão é necessária para fazer uma opção racional e reflexiva, mas a decisão definitiva depende da vontade, que não está determinada pelo juízo da razão, já que a liberdade do homem não depende dos motivos racionais, mas da vontade humana, que é livre por natureza. Esta postura bonaventuriana diante da liberdade vai abrindo passagem ao voluntarismo da Escola Franciscana, que já se encontra em autores anteriores e se potencializará com a escola escotista e ockhamista.

d) O corpo

Na doutrina bonaventuriana, o corpo humano é o resultado de um processo evolutivo, sem que isto queira significar que Boaventura fosse um evolucionista em sentido moderno. Para ele, o corpo humano, como todos os demais corpos, é o resultado de dois elementos fundamentais da realidade corpórea: a matéria física, que aninha em seu seio as *razões seminais*, e a luz, considerada como reserva inesgotável de todas as energias do universo. De fato, a matéria, envolta em luz, origina a realidade corpórea e, desse modo, começa o desenvolvimento cósmico. A matéria, estimulada pela luz, amadurece lentamente as *razões seminais*, provocando desse modo a passagem da potência ao ato, dando lugar com isso a um processo gradual de determinações cada vez mais ricas na ordem ontológica.

---

48. *Ibid.*, n. 8 (V, 226).
49. *III Sent.*, d. 33, a. un., q. 3 concl. (III, 717).
50. *Brev.*, p. 2, c. 9, n. 8 (V, 227).
51. *II Sent.*, d. 25, p. 1, a. un., q. 6 concl. (II, 606).

Os corpos celestes, sede da luz,

> em virtude de sua energia e de seu calor, influem na produção das coisas que se geram dos elementos, excitando, impulsionando, conciliando; de tal modo que, pela conciliação de elementos contrários, distanciada da igualdade, influem nos minerais; pela conciliação, menos distanciada da igualdade, nos vegetais; pela conciliação, próxima da igualdade, nos corpos humanos, que estão dispostos para a forma nobre, que é a alma racional, à qual se ordena e na qual termina o apetite de toda a natureza sensitiva e corpórea[52].

A visão bonaventuriana da realidade material e corpórea é dinâmica e está dotada de um movimento e de um impulso ascendente até vincular-se a formas e determinações mais perfeitas. O reino corpóreo não é antiespírito, mas uma realidade distinta, porém convergente e cooperante. A dualidade entre corpo e alma, matéria e espírito, não é um conflito existencial, mas ordens complementares na hierarquia do ser, existir e expressar as idéias-modelos.

Para o Doutor Seráfico, o corpo humano é o ponto de chegada do impulso progressivo e dinâmico das realidades materiais mais elementares e primárias. Nesta perspectiva, o corpo humano é o fruto maduro do universo sensível. Nele convergem todas as energias físicas e vitais do reino da matéria. Por isso, não surpreende esse belo texto: "Grande é a dignidade do corpo pela admirável harmonia e pela conjunção proporcional de suas partes. Por ela, mesmo sendo uma criatura terrena, o corpo humano se assemelha às naturezas celestes"[53].

No pensamento bonaventuriano, o corpo não aparece como um sepulcro, uma tumba, como um fardo ou algo viscoso que a alma tivesse que suportar e sublimar. O corpo não é a antialma, mas o complemento da alma e sua possibilidade na existencialidade concreta e temporal. O corpo, criado por Deus, estava de tal modo disposto que era totalmente proporcional em sua compleição, em harmonia com a alma e adaptado para habitar no mundo do paraíso.

> Para que no mesmo homem se manifestasse a sabedoria de Deus, ele fez tal o corpo que, a seu modo, tivesse proporção com a alma. E porque o corpo se une à alma como aperfeiçoadora e motora e com tendência para cima, para a bem-aventurança, para conformar-se à alma vivificante, teve uma compleição igual, não de peso ou de grande volume, mas de igualdade de justiça natural, a qual dispõe para o mais nobre modo de vida. Para conformar-se à alma como motora pela variedade de potências, teve variedade de órgãos com suma beleza, artifício e dutibilidade; como se manifesta na face e na mão, que é o órgão por excelência. Para que se conformasse à alma com tendência para o alto, para o céu, teve posição ereta e a cabeça levantada para cima, para que assim a postura corporal atestasse a retidão mental[54].

---

52. *Brev.*, p. 2, c. 44, n. 3 (V, 220).

53. *II Sent.*, d. 17, a. 2, q. 2 ad 6 (II, 421).

54. *Brev.*, p. 2, c. 10, n. 4 (V, 228).

Capítulo V – Antropologia

Este texto bonaventuriano é um sublime hino ao corpo que, em conjunção e em sintonia com a alma, tem um incomparável valor metafísico e uma hermenêutica existencial particular na aventura temporal do universo. O corpo, assim entendido, não pode ser reduzido a simples biologia nem a fisiologia nem pode ser compreendido nem interpretado com os princípios e análises físico-químicos, mas com as categorias de sentido e de significação que transcendem o puramente empírico e material para transportar-nos ao mundo da transignificação e da relação ontológica.

O corpo, através de seus sentidos, tem uma dimensão estruturalmente relacional, não somente interpessoal, mas também com todo o universo. Graças à vista, ao ouvido, ao olfato, ao paladar e ao tato, o homem se conecta com todo o universo envolvente. Segundo Boaventura, "o homem, que se diz microcosmos, tem cinco sentidos como cinco portas pelas quais entra em nossa alma o conhecimento de todas as coisas que existem no mundo sensível"[55]. O corpo humano vincula-nos ao universo material e abre-nos ao mundo do espírito.

e) A pessoa humana

Para Boaventura, "a pessoa é a expressão da dignidade e da nobreza da natureza racional. E esta nobreza não é uma coisa acidental, mas pertence à sua essência"[56]. A natureza racional é algo essencialmente pessoal e unicamente ela é pessoal, como acontece em Deus, no anjo e no homem.

O mestre franciscano, devido a seu espírito aberto e pacificador, aceita sem dificuldade as interpretações tradicionais que se haviam formulado em torno da pessoa, sem que isso signifique que ele se identifique com elas como se fossem definitivas e intocáveis. Admite certamente e desenvolve a definição de Boécio sobre a pessoa como "uma substância individual de natureza racional"[57]. Mas, ao mesmo tempo, observa-se que não o satisfaz plenamente, e trata de completá-la com uma nova dimensão: a *relação*, como constitutivo essencial da pessoa. "A pessoa, além disso, define-se pela substância ou pela relação; se se define pela relação, a pessoa e a relação serão conceitos idênticos"[58]. Quer dizer que a relação na pessoa não é simplesmente algo acidental, mas ôntico e estrutural.

O conceito de pessoa é um dos mais ambíguos que se conhecem na história da filosofia devido à sua origem, adaptações e transformações. Quando Boécio definiu a pes-

---

55. *Itin.*, c. 2, n. 3 (V, 300).
56. *II Sent.*, d. 3, p. 1, a. 2, q. 2 ad 1 (II, 107).
57. *Ibid*.
58. *MTr.*, q. 2, a. 2, n. 9 (V, 66s).

soa como "substância individual de natureza racional", estava aplicando ao homem a noção aristotélica de *ousia* ou *substantia*, que Aristóteles adjudicou primeiramente para as coisas naturais. Assim se compreende que a pessoa, o homem, era considerada como uma *hypóstasis* ou *suppositum*, como as demais coisas, embora de natureza racional. A pessoa, então, viria a ser uma *coisa*, embora mais digna por estar dotada de razão, quer dizer, uma *supercoisa*.

Prescindindo agora da origem histórica da palavra pessoa em sua conexão com o teatro e posteriormente com o direito, no pensamento escolástico o conceito de pessoa primariamente teve um sentido teológico, porque se aplicou às pessoas divinas; e somente de um modo derivado se adaptou ao ser humano, que era concebido simplesmente como homem. A pessoa divina não pode ser interpretada de modo algum como *coisa*. Por isso, Boaventura, incomodado com a definição boeciana, lhe dota de uma nova dimensão: a relação[59]. Esta nova realidade, de relação, aplicada propriamente às pessoas divinas, e por analogia à pessoa humana, dá um matiz de novidade e abre-nos a novas perspectivas.

A relação no pensamento bonaventuriano significa respectividade, referência e polaridade intrínseca de uma pessoa a outra pessoa ou coisa. O homem, como ser relacionado, implica estar orientado, aberto a, voltado para outras realidades distintas dele, que o situam e o condicionam em incessante simbiose. O existente humano encontra-se estruturalmente referenciado e ontologicamente religado; e a partir de seu constitutivo ser-em-si, ele se desdobra dinamicamente em um ser-para-os-outros. Neste processo concêntrico e gradualmente expansivo e comunicativo, o homem vive e realiza-se em tensão dialética não somente como método, mas também como movimento real. A pessoa humana é uma espécie de encontro amoroso onde se encontram Deus, como o ser fundante e justificante, os outros homens, com os quais constitui comunidade, e as coisas, como seu complemento necessário. No pensamento do mestre franciscano, a pessoa perfila-se claramente em sua dupla vertente: ontológica e significativa, quer dizer, uma realidade que tem sua própria estrutura ôntica individual e, ao mesmo tempo, sua referenciabilidade e intencionalidade mundana, social e transcendente. O existente humano é intrinsecamente solidário, pois "a pessoa humana é para o outro e, por conseguinte, é a que trava relação"[60].

A categoria relação não é puramente predicamental ou acidental, como acontece em outras filosofias de tipo aristotélico, mas transcendental ou essencial[61]. O homem, a partir de si mesmo, encontra-se projetado e orientado a outras realidades: ao mundo,

---

59. *I Sent.*, d. 25, a. 1, q. 1 concl. (I, 436s).
60. *I Sent.*, d. 9, a un., q. 2, sol. 3 (I, 183).
61. *Hex.*, col. 12, n. 14 (V, 386).

Capítulo V – Antropologia

aos outros e a Deus. Este fato de estar relacionado não é, então, algo casual, mas constitutivamente formal e configurador que faz com que a pessoa, a partir de "sua singularidade, incomunicabilidade e suprema dignidade"[62], esteja vivendo *com* as coisas, *com* os demais e *em abertura* radical ao Criador. A antropologia bonaventuriana possui um caráter eminentemente dinâmico, e o homem não é um *estado*, mas um *processo*.

O homem, como *imago Dei*, é a razão fundamental da antropologia do mestre franciscano. A imagem de Deus no homem consiste em que tem algo de infinito no conhecer e no amar. O homem, criado à imagem de Deus, possui uma capacidade divina de infinito no conhecer e no amar; e só será radicalmente feliz com a posse desse infinito, que a graça pode outorgar. "A graça torna deiforme e eleva à fruição beatífica"[63]. Com a graça, a imagem de Deus transforma-se em semelhança e participação da natureza divina. A imagem natural de criação converte-se pela graça em semelhança de re-criação[64]. Deste modo, o homem se configura em uma síntese proporcional de finitude e infinitude. Aí reside sua grandeza e seu tormento.

3. O homem segundo Pedro João Olivi

A antropologia tem um lugar nuclear no pensamento de Olivi, que enfrenta as diversas correntes de seu tempo e trata de dar uma solução muito pessoal e original.

a) O composto humano

João Olivi, em sintonia com sua tese da pluralidade de formas, sustenta que no homem coexistem diversas formas substanciais. Coexistência de formas não somente no homem, enquanto composto de alma e de corpo, mas, além disso, no próprio corpo e na própria alma. "Sustento que no corpo humano, além da alma, há outras formas realmente distintas dela"[65], embora ele não precise quantas. Diz que o corpo humano é um *corpus mixtum, complexionatum, organizatum*[66]; e, visto que estas determinações não são acidentais, mas essenciais, é necessário que estejam informadas por suas correspondentes formas substanciais.

---

62. *III Sent.*, d. 5, a. 2, q. 2 as 1 (III, 132s).

63. *Brev.*, p. 5, c. 1, n. 4 (V, 252).

64. *II Sent.*, d. 16, a. 2, q. 3 concl. (II, 405).

65. *Quaestiones ordinatae*, q. 50 (II, 35) (ed. B. Jansen, *In secundum librum* [Quaracchi 1921-1926]; ed. A. Emmen-A. Stadler, *In tertium* [Grottaferrata 1081]).

66. *Ibid.* (II, 31).

Manual de filosofia franciscana

Também na alma há pluralidade de formas. São três as formas da alma: vegetativa, sensitiva e intelectiva[67], sem que por isso sejam três almas distintas. Para compreender que Olivi é um defensor convencido da unidade da alma, basta ler o *Apêndice* da questão 50[68], onde ele se expressa claramente que no homem há uma só alma. Pelo fato de admitir as três formas da alma (vegetativa, sensitiva e intelectiva), não se compromete a unidade, porque estão ordenadas por sua própria natureza a informar a mesma matéria[69].

O homem, então, é uma realidade humana muito complexa e resultado de sínteses sucessivas. O corpo, enquanto substância material, está composto hilemorficamente de matéria primeira corpórea e de várias formas (pelo menos três) substanciais, igualmente corpóreas. Na alma, enquanto substância espiritual, coabitam três formas substanciais radicadas na mesma matéria espiritual e completamente diversa da do corpo.

Nesta visão piramidal da pluralidade de formas não se nega a unidade substancial do composto humano. Não há dualidade de substâncias, mas unidade estrutural e articulada como vértebra em um *unum* ontológico[70]. A pluralidade de formas complica e torna difícil a íntima união do composto humano. Olivi coloca a alma e o corpo em relação íntima e recíproca, de tal modo que a alma é a forma do corpo e, no entanto, este não está informado diretamente pela forma intelectiva. A parte sensitiva informa a matéria física do corpo, assim como a matéria espiritual da alma. De tal maneira que a união direta entre a alma racional e o corpo se realiza através da parte sensitiva. Quer dizer, a alma racional é forma do corpo, mas não enquanto é racional, porém enquanto é sensitiva. Não se pode dizer que a alma seja forma do corpo enquanto intelectiva, mas porque está inclinada naturalmente a unir-se a um corpo, e o faz através das mediações das demais formas. O próprio Olivi se apercebe das dificuldades para compreender corretamente esta tese[71], mas nem por isso renuncia à sua visão personalíssima.

Esta visão original oliviana foi muito criticada, mas mais a partir de pressupostos de outras escolas do que de sua própria dinâmica interna. Esta visão antropológica complicada, mas coerente com seus princípios metafísicos, faz de seu autor um dos pensadores mais independentes de seu tempo.

---

67. *Ibid.*, q. 51, Apen. (II, 182).

68. *Ibid.*, q. 52 (II, 181-198).

69. *Ibid.*, q. 51 (II, 184).

70. O editor B. JANSEN, nos *Prolegomena* às *Quaestiones*, sustenta que Olivi defendeu que a alma intelectiva não é *per se et essencialiter* a forma do corpo, criando um certo dualismo no homem, tendo, por este motivo, dificuldades doutrinárias no Concílio de Vienne (1311).

71. *Ibid.*, q. 51 (II, 145).

Capítulo V – Antropologia

b) As potências do homem

O doutor provençal sublinha a grande complexidade da vida humana que se articula e se constitui como vértebra em uma unidade estrutural e harmoniosa. Os três princípios vitais, vegetativo, sensitivo e racional, se integram em uma unidade interdependente e significativa. Em sintonia com a doutrina comum, ele admite no homem um apetite sensível[72], cujos aspectos complementares são a força concupiscível e irascível[73]. Mas, contra a opinião comum, ele defende que se dão no homem tantas potências apetitivas quantas são as potências cognoscitivas, quer dizer, uma para cada sentido. Por sua parte, a vida sensitiva bifurca-se em suas atividades completamente distintas: a apetitiva e a cognoscitiva; por sua vez, cada uma destas acolhe em si uma multiplicidade de potências especificamente distintas; quer dizer, seis potências cognoscitivas (os cinco sentidos externos mais o sentido comum) e seis potências apetitivas (uma para cada sentido particular mais outra para o sentido comum)[74].

A vida intelectiva é menos complexa do que a sensitiva; e para dar a razão de todos os aspectos e das manifestações da vida racional, basta admitir as duas potências tradicionais: o entendimento e a vontade[75]. O objeto do entendimento é o ser simplesmente, e o da vontade é o bem sem restrições[76].

Sobre a relação entre a alma e suas potências, Olivi rejeita tanto a tese de Pedro de Gand como a de Santo Tomás. Contra a tese agostiniana diz que as potências não estão unidas à essência da alma que cheguem a identificar-se com ela; e contra a tomista ele responde que não são tão diversas da alma que as faculdades possam aparecer como realidades distintas. Também se opôs à solução bonaventuriana.

Olivi, em consonância com sua teoria das *razões reais*, afirma que, para poder dar razão da experiência interna, se devem interpretar as relações entre a alma e suas potências de tal modo que apareçam como realidades essencialmente distintas e, no entanto, homogêneas e metafisicamente complementares. As potências, por um lado, são distintas da alma e, por outro, constituem uma unidade com ela[77]. As potências estão em relação com a alma como as partes estão em relação com o todo. Diferem da alma como as partes se distinguem do todo; e identificam-se com a alma da mesma maneira

---

72. *Ibid.*, q. 68 (II, 625).

73. *Ibid.*, q. 69 (II, 626-630).

74. *Ibid.*, q. 7 (II, 635s).

75. *Ibid.*, q. 55 (II, 286).

76. *Ibid.*

77. *Ibid.*, q. 54 (II, 253).

que as partes com o todo[78]. A potência não é outra coisa que a própria alma considerada de um modo parcial e sob a perspectiva de uma atividade particular[79].

c) A liberdade

O homem tem um lugar privilegiado no mundo, certamente graças à sua capacidade cognoscitiva; mas mais ainda graças ao seu poder de autodeterminação. A liberdade é a prerrogativa máxima do homem. A razão é maravilhosa por seu poder cognoscitivo, mas a vontade tem o primado porque é a sede da liberdade. Na liberdade, o homem adquire sua grandeza suprema[80].

A liberdade é tão profundamente humana que um homem normal preferiria a aniquilação a ser reduzido a uma existência animal[81]. Imensa concepção da liberdade humana! A grandeza do homem é sua própria liberdade. É um grandioso programa antropológico e político. Se o homem possui a dignidade de pessoa, porque é livre, terá que valorizar ao máximo a faculdade que o expressa, como é a vontade. A grande defesa da liberdade que Olivi faz e as análises da vontade supõem a parte mais apaixonada e amada da psicologia de seu autor. O franciscano provençal faz a defesa mais apaixonada desta prerrogativa humana que se tenha escrito no século XIII. Jansen reconhece-o, quando afirma "que por esta questão Olivi merece ser colocado entre os clássicos de qualquer filosofia"[82].

Este franciscano coloca a questão sobre quais são as condições do operar livre e responde que a condição fundamental é a autodeterminação. A vontade é liberdade, porque se autodetermina[83]. A possibilidade de escolha não é constitutivo da liberdade, mas somente uma conseqüência da capacidade de autodeterminação, que é a essência da liberdade. Isto implica que, para que haja autêntica autodeterminação, não basta que a vontade se mova a si mesma de qualquer modo, mas deve ser responsável de seus atos até o ponto de dobrar a ela as demais potências da alma. A vontade é, definitiva-

---

78. *Ibid.* (II, 256).

79. *Ibid.* (I, 258).

80. *Ibid.* (II, 249); q. 57 (II, 327); q. 1 (I, 11).

81. *Ibid.*, q. 57 (II, 334).

82. *Ibid.*, Prolegomena (II, XI). Cf. F. SIMONCIOLI, *Il problema della libertà umana in Pietro di Giovanni Olivi e Pietro di Trabibus* (Milão 1960).

83. *Ibid.*, q. 57 (II, 358). Segundo Olivi, o entendimento não decide nem escolhe. Cumpre sua missão, apresentando à vontade os objetivos a realizar: "Somente mostra à vontade os contrários e o modo de realizá-los". *Quaestiones*, q. 57 (II, 330).

Capítulo V – Antropologia

mente, a última mola de toda nossa vida interior[84]. A vontade é a grande senhora da vida interior do homem não somente com relação à razão, mas também no campo dos afetos e dos sentimentos. Neste terreno Olivi é fiel seguidor da tradição franciscana.

Que a autodeterminação é a prerrogativa da vontade se torna patente na própria atividade volitiva. Se analisarmos a dinâmica do querer em seus momentos característicos, descobriremos a liberdade em sua estrutura essencial. A autonomia da vontade diante de qualquer objeto manifesta-se, sobretudo, no fato de que podemos retirar-nos daqueles objetos ou seres que mais nos atraem, e podemos, pelo contrário, concentrar-nos e deter-nos naqueles que nos repugnam[85]. O homem, à diferença do animal, é capaz de dizer *não*. Pode converter-se em eterno *protestante*, em asceta de seus próprios impulsos. A liberdade abrange toda a vida interior do homem: afetiva, racional e volitiva, como igualmente os objetos preferenciais do mundo exterior. O objeto da vontade é ilimitado e está sempre aberto ao infinito[86].

Esta força e este poder da vontade fazem do homem não uma vítima do necessitarismo naturalístico, mas o protagonista da história. Sua *ratio imperandi* é expressão da vontade que faz do homem o artífice de seu próprio destino. A liberdade é a prerrogativa que mais nos assemelha a Deus, que é infinitamente livre[87]. Por isso, o homem ultrapassa o reino da necessidade e da causalidade e pertence ao reino do *novum* e da criatividade[88]. Mas Olivi não se esquece de que a liberdade, como todo o contingente, é ambígua e da mesma maneira que pode fazer-se pode desfazer-se. Não se trata de uma liberdade absoluta, que é somente prerrogativa divina, já que está mediatizada e condicionada pelos objetos e pelas circunstâncias espácio-temporais.

4. O homem segundo João Duns Scotus

Duns Scotus, filósofo radical, era consciente de que, ao confrontar-se com o homem como objeto de conhecimento e de compreensão filosófica, estava diante de um verdadeiro problema intelectual. Seu afã por conhecer as profundezas do ser humano o impulsionava a um incessante adentrar-se na realidade humana, mas, ao mesmo tempo, sentia certo recato franciscano por respeitar o mistério do homem e certo desalento natural pela incapacidade de compreender exaustivamente a pessoa humana. Isto não

---

84. *Ibid.*, q. 58 (II, 411).
85. *Ibid.* (II, 325).
86. *Ibid.* (II, 331).
87. *Ibid.* (II, 333).
88. *Ibid.* (II, 339).

significa deserção do entendimento, mas humilde reconhecimento da grande limitação intelectual. Duns Scotus é profundamente franciscano e, como tal, não lhe vão as pseudojustificações racionalizantes nem os subterfúgios dialéticos. Ele prefere confessar abertamente sua própria incapacidade a ficar tranqüilo com razões acomodadas e convencionais que demonstram mais a sem-razão humana do que a honradez intelectual. Toda a densidade especulativa escotista está a serviço de uma intenção prática: a criação, Deus, a Encarnação, o homem, orientar o ser humano e evitar que se desvie do amor: *errare in amando*. Scotus está a favor de uma *práxis*, mas não de um evangelismo impaciente e superficial que tem alergia ao pensamento profundo.

a) O homem como composto

O homem é um ser complexo e unitário ao mesmo tempo. Complexo, pelos elementos que o compõem; unitário, porque não é uma realidade mosaico, mas realidade integrada em uma unidade estrutural. A complexidade resulta dos elementos díspares que convergem no homem. Duns Scotus, como seus contemporâneos, defende que o homem é um ser composto de alma e de corpo; e o corpo está em relação à alma como a matéria está em relação à forma, seguindo o hilemorfismo aristotélico. A alma é a forma substancial do homem, e dela emergem todas as características próprias que fazem o ser humano completamente diverso dos demais seres do universo.

Visto que a forma substancial confere o ser a uma coisa[89], deve-se ver se tal ser se confere ao homem exclusivamente pela forma ou também pelo corpo. Quer dizer, trata-se de saber se, além da alma, o corpo faz também as vezes de forma substancial, apesar de desempenhar o ofício de matéria com relação à alma. O Doutor Sutil não crê que a complexidade humana se possa explicar adequadamente com o esquema convencional do corpo como matéria e a alma como forma. Deve-se admitir que junto com a forma da alma está também a forma de *corporeidade*, sem que isso implique ruptura intrínseca da união fundamental do ser humano.

No homem há uma só alma, embora exista a *forma de corporeidade*. A alma racional é não somente o princípio do conhecimento racional do homem, mas também o princípio de sua atividade sensitiva e de sua vida. Ela é o princípio que faz do organismo um ser vivo e é a forma substancial do homem[90]. A alma é uma parte do homem e só impropriamente pode ser chamada de subsistente, porque mais do que uma substância em si ela constitui parte de outra substância: o homem. É o composto, alma e corpo, que é *uno* por si.

---

89. *Ox.*, IV, d. 11, q. 3, n. 43 (XVII, 426s).
90. *Ord.*, II, d. 1, n. 272-275 (VII,135s).

Capítulo V – Antropologia

A alma não é propriamente pessoa quando está separada do corpo[91]. A alma aperfeiçoa o corpo, quando este está convenientemente disposto para ela; e *esta* alma tem uma aptidão especial para *este* corpo. O que quer dizer que a alma não pode ser individuada pela matéria, já que a alma foi infundida em um corpo e a criação desta alma é logicamente anterior à sua união com o corpo[92].

Scotus defende que o homem, o ser composto, é o ato terminal e conclusivo da criação divina, e não a alma ou o corpo tomados separadamente. É a unidade que justifica o homem, não suas partes constitutivas. A união da alma com o corpo não se realiza "nem para a perfeição do corpo nem para a perfeição da alma só, mas para a perfeição do todo que está composto por estas partes. Deste modo, embora não possa derivar alguma perfeição de uma ou de outra parte, que não houvesse tido sem a união, esta união não é inútil, porque a perfeição do todo, que é a finalidade essencial da natureza, não se pode alcançar se não for deste modo"[93]. Nesta tese, ele discrepa de Santo Tomás, para quem a unidade da alma com o corpo se orienta para benefício da alma. Scotus expressa freqüentemente seu otimismo para com a matéria, tão característico da Escola Franciscana.

b) *A alma e suas potências*

Seguindo a tese comum, o doutor escocês ensina que a alma humana é uma substância espiritual e que está unida ao corpo como sua forma substancial, embora não tenhamos conhecimento direto e imediato dela[94]. Mas sua natureza espiritual se manifesta e se prova através das operações próprias do homem, como são o conhecer e o querer. Na alma intelectiva estão enraizadas duas potências especiais: o entendimento e a vontade como princípios imediatos da atividade cognoscitiva e volitiva.

É precisamente através da atividade do conhecer e do querer que se manifesta a natureza espiritual da alma. Sabe-se e é confirmado pela filosofia e pela psicologia do conhecer como nosso entendimento tem uma abertura ilimitada. O homem, em sua própria interioridade, está impulsionado a conhecer tudo, inclusive os primeiros princípios e as últimas causas. Este desejo de conhecer tudo é natural e eficaz. E se *pode* conhecer a última causa da realidade, que é imaterial, isto significa que o entendimento humano ultrapassa o puramente material para poder conectar-se com o imaterial[95]. Isso seria impossível se o entendimento não fosse também imaterial. Se o objeto do entendimen-

---

91. *Quodlib.*, q. 9, n. 7; q. 19, n. 19 (XXV, 238s; XXVI, 287s).
92. *Ibid.*, q. 2, n. 2-7 (XXV, 59-64).
93. *Ox.*, IV, d. 45, q. 2, n. 14 (XX, 306).
94. *Ord.*, Prol., n. 28 (I, 17).
95. *Ibid.*, I, d. 3, n. 116 (III, 72).

to é o ser enquanto ser, isto quer dizer que o espírito humano não está condenado ao material, mas se abre naturalmente ao horizonte do imaterial[96].

A vontade, por sua parte, expressa-se no querer e no agir livremente. Quer dizer, supõe a ruptura do determinismo naturalístico, para entrar no reino indefinido e ilimitado da espontaneidade e da criatividade. Se a vontade é formalmente livre[97], não está submetida às leis materiais e se abre ao horizonte do espiritual. Ela se apresenta como faculdade ativa indeterminada e como radical poder de autodeterminação[98] que implica superar as leis físicas do mundo material. A alma, então, como se manifesta através das faculdades do entendimento e da vontade, junto com seus respectivos atos intelectivos e volitivos, é uma forma *in-extensa* e imaterial.

Quanto à distinção que existe entre a alma e suas faculdades, ou entre estas mesmas, afirma-se que não há distinção real, como se uma pudesse existir sem a outra; como tampouco há distinção lógica, como se fosse uma simples consideração do entendimento, mas distinção formal, enquanto é um ato do entendimento, mas fundado na mesma realidade da alma e de suas respectivas funções.

A relação existente entre a alma e suas potências ou faculdades, e entre o entendimento e a vontade, é idêntica à que existe entre o ser e seus atributos transcendentais. A alma não se identifica nem com o entendimento nem com a vontade e, no entanto, é inconcebível um homem que seja capaz de entender e de querer; igualmente é um absurdo que um ser inteligente seja incapaz de querer ou que uma vontade seja incapaz de entender, pois todas elas se entroncam no *sistema eu*. "A alma contém unitivamente estas potências, embora formalmente sejam distintas"[99].

c) *A liberdade: vontade e racionalidade*

Tanto o ato cognoscitivo como o volitivo dependem do sistema *eu*, quer dizer, daquelas faculdades do homem que o caracterizam, como são a vontade e a razão. Este é um fato aceito pelas diversas escolas. As diferenças manifestam-se quando se trata de optar pelo primado de uma dessas duas faculdades. Os que seguem a corrente aristotélica defendem a primazia do entendimento ou da razão; os da corrente agostiniana inclinam-se para o primado da vontade. Deve-se observar que todos aceitam uma prioridade temporal do entendimento com relação à vontade, segundo o adágio: "Nada é desejado, se antes não é conhecido" (*nihil volitum quin praecognitum*). Mas a discrepância

---

96. *Ibid.*, n. 117 (III, 72s).
97. *Ibid.*, d. 13, n. 45 (V, 88).
98. *Collatio* XVII, n. 8 (Vivès V, 214s).
99. *Ox.* II, d. 16, q. un., n. 18 (XIII, 43).

Capítulo V – Antropologia

refere-se à ordem causal de tais faculdades, quer dizer, quem determina a quem em um ato de escolha consciente.

Duns Scotus está convencido de que admitir uma dependência causal do ato volitivo com relação à atividade cognoscitiva, tanto na ordem do conhecer como na do agir, supõe afirmar que o objeto conhecido adquire o papel de causa eficiente da vontade, quer dizer, que o entendimento causa a volição através da intelecção[100].

Se fosse verdade que o entendimento determina a vontade quando lhe apresenta o objeto, então não se compreende como será possível salvar a liberdade, já que a primeira condição da liberdade consiste em autodeterminar-se. O que não seria possível, se o ato cognoscitivo a determinasse. O Doutor Sutil, apoiando-se na experiência interna, sustenta que a vontade possui certo domínio sobre as demais potências da alma. Não somente pode controlar os apetites sensitivos, mas também ordenar as demais potências espirituais: pode dirigir o entendimento para uma verdade ou para outra, para este ou para aquele objeto; e pode ativar a memória para que recorde. Esta prioridade causal da vontade, com relação às demais faculdades, provém de atribuir ao amor a importância de um ato totalmente livre e original. A vontade é essencialmente livre, pois somente ela é a causa eficiente da volição. O entendimento intervém como causa parcial enquanto apresenta à vontade os objetos possíveis da volição. A vontade, além de ser essencialmente livre, é causa do ato de fruição pela qual o homem poderá fruir de Deus por toda a eternidade. Por isso, é a faculdade mais nobre do ser humano.

Mas dizer prioridade da vontade não significa exclusão do entendimento, pois a vontade e o entendimento são duas realidades essenciais de uma mesma e única alma. É a alma que quer e conhece, e nela radicam essas duas faculdades do querer e do conhecer que intervêm em todos os atos livres e conscientes do homem. Por isso, não se pode falar de um voluntarismo absoluto, como também não de um intelectualismo absoluto. Qualquer acento excessivo em uma destas duas faculdades significa deformar a realidade humana, que é unitária.

É certo que o entendimento pode apresentar o objeto à vontade e inclusive condicioná-la, mas a decisão ou o momento determinante depende da vontade, que quer ou não quer livremente ou suspende livremente o próprio querer. O entendimento pode apresentar um objeto, avaliá-lo, realçá-lo, julgá-lo e sublimá-lo, mostrar suas conveniências e suas vantagens, e sem esta ação do entendimento seria impossível ou irracional o ato da vontade como tal; mas é a vontade que decide, porque é um princípio de atividade livre e somente pode mover-se por si mesma.

---

100. *Ox.*, II, d. 25, q. un., n. 5 (XIII, 199s).

Manual de filosofia franciscana

A vontade é essencial e contingentemente livre, e somente ela torna possível a ordem moral no homem. A vontade pode orientar-se livremente para qualquer objeto e tomá-lo como meio, como fim ou como nada. Mas, embora a vontade livre torne possível a ordem moral, no entanto, ela só não a constitui, pois a ordem moral é constituída pela conformidade do ato da vontade com a reta razão[101]. A vontade continua sendo livre, aderindo ou não à reta razão, submetendo-se ou rebelando-se contra ela. Mas, para que o ato da vontade possa ser considerado moralmente bom deve ajustar-se à reta razão, pois esta é a condição necessária para pertencer à ordem moral. Para que um ato seja moralmente bom ou mau é necessário o concurso do entendimento e da vontade.

Como diz sinteticamente Oromí a este respeito:

> A vontade não é a irracionalidade, como se tem pretendido afirmar muitas vezes, sobretudo na filosofia moderna, invocando erroneamente o nome de Scotus. O fato de que a vontade seja essencialmente liberdade não significa que a vontade seja irracional nem que o seja a liberdade. A liberdade é tão livre quando procede racionalmente como quando procede irracionalmente ou contra a razão. A distinção radical que Scotus coloca entre a vontade e o entendimento ou razão como dois princípios ativos essencialmente distintos não dá motivo algum para suspeitar que a vontade é em si irracional, mas simplesmente que a vontade é vontade e a razão é razão, quer dizer, outra coisa. Nem sequer o primado da vontade, na ordem de dignidade metafísica com relação ao entendimento, significa que o entendimento deva ajustar-se à liberdade da vontade. Por isso, na ordem moral, não existe primazia alguma nem por parte da vontade nem por parte do entendimento, mas a ordem moral consiste na relação harmoniosa entre o entendimento e a vontade. O entendimento coloca seu ato necessário: o juízo; e a vontade coloca o seu ato livre: a volição; a racionalidade ou irracionalidade consiste na relação de conveniência ou de inconveniência entre um e outro ato; a ordem moral nasce dessa conveniência ou inconveniência [...]. Sendo, pois, o entendimento o que qualifica o ato da vontade, é evidente que a ordem moral descansa sobre a razão, quer dizer, sobre a racionalidade do ato da vontade. Mas a qualificação cai sobre o ato da vontade e, por conseguinte, sobre a vontade mesma, que é a única que pode ser moral[102].

d) Estatuto ontológico do corpo

Como os filósofos e os teólogos de seu tempo, Duns Scotus sustenta que o homem é uma substância composta de alma e corpo. O corpo está em relação ao corpo como a matéria está em relação à forma, seguindo a metafísica hilemorfista. Mas então surgiu

---

101. *Ord.*, I, d. 17, n. 92 (V, 184).

102. M. OROMÍ, "Introducción general" a las *Obras del doctor Sutil J. Duns Escoto* (BAC, Madri 1960) 86s; ID., "Principios básicos de la ética de Escoto", em *Métodos y principios filosóficos* (Madri 1960 (225-267).

Capítulo V – Antropologia

um problema apaixonante e profundamente antropológico: A alma intelectiva é a única forma substancial do homem ou convive esta com algo mais? Santo Tomás e sua escola defendiam a tese de uma única forma, convencidos de que uma pluralidade de formas substanciais seria incompatível com a unidade substancial do homem. Pelo contrário, os mestres da escola agostiniana, preocupados em não comprometer a imortalidade da alma, defendiam que, no caso do homem, se devia admitir um pluralismo de formas substanciais, embora não estivessem de acordo sobre o número delas. Henrique de Gand, tomando a tese de Guilherme de Alverne, sustentava, por sua vez, que no homem, além da alma intelectiva, existe somente a *forma de corporeidade*, quer dizer, o princípio formal pelo qual o corpo se prepara a ser um organismo adaptado para receber uma substância espiritual.

Esta discussão de escolas em defesa da unidade ou da pluralidade de formas substanciais, que teve lugar entre 1270 e 1290, não interessou a Duns Scotus, como tampouco ele enfrentou diretamente o problema. O motivo da discussão deste tema foi puramente circunstancial e tangencial, proveniente da necessidade de esclarecer um fato teológico: o milagre da transubstanciação eucarística e o fato do corpo de Cristo na cruz e no sepulcro. A partir, pois, da problemática teológica se entrou no tema do homem concreto e se confrontou com as diversas opiniões vigentes.

Duns Scotus distancia-se tanto de Henrique de Gand como do Aquinate, pois está persuadido de que os argumentos tomistas não são tão convincentes para tornar absurda a tese pluralista. O Doutor Sutil alista-se na tese pluralista, já que a alma intelectiva, unindo-se ao corpo a modo de forma substancial, não elimina a realidade da forma de corporeidade. Mas defende esta tese com argumentos distintos de Henrique de Gand, concluindo, além disso, que não somente no homem, mas em todos os seres vivos é necessário admitir, pelo menos, duas formas substanciais: a forma corpórea e a alma intelectiva. A razão que induz o mestre franciscano a estender a forma de corporeidade a todos os seres vivos é que o fenômeno da vida transcende nitidamente todos os fenômenos físico-químicos[103]. O salto da realidade inorgânica ao ser vivo é um salto qualitativo tão importante que requer a intervenção de um princípio radicalmente distinto de outra forma precedente. Toda expressão de vida, então, exige um princípio adequado e efetivo.

Contra a tese tomista se afirma que não pode ser a alma que dê atualidade ao corpo. Para provar isto não é necessário recorrer a princípios metafísicos, pois a própria experiência nos demonstra claramente que o corpo é aquilo que é, independentemente da alma, no momento mesmo da morte. Quando a alma se separa do corpo, o corpo cessa de estar vivo, mas não deixa de ser este ou aquele corpo, quer dizer, o corpo de *meu* amigo, de *meu* pai, de *minha* mãe ou de *um* estranho.

---

103. *Ox.*, IV, d. 11, q. 3, n. 45 (XVII, 427s).

Pois bem, em virtude de que coisa o cadáver de uma pessoa conserva a fisionomia que o caracteriza e o distingue de outro? Em virtude de que coisa os elementos dos quais se compõe o corpo continuam aglutinados e unidos até tal ponto de convencer-me de que aquele corpo inanimado é o cadáver de meu amigo, de meu pai, de minha mãe, de tal ou qual? É em virtude da forma de corporeidade, responde Scotus. Quer dizer, em virtude daquele princípio pelo qual o corpo de qualquer ser vivo recebe e conserva, por um determinado tempo, inclusive depois da morte, a unidade e as características somáticas que lhe são próprias[104].

A forma de corporeidade dá à matéria organizada a última disposição e torna-a apta para ser informada pelo princípio vital. A forma de corporeidade tem uma dupla missão: primeira, dá ao corpo certa atualidade configuradora, e depois prepara o mesmo para receber novas formas perfectivas. "A forma de corporeidade é uma disposição necessária para a alma"[105]. Mas, ao ser uma disposição permanente, não deve desaparecer quando chega a alma. É necessária sua presença, já que somente em virtude da forma de corporeidade o corpo conserva sua aptidão para ser vivificado pela alma e poder constituir com ela o composto vivo. O corpo, então, considerado em si mesmo e prescindindo da presença da alma, tem seu próprio valor ôntico e um sentido finalístico e não pode ser tratado nem reduzido a pura coisa nem a simples materialidade. A corporeidade escotista é uma realidade integrada, integradora e integrável, que adquire toda sua dimensão ôntica dentro do sistema *eu*.

Scotus tem uma visão global, arquitetônica e unitária da realidade. Todo o universo escotista está escalonado ontologicamente e arquitetado em uma convergência metafísica e noética que tem sua expressão definitiva na última determinação formal que se encontra no ápice da pirâmide das distintas *formalidades* e que determina e concretiza a natureza singular e intransferível de cada indivíduo.

A corporeidade tem sua própria *pertença*, quer dizer, seu estatuto ontológico, mas é, ao mesmo tempo, relacional e está em íntima referência a outra realidade que a complementa e aperfeiçoa. Por isso, a corporeidade está exigindo sua integração metafísica no sistema *eu*, que é onde adquire toda sua magnitude e relevância.

Duns Scotus teve o mérito de intuir a fecundidade do tema do corpo, tema especialmente importante no pensamento contemporâneo. A intuição antecipadora do Doutor Sutil sobre a corporeidade foi muito aguda e iluminadora. Certo que ao mundo atual não cai bem a *realidade cadavérica*, mas a concepção naturalística do corpo fica seriamente questionada e deve ser re-interpretada a partir de novos princípios metafísicos que a visão escotista pode iluminar, sobretudo na manipulação genética, na ques-

---

104. *Ibid.*
105. *Ox.*, IV, d. 11, q. 3, n. 55 (XVII, 436).

tão dos embriões e no problema da clonagem. O corpo humano, mesmo morto, ou mesmo o feto humano, jamais podem ser considerados como simples carne ou precioso pedaço de investigação científica, pois, graças à sua forma de corporeidade, têm sua própria dignidade ontológica. Uma visão nobre do corpo humano será muito útil para evitar o "terrorismo intelectual dos laboratórios", na expressão de Ortega y Gasset. A visão escotista pode oferecer um suporte ontológico para defender e promover a causa do corpo humano, criatura de Deus.

O século XX fez um grande esforço por aprofundar e esclarecer a corporeidade humana sob o aspecto fenomenológico, ontológico e hermenêutico. Assim, por exemplo, Husserl, Merleau-Ponty, Sartre, G. Marcel, Zubiri, Lain Entralgo, etc. deram-nos esplêndidas análises da corporeidade para uma melhor compreensão do homem e de sua relação com o outro e com o mundo. A visão metafísica do corpo humano segundo Duns Scotus poderia ser um bom motivo de diálogo com a fenomenologia da corporeidade dos modernos.

e) A pessoa humana

Scotus não apenas vai à profundidade do ser e do conhecer, mas sabe genialmente assumir a dialética da totalidade humana. O homem escotista não esquece em nenhum momento que é *capax Dei*, capacidade de Deus ou medida divina; e será a partir desta perspectiva que encontrará plena significação e inteligibilidade. Isto explica que, ao falar da pessoa, não lhe convença a definição de Boécio e prefira a de Ricardo de São Vítor, porque se limita melhor o estatuto do homem existencial: "Tomo a definição que Ricardo dá (*4 de Tri.*, c. 22), quer dizer, que *a pessoa é a existência incomunicável da natureza intelectual*, cuja definição expõe e corrige a definição de Boécio, que diz que *a pessoa é substância individual de natureza racional*; porque esta implicaria que a alma é pessoa, o que é falso"[106]. Scotus trata de defender de maneira cortante a unidade do homem como composto indivisível da alma e do corpo. Por isso, prefere a definição de Ricardo de São Vítor, que aplica à pessoa o belo conceito de existência.

Segundo este último, a natureza é uma *sistentia*, e a pessoa é o modo privilegiado de ter natureza, *sistentia* a partir do *ex*, em relação de origem. Deste modo cunhou a palavra *existência* para significar a unidade do ser pessoal. A existência não é um modo qualquer de estar existindo, mas uma característica do modo humano de existir, que é o ser pessoal. A pessoa *sistit*, mas a partir do *ex*, expressando com o *ex* a íntima unidade da pessoa, que não se traduz em uma subsistência pessoal. A pessoa, então, está constituída por sua natureza intelectual e por sua incomunicabilidade. O pensador franciscano insiste, tanto

---

106. *Ord.*, I, d. 23, n. 15 (V, 355s).

na *Ordinatio* como na *Reportata Parisiensia*, que a pessoa, além de ser uma substância individual e singular, é incomunicável. Para ele, a incomunicabilidade está ligada à existência, e todo sujeito existente existe sempre com existência incomunicável. A incomunicabilidade torna o indivíduo um ser singular e irrepetível. Uma exceção.

Scotus diz claramente que a pessoa se caracteriza como *ultima solitudo*. "A personalidade exige a *ultima solitudo* ou a negação de dependência atual e *atitudinal*"[107]. Uma certa incomunicabilidade está ligada a toda existência humana, pois a pessoa jamais é um *algo*, mas um *alguém*[108] que, ao mesmo tempo em que é uma substância individual e singular, é incomunicável. A independência pessoal é, pois, "o mais"[109] que pode alcançar para si em seu estado existencial e em sua fase itinerante. A *ultima solitudo* escotista é uma estrutura ôntica da pessoa que não tem nada que ver com a solidão-abandono que espreita constantemente toda pessoa e que significa pobreza de personalidade e solidão insuportável. A solidão escotista supera a indiferença social e torna possível a diferenciação pessoal. É uma solidão estrutural e uma solidão buscada que é fruto da opção voluntária e resultado de um caminho existencial escolhido. Deste modo, a solidão é o profundo encontro consigo mesmo. Na solidão mais profunda a pessoa humana experimenta e vive o mistério de cada homem, de todos os homens, e com eles se relaciona e se comunica. Por isso, deve-se afirmar que o verdadeiramente solitário é solidário, que a solidão é solidariedade. O eu, em sua profunda solidão, é sempre solidariedade de um tu, de um nós. A estrutura íntima do homem tem fases de estratificação. Só chegando à última fase ou ao último estrato da própria arqueologia existencial, o homem se encontra e se reconhece como ele mesmo, como ultimidade de si, como auto-afirmação; e, ao mesmo tempo, se vê e se sente como relação, abertura, comunicação e solidariedade.

Ao definir a pessoa, Scotus não se contenta com sublinhar uma categoria negativa, como é a incomunicabilidade, mas acentua também outro aspecto positivo, consistente em um dinamismo de transcendência, em uma relação vinculante, pois "a essência e a relação constituem a pessoa"[110]. Tanto uma relação de origem como uma relação de co-participação constituem a pessoa que, por ser tal, se acha referida àquele de quem recebeu sua natureza e, além disso, àqueles seres que podem compartilhá-la. A pessoa, portanto, está ôntica, constitutiva e formalmente referida a Deus e aos homens. O homem tem uma relação de origem enquanto provém de um Tu criador. Tem uma relação de ultimidade enquanto tende a um Tu infinito: "Não há natureza dotada de inte-

---

107. *Ox.*, III, d. 2, q. 1, n. 17 (XIV, 45).

108. *Rep.*, I, d. 25, q. 1, n. 5 (XII, 285).

109. *Ox.*, III, d. 1, q. 1, n. 5 (XIV, 17).

110. *Quodlib.*, q. 3, n. 4 (XXV, 120).

Capítulo V – Antropologia

ligência que possa descansar fora do objeto infinito"[111]. Tem uma relação de colateralidade enquanto que está referido e polarizado àqueles que possuem sua mesma natureza. E tem, finalmente, uma relação cósmica enquanto que o homem é fim da criação visível e todos os seres da terra o reclamam e com ele se vinculam[112].

O homem escotista não se fecha no solipsismo metafísico, tentação permanente das filosofias do espírito, mas aparece claramente como abertura e relação[113], como ser indigente e vinculante, como uma realidade que anela ser saciada, embora saiba muito bem que em seu estado de *homo viator* nunca o conseguirá. Este querer ser saciado e não poder alcançá-lo em seu itinerário existencial dá um tom de dramaticidade pré-pascaliana ao homem escotista. De uma parte, ele deseja e pode saciar-se; de outra parte, porém, ele se sente insatisfeito neste mundo[114]. Por esta razão, o homem se apresenta como tensão e pré-tensão para realidades distintas dele, que o reclamam, que o complementam e que o aperfeiçoam. Duns Scotus, com uma dialética que vai além da concepção lógico-categorial, trata o ser pessoal como realidade mentalmente inclassificável e analisa-o no dinamismo da relação transcendental não somente com o ser absoluto, mas também com a realidade existente e enquanto existente[115]. Mas, como contrapartida e como fundamento do ser para outro, a pessoa é *ad se*, para si[116].

A pessoa tem vocação de abertura ao outro – a outras pessoas e a outros seres – e sente a necessidade de sua presença. Mas ela poderá conseguir sua meta natural, se prévia e simultaneamente souber viver em si mesma. É necessário "chegar a ser pessoa em si mesma"[117] para depois poder ser solidária com os outros, visto que primordialmente a pessoa "está destinada a subsistir por si mesma"[118] e somente a partir deste *ser para si* poderá lançar-se ao ser para o outro. O homem, ao mesmo tempo em que se pertence a si mesmo, é um ser relacionado e reciprocante. "Euidade", "tuidade" e "nosidade" entrelaçam-se dialeticamente em um processo indefinido, enriquecedor e configurador. O homem necessita descobrir a própria subjetividade e aprofundar-se nela. Mas não pode fechar-se nela, mas abrir-se à alteridade.

---

111. *Ord.*, II, d. 1, n. 326 (VII, 158).
112. *Ox.*, III, d. 32, q. un., n. 5 (XV, 433).
113. *Ibid.*, d. 2, q. 1, n. 4 (XI, 108).
114. *Quodlib.*, q. 14, n. 11 (XXVI, 17s); *Rep.*, I, d. 25, q. 1, n. 5 (XXII, 285).
115. *Ord.*, I, d. 23, n. 16 (V, 357).
116. *Ibid.*, d. 15-16, n. 11 (V, 131).
117. *Ox.*, III, d. 2, q. 1, n. 7 (XIV, 117).
118. *Quodlib.*, 19, n. 19 (XXVI, 287s).

Pertença e referência são duas categorias existenciais que pressupõem a *ultima solitudo* e a relação transcendental, enquanto dimensão vinculante e solidária. Scotus, com intuição genial, adiantou-se à filosofia dialógica, que tanta importância tem na filosofia contemporânea.

O pensamento escotista colocou bases seguras para alcançar uma síntese do difícil binômio: "euidade"-alteridade, ensimesmamento-comunicabilidade, diferenciação-semelhança, indivíduo-sociedade, personalização-socialização, solidão radical-relação pessoal. Duns Scotus vai muito além de uma filosofia do individualismo e do gregarismo para abrir-se a uma antropologia do personalismo cristão.

f) Destino do homem

A grande maioria dos autores medievais, apoiados em Aristóteles, defendiam que se podia demonstrar filosoficamente a imortalidade da alma. Duns Scotus analisou esta problemática nos escritos do Estagirita e chegou à conclusão de que os textos do Filósofo neste campo não são muito claros e que os que se entrincheiravam neles dificilmente poderiam justificar sua tese. Segundo o doutor escocês, não é demonstrável filosoficamente que a alma humana seja imortal.

Mesmo reconhecendo e defendendo que a alma é uma forma espiritual que pode realizar operações próprias prescindindo do corpo e admitindo que metafisicamente pode existir separada do corpo, no entanto, atendo-se à ordem natural e existencial da realidade, a alma é parte constitutiva do composto humano e está ordenada, *ex natura sua*, a existir e a agir em união com o corpo. Sob o aspecto puramente racional, não se possuem argumentos convincentes que legitimem existencialmente a imortalidade da alma.

Como argumenta Bettoni, "parece-me que a posição de Scotus se deve precisar nestes termos: um filósofo está em condições de demonstrar que a alma humana *pode* sobreviver ao corpo, mas não está em condições de formular argumentos que demonstrem apoditicamente que *deve* sobreviver ao corpo. Pois bem, somente neste caso a proposição 'a alma sobrevive ao corpo', 'a alma é imortal', teria o valor de uma conclusão científica"[119]. Neste problema, como em outros problemas-limites da existência humana, Scotus recorre à fé e ao saber teológico[120] para poder conhecer melhor as possibilidades últimas do ser humano e seu verdadeiro destino existencial.

O Doutor Sutil, partindo dos dados que a teologia lhe oferece, faz uma profunda fenomenologia do entender e do querer, até chegar à afirmação de que suas respectivas faculdades, o entendimento e a vontade, estão intrinsecamente dotadas de uma forte

---

119. E. BETTONI, *Duns Scoto. Filosofo* (Milão 1966) 141.
120. *Ox.*, IV, d. 43, q. 2, n. 16 (XX, 59).

Capítulo V – Antropologia

intencionalidade que as leva ao absoluto como exigência definitiva de seu próprio dinamismo. Quer dizer, o sobrenatural, embora não seja uma exigência da natureza humana, tampouco é uma violência nem um forçoso acréscimo, mas seu complemento último e definitivo.

Analisando o entendimento humano a partir deste ponto de vista de sua aptidão a ser aperfeiçoada mediante o conhecimento sobrenatural, pode-se sustentar que, com relação a ele, não há nenhuma realidade que se possa considerar como *sobrenatural*, já que tudo aquilo que é cognoscível entra no âmbito de sua capacidade e pode ser conhecido pelo entendimento[121]. A partir deste aspecto, é natural inclusive a própria revelação, porque ela se manifesta segundo a tendência natural do entendimento e se encaixa segundo suas exigências de infinito. Inclusive a forma mais sublime de conhecimento, como é a visão beatífica, é natural no sentido de que não violenta a capacidade humana. Seguindo a dialética da univocidade do ser, o entendimento humano está aberto ao conhecimento de qualquer realidade[122]. Isto não supõe desvalorizar a realidade sobrenatural nem torná-la inútil, mas nem tampouco considerá-la como uma superestrutura caprichosa e forçada[123]. Embora o objeto natural de nosso entendimento, em sua condição atual, seja o *eidos* ou a essência da realidade, no entanto, sua capacidade intrínseca se abre ao infinito, embora não com aptidão ativa, mas passiva e graças a um agente sobrenatural[124] que lhe abre as portas ao infinito.

Por sua parte, a vontade está também dotada de um desejo natural de infinito. A vontade tende naturalmente para Deus, em forma de absoluto concreto e indefinido, embora seu alcance se realize não de um modo natural, mas sobrenatural[125]. Este desejo de infinito está ínsito na própria natureza humana e é irrealizável nela mesma. É um impulso que vai além da autoconsciência[126] e se manifesta como desejo de absoluto impresso por Deus no homem e, portanto, não pode ser inútil nem cego nem vazio.

A natureza humana, em sua dimensão cognoscitiva e volitiva, tende para o absoluto, que não pode realizar-se nesta vida mortal e está exigindo a intervenção de um agente adequado para que sua potencialidade passiva se atualize em momento oportuno. O natural e o sobrenatural não são momentos disjuntivos, mas complementares do itinerário existencial do homem. O infinito exerce imenso fascínio sobre o finito. Mas não se trata de um espelhismo, mas de um *desiderium naturale* que não pode enganar.

---

121. *Ord.*, Prol., n. 57 (I, 35).
122. *Ibid.*
123. *Ibid.*, Prol., n. 5-6 (I, 4s).
124. *Ibid.*, n. 14 (I, 45).
125. *Ibid.*, Prol., n. 32 (I, 19).
126. *Ox.*, IV, d. 49, q. 10, n. 1 (XXI, 317s).

Manual de filosofia franciscana

Neste campo, Scotus se antecipou à filosofia de Blondel no propósito de vincular o natural ao sobrenatural. O desejo natural do sobrenatural vincula a filosofia e a teologia e o próprio projeto antropológico e faz com que a filosofia da religião se abra à teologia da revelação.

5. O homem segundo Guilherme de Ockham

A filosofia de Ockham baseia-se sobre a ontologia do singular e do concreto. O valor da experiência sempre foi reconhecido e sublinhado no mundo franciscano em sua dimensão existencial e teórica, sobretudo na corrente oxfordiana, seguindo a tradição de R. Grosseteste, R. Bacon e Duns Scotus. Guilherme de Ockham radicaliza a categoria experiencial e o reconhecimento do concreto que, segundo ele, não havia sido suficientemente tematizado e evidenciado. Com este propósito, ele transforma a ontologia escotista do ente unívoco em ontologia do ente singular. O mundo não é essência, mas presença, conjunto de seres singulares irrepetíveis que não têm essência, mas são essência. Cada singular, então, é um objeto absoluto indivisível que não é compreensível a partir do universal, a partir da essência abstrata, mas a partir de si mesmo e de sua própria concretitude real e contingente.

Ockham recebeu toda uma longa e rica doutrina sobre o homem como realidade unitária e, ao mesmo tempo, composta de elementos diversos e opostos. Em coerência com seus princípios lógicos e ontológicos, analisou as diversas interpretações de seu tempo, criticou-as e tratou de oferecer sua própria e pessoal concepção sobre a realidade humana em seu ser e em seu agir.

a) A natureza do homem

O filósofo inglês interpreta o homem como realidade composta de corpo e alma, seguindo nisto a doutrina comum. Mas na interpretação da união entre o corpo e a alma ele se afasta tanto da tese tomista, para a qual a alma é a forma substancial do corpo e forma subsistente, como da tese da escola agostiniana, que insiste na união da alma com o corpo através da forma de corporeidade.

Este pensador franciscano admite a tese clássica da relação entre alma e corpo, quer dizer, que a alma se une ao corpo como a forma à matéria. O composto humano realiza certas ações que transcendem a pura corporeidade, como é o fenômeno do conhecer e do querer, que são perfeições que estão vinculadas à parte formal do composto humano[127]. O franciscano inglês admite a definição do Concílio de Vienne (1311), que pro-

---

127. *Quodlib.*, I, q, 10 (IX, 62-65).

Capítulo V – Antropologia

clama que a alma intelectiva do homem é essencialmente a forma do corpo. Esta união não se discute. O que ele problematiza é que a perfeição formal, pela qual o homem conhece e ama, se possa provar filosoficamente como substância incorruptível, ingenerável e imaterial. Com outras palavras, Ockham não nega que a alma seja a forma substancial do corpo, mas que não há provas rigorosas que demonstrem esta tese. Sabe-se não pela razão, mas pela fé, que a alma intelectiva não é motor do corpo, mas forma imaterial e incorruptível.

O *Venerabilis Inceptor* (assim era chamado) insiste na unidade do composto humano e define a pessoa como um *suposto intelectual* (*suppositum intellectuale*)[128]. Definição que vale tanto para a pessoa humana como para a divina. Um suposto (*suppositum*) é "um ser completo, incomunicável por identidade, que não adere a nada e não é sustentado (*sustentatum*) por nada"[129]. Copleston, ao analisar esta definição, explica-a do seguinte modo: as palavras "um ser completo" excluem do suposto a presença de partes essenciais ou integrantes, como a alma separada do corpo, a forma ou a matéria; as palavras "incomunicável por identidade" excluem a essência divina que, mesmo sendo um ser completo, é incomunicável às três pessoas divinas. Dizendo "que não adere a nada" se exclui que os acidentes sejam supostos; enquanto que com a expressão "não é sustentado por nada" se exclui que a natureza humana de Cristo, que foi assumida pelo Verbo, seja uma pessoa.

No *Comentário às Sentenças* a pessoa é definida como uma natureza intelectiva e completa que não é sustentada (*nec sustentatur, não é assumida*) por nada e não pode valer como parte, junto a outra coisa, para a construção de um ente"[130]. No caso das três pessoas divinas, o *suppositum intellectuale* ou pessoa está constituído pela essência divina e por uma relação[131].

A pessoa humana não está constituída por uma só parte, seja o corpo ou a alma, mas pelo ser total do homem, que é uno e unitário, totalmente distinto de outro suposto (*suppositum*) material ou espiritual[132]. Tendo presentes os diversos aspectos das distintas definições, conclui-se perfeitamente que o conceito de pessoa que Ockham nos oferece expressa o ser total e unitário do homem.

---

128. *I Sent.*, d. 25 (IV, 133s).
129. *Quodlib.*, IV, q. 7 (IX, 328).
130. *III Sent.*, q. 1 (VI, 4s); *I Sent.*, d. 23, q. un. (IV, 61).
131. *I Sent.*, d. 25 q. un. (IV, 133s).
132. F. COPLESTON, *A history of philosophy*, III (Londres 1953) 100s.

b) Pluralidade de formas no homem

Fiel à tradição da Escola Franciscana, Guilherme de Ockham defende a pluralidade de formas no homem: forma intelectiva, forma sensitiva e forma de corporeidade. A primeira confere ao ser vivo a capacidade de raciocinar e de querer, a segunda qualifica o corpo como ser vivo, e a terceira qualifica o homem como corpo.

Nossa própria experiência nos demonstra todos os dias que o corpo humano é corruptível e, portanto, não pode estar informado diretamente por uma forma incorruptível. "Afirmo que se deve postular no homem outra forma além da alma intelectual, quer dizer, uma forma sensitiva"[133]. Esta forma sensitiva é distinta da forma intelectiva do homem e desaparece com a morte do corpo[134]. A forma ou a alma sensitiva estende-se por todo o corpo animal ou humano e aperfeiçoa todas as manifestações que se dão através dos sentidos: visão, audição, olfato, paladar e tato. Todas estas *potências* do corpo vivo estão informadas por um único princípio: a forma ou alma sensitiva que, ao estender-se por todo o corpo, age através dos diversos sentidos.

Mas, além da forma sensitiva, há no corpo humano outra forma, chamada *forma corporeitatis*, da qual se falou ao tratar de Scotus. "Segundo a opinião, que me parece verdadeira, há no homem diversas formas substanciais, quer dizer, pelo menos uma forma de corporeidade e a alma intelectual"[135]. A afirmação desta *forma corporeitatis* é exigida pela própria experiência: em virtude de que coisa o cadáver de um homem ou animal conserva durante certo tempo sua própria fisionomia que faz com que o reconheçamos e não o confundamos com outro cadáver? Isso não se deve à forma sensitiva, já que o corpo morto não tem sensibilidade. Deve-se unicamente à forma de corporeidade, que dá ao corpo vivo unidade e tais características que fazem com que ele se mantenha inalterável, inclusive depois da morte[136]. A forma de corporeidade exige-se também para poder explicar a identidade numérica do corpo vivo e do corpo morto de Cristo.

Embora Ockham defenda a pluralidade das formas substanciais, não nega a unidade do composto humano, porque o homem é interpretado como unidade compacta e total. "No homem, há um só ser total, mas diversos seres parciais"[137]. Tampouco se nega que a alma intelectiva seja forma do corpo, embora isso não possa ser demonstrado filosoficamente.

---

133. *II Sent.*, q. 18 (V, 407).
134. *Quodlib.*, II, q. 10 (IX, 156-161).
135. *II Sent.*, q. 7 (V, 137).
136. *Quodlib.*, II, q. 11 (IX, 162-164).
137. *Ibid.*, q. 10 (IX, 161).

Capítulo V – Antropologia

Sobre o tipo de distinção que há entre a alma intelectiva e a alma sensitiva é muito difícil demonstrá-lo filosoficamente, mas podemos esclarecê-lo partindo da análise da experiência.

> É impossível que em um mesmo sujeito existam contemporaneamente contrários. Pois bem, o ato de desejar uma coisa e ato de evitar ou rejeitar a mesma coisa, quando estão no mesmo sujeito, são contrários; pelo que, se existissem contemporaneamente na realidade, estariam em sujeitos diversos. Mas é evidente que existem contemporaneamente no homem, porque a mesma coisa que um homem deseja com o apetite sensitivo ele pode rejeitá-la com o entendimento[138].

Também a distinção que existe entre a alma sensitiva e a forma de corporeidade é difícil de demonstrar racionalmente. Em todo caso, Ockham opôs-se à doutrina escotista das distinções formais objetivas, embora ele não ofereça concretamente o tipo de distinção que há ou possa haver entre essas diversas formas. Parece que ele defende a distinção real.

c) A alma e suas potências

Para o mestre franciscano, a existência da alma imortal é um dado da fé, não uma prova da razão. Sabemos pela revelação que temos uma alma imortal, mas não podemos demonstrar filosoficamente que a possuímos.

> Entendo por alma intelectual uma forma imaterial e incorrupta, que está totalmente presente em todo o corpo e em cada uma de suas partes. Não se pode saber com evidência, nem através de raciocínios nem através da experiência, que existe tal forma em nós nem tampouco se a atividade do entendimento pertence a uma substância deste tipo que está em nós, nem se uma alma deste gênero é a forma do corpo. Não me interessa o que Aristóteles pensava a este respeito, porque parece que se expressava sempre de um modo ambíguo. Nós podemos aceitar estas três verdades unicamente pela fé[139].

Nós não temos uma experiência evidente e clara da presença de uma forma imaterial, como tampouco podemos demonstrar que nossos próprios atos intelectivos e volitivos sejam expressões da alma imortal. Menos ainda podemos saber filosoficamente que esta alma tenha sido criada diretamente por Deus[140]. A existência da alma espiritual é um metaproblema que nos chega por revelação.

Por si, a alma racional é espiritual e *in-extensa*, não pode ter partes ou faculdades realmente distintas. Mesmo admitindo pluralidade de formas substanciais no homem, o filósofo inglês nega que as potências da alma se distingam realmente dela, como defen-

---

138. *Ibid.* (IX, 156).
139. *Ibid.*, I, q. 10 (IX, 63s).
140. *Ibid.*, II, q. 1 (IX, 108).

Manual de filosofia franciscana

dia Santo Tomás, nem tampouco formalmente, como sustentava Scotus. Somente existe em cada homem uma única alma racional que produz atos diversos. O que se chama entendimento é simplesmente a alma racional que entende e conhece; e o que se denomina vontade não é outra coisa que essa mesma alma que quer. O princípio ativo no conhecer e no querer é sempre a alma. A potência ou a faculdade intelectiva "não somente designa a essência da alma, mas conota o ato do entender. O mesmo se pode dizer da vontade"[141]. O entendimento e a vontade são realmente distintos em suas ações terminais, quer dizer, em seus efeitos; mas não são realmente distintos em sua causa operativa ou princípio originário, que é sempre a própria alma.

Entre a alma racional e o entendimento e a vontade somente existe distinção verbal ou nominal, enquanto que se denomina entendimento a alma que conhece ou é capaz de conhecer, e se chama vontade a alma que ama ou é capaz de amar[142]. Com relação à tradicional distinção entre entendimento agente e entendimento possível, ou entendimento ativo e passivo, Ockham responde, dizendo que se trata também de uma distinção puramente nominal e convencional, já que expressam o mesmo entendimento em atitudes e operações diversas[143]. Se as espécies inteligíveis são intermediárias inúteis no processo cognoscitivo, não tem sentido a distinção entre ambos os entendimentos.

Quanto à conexão entre o conhecimento sensitivo e o intelectivo, explica-se através da teoria da subordinação das faculdades ou potências, segundo a qual a faculdade superior e mais perfeita assume todo o processo das potências inferiores e menos perfeitas. De tal modo que a sensação, a percepção e a intelecção são diversos momentos de um único processo cognoscitivo. Segundo este mestre, todos os juízos acerca dos objetos, que se atribuem ao sentido, são atos do entendimento, porque apenas o sentido realiza uma operação sobre o sensível, o entendimento tem conhecimento intuitivo mediante o qual pode formar proposições sobre as quais é capaz de expressar juízos, afirmando ou negando. Mas, visto que estas operações estão tão intimamente vinculadas, não se percebe se esses juízos são atos dos sentidos ou do entendimento. É surpreendente que o sentido pode julgar, desde o momento em que o julgar é um ato complexo que conclui um processo e pressupõe tanto a apreensão como a formação da proposição; e isso não se pode realizar com a ação de uma potência sensitiva[144].

O processo do conhecer e do querer implica elementos sensitivos e intelectivos, e se entre ambos os campos se pode fazer uma diferenciação, não se pode dizer o mesmo

---

141. *II Sent.*, q. 20 (V, 437).

142. *Ibid.* (V, 435).

143. *Ibid.* (V, 442).

144. *Ibid.*, q. 12-13 (V, 261,267).

Capítulo V – Antropologia

quando se trata de faculdades que pertencem a um mesmo campo, seja material seja espiritual.

d) A liberdade humana

Ockham não somente é um apaixonado defensor da onipotência e da liberdade divinas, mas também o é da liberdade humana. Segundo ele, a característica principal do homem é a liberdade, que consiste na capacidade de colocar atos diversos indiferente e contingentemente, de modo que, sem variar aquilo que está fora da vontade, esta pode causar ou não o efeito[145]. A liberdade ockhamista não se limita à liberdade de opção, quer dizer, ao poder escolher entre dois contrários e várias alternativas, mas é prévia anterior a isto: é a capacidade radical da vontade para *autodeterminar-se*. A essência da liberdade não está no ato de escolha, mas no poder privilegiado de autodeterminação, quer dizer, no querer algo concreto.

Que o homem possui esta capacidade de autodeterminar-se não se pode provar dedutiva nem aprioristicamente, mas é um dado da experiência: "Pode-se conhecer de um modo evidente mediante a experiência. De fato, todo homem experimenta que, embora sua razão lhe diga algo, sua vontade pode querê-lo ou não"[146]. Pelo mesmo fato de criticar e avaliar positiva e negativamente as ações dos outros, estamos demonstrando que a liberdade é uma realidade responsável e culpável.

Nesta concepção de liberdade o pensador inglês segue a tese de Scotus, que defende que a vontade humana não se limita à liberdade de escolha, mas que é a capacidade de poder querer ou não querer. No entanto, enquanto Scotus e outros mestres da Escola Franciscana propunham que a vontade humana está orientada por si mesma ao bem infinito, quer dizer, para Deus como resposta última e culminante das aspirações mais profundas do homem, Ockham sustenta que a vontade humana não tende *naturalmente* ao bem infinito[147] e que, inclusive, nem sequer aspira necessariamente à felicidade em geral, como nos demonstra a experiência de que existem seres humanos que podem renunciar à felicidade[148].

A vontade é livre de querer ou não querer a felicidade, que é o fim último. A liberdade é tão livre que nem sequer o máximo bem lhe pode ser imposto necessariamente. Por outra parte, não se pode demonstrar filosoficamente que a posse da essência divina

---

145. *Quodlib.*, I, q. 16 (IX, 88).

146. *Ibid.*

147. *Ibid.*, VII, q. 14 (IX, 753-755).

148. *IV Sent.*, q. 16 (VII, 350-355).

nos seja possível. Este é um dado da fé[149] que ultrapassa nossa capacidade racional. O homem, natural ou racionalmente, não quer *necessariamente* a felicidade perfeita, já que pode acontecer que o entendimento creia que o homem não seja capaz de consegui-la e que a única possibilidade de que dispõe é aquela que goza no presente.

Entre as razões que ele esgrime para negar a tendência natural da vontade a um bem infinito está aquela da impossibilidade de demonstrar a existência de um bem infinito. Pelo mesmo motivo, o fato de que a vontade está inclinada a querer um bem infinito é tão indemonstrável como dizer que a vontade tende a querer o impossível[150]. A fé ensina-nos certamente que Deus é o fim último do homem e do mundo, mas a razão não pode demonstrá-lo filosoficamente de um modo claro e convincente.

Ao expor a relação da vontade e da razão no ato voluntário, esse doutor segue a corrente da Escola Franciscana, sustentando que a vontade não deve necessariamente submeter-se ao juízo da razão. O entendimento propõe o objeto e motiva a vontade, mas é a vontade, em última instância, que decide a favor ou contra o objeto e as motivações racionais[151].

Conclusão

O universo doutrinário do franciscanismo move-se por uma dialética descendente e ascendente de participação e de comunhão e segundo a dinâmica da metafísica do amor sentido, vivido e comunicado, onde as formas superiores desejam a união com as inferiores não para aperfeiçoar-se, mas para comunicar-se a si mesmas, da mesma maneira que as formas inferiores anelam unir-se às superiores para participar de suas perfeições e poder superar sua própria indigência. Se o homem é imagem expressa de Deus e capacidade de Deus, então radica em sua ipseidade algo desse Deus que o caracteriza em seu ser e em seu agir; e o que mais o caracteriza é o ato amoroso referente às diversas esferas do real. Com razão, pode-se dizer que o amor pertence à constituição ontológica da pessoa humana, reflexo da divina. A pessoa humana, na perspectiva franciscana, tem grande sentido de sua dependência e das proporções metafísicas. Não se esquece de que é um *ens ab alio*, do qual depende, como tampouco se esquece de que é um *ens ad aliud* e *ad alterum*, com quem se relaciona existencialmente.

Também tem muito presente que a pessoa é *ad se*, que se pertence a si mesma e que não pode dissolver-se nem hipotecar-se em nenhum de seus focos referenciais. Ao fran-

---

149. *I Sent.*, d. 3, q. 2 (II, 401-405).
150. *Quodlib.*, III, q. 1 (IX, 207s); *IV Sent.*, q. 16 (VII, 350-353).
151. *Ibid.*, I, q. 16 (IX, 87-89).

Capítulo V – Antropologia

ciscano não cabem temporariamente sequer nem a identificação ontológica e panteísta nem a confusão psicológica e social. Ele tem uma intuição especial para viver sua vida *em*, dirigir-se *para*, ser *para* e estar *com*. O franciscano sente-se em tensão por superar-se incessantemente, pois nunca se vê acabado. É um peregrino que fraterniza com tudo o que o acompanha em sua viagem existencial, mas ao mesmo tempo está em atitude de despedida de dependências e de freios paralisantes que aparecem em seu itinerário vital. Necessita do encontro com o outro, com a natureza, com a comunidade e com Deus, porque através dessa relação pessoal ele se humaniza, humaniza os outros e humaniza o mundo. O franciscano está muito longe das antropologias da incomunicabilidade e de ser um Robinson da existência, como tampouco um ser uno e empastado em si mesmo, mas é um ser-aberto aos demais e que se manifesta vital e afetivamente na vida quotidiana, no mundo social, no habitar no mundo e em sua abertura à transcendência.

Se tivesse que oferecer um panorama sintético e arquitetônico da visão filosófica segundo o pensamento franciscano, eu apresentaria o seguinte esboço antropológico como diálogo com as antropologias relacionais de nosso tempo.

1) O franciscano é uma pessoa que se aceita a si mesma tal como é. E no fato psicológico e metafísico de aceitar-se e de dizer sim ao seu eu pessoal se abre às suas próprias possibilidades pessoais e se dispõe a indefinidos encontros com o não-eu. O encontro sincero e verdadeiro consigo mesmo é condição indispensável para um encontro fecundo com os outros, com o outro e com o Outro. Somente a pessoa pode estar disponível a serviço de uma missão que o reclama e, às vezes, o transcende.

2) O eu psicológica e existencialmente se abre ao tu com o qual se comunica e com o qual entabula relações interpessoais. A pessoa franciscana não se explica nem se realiza sem o outro e sem os outros com os quais forma comunidade que, em linguagem própria, se chama fraternidade. Nesta família humana não entram nem se concebem personagens fechados, auto-suficientes e excludentes. O outro é acolhido em sua concretitude e assumido inclusive em seus elementos mais negativos. No homem franciscano não se dão simplesmente relações existenciais, como se oferecem em tantas filosofias personalistas, mas também relações afetivas, vocacionais e convergentes para uma mesma meta intencional e vital que excluem a dialética do antagonismo e os comportamentos excludentes.

3) O homem franciscano tem clara consciência de estar no mundo e de viver uma natureza concreta, com coisas, seres animados e inanimados e com animais. Sua relação com esse mundo é também vital e afetiva. A natureza para Francisco é o horizonte para uma festa. O *Cântico das criaturas* ou do *Irmão Sol* é a máxima expressão gozosa do encontro fraternal com a natureza. Para os pensadores franciscanos, a natureza e as coisas que a compõem são algo mais do que coisas, pois têm uma mais-valia ôntica e reclamam a presença do irmão homem como algo entranhável e como ser amigo. Diante da

crise ambiental o pensamento franciscano pode oferecer uma sã e sadia pedagogia de como habitar no mundo.

4) O dinamismo mais profundo do homem, manifestado em sua vontade, em seu entendimento e em seu sentimento, remete-o ao Tu divino, com quem entabula uma relação privilegiada. A esfera do religioso para o franciscano é muito mais que a esfera do divino proposta por alguns fenomenólogos da religião, para quem o Tu divino é uma possibilidade para o eu humano e uma melhor compreensão da imanência a partir da transcendência. Para a fraternidade franciscana, Deus não somente é o ser fundante e criador de tudo. É Pai, Bem, Sumo Bem, Altíssimo, Presença total, Proximidade, Sabedoria, com quem se cria uma relação profundamente pessoal que incide no ser de cada um e condiciona o viver, o trabalhar, o celebrar, o amar e o morrer. Deus não é um esquema nem um conceito nem uma força anônima e impessoal. É o Deus revelado em Jesus Cristo que só se compreende quando se crê nele e se vive segundo o projeto evangélico. Deus, então, não é um programa nem está programado. É vida e é amor, criador e providência. A partir desta perspectiva, toda a vida se manifesta como o grande sacramento da gratuidade divina.

5) O franciscano também se sente relacionado com a história e tem clara consciência de sentir-se situado. O valor do *hoje* e do *instante*, vividos como graça e oportunidade, dava a São Francisco e aos que sintonizam com seu espírito uma mobilidade e intensidade especiais de vida. Nos pensadores franciscanos o tema da história, como acontecimento de salvação e de oportunidade, sempre esteve presente e foi determinante na elaboração filosófico-teológica. Para o franciscanismo, a vida sempre tem um sentido inaugural e outorga ao homem a possibilidade de descobrir sempre o novo como categoria de existência. Tampouco tem medo diante da morte, porque também ela faz parte da vida. E, ao praticar a *ars vivendi*, se alcança também a *ars moriendi*. Atitudes existenciais que motivam o franciscano a celebrar a existência como graça e como dom. Ele procura ser um *homo viator* e viver com a esperança de que o é ainda hoje[152].

---

152. Sobre a descrição de algumas categorias existenciais da antropologia franciscana, cf. J.A. MERINO, *Visión franciscana de la vida cotidiana* (Madri 1991; Trad. it. Assis 1993; Trad. port. Braga 2000).

CAPÍTULO VI

COSMOLOGIA

Joaquim Cerqueira Gonçalves

Bibliografia

BELFAST, J.M., "Microcosm and Macrocosm in the Writings of St. Bonaventure", em *San Buenaventura 1274-1974* (Grottaferrata 1973) II, 312; CERQUEIRA GONÇALVES, J., *Em louvor da Vida e da Morte. Ambiente: A Cultura Ocidental em questão* (Lisboa 1998); ID., "Globalização e Ecologia": *Communio* 17 (2000) 341-356; ID., "S. Francisco de Assis e a Ecologia", em *Dois mil anos: Vidas e percursos* (Lisboa 2001) 159-180; ID., "A Responsabilidade Ambiental. Uma leitura medieval paradigmática: *Redução das Ciências à Teologia* de S. Boaventura", em *Idade Média: Ética e Política* (Porto Alegre 1996) 187-205; GOLLEY, F.B., *A History of the Ecosystem Concept in Ecology. More than the Sum of the Parts* (New Haven – Londres 1993); MERINO, J.A., "Humanismo Franciscano e ecologia": *Itinerarium* 140 (1991) 210; ID., *Humanismo Franciscano. Franciscanismo y mundo actual* (Madri 1982); PEPIN, J., *Théologie cosmique et théologie chrétienne* (Paris 1964); SCHÄFER, A., "The Position and Function of Man in the created World according to Saint Bonaventure": *Franciscan Studies* 20 (1960) 161-315; 21 (1962) 233-282.

Introdução

A cultura ocidental foi marcada por um movimento cíclico e alternante: umas vezes exorta ao distanciamento – geralmente de inspiração iluminista – da natureza, interpretada como uma instância retardadora dos valores do progresso, outras vezes fomenta nostalgia da vida natural originária e o retorno a ela, para dissociar-se das investigações nocivas e artificiais, provenientes, na época moderna – argumenta-se –, dos excessos da ciência e da técnica.

Em nossos dias, devido especialmente à degradação ambiental, apesar da persistência do entusiasmo prometéico com as proezas da tecnociência, se tem generalizado o imperativo, às vezes angustiado, de um retorno à natureza, trajeto que se julga dever

Manual de filosofia franciscana

vir acompanhado por um exercício de purificação da humanidade, contaminada por elementos poluentes de seu planeta desequilibrado, do qual seria responsável.

Se estes vaivéns, tantas vezes atravessados por incoerências flagrantes, estão empapados de uma ambigüidade grande, a noção de natureza a que se referem, umas vezes positiva e outras negativamente, também não é clara, transcorrendo desde esta situação confusa por atmosferas indefinidas, nada propícias a soluções de indiscutível urgência em nível ambiental[1].

Sente-se a necessidade de introduzir em todo este processo um mínimo de unidade racional, rejeitando atitudes e leituras contraditórias, cuja incoerência está engendrando ineficácias e danos irreversíveis. Se a racionalidade da época moderna quase prescindiu da tematização do motivo comum da unidade do saber, a recuperação de um ambiente sadio parece que não pode renunciar a ela. O acento atual colocado sobre a responsabilidade ética no meio ambiente[2] escamoteia outras dimensões não analisadas geralmente no foro ético, sobretudo as de caráter epistemológico.

Se as alterações negativas da vida na terra devem muito, embora não exclusivamente, às opções e aos esquemas da racionalidade – aos saberes –, então a recuperação do equilíbrio ambiental aponta, na atualidade, para uma metamorfose que se deve introduzir no campo das ciências. Contudo, nesta questão tão complexa, o futuro não se constitui sem uma leitura hermenêutica do processo histórico do saber na cultura ocidental, no qual residem, eventualmente, as luzes e as sombras determinantes do presente. É porque nem a ciência é atemporal, nem seu mundo é de uma transparência cristalina, dada a presença nela de múltiplos elementos não justificados cientificamente. É urgente deslindar o que na cultura ocidental está a favor da vida e também o que a trai.

Para não alongar demasiadamente este trajeto histórico imprescindível, comece-se com a *Física* de Aristóteles, que se ocupa precisamente da natureza, cuja existência e im-

---

1. A Igreja Católica também vem tomando consciência dos desequilíbrios ambientais. O fato de manifestar esta preocupação, de uma forma indireta, traz em si o benefício de não limitá-la, evitando sua dissociação das grandes questões da vida e do universo. Esta orientação se demonstra, por exemplo, na Carta encíclica de João Paulo II, *Centesimus annus*, na qual se podem sublinhar algumas linhas significativas: "Igualmente preocupante junto ao problema do consumismo e com ele estreitamente ligada está a questão ecológica" (n. 37). "Além da destruição irracional do ambiente natural, deve-se recordar aqui outra destruição mais grave, como é a do *ambiente humano* [...] comprometemo-nos demasiado pouco para *salvaguardar as condições morais da autêntica ecologia*" (n. 38). "É necessária, portanto, e urgente uma *grande obra educativa e cultural*" (n. 36). A terra tem uma forma própria e um destino anterior dado por Deus" (n. 37). A Carta é de 1991.

2. É tão importante que já se fixou com caráter de princípio – *princípio da responsabilidade* –, geralmente associado ao nome de Hans Jonas. Utilizando uma terminologia equivalente, mas em outro contexto especulativo, inspirado em Boaventura, veja-se nosso estudo "A Responsabilidade Ambiental", a.c., 187-205.

Capítulo VI – Cosmologia

portância, segundo diz o próprio autor, seria ridículo tentar provar[3]. Este texto da *Física*, culturalmente, às vezes por motivos opostos, é irrefutável[4]. Não é, de fato, a *gênesis* da filosofia da natureza, mas representa na cultura ocidental sua primeira e emblemática sistematização filosófica, sem desaparecer nunca do horizonte, no qual se delinearam aceitações entusiastas e rejeições indignadas. A influência desta obra no Ocidente latino sobretudo a partir do século XII, especialmente nos pensadores franciscanos, condicionaria não somente o estudo da natureza, mas também a sensibilidade para com ela, inclusive quando se tornou alvo de condenação pelos protagonistas da ciência moderna. Ainda hoje, claramente dominados por modelos científicos, nos quais parece não subsistem indícios aristotélicos, alguns esquemas sobre a natureza, inspirados na *Física* do Estagirita continuam vivos, influenciando as mentalidades, agindo na linguagem e na sensibilidade, como se se tratasse de estruturas co-naturais – transcendentais – insuperáveis. Não continuamos pensando e expressando-nos em categorias de *gênero e espécie*? A noção de natureza presente na *Física* de Aristóteles tem inequivocamente uma característica qualitativa, garantia para o estudo das causas formal e final[5], razão pela qual a ciência moderna, precisamente, a destronou. Ao passo que hoje, paradoxalmente, a racionalidade, não obstante a euforia da permanência de um saber quantificado, a racionalidade contemporânea, desesperando de sua sobrevivência, está voltada para uma pretensa reconciliação com o qualitativo da realidade, sem contentar-se com a redução da vida – e da biologia – à química ou à física modernas, já que está associada com elas a manipulação da natureza, indiferentemente da irredutível estrutura intrínseca dos entes.

A purificação de uma natureza que corresponda às imposições da razão de uma determinada época – no caso, da Grécia de Aristóteles – para superar, pelo menos em parte, as representações míticas do cosmos, representa certamente uma conquista inegável, na qual ainda continua havendo danos e perdas. É porque, se Aristóteles procurou salvaguardar racionalmente a natureza qualitativa das diversas espécies dos seres vivos, destacou, no entanto, pelo menos na *Física*, embora não em alguns outros textos, a perspectiva da organicidade qualitativa global – o cosmos, o universo, o mundo[6]. A

---

3. *Física*, 193 a5.

4. Até a chegada dos livros da *Física* ao mundo latino, as questões cosmológicas enquadravam-se no horizonte do *Timeo* de Platão, conhecido parcialmente. Este texto sustentou amplamente as especulações da Escola de Chartres, na qual a natureza e a cosmologia mereceram então uma atenção significativa. Cf. T. GREGORY, "L'idea di natura nella filosofia medievale prima dell'ingresso della Fisica di Aristotele. Il secolo XII", em *La Filosofia della Natura nel Medioevo. Atti del Terzo Congresso Internazionale di Filosofia Medioevale*. Passo della Mendola (Trento) 31 di agosto-5 settembre 1964 (Vita e Pensiero, Milão 1966) 27-65.

5. *Física*, 198 b1-5.

6. Aristóteles considera que a física não pode ocupar-se da unidade nem da mobilidade (*Física*, 185 a1-7), tarefa que deve ser realizada por outras ciências. Em *De coelo* (I-II) e na *Metafísica* (XII) ele se ocupa, de fato, da globalidade do universo. Mas, se somente é possível conhecer as substâncias, melhor dito, as formas delas, a globalidade continua em interdição.

Manual de filosofia franciscana

crítica que o Estagirita dirigiu aos Pré-socráticos a esse respeito é exemplar. Estes se contentavam somente com a causa material – *água, terra, ar, fogo*, etc. –, mas esta causa não salvaguardaria, segundo a interpretação aristotélica, as diferenças qualitativas das diversas substâncias[7], que somente fundamentaria a causa formal[8]. Com a referência a esta passava a dominar a visão isolada de cada natureza, de cada espécie, sem se levar em consideração a articulação ontológica com as demais. A vantagem de enunciar a natureza no plural – as naturezas – ia acompanhada da omissão efetiva de um horizonte de uma globalidade diferenciada, o mundo. Além de que Aristóteles pretendia liberar o estudo da natureza das projeções humanas que se suspeitavam presentes nos mitos, incluindo a doutrina pré-socrática dos *elementos*, o Estagirita, ao inclinar-se sobre a natureza, melhor dito, sobre as naturezas, vinha ajustar o estudo da realidade às condições e possibilidades gnosiológicas humanas do fazer, mantendo, sem dar-se conta disso, determinantes antropomórficas e inclusive antropocêntricas. De fato, para Aristóteles, o objeto, o único possível, do conhecimento humano é a natureza, quer dizer, a forma dos entes sensíveis, hilemorficamente compostos[9], colocando assim na história do pensamento uma questão ainda não fechada, a de medir a realidade segundo a configuração humana. I. Kant sancionará, solenemente, dentro dessa história, a desproporção entre as possibilidades humanas do conhecer cientificamente e a amplitude da realidade, entrando o mundo no tríptico das proibições científicas. Pode-se conhecer a natureza, mas não definida pelo que é, mas pelo modo humano de apreendê-la cientificamente[10].

Além das múltiplas variantes epistemológicas desta questão, que serão sistematicamente discutidas na escolástica latina, na qual se enquadram os pensadores franciscanos[11], a natureza – as naturezas – da *Física* aristotélica, precisamente porque, devido à sua característica qualitativa, podia eventualmente seduzir os nossos contemporâneos, não satisfaria, contudo, a exigência de uma racionalidade que hoje, mais do que nunca, tem necessidade de ver a realidade em termos de unidade global na qual estariam delineadas de forma articulada as diferenças. Se esta cláusula epistemológica não é respeitada, não se vislumbra a possibilidade de uma visão sistemática do mundo, o que cons-

---

7. *Física*, 192 b30.

8. *Física*, 198 b10.

9. *Física*, 192 a; 225 a33.

10. Os humanos só podem conhecer a partir da intuição sensível, mediante a referência de um conceito puro do entendimento aos objetos dos sentidos (*Crítica de la razón pura*, Lógica trascendental, § 22, B, 146-147).

11. Não obstante a proibição dos *libri naturales* de Aristóteles (em 1210), foram eles que estimularam um saber fundamentado sobre a natureza na Idade Média, também entre os franciscanos, que não deixariam de assumir posições muito determinadas no campo da física, sobretudo a partir do desenvolvimento dos estudos em Oxford.

Capítulo VI – Cosmologia

titui o grande projeto da atual ecologia[12]. Por outra parte, a causa formal, na função que Aristóteles lhe atribuía, a de assinalar as diferenças, não é suficiente, uma vez que a realidade se manifesta em singularidades, também estas qualitativas, não redutíveis à estrutura das espécies[13]. Um mapa em relevo dos ecossistemas regionais[14], como atualmente se preconiza, além de supor uma vigorosa categoria de relação, exige uma reformulação da questão uno/múltiplo, que a tradicional relação indivíduo-espécie não satisfaz, seja porque esta última não acaba de absorver o primeiro, seja porque não é possível a comunicação entre as singularidades de espécies diferentes[15].

O fato de considerar-se racionalmente significativo e positivo o momento da concessão da *alma do mundo*[16], que prestaria ao universo um sentido de vida e de unidade, às vezes em formulação panteísta, não invalida a necessidade de procurar, também por rigor racional – e dentro do esforço de preservação da harmonização ambiental – uma visão unitária do cosmos entre os modelos científicos disponíveis na atualidade[17]. O equilíbrio do universo não se conforma com a estratégia humana de dividir em fragmentos para ver melhor, como acontece na diversificação disciplinar dos saberes. O significado fundamental da natureza, tomada para este efeito em seu significado mais geral, aponta para uma instância com movimento e desenvolvimento intrínsecos próprios, a que a

---

12. "Temos necessidade de criar um quadro conceitual novo e temperamental de referência que nos sirva de princípio epistemológico e ético na relação entre o homem e a natureza": J.A. MERINO, "Humanismo Franciscano e Ecologia", a.c., 210; cf. Id., *Humanismo Franciscano. Franciscanismo y mundo actual* (Cristiandad, Madri 1982) c. VI.

13. Também neste aspecto, o da valorização do singular, se assistirá a um distanciamento progressivo do cristianismo com relação à adivinhação grega. A atenção concentrada no singular alcança uma de suas grandes expressões no franciscanismo, seja pelo reconhecimento da possibilidade de ser conhecido (cf. C. BÉRUBÉ, "La connaissance intellectuelle du singulier matériel au XIIIe siècle": *FraStu* [1951] 157-201), seja, em outra tendência, pela atmosfera nominalista que, a este respeito, se respira na obra de Guilherme de Ockham (cf. P. ALFÉRI, *Guillaume d'Ockham. Le singulier* [Minuit, Paris 1989]).

14. A própria terra – *Gaia* – pode ser vista como um ecossistema planetário, no qual estão delineados infinitos subecossistemas, não redutíveis à *biota*, dos que fazem parte todos os elementos biofísicos. Cf. F.B. GOLLEY, *A History of the Ecosystem Concept in Ecology. More than the Sum of Parts* (Yale Universty, New Haven-Londres 1993). Abordamos esta questão em "Globalização e Ecologia": *Communio* 17 (2000) 341-356.

15. Boaventura refere-se à *magnitudo* e à *multitudo* das coisas, estas em sua diversidade específica e individual (*Itin.*, c. 1, n. 14).

16. O Doutor Seráfico deve ser contado entre os pensadores que, no século XIII, mais cedo rejeitaram a idéia de um mundo animado. Cf. J.M. BELFAST, "Microcosm and Macrocosm in the Writings of St. Bonaventure", em *San Buenaventura 1274-1974* II (Collegio S. Bonaventura, Grottaferrata 1973) 312.

17. Neste sentido, hoje se fala do hiperorganismo *Gaia*, sem associar a esta os caracteres divinos dos mitos antigos.

227

intervenção humana deve estar atenta. Mas a natureza, cujo estatuto, pelo menos desde Aristóteles, se orienta para um movimento de estrutura autônoma[18], não subordinável a projeções antropomórficas, nunca conseguiu conservar essa autonomia, tanto nas cosmogonias como na própria *Física* do Estagirita ou na ciência moderna, e mesmo nos termos nos quais as preocupações ambientalistas e ecologistas se voltam para ela, de um teor antropocêntrico que não se pode disfarçar. Reside aqui, fundamentalmente, o motivo pelo qual a instância da natureza se transforma em questão, precisamente a da relação do ser humano com o universo. Com o resultado de que, algumas vezes, se realiza aí o sacrifício do todo às partes, como na passagem de uma certa visão mítica, de sentido global, à sistematização filosófica, de configuração compartimentada, semelhante ao que aconteceu na *Física* de Aristóteles; outras vezes, ressalta a superposição de algumas partes sobre todo o resto, como acontece no imperialismo habitual da espécie humana; e outras vezes ainda em função de interesses, bastante discutíveis, da sociedade. A autonomia da natureza, por outro lado tão apregoada, acaba sempre por não ter correspondência ontológica, limitando-se a exercer a função inoperante de uma *idéia reguladora*, para expressá-lo com uma terminologia kantiana[19].

Paradoxalmente, se à idéia de natureza se associou, também desde tempos remotos, a característica da estabilidade, a noção que dela se formula é enormemente diferenciada e versátil, não somente devido à multiplicidade de interpretações, mas mais ainda porque a própria natureza está empapada da dimensão elástica da historicidade, como passou a ser admitida com o cristianismo. O pensamento contemporâneo foi ganhando consciência da magnitude e da delicadeza desta questão – a da realização do ser humano com o universo –, sentindo, algumas vezes, as conseqüências negativas da redução do saber ao seu insatisfatório modelo cienticista e vivendo, outras vezes, angustiadamente as perturbações ambientais. Não é ainda possível, enquanto isso, registrar em nossa época uma mudança consistente do rumo, embora mereçam ser recordadas algumas referências significativas atuais. De fato, e mais de uma vez, falar de natureza equivale a ponderar as relações universo/ser humano. Em uma intensa síntese, se mencionam somente duas, porque ambas ocupam um espaço de racionalidade exterior ao modelo cienticista.

O romanticismo constituiu um poderoso movimento de retorno à natureza, à vida, alimentando-se dele muitas reflexões posteriores de tipo especulativo. Certas tendências

---

18. Entende-se por natureza o que tem em si um princípio de movimento e de repouso (*Física*, 192 b13); à natureza associa-se a idéia de movimento (*ibid.*, 192 b32). Na *Metafísica* V, 4, pela diversidade de significados do termo natureza, Aristóteles manifesta sua consciência da complexidade deste filosofema.

19. *Crítica de la razón pura*. Dialética transcendental, 9ª seção (B 547); Apêndice à *Dialética trascendental*. O uso regulador das idéias da Razão pura (B 672).

Capítulo VI – Cosmologia

românticas celebram a unidade do cosmos, que se confunde, às vezes, com a realidade divina. Não quer dizer que de tal movimento se sucedessem conseqüências práticas assinaladas, capazes de inverter a orientação moderna da ciência e da técnica. Contudo, esta alusão se inclui no romanticismo, porque, além de sua importância em termos especulativos, se interpretou o franciscanismo, com alguma freqüência e por diferentes títulos, dentro da atmosfera romântica, inclusive no âmbito ecológico, como se constituísse uma genial antecipação do romanticismo. Esboçou-se, pelo menos, a impressão de que a inspiração franciscana da natureza se identificaria com o *pathos* romântico. É conveniente acrescentar de passagem que as características da racionalidade romântica e as da tecnociência são distantes até tal ponto que as dificuldades ambientais provocadas por esta última não passam, em seu processo de superação, pelo recurso ao romanticismo, embora os entusiasmos ambientalistas e ecologistas se aproximem, com freqüência, do ardor romântico. Nos reais e complexos problemas ambientais a resolver deve-se recorrer às outras mediações que, sem moldar-se segundo a tecnociência, inclusive com o aperfeiçoamento desta, trabalham mais diretamente, embora às vezes entre contrastes com a ciência e a técnica, sem esconder sua preciosa e insubstituível presença em nossa cultura. Nem a tecnologia é a única responsável pelas anomalias ambientais, nem é imaginável realmente sua ausência, nem as soluções desejadas passam somente pelo refinamento da ciência e da técnica, nem tampouco por sua ausência[20].

Na compreensão da natureza, além do romanticismo, merece especial referência, na atualidade nas tentativas de esclarecer a relação universo/ser humano, o movimento fenomenológico, entendido em compreensão ampla e evolutiva. Sem alterar essencialmente a situação, inclusive a do pertinaz antropocentrismo da cultura ocidental, a fenomenologia dirigiu críticas saudáveis à tecnociência e levou à prática análises muito bem delineadas do comportamento humano, dos quais resultaram interpelações e terminologias de grande alcance para a relação ser humano/universo. Foi neste contexto que se generalizou a expressão sugestiva *ser-no-mundo*[21]. A fenomenologia, não obstante sua insensibilidade, mais ainda, sua hostilidade para com a dimensão ontológica,

---

20. A questão não se pode centrar na tecnociência, que já é conseqüência das opções da cultura ocidental, na qual as verdadeiras dificuldades se concentram, como indica o subtítulo de nosso *Em louvor da Vida e da Morte. Ambiente: a Cultura Ocidental em questão* (Edições Colibri, Lisboa 1998).

21. Esta terminologia se generalizou, sobretudo, na língua alemã, *in-der-Welt-sein*, devido em boa parte à influência de M. HEIDEGGER que a emprega em sua obra *Sein und Zeit* (§§ 12, 16, 25). Neste texto (§ 12) se reconhecem as inspirações que os estudos de biologia podem proporcionar neste sentido (em concreto se refere ao pensamento de K.E. VON BAER), mas M. Heidegger se preocupa em advertir a passagem do biologismo para a filosofia. Este, no entanto, ganha uma pertinência reduplicada em uma reflexão sobre a natureza. Convém, por outro lado, recordar a reiterada presença do estudo efetuado por M. Heidegger sobre a natureza tanto nos Pré-socráticos como em Aristóteles.

sempre se preocupou com as análises do sentido da realidade – com o lema às *coisas mesmas*[22]–, do que não cuidava verdadeiramente o modelo da tecnociência. Por outro lado, a própria evolução da fenomenologia, que agora mesmo não é obra de seu fundador E. Husserl, abriu às vezes o caminho para uma aproximação entre fenomenologia e ontologia, uma tendência que pode beneficiar muito a instância da natureza[23].

Mas a natureza, na atualidade em processo oprimido de reabilitação, tem dificuldades para situar-se nos saberes cultivados pela modernidade, às vezes constituídos contra ela. O modelo cienticista do saber, no entanto, está admitindo hoje sua própria insuficiência, apelando por isso a instâncias novas, ainda atualmente apeadas do foro da cidadania epistemológica, como as do meio ambiente e da ecologia[24]. Por outro lado, a natureza que o ambiente e a ecologia pretendem recuperar continua resistindo às dificuldades que sempre a acompanharam, quer dizer, à sua antropomorfização, já que a natureza humana, tomando felizmente consciência de que não é auto-suficiente, nem por isso reconhece para as outras naturezas um estatuto autônomo intrínseco, instrumentalizando-as, por si mesmas, a seu favor. Da mesma forma, o contraste entre o *ambiente* e o *mundo*[25] é incapaz de conferir, a partir deste último, uma justa autonomia à natureza, continuando esta subordinada – instrumentalizada – em função dos supostos interesses da humanidade.

Pela complexidade da questão da natureza, à qual sumariamente estamos nos referindo, a atenção dirigida ao franciscanismo, dentro desse mesmo horizonte, não representa uma simples curiosidade pelo passado, não tendo tampouco, menos ainda, a intenção panegírica de avivar ou de atualizar o patrimônio espiritual da Ordem Franciscana. O estudo da natureza, pelo fato de constituir hoje um tema de preocupação universal e de difícil abordagem, devido sobretudo à devastação ambiental, sente a neces-

---

22. O lema diretor formula-se pelo retorno *às coisas mesmas*, como corresponde à expressão alemã *Sachen selbst zurückgehen* de E. Husserl.

23. A "ontologia do Lebenswelt", da qual trata E. HUSSERL, *Die Krisis der europäischen Wissenschaften und die transzendentale Phänomenologie* §§ 11, 15, 17, 18, facilita este trajeto em direção à ontologia, destacando em nossa época, neste mesmo sentido, a contribuição do filósofo francês M. MERLEAU PONTY, que tem em sua obra *Phénomenologie de la Perception* (Gallimard, Paris 1947) uma referência capital.

24. A *bioética* é exemplo significativo de busca de novos caminhos, mas de pouca consistência epistemológica, se é que alguma vez vai chegar a alcançá-la. De fato, nem a ética é a última instância do saber, nem o hibridismo da *bio-ética* satisfaz as exigências de um saber; cf. L. SÈVE, *Pour une critique de la raison bioéthique* (Odile Jacob, Paris 1994).

25. A distinção entre *ambiente* – ou, com outra tradução, *mundo circundante* – e *mundo* pretende generalizar a terminologia alemã *Umwelt* e *Welt*, que E. HUSSERL utilizou, *Die Krisis der europäischen Wissenschaften und die transzendentale*, § 6, e para a qual contribuiu muito M. HEIDEGGER, *Sein und Zeit*, §§ 12, 14, favorecendo sua generalização.

sidade de somar-se ao potencial de interpretações disponíveis que o passar do tempo tem colocado à prova.

Ao contrário do que acontece na ciência, o último paradigma pode não ser o mais adequado e eficaz para as questões com as quais nos confrontamos. A natureza não é um objeto a dissecar cientificamente, mas sim um patrimônio a compreender, a preservar, a transformar e a desenvolver que, caso contrário, se apresenta com leituras uniformes e atemporais que inevitavelmente tornam secundárias as direções que talvez constituiriam rumos alternativos para nossos dias. Uma vez dito isto, apesar do já proverbial naturalismo franciscano, há uma especulação franciscana sobre a natureza que não é exclusiva do franciscanismo, lançando suas raízes, pelo contrário, em solos mais amplos, dos quais muitas gerações, sobretudo cristãs, saudavelmente se alimentaram. Deve-se reavivar essa racionalidade que tem a vantagem de não se ter nunca distanciado da vida.

1. Natureza e cultura

A introdução aqui apresentada mostrou, não obstante seu caráter sucinto, a amplitude e a versatilidade da noção de natureza, aproximando-a irrecusavelmente do âmbito da cultura e evitando a redução desta às suas manifestações científicas.

Examina-se freqüentemente o binômio natureza/cultura, mas, de fato, trata-se de uma oposição artificial, não havendo natureza sem cultura. A definição de natureza é sempre, pelo menos, uma construção da cultura, incluída a que está desenvolvida na *Física* de Aristóteles. Enquanto isto, a natureza aparece assim como a primeira e a última instância da realidade – pelo menos da parte desta que é acessível gnosiologicamente ao ser humano –, ficando por isso legitimadas todas as suas prioridades e autonomias. Natureza e cultura, mesmo sem contrastá-las, costumam ser distinguidas, a título diverso, ao menos para afirmar que a realidade se identifica aqui com a natureza, que não se reduz às formas que a cultura vem delineando.

A exigência de "naturalização" da natureza, por parte de Aristóteles, evitando que esta revestisse formas inconsistentes e provisórias de cultura, tentando vencer assim os antropomorfismos das cosmogonias anteriores, correspondia aos projetos de implantação de uma racionalidade autônoma, imune diante das contingências de uma intervenção humana e de fatores temporais. Embora pruridos de exigência gnosiológica impedissem o Estagirita de tomar consciência do caráter cultural tanto de sua noção de natureza como de seus critérios de classificação da realidade, a interferência de ordem cultural é na *Física* indissimulável. Enquanto isso, o processo de "culturização" da natureza, em contraste com a "naturalização" da mesma natureza e da própria cultura, inevitavelmente faz parte da história da natureza[26]. Isto não significa que a natureza deixe de ter razão de ser ou que se torne inclusive um resíduo de cultura, como se o natural se confinasse nos sedimentos ainda não absorvidos por esta. Deve-se notar que grande parte destas confusões, tensões e ambigüidades, pendentes da articulação natureza/cultura, se devem ao fato de afastar-se desta dualidade, em vez de caminhar para uma unidade maior, a da instância do ser, como oportunamente será esclarecido. Dito enfaticamente, nem natureza, nem cultura, nem natureza/cultura.

A primazia dada à cultura supõe que o ser humano seja o protagonista na dinâmica da vida real. Enquanto isso, o processo de entendimento desta está longe de limitar-se ao binômio ser humano/natureza, às tentativas de reduções possíveis de um termo a outro, às harmonias conseguidas ou às tensões fomentadas. É que o processo de relação entre ser humano/natureza carece de mediações que precedem o plano da relação natureza/cultura.

Recorrendo à terminologia já antes referida, *ser-no-mundo*, e independentemente de ela não reproduzir, devido a sua conotação antropomórfica, a última leitura da realidade, sugere, enquanto isso, uma atividade de relação participativa entre o ser humano e o universo, por meio do exercício de construção do mundo. Já é importante reconhecer que a relação com o mundo é constitutiva do ser humano, mas é ainda mais do que isso. Trata-se, de fato, de um processo de constante e histórica abertura da realidade, de toda a realidade, incluindo a não-humana, pela mediação do mundo, significando este a maior expressão alcançada de uma unidade orgânica, em contínuo movimento de universalização, de unificação e de diferenciação. Afastando-nos dos dualismos natureza/cultura e ser humano/universo, situamo-nos assim, por seu aprofundamento, no processo de constituição do mundo. Este será sempre, segundo estes termos, um processo e um resultado, no qual tudo alcança sentido e no qual se conseguem as maiores proporções possíveis, embora sempre históricas e nunca esgotadas. Podemos, neste caso, identificar cultura e mundo, pois é neste processo que se manifesta aquela. Toda a vida, chamada natural, passa por este processo de mundanização. É tanto mais urgente introduzir esta nota quanto que a ignorância de seu alcance poderia sancionar o movimento nostálgico de volta à natureza, como se esta constituísse um reino de pureza primigênia não alcançado – para não dizer corrompido – pela cultura, sobretudo pela sofisticada coloração dela que é tecnociência. Não se deve esquecer que a utopia, sobretudo ela, de uma natureza pura e primitiva é uma construção cultural, alimentando os ideais de busca de um mundo o mais perfeito possível, confundindo-se sub-repticiamente no movimento da intencionalidade da mundanização.

---

26. R. LENOBLE, *Esquise d'une histoire de l'idée de Nature* (Albin Michel, Paris 1969), ilustra bem esta afirmação.

Capítulo VI – Cosmologia

Neste contexto, o cosmos – os cosmos – é o resultado da construção do mundo, propendendo, no entanto, a cristalizar-se – naturalizar-se – em uma das formas dele, já elaboradas pela cultura, da qual pode ser exemplo paradigmático o cosmos – a natureza – da *Física* de Aristóteles[27]. Natureza e cultura são noções operativas indissociáveis, pelo que voltar-se a uma delas significa reencontrar-se com a outra. Por isso, assim como não pode ser esquecida a determinante cultural da *Física* aristotélica, cuja noção de natureza às vezes se pretende sacralizar, por uma "naturalização" artificial, assim também se torna decisivo, para compreender o sentido da natureza no franciscanismo, o contexto cultural no qual este se desenvolveu.

Não há uma física filosófica que seja indiferente à cultura, como sucede com a física científica, à qual muitas vezes se busca reduzir o ideal de toda a cultura, como se nas manifestações científicas dela se consumassem as genuínas intencionalidades culturais. A cultura, como se vem explicando, busca a realização, em um desenvolvimento histórico, da expressão mais aperfeiçoada do mundo, enquanto a ciência, nos termos nos quais se costuma definir – sistema hipotético-dedutivo – define seu mundo, um mundo determinado ao qual se vai reduzindo a vida da realidade, nele idealizada, até ser substituído por outro. Mas a produção científica é somente um dos elementos, embora muito importante, da cultura, já que o mundo desta, muito mais complexo do que é sua expressão científica, nunca se esgota, porque é alimentado pela suculenta seiva do mundo da vida, no qual estão presentes, indissociavelmente e em plenitude de vida, o passado, o presente e a orientação para o futuro. O movimento de gênesis cultural, que acompanha a noção de natureza, representa talvez, atualmente, um dos elementos privilegiados a recuperar. Mais do que de natureza, se deve falar de patrimônio natural, sendo inerente a este a dimensão cultural. De qualquer modo, e uma vez mais, a superação especulativa do binômio natureza/cultura torna-se imperativa, mas não pela redução de um termo ao outro. O pensamento franciscano irá, eventualmente, certificando-nos que essa operação já viu alguma realização na história da cultura.

2. O cristianismo e a natureza

Dentro da visão cristã do mundo, há múltiplas e, inclusive, divergentes interpretações da natureza, sem que a questão se reduza, como se pensa com freqüência, à articulação natural/sobrenatural. Não obstante o reconhecimento da sensibilidade do cristianismo para com a dimensão ôntica da natureza, às vezes é escamoteada tal dimensão a

---

27. A. BERKE refere-se, sugestivamente, a uma "racionalidade mesológica", procurando superar com tal terminologia tanto o objetivismo como o subjetivismo na encruzilhada da natureza com a cultura: *Médiance de milieux en paysages.*

favor de leituras éticas que matizam uma escala muito diferenciada desde a exaltação até a instrumentalização, indiferença e fuga – *comtemptus* – dela[28].

Uma conclusão já pode ser fixada: o cristianismo, e ainda menos o da literatura latina, nunca foi cosmocêntrico[29]. São muitas as razões que sustentam esta afirmação: Deus e o ser humano são, na visão cristã do mundo cristão, as coordenadas privilegiadas, sem que se possa falar de direito da substituição do cosmocentrismo pelo teocentrismo ou pelo antropocentrismo, embora de fato às vezes tenha acontecido este fenômeno.

No pensamento cristão tornou-se clássica a tríade Deus-Homem-Mundo, tentando assim dar ênfase, e por sua vez a hierarquização, aos três elementos que a compõem, mas tal esquema, ainda hoje em voga, traz em si tantas dificuldades que requer leituras lúcidas e alternativas. Portanto, o mais importante não é o tríplice pólo Deus-Homem-Mundo, mas antes o modo como os diversos elementos se articulam. Mas se dá com freqüência tanto a tendência à diferenciação de cada um deles como a da unificação artificial dos três, formada por *partes extra partes*, e inclusive a redução de dois elementos a um deles[30].

A Bíblia apóia o desígnio de dois grandes planos na consideração da realidade: o do Criador e o da criação, entendida esta aqui como o conjunto das criaturas, de cuja autonomia o cristianismo vai tomando consciência progressiva[31]. Se a consideração global das criaturas – a criação – facilita o parentesco ôntico delas, que contribuirá muito para aproximar os diferentes planos nos quais tradicionalmente, também na consideração aristotélica[32], se hierarquizava o universo, pode, não obstante, debilitar sua vinculação

---

28. *Géographiques* (Reclus, Montpellier 1990) 51. 53. 55. 75.

29. É acertada, não obstante, a seguinte afirmação de B. NARDI: "Parece-me que seria ingênuo buscar no Evangelho e nos outros escritos neotestamentários elementos suficientes para reconstruir uma visão física da natureza" ("Sguardo panoramico alla Filosofia della Natura nel Medioevo", em *La Filosofia della Natura nel Medievo. Atti del Terzo Congresso Internazionale di Filosofia Medioevale*, 5). Apesar das palavras do Gênesis (1,28-30), que em alguma interpretação justificariam o domínio do ser humano sobre o universo, ficando assim o caminho aberto para a atual destruição do meio ambiente, é possível elaborar, a partir do Antigo Testamento, um pensamento sobre a natureza, como tem acontecido. Aí se abasteceu a literatura do *hexaemeron* – na qual se encontram os textos de Boaventura – assim como as doutrinas contra o maniqueísmo, entre as quais o franciscanismo deve estar inscrito.

30. Cf. J. PEPIN, *Théologie cosmique et théologie chrétienne* (PUF, Paris 1964).

31. M.D. CHENU, para sublinhar a importância da natureza e da consciência da realidade consistente, inteligível e eficaz, sobretudo a partir do século XII, usa a expressão solene "Dama Natureza": *La Théologie au douzième siècle* (J. Vrin, Paris 1975) 30.

32. Esta aproximação entre as diferentes realidades, já facilitada pelo fato de que todos os entes finitos seriam criaturas, achará seu estatuto ontológico na *metafísica da luz* e, ainda melhor, na própria ontologia. Assim se foi criando a disponibilidade cultural para aceitar que os astros e a terra estão constituídos por idêntica matéria, situação confirmada, mais tarde, pela experiência da ciência.

Capítulo VI – Cosmologia

com o Criador, embora em sentido oposto evite deslizamentos panteístas[33]. Ao redor desta questão surgirão dois grandes capítulos da especulação filosófica e teológica, a analogia e a univocidade, representada aquela pelo dominicano Tomás de Aquino, defendida esta, às vezes em tom de conflito, pelo franciscano, o beato Duns Scotus[34]. A analogia não somente salvaguardaria a diferença entre Deus e as criaturas, assim como seria a garantia da própria diferença entre elas, inclusive o desnível ontológico entre o ser ontológico e os demais entes. Mas, se a univocidade poderia introduzir o perigo da indiferenciação entre os diversos planos da realidade, é certo que da acentuação da analogia se derivou uma hierarquização na qual a supremacia dispensada ao ser humano se metamorfoseou, com freqüência, em um imperialismo da forma humana sobre todas as demais, que assim se tornavam objetos a instrumentalizar. Em todo caso, a divinização do mundo, da qual *a alma do mundo* é às vezes um sintoma, a naturalização do ser humano e a antropomorfização do universo constituirão sempre questões arriscadas com as quais o cristianismo tem que lidar, não saindo sempre ileso da contenda.

No concernente a uma possível "naturalização" do ser humano ou à "divinização" do universo, assumirão importância decisiva as questões referentes à alma, com uma referência privilegiada ao texto aristotélico, *De anima*, cuja importância na cultura latina conduziu à sua habitual latinização. Qual é a propriedade característica da alma humana? É somente uma forma do corpo, como a de qualquer ser vivo dentro do círculo do mundo ou supera o estatuto corporal? A alma é universal – inteligência universal – ou a cada ser vivo corresponde uma alma individual[35]? Além das conseqüências desta doutrina para manter a imortalidade – individual ou universal –, a tese da alma como simples forma do corpo não dava conta, por sua vez, do protagonismo crescente do ser humano no questionamento do mundo, embora, por outra parte, a ênfase na alma universal esvaziasse os entes de sua densidade ontológica intrínseca.

Estamos em presença de um jogo de difíceis equilíbrios, que não são pelejas mais ou menos lúdicas, uma vez que em todo este processo estão comprometidos valores

---

33. Digna de nota é a obra de João Scotus Eriúgena, *De divisione naturae*, que, embora empapada de ambigüidades de caráter terminológico, sobretudo, proporciona, no entanto, um horizonte de globalidade e de unidade a toda a realidade. O panteísmo especulativo medieval surgirá depois da chegada dos textos gregos e árabes ao Ocidente latino, tornando-se alvo freqüente das *condenações* parisienses do pensamento averroísta nas três primeiras partes do século XIII.

34. JOÃO DUNS SCOTUS fala efetivamente de disputa (*contentio*): "Et ne fiat contentio de nomine univocationis, univocum conceptum dico, quia ita est unus quod eius unitas sufficit ad contradictionem [...]", *Ord.*, I, d. 3, p. 1, q. 1-2, n. 26 (III, 18).

35. O tema da *inteligência universal* converteu-se em pólo de atração privilegiado de todas as questões medievais, nas quais participaram duas das maiores figuras da escolástica, Tomás de Aquino e Boaventura. Com este tema se mesclou às vezes o filosofema *alma do mundo*.

Manual de filosofia franciscana

fundamentais da existência humana. Por este motivo e porque uma tradição remota, recorrentemente retomada, divinizava o mundo às vezes associada com o determinismo astral, na questão da natureza se decidia a possibilidade da própria liberdade, que o tópico ético do *cogito*[36] – de grande alcance na obra de Agostinho – e o chamado voluntarismo quiseram contrariar com a valorização da vontade, sem evitar, contudo, o perigo tanto da arrogância humana sobre o universo como da insuficiente atenção dispensada ao mesmo[37]. Enquanto isso, não obstante a total contingência[38] da criação do mundo, de inspiração bíblica que um certo voluntarismo viria a aperfeiçoar, a natureza continuou conservando no cristianismo sua consistência intrínseca, porque estava sustentada pela própria inteligência-vontade de Deus. Sendo a criatura feita à imagem de Deus[39], que no Gênesis aparece como causa, para ser articulada depois com a doutrina de Aristóteles da causalidade eficiente, Tomás de Aquino insistirá nessa característica de potência causal ínsita nas criaturas, obviando as tendências de instrumentalização

---

36. A interioridade agostiniana era não somente o caminho para a verdade, superando o cepticismo, mas também para a transcendência, em detrimento do mundo exterior, envolvido em mitos de vários tipos, muitos deles astrais, que Agostinho rejeitava, porque desfiguravam a natureza deste mesmo mundo e impossibilitavam a liberdade humana.

37. A tese da *onipotência divina*, por sua vez, esboçada já por São Pedro Damião – *De divina omnipotentia* –, mas que se desenvolverá na Escolástica, sobretudo pelos pensadores de ponto de vista agostiniano, como João Duns Scotus e Guilherme de Ockham, poderia conduzir – de fato muitas vezes conduziu – a uma certa arbitrariedade no entendimento da atividade da vontade, e quando se transfere ao ser humano a atuação arbitrária deste sobre o universo, na qual se levam em conta seus princípios intrínsecos, com enormes repercussões na ciência e na técnica modernas. Não obstante, em correspondência com a *onipotência divina*, sem anular, contudo, a natureza, se afirmava a *potência obediencial*, ampliando neste caso os limites da natureza, facilitando a introdução da temporalidade e harmonizando o *natural* e o *sobrenatural*.

38. Com o motivo da contingência se mesclou o da temporalidade, incidindo esta, na Idade Média, especialmente na questão da criação eterna ou no tempo. Quanto aos agostinianos – entre os quais se conta no caso Boaventura, que denunciava três grandes erros, entre os quais o da *eternidade do mundo*, ao lado do *fatalismo* e da *inteligência universal* (*De donis*, VIII, 16) –, insistiam na criação no tempo. Tomás defendia, de fato, a criação, mas não acreditava que a eternidade do mundo constituísse uma contradição com a noção de criação. A própria noção de contingência não é unívoca na época. Geralmente era entendida como *o que pode ser ou não ser*. João Duns Scotus outorga-lhe um significado diferente: o contingente não é o não-necessário ou o não-eterno, mas aquilo cujo oposto pode ser feito, *Ord.*, I, d. 2, p. 1, q. 1-2, n. 86 (II, 178): "... quod non voco hic contingens quodcumque non-necessarium vel non-sempiternum, sed cuius oppositum potest fieri quando illud fit". Conferia-se à contingência, deste modo, um significado positivo e de versatilidade ôntica, também de grande alcance para a própria dinâmica da natureza.

39. Conforme o grau de perfeição desta imagem, a ascensão diferencia-se muitas vezes por uma tríplice designação: *vestígio, imagem, semelhança*; BOAVENTURA, *I Sent.*, d. 3, p. 2, a. 1, q. 2.

Capítulo VI – Cosmologia

das realidades finitas e reforçando o valor das causas segundas[40], deixando aberto assim o caminho para uma adequada secularização das chamadas "realidades terrestres".

Por outro lado, a contingência e a temporalidade da criação, de genuína procedência bíblica, ao reconhecer a intervenção temporal de Deus no mundo, favoreceu por idênticas razões a dimensão histórica do ser humano e, inclusive, de todo o universo. Não obstante a autoridade da *Física* aristotélica, algumas incompatibilidades desta com o texto bíblico, mas, sobretudo, a ausência nela da temporalidade, ressalta desde muito cedo, e não somente na modernidade, a necessidade de uma adoção desse texto por parte dos cristãos. Não respirava certamente a mesma atmosfera quem lesse somente o texto da *Física* ou somente o livro do Gênesis ou os dois conjuntamente.

As repercussões de inspiração bíblica chegaram a ter, em nossa contemporaneidade, reflexos surpreendentes no âmbito do ambiente. Tendo-se imputado, quase sempre, a permanência do estudo da *Física* de Aristóteles à escolástica cristã, que havia contribuído, por isso mesmo, com a tardança em aparecer da ciência moderna, a época atual começou indiretamente a reconhecer a correção parcial de tal interpretação ao considerar as determinações culturais bíblicas como responsáveis pelas transformações ambientais, devido tanto à instrumentalização da natureza como ao estímulo indireto que a ciência e a técnica receberam da visão cristã do mundo[41].

Sinceramente se deve conceder que a atribuição desta responsabilidade a alguns textos bíblicos não é infundada, assim como é pouco razoável a produção moderna da ciência e da técnica sem a mediação medieval inspirada pela Escritura[42]. De fato, a nova noção bíblica de Deus – criador – poderia conduzir a essas conseqüências, especialmente a idéia de uma divindade que exorta as suas criaturas à ação, valorizando deste modo a dinâmica intrínseca da natureza. Introduzidas, no entanto, essa contingência e esta

---

40. Tirar a perfeição das criaturas equivale a negar a perfeição do poder divino, assim como anular as ações específicas das criaturas lesiona a bondade divina. TOMÁS DE AQUINO, *Summa contra gentiles*, III, 69.

41. Os estudos sobre a Idade Média estão obrigados a mudar, progressivamente e por diferentes motivos, a noção negativa que sobre ela se difundiu durante séculos. Foi, por isso, necessário antecipar o Renascimento ou, pelo menos, incluir um renascimento na Idade Média, assim como aquisições de ordem científica, que supunham ser patrimônio exclusivo da modernidade, começaram a ser situadas na injustamente designada "idade das trevas". Nota-se inclusive em nossos dias um impulso de retorno à Idade Média. Uma das idéias que mais contribuiu para admitir doutrinas não-compatíveis com a *Física* de Aristóteles foi certamente a da criação e de infinito. Muitas das teses condenadas na primeira metade do século XIII, que dariam possibilidade do tratamento científico que a modernidade levaria a cabo, articulavam precisamente a possibilidade, já não com a autoridade de Aristóteles, por exemplo, o vácuo (negado na *Física* VII), mas com o Infinito, o que ampliava enormemente o leque das possibilidades.

42. Boaventura, inspirado em Hugo de São Vítor, *De eruditione didascalia* II, 21, considera que as *figuras artificiais* são luz, são expressão racional, cf. *RATh.*, 2 (BAC I, 642s).

Manual de filosofia franciscana

valorização das criaturas, mas afastado o ponto de partida transcendente, a natureza ficaria – ficou – inevitavelmente entregue ao poder discricionário do ser humano. A consciência desse risco recorreu, às vezes, por compensação, à sensibilidade estética, a fim de preservar a instrumentalização da natureza, tanto por parte de Deus como por parte do ser humano. Insistiu-se, por isso, na beleza do mundo criado, no qual reinam a *medida*, o *número* e o *peso*[43], argumento para rejeitar a aduzida irracionalidade da obra divina[44].

Algumas interpretações efetuadas pelo cristianismo e, sobretudo, o encontro deste com culturas, que lhe eram abertamente opostas e o continuaram, introduzem, não obstante, em sua história aspectos negativos para com a natureza. O franciscanismo, agora na perspectiva de nossa análise, representa emblematicamente a leitura positiva dela, de iniludível inspiração cristã, mas que tem nele uma expressão firme e feliz.

3. São Francisco, o franciscanismo, o estudo da natureza

Não obstante pese à freqüente ênfase colocada no inédito do movimento franciscano e ao reconhecimento do caráter incomparável da figura e das atitudes de seu fundador, Francisco de Assis, convém notar que aí aparecem retratados, interpretados e, muitas vezes, transformados, quase ao inverso, os pontos-chave da época na qual emergiram. Reagindo contra uma determinada perda do caráter dos sinais cristãos do momento em que nasceu, o franciscanismo enquanto movimento de volta às fontes, ao Evangelho, do qual sentiu a necessidade, acabou por ser uma específica interpretação deste em diálogo com os valores e defeitos de sua época. Foram introduzidos assim pela nova Ordem religiosa, alguns por recuperação, pontos-chave e estilos, entre os quais devem ser contadas algumas atitudes diante da natureza, esta em fase de afirmação crescente.

Dado o relevo da figura de Francisco na história, assim como o simbolismo que passou a representar modernamente para os seguidores entusiastas do ambiente e eco-

---

43. Que Boaventura aplica à *regra de vida* (*RATh.*, 17 [BAC I, 660s]). Mas também no modo de ver as coisas, que podem levar a Deus enquanto são *vestigia*, cf. *Itin.*, c. 1, n. 11. 14. Fala especificamente da beleza das coisas, cf. *ibid.*, c. 1, n. 14; c. 2, n. 10 (BAC I, 570-573; 584-587).

44. "Mas dispuseste tudo com medida, peso e número; pois sempre está em tuas mãos o ser forte, e quem se oporia à potência de teu braço? Porque todo o mundo diante de ti é como uma poeira nos pratos da balança, ou como uma gotinha de orvalho ao amanhecer sobre a terra" (Sb 11,20-22). Neste sentido, são expressivas as palavras de Boaventura: "... universitas machina mundialis producta est in *esse* ex tempore e de nihilo ab uno princípio primo, solo et summo; cuius potentia, licet sit immensa, disposuit tamen *omnia in certo pondere, numero et mensura*", *Brev.*, p. 2, c. 1, n. 1 (BAC I, 241s).

Capítulo VI – Cosmologia

logistas – o Santo de Assis é inclusive patrono da ecologia[45] –, compreende-se que a valorização e a salvaguarda dos valores da natureza se vejam associadas à figura do fundador da Ordem Franciscana, atribuição feita muitas vezes, como antes referimos, dentro de uma certa atitude romântica, presente tanto na interpretação da figura do Pobre de Assis como nos movimentos ecologistas. A atração destes movimentos pela pessoa de Francisco, precisamente com relação às questões ambientais, serve para realçar, o que não é raro, o protagonismo do fundador do franciscanismo em detrimento da ação futura deste último, especialmente no campo do pensamento e da importância dele para o estudo da natureza[46].

Convém não esquecer, em primeiro lugar, que não obstante as atitudes temperamentais e os enquadramentos geográficos e paisagísticos da Úmbria de Francisco, a atitude deste e de sua comunidade representam em ampla escala uma resposta aos movimentos sociais e religiosos neomaniqueístas de sua época, pelos quais era abertamente desprezada a natureza, como no caso dos cátaros e albigenses[47].

Mas a pujança da Ordem Franciscana no futuro não diminuiu nem substituiu a glória das raízes fundadoras. Se a chamada "questão franciscana"[48] representa o modo como se expressou a fidelidade desta instituição religiosa a seu fundador, pode-se afirmar que a permanência da questão dentro das comunidades franciscanas, da mesma maneira que os polimorfismos não sempre convergentes, não deixou de constituir, dada a sua própria existência, um esforço global de fidelidade a Francisco, mesmo quando nela se discutem valores intelectuais.

Se a atitude de Francisco para com a natureza não é expressa em mensagens intelectuais, isso não quer dizer que, em sua espontaneidade, não se manifeste um exercício altamente racional e que não devam ser explicitados e desenvolvidos os fundamentos de tal racionalidade, tarefa a que se dedicaram os filósofos e teólogos franciscanos. A

---

45. Francisco de Assis foi declarado por João Paulo II, no dia 29 de novembro de 1979, patrono dos ecologistas.

46. Tivemos a oportunidade de analisar a relação entre São Francisco e o franciscanismo, no horizonte da ecologia, em "São Francisco de Assis e a Ecologia". *Dois mil anos: Vidas e percursos* (Didaskalia, Lisboa 2001) 159-180.

47. Esta presença neomaniqueísta foi persistente e profunda em muitas nações européias. A pregação de Santo Antônio de Lisboa está orientada em grande parte contra eles. A própria inquisição se ocupou deles. No que diz respeito à atitude dos cátaros diante da natureza, é significativa esta declaração *herética*: "[...] *Dieu ne fait pas de beaux et n'en a cure, c'est qu'on met dans la terre qui les fait* [...], declaração de Pierre Authié (1300) em um registro da Inquisição, citado por J. DUVERNOY, *Le Catharisme, la religion des cathares* (Prival, Toulouse 1992).

48. Esta terminologia traduz, a partir das investigações de PAUL SABATIER, a dificuldade de interpretar a figura de São Francisco, diante da dupla tendência que desde muito cedo se manifestou na Ordem Franciscana, a interpretação oficial da "comunidade" e a dos "espirituais".

exaltação da natureza promovida por Francisco e pelo franciscanismo não é nem instintiva nem romântica, como se estivesse despossuída de um suporte eminentemente racional. O que importa é averiguar a noção de saber no qual a natureza se reflete, uma vez que a depuração da noção de natureza resulta de sua própria exigência de racionalidade. Com outras palavras, a razão que se pretende autônoma está em correlação com a autonomia da natureza. É nesse raciocínio que se compreende a preferência dos medievais pela interpretação do mundo como um livro[49].

Por outro lado, independentemente de uma discussão possível sobre os desígnios de uma instituição religiosa como a Ordem Franciscana, que o fundador quis diferenciar das fundações tradicionais parecidas, para ter como única fonte o Evangelho, não obstante é um traço distintivo de todas elas a disponibilidade ao serviço da Igreja, convertendo-se às vezes em unidades militantes, diretamente empregadas para fazer oposição a movimentos e doutrinas emergentes. No caso das duas grandes Ordens mendicantes – dominicanos e franciscanos –, um dos principais objetivos estava bem identificado: os movimentos maniqueístas.

Por isso, a natureza se converte aí em uma questão pouco pacífica e que não aparece, portanto, nem de forma espontânea nem acidentalmente na vida dos mendicantes, assim como tampouco permanecerá por inércia na história destes. A controvérsia sobre a natureza não alcançará as proporções do drama da pobreza que, além de sua inspiração evangélica, marcará dramaticamente os franciscanos e os dominicanos, devido também em boa parte às atitudes fanaticamente austeras dos grupos maniqueístas: cátaros e albigenses. Além disso, não se pode separar, nestas duas Ordens mendicantes, o apreço da natureza e da pobreza; uma e outra careciam de atitudes práticas e de explicações teóricas, devido às posições maniqueístas que sobre elas dominavam. Enquanto estas posições, diante da presença obsessiva do mal, encaravam a existência como um processo de redenção, muitas vezes mediante uma técnica automática de conhecimento, de gnose, transformando ou aniquilando a realidade criada, que consideravam produto do deus mau do Antigo Testamento, o franciscanismo, ao contrário, exalta o Criador do universo – o *Cântico das criaturas* é o exemplo mais emblemático –, interpretando, por outra parte, a redenção não por formas automáticas de conhecimento, mas como dom gratuito e pessoal de amor. Desde logo, a relação ser humano/mundo é aqui uma relação de amor e não de desprezo ou de luta e ódio, ao contrário do que acontece no dualismo maniqueu, que manteve em diversas e sofisticadas formas de conflito uma determinante e indelével presença na cultura ocidental.

---

49. Boaventura refere-se ao livro das criaturas, livro da Escritura e livro da vida, *MTr.*, q. 1, a. 2 concl. (BAC V, 134s).

Capítulo VI – Cosmologia

O franciscanismo será uma resposta a todo este perturbador contexto, estando também dentro deste horizonte, já em fase de distanciamento reflexivo em relação a ele, o lugar em que se vai desenvolver o pensamento franciscano com uma noção específica de saber que não constituirá uma transformação negativa e arbitrária da natureza, equivalente a uma fuga mórbida desta, como às vezes a ciência pode resultar, mas, ao contrário, um processo de promoção e exaltação da realidade.

Sem colocar em dúvida, segundo a bela descrição da *Legenda Perusina*[50], o amor eterno de São Francisco dirigido a todas as criaturas, não parece que se desvirtue o valor deste testemunho, se se interpretarem estas belas cenas com intenção pedagógica para opor-se às posições negativas dos neomaniqueus da época. Se destas cenas transcende uma inocência edénica, não se deve esquecer, por outro lado, para compreendê-las melhor, que a arte, sobretudo a literatura, nunca é inocente, seja transformando, quase sempre de forma consciente, os exemplos em valores exemplares, seja dando a esses mesmos exemplos formas significativas concretas.

Diversas incidências de tonalidade franciscana confluem neste processo: defesa da criação, desonrada por cátaros e albigenses que, por isso, a transformavam e abandonavam; honra ao Criador, Deus Pai, fonte de bem e do universo; dúvidas sobre o valor e o sentido da ciência que, reduzida a técnica de gnose, deixava a um lado o redentor ou, pelo menos, o deformava. Tocará ao pensamento franciscano traduzir, a seu nível, todas as preocupações, das quais resultará tanto uma teologia inconfundível[51] como uma epistemologia que explique com seus argumentos específicos as antinomias supostas entre o franciscanismo e a atividade científica.

A ciência é, de fato, um dos elementos da cultura que pode desenvolver a realidade tanto como contribuir para a formalização redutora dela, fazendo passar pelo funil, na transparência e na simplificação de seu mundo próprio, a riqueza e a complexidade da cultura.

A Ordem Franciscana, não muito depois de sua fundação e com algumas repugnâncias e perplexidades, acolheu os estudos de teologia e de filosofia e ciências, à semelhança do que sucedia em outras Ordens religiosas, especialmente a de Domingos de

---

50. Cf. SAN FRANCISCO DE ASÍS, *Escritos, Biografías, Documentos de la época* (BAC, Madri 1978) 653-655; o número 49 da edição DELORME da "Legenda Perusina" equivale ao número 86 da edição citada, que é também a de M. BIGARONI, *Compilatio assisiensis dagli scritti di fr. Leone e compagni su San Francesco* (Porciúncula 1975).

51. Pode-se falar de uma *teologia franciscana* ou de uma *filosofia franciscana*? Pelo que se refere a esta última, a obra relativamente recente de J.A. MERINO, *Historia de la Filosofía franciscana* (BAC, Madri 1993), é um argumento suficiente a favor de sua existência, não obstante seja uma questão aberta na filosofia adjetivada.

Gusmão, aceitando assim as orientações da Igreja e acolhendo universitários que se sentiam fascinados pelo ideal franciscano.

É importante ver como a atitude de Francisco diante da natureza encontrou eco nas especulações desenvolvidas posteriormente em sua Ordem, indagando, além disso, se o estudo representa um movimento de fidelidade aos ideais do fundador. Se da atitude positiva para com a natureza se passa, sem aporias nem artificialismos, à fundamentação racional dela, a temática ganha maior consistência e coerência, confirmando a estreita conexão que temos recordado entre razão e natureza. Uma vez mais, o tratamento da natureza na Ordem Franciscana não tem somente contornos psicológicos e inclusive contemplativos, como tampouco será difícil deduzi-lo das linhas diretivas da filosofia e da teologia desenvolvidas ao longo dos séculos pelos filhos de Francisco. Por isso, uma breve indicação referente à questão dos estudos na Ordem Franciscana não é de menor importância aqui. A questão apresenta facetas múltiplas, limitando-nos aqui a apontar os ângulos que incidem no tema que nos ocupa, a natureza.

Não se trata de saber, neste momento, se há de fato um pensamento especificamente franciscano, concretamente de teor teológico e filosófico, nem de esclarecer se o saber é um traço decisivo da evolução histórica da mesma Ordem, embora este último aspecto não careça de interesse para a reflexão presente.

Não obstante, os franciscanos que chegaram das universidades medievais, ou sendo já membros da Ordem as freqüentaram, integraram-se nos quadros do saber e nas instituições da época, e nem por isso sua visão da ciência, sua epistemologia e gnosiologia se identificam com as de seus contemporâneos. O opúsculo bonaventuriano *De reductione artium ad theologiam*[52] reflete esta afirmação. O Doutor Seráfico presta mais atenção à origem do saber do que a seus resultados em formas e fórmulas a possuir e a transmitir[53]. A diversidade de interpretações em uma matéria que pareceria estar orientada à uniformidade, a epistemologia, não nos surpreende, menos ainda em nossa época, na qual prolifera uma enorme diversidade de leituras e de significados, relativos

---

52. Este opúsculo é certamente um tratado de epistemologia, mas não é em menor medida uma visão da ontologia do Doutor Seráfico, no qual se refletem suas orientações capitais, as ciências das classificações tradicionais, vistas como expressão do ser e da vida, sobretudo da conduta humana; o modelo da relação dinâmica trinitária caracteriza as manifestações expressivas; a teologia, ou seja, Deus, como fim de toda ação.

53. Além das recomendações de Francisco em sua *Regra* X, 7 (BAC, 115) sobre os estudos, estava muito clara a pouca afeição do Santo às formas distanciadas da vida: "A letra mata aqueles que unicamente desejam saber as palavras para serem tidos como mais sábios [...]", *Admoestações* VII, 2 (BAC, 80). "A letra mata também os religiosos que não querem seguir o espírito das divinas letras, mas preferem saber somente as palavras para interpretá-las aos outros", *ibid.*, VII, 3 (BAC, 80).

Capítulo VI – Cosmologia

ao mesmo fenômeno, o da ciência[54]. O reconhecimento desta situação não é indiferente para o esclarecimento dos estudos e do saber no seio da Ordem Franciscana. De fato, os mesmos saberes podem ser interpretados diferentemente, da mesma maneira que é possível registrar graus de prioridade nos mesmos saberes que figuram nos planos de todas as instituições universitárias. É importante reconhecer que há estilos, prioridades, hierarquias e preferências na atividade científica.

A aparição do franciscanismo coincide com uma das grandes revoluções intelectuais do Ocidente, a da recuperação dos textos antigos, gregos e latinos, no estudo dos quais se vão encontrar árabes e cristãos, muitas vezes com interpretações opostas e polêmicas. Se, como se disse antes, a gnose é adotada com propósitos soteriológicos, algo parecido acontece com a especulação árabe na qual às vezes com a figura de Aristóteles, em grande parte neoplatonizada, pode ampliar a galeria dos profetas, conferindo à ciência uma função salvífica que os franciscanos não poderiam aceitar.

Mesmo assim, não obstante a propensão do franciscanismo, da mão do agostinismo, à filosofia platônica, a presença da obra do Estagirita podia contribuir decisivamente para o robustecimento de certas tendências doutrinárias dos Menores, algumas delas precisamente opostas ao neomaniqueísmo, como a valorização da natureza, do mundo, da unidade do composto humano e do corpo[55].

Um exemplo evidente, em gnosiologia, é a opção de Boaventura e de João Duns Scotus pela doutrina da abstração contra a iluminação agostiniana, embora aproximando-se muito, complementando e conciliando, às vezes, uma e outra[56].

De qualquer maneira, a epistemologia franciscana não partia do nada, como seria natural em uma instituição que carecia de tradição. As fontes disponíveis eram abundantes naquela época, diversificadas e divergentes, mas apesar desta situação a fidelidade à vida e aos ideais de Francisco é a referência orientadora, sem que nela entrassem

---

54. Muito pertinentemente I. PRIGOGINE e I. STENGERS falam de uma *Nova aliança*, ao descrever a metamorfose da ciência em *La nouvelle alliance e métamorphosée de la science* (Gallimard, Paris 1986²), cuja introdução termina com as palavras seguintes: "O tempo reencontrado hoje é também o tempo que já não fala de solidão, mas da aliança do homem com a natureza que ele descreve".

55. Digno de referência é um texto de Boaventura, no qual ele discute as posições de Platão e de Aristóteles, recorrendo, ainda no processo de argumentação, à autoridade de Agostinho, para concluir que Platão cultivava a *sabedoria*, contemplando as coisas superiores, ao passo que Aristóteles se ocupava da *ciência*, tendo por objeto as coisas sensíveis, que Platão desprezou, como uma censura implícita do Doutor Seráfico, cf. *Sermo IV* (V, 572).

56. É. GILSON, ao descobrir as razões de Tomás de Aquino para distanciar-se, sobretudo na gnosiologia de Agostinho, mostra indiretamente a aproximação do mundo que o cristianismo foi experimentando e objetivando, processo no qual estão incluídos os pensadores franciscanos: "Pourquoi saint Thomas a critiqué saint Augustin", *ADHL* 1 (1926) 1-127.

estratégias de acomodações artificiais. Na obra do Doutor Seráfico, acima de suas *Legendae*, esta atitude foi assumida repetidamente, podendo inclusive afirmar-se que ele não faz mais do que expor, em linguagem especulativa, a experiência humana, religiosa e mística do Fundador, além de ter cimentado dentro da Ordem o estudo que a própria Igreja exigia.

4. Natureza e símbolo no franciscanismo

A Idade Média é uma época de enorme – para não dizer excessivo – florescimento da atividade simbólica. Não é, portanto, legítimo caracterizar como simbólico o período medieval, como se fosse uma exceção sem igual, já que toda cultura e toda ação humana se expressam constitutivamente em símbolos. É possível caracterizar o simbolismo típico daquela época, dados os ingredientes específicos que interferem em sua construção.

Por outro lado, a questão do simbolismo é decisiva para a interpretação da natureza, motivo pelo qual nos referimos a ele. Com freqüência se concluiu precipitadamente que, onde abunda o simbólico, se debilita o natural, à medida que aquele destituiria este de seu conteúdo ontológico. Entretanto, é verdade que, não obstante o caráter simbólico de toda ciência, o progresso científico da modernidade se deve à rejeição do modo simbólico de interpretar a natureza, quando nela predominavam finalidades de ordem ética ou religiosa, tanto na Idade Média como na Antiguidade, do que são exemplos significativos os *lapidários* e os *bestiários*. Portanto, em vez de contrastar, como acontece às vezes, natureza/símbolo, antes devem ser articulados, insistindo-se no peculiar estilo que os inspira.

O símbolo supõe uma realidade dinâmica que envolve toda a realidade, e não somente a realidade humana. O símbolo nunca se esgota nem é esgotável, e vai-se manifestando com a intervenção decisiva, mas é exclusiva, da humanidade. No processo, aponta-se para novas e renovadas possibilidades, buscando o que ainda não se disse e, além disso, consolidando a realidade significada. Porque a ação humana, não sendo exclusiva nisto, é no entanto fundamental, dar-se-á na atividade simbólica uma tendência a reduzir a realidade ao que sobre ela o ser humano construiu, idealizando-a mediante o símbolo. Em sua expressão extrema, o símbolo transforma-se em sinal, perdendo-se deste modo a dinâmica do processo de manifestação e de sua articulação com a realidade, passando o sinal a não ser sinal da densidade daquela, mas somente indicação de uma construção mental, que tende pouco a pouco a ser autônoma, eclipsando-se assim seus níveis ontológicos.

Para que seja possível a simbolização, é necessário não somente que o ser humano vá superando a realidade empírica, ou melhor dito, as manifestações já estabelecidas do patrimônio cultural, nas quais está já presente a vida da natureza, mas também as no-

Capítulo VI – Cosmologia

vas expressões não sejam as últimas nem as únicas, devendo ficar sempre abertas a uma expressão futura. Isto quer dizer que a toda a realidade, e não somente ao artífice humano, se pede uma capacidade elástica e maleável, representando uma fonte de possibilidades, capaz ao mesmo tempo de ser transformada e de contribuir para a transformação. A negação da natureza por parte da ciência pode significar a redução da realidade a um mundo mental único, bloqueando assim as virtualidades da natureza. Por outro lado e em sentido oposto, a insistência na natureza não passa muitas vezes de uma fixação mental de tal modo arraigada, petrificada, que se toma como natural o que não passa de ser uma construção cultural paralisada. No extremo, onde tudo fosse ou só natural ou só simbólico, desapareceriam tanto a atividade simbólica como a natural.

A Idade Média teve condições favoráveis tanto para estimular a atividade simbólica como para respeitar a estrutura intrínseca da vida da natureza, ou ainda para a aproximação de uma e de outra, sem se esquecer, contudo, de que nem sempre foi preservado o equilíbrio entre todos os aspectos deste movimento. Existe, pois, um Deus criador infinito, à semelhança do qual foram feitos o ser humano e o mundo, ficando sempre abertos a novas manifestações e transformações históricas. Estes fatores do simbolismo cristão medieval agravam certamente os riscos aos quais toda simbolização pode conduzir. De fato, o desígnio cristão desta, traduzindo a riqueza e a versatilidade do real desde o Deus infinito ao mundo, passando pela capacidade humana, é de manifestação e de desenvolvimento das criaturas, além de expressão da própria divindade; pode consumar, entretanto que, por uma redução indevida levada a cabo pelo ser humano, uma fuga da realidade, do natural, distanciando-se deste modo por não considerá-lo suficientemente rico e bom.

Por isso, o simbolismo, quando está orientado para finalidades éticas, por exemplo, pode ser aproveitado amplamente por interpretações negativas da realidade, como acontece no maniqueísmo, que usa a atividade simbólica não para enriquecer a realidade, inclusive a natural, partindo de sua constituição intrínseca, mas antes para reduzir ou deformar, com o fim de alcançar processos artificiais de redenção. Neste mesmo contexto, além de serem anuladas as virtualidades da natureza, escamoteia-se também o movimento temporal. Tudo está cristalizado em mundos ideais utópicos, em direção dos quais se precipitam os ritmos temporais, cultivando milenarismos vazios, ao tempo que se perde o patrimônio cultural histórico, como se houvesse sido um esforço inútil e sem sentido.

A atividade do saber é uma das manifestações do processo constitutivo da simbolização. Também aqui ela pode dar o sentido positivo e ontológico que há presente nas profundidades intencionais do símbolo, como pode resvalar, ainda mais se vai aliada com a técnica, para o processo de formalização da realidade artificial, circunscrevendo-a a interesses meramente antropológicos, tantas vezes justificados mediante uma retórica socio-

Manual de filosofia franciscana

lógica. Algumas tendências iluministas da cultura ocidental se situam neste horizonte, estando aí então clara a exaltação libertadora da cultura contra a natureza[57].

O simbolismo, interpretado em sentido geral e também em suas manifestações científicas, só pode estar presente no franciscanismo em sua afirmação positiva, a do desenvolvimento histórico da realidade. É também por esta esquina que entra a ciência coerentemente na especulação franciscana, que não a contraria, a não ser em seu formalismo vazio, na linguagem palavreadora e orgulhosa das escolas, na qual não haveria lugar nem para a natureza nem para a atividade simbólica.

Os textos de Tomás de Celano e de Boaventura que em seguida se apresentam constituem um bom exemplo tanto das ambigüidades e riscos da simbolização como das características cristãs desta e também do estilo franciscano que lhe é inerente. Se Celano é o mestre da construção literária que personifica e vivifica na figura de Francisco, em fórmulas insuperáveis, o antídoto das idéias e das condutas malsãs de sua época, às vezes dominantes dentro da Ordem, o Doutor Seráfico apresenta, na forma literária das *Legendae*, o que desenvolverá em muitas outras oportunidades em textos místicos e especulativos, todos dominados pelo esforço de fidelidade, mesmo no que se refere à relação natureza/símbolo, o *iletrado*[58] fundador de sua Ordem, seu "guia e pai"[59].

> Transbordava em espírito de caridade, tendo entranhas de compaixão não só para com os homens que sofriam necessidade, mas também para com os animais privados de fala e de razão, répteis, pássaros e demais criaturas sensíveis e insensíveis. Mas entre todas as espécies de animais, amava especialmente os cordeirinhos, pelo fato que a humildade de Nosso Senhor Jesus Cristo nas Sagradas Escrituras é freqüentemente comparada e mais convenientemente adaptada ao cordeiro. Assim também, abraçava mais carinhosamente e via mais prazerosamente todos aqueles animais nos quais principalmente pudesse encontrar alguma semelhança alegórica com o Filho de Deus (1Cel 77).

> Por conseguinte, todas as criaturas procuram retribuir o amor do santo e corresponder-lhe com sua gratidão; sorriem para aquele que as acaricia, atendem aquele que lhes pede, obedecem àquele que lhes ordena" (2Cel 166).

---

57. O franciscanismo sempre esteve orientado para a natureza como para a técnica. Basta recordar como Boaventura, no *De reductione artium ad theologiam*, desenvolve as ciências mecânicas e como Roger Bacon se refere a elas: "Ars vero potest iuvare in formatione actionis", *Opus maius*, p. 4, c. 10. Diz também Bacon que, analisando a multiplicação das espécies e, sobretudo, sua expansão, podemos ser úteis ao corpo e à alma, como, por exemplo, evitar o perigo das expansões nocivas, *Opus maius*, p. 4, c. 7.

58. "Os sábios da terra e os homens mais cultos, que Paris ordinariamente produz na maior quantidade, mais do que toda a terra, veneram humilde e devotamente, admiram e prestam culto a Francisco, homem iletrado e amigo da verdadeira simplicidade e de toda a sinceridade", *Vida primeira*, 120 (BAC, 216).

59. *Itin.*, Prólogo 1-2 (BAC I, 556s): "...buscando, com veementes desejos, esta paz, à imitação do bem-aventurado pai Francisco..."

Capítulo VI – Cosmologia

Repleto também de piedade mais copiosa pela consideração da origem de todas as coisas, chamava as criaturas, por mais pequeninas que fossem, com os nomes de irmão e de irmã, pelo fato que sabia que elas tinham com ele um único princípio. Abraçava, porém, mais entranhada e suavemente aquelas que apresentam, com semelhança natural, a mansidão de Cristo e representam símbolos da Escritura. Resgatou com freqüência os cordeiros que eram conduzidos à morte, lembrando-se daquele Cordeiro mansíssimo que quis ser levado à morte para remir os pecadores (LM 8,6).

Pois, enquanto com agudeza columbina dos olhos, a saber, com o olhar simples do espírito e com o olhar puro da contemplação referia tudo ao supremo Artista e reconhecia, amava e louvava em tudo o próprio Criador, acontecia por gratuidade da clemência do alto que possuía tudo em Deus e Deus em tudo (Lm 3,6).

5. O pensamento franciscano sobre a natureza

A atividade especulativa dentro da Ordem Franciscana polarizou-se na teologia e na filosofia, onde, além disso, na Idade Média se incluíam as demais áreas do saber. Se nos meios parisienses medievais a teologia e, subordinadamente, a filosofia monopolizavam os estudos, na Inglaterra, sobretudo em Oxford, os interesses de teor científico encontravam um estímulo maior[60].

O estudo da natureza situar-se-á, portanto, no campo da filosofia e da teologia, o que não significa uma menor preocupação, embora não haja uma obra direta e autonomamente dedicada a ela, à semelhança da *Física* de Aristóteles.

Na Idade Média, e ainda hoje, sobressaem na chamada *Escola Franciscana* duas figuras – Boaventura e João Duns Scotus –, cuja obra é difícil de delimitar, também no que se refere à natureza. São estas duas figuras que caracterizam o estilo franciscano em um pensamento como o dedicado à natureza que, sobretudo depois da presença da obra aristotélica, pareceria não conter outras perspectivas que não fossem as marcadas por esta. Mas, se a uniformidade não se corresponde sempre com o verdadeiro saber, menos ainda o foi na Idade Média, época das *quaestiones* e, portanto das diferenciações. Se a história da ciência moderna acha mais necessário referir-se, eventualmente, a outras duas figuras dos frades menores, Guilherme de Ockham e Roger Bacon, no entanto o estilo do pensamento franciscano ficou decisivamente marcado pelo Doutor Seráfico e pelo Doutor Sutil.

---

60. Cf. J.A. MERINO, *Historia de la filosofía franciscana*, 4-12.

a) A natureza e o exemplarismo bonaventuriano

A primeira figura que se deve recordar é obrigatoriamente Boaventura, não somente por motivos de ordem cronológica, mas, sobretudo, para dar um patrono, especulativamente falando, à presente seção[61].

De fato, Boaventura foi um universitário atraído pelo ideal franciscano, ao qual foi confiada depois a responsabilidade direta da orientação da Ordem – sétimo sucessor de Francisco nesse ofício –, circunstância que não é indiferente a seu próprio pensamento, não obstante se costume situar este pensador na esfera da teologia mística e da teologia escolástica[62].

Os textos citados da *Legenda maior* e da *Legenda menor*, sem perder seu perfume poético, têm no pensamento do Doutor Seráfico um inconfundível, embora indireto, suporte racional. Em sua qualidade de primeiro responsável da Ordem Franciscana e de teólogo, Boaventura vai enfrentar uma grave crise da instituição na qual se integrou, momento de grande dificuldade, para a qual contribuiu muito a presença de doutrinas joaquimitas[63], nas quais aos valores da encarnação e da natureza se sobrepunham interpretações místicas, características do "Reino do Espírito Santo", sem suficiente enraizamento teológico. O Doutor Seráfico via-se obrigado a colocar em evidência tanto as instâncias da natureza como a consistência das normas dos comportamentos éticos, ou também a necessidade de estruturas institucionais, a fim de evitar leituras subjetivas e arbitrárias feitas, muitas vezes, em nome de sinceras vivências místicas e doutrinárias[64].

Uma das linhas nucleares para precaver os desequilíbrios prejudiciais para o desenvolvimento da Ordem incidia precisamente sobre a harmonização entre natureza e símbolo. Por isto, o simbolismo bonaventuriano representa não tanto uma fuga quanto

---

61. Para compreender o tema do mundo em Boaventura, cf. A. SCHÄFER, "The Position and Function of Man in the created World according to Saint Bonaventure", a.c.; J.A. MERINO, *Humanismo Franciscano. Franciscanismo y mundo actual*, cap. VI; nossa obra, *Homem e Mundo em São Boaventura* (Franciscana, Braga 1970).

62. O Doutor Seráfico, referindo-se aos sentidos da Escritura, menciona o trabalho dos *doutores* – que define pouco depois –, dos *pregadores* e dos *contemplativos*, cf. *RATh.*, 5 (BAC I, 650s).

63. Boaventura é considerado também o "segundo fundador" da Ordem Franciscana, em boa parte devido a seu apoio ao desenvolvimento dos estudos. Representaria a ala moderada em oposição aos "espirituais", mais afetados pelo joaquimismo, a cuja doutrina o próprio Doutor Seráfico não é indiferente, cf. N. FALBEL, "São Boaventura e a Teologia da história de Joaquim de Fiore", em *San Buenaventura 1274-1974*, II, 312.

64. A moral nutre o conhecimento filosófico, que tem por objeto a verdade natural, a *física* e a regra do viver, *RATh.*, 4 (BAC I, 646-651).

Capítulo VI – Cosmologia

uma valorização da natureza[65], desdobrando esta, mediante a atividade simbólica, suas possibilidades incomensuráveis[66]. Entram em jogo aqui a dinâmica histórica das diversas naturezas, em particular, embora não exclusiva, a interferência da ação humana e – está claro – da ação divina. Todo este processo se condensa na específica doutrina bonaventuriana do exemplarismo[67]. Por este se procura garantir a determinação das diversas naturezas, sua dinâmica de desenvolvimento histórico, assim como sua abertura ao sobrenatural.

Se a doutrina do *exemplarismo* está unida ao nome de Boaventura, no entanto recebe seu impulso de outra fonte não menos presente na obra do pensador franciscano, mas de remotas tradições especulativas, de origem neoplatônica, o *expressionismo*. Este é o verdadeiro eixo ontológico de toda a filosofia bonaventuriana, que traduz uma noção dinâmica do ser, ancorada na difusão do bem[68], que enriqueceu a doutrina cristã da Trindade, contribuiu para divulgá-la e se concretizou em formas concretas de existência.

Assim, a vida de cada ente como também a relação entre os entes são descritas em termos de dinâmica expressiva, assinaladamente o próprio exercício gnosiológico[69]. O conhecimento não é um simples registro passivo do mundo empírico nem, em sentido contrário, se consuma em uma transparente e definitiva representação mental. O *expressionismo* tem certamente uma eficaz aplicação ética, na qual se manifesta exuberantemente[70]. Sendo esta, no entanto, uma atividade privilegiadamente assinalada por Boaventura, não começa em si, brotando antes de uma instância ontológica (o Bem). O expressionismo tem capacidade especulativa para agitar definitivamente a ontologia aristotélica da substância, a qual aos olhos de João Duns Scotus, como veremos, não

---

65. A terceira luz que ilumina o conhecimento é a luz natural, que trata da *verdade das coisas*, cf. *RATh.*, 4 (BAC I, 646-651). Por outro lado, na filosofia natural, se situa a *física* (cf. *ibid.*).

66. A elasticidade da natureza pode ser deduzida da relação dinâmica entre as *razões formais* (presentes na matéria, também as *razões seminais*), as *razões intelectuais* (presentes na alma) e as *razões ideais* (sabedoria divina), todas entrando no processo de conhecimento, de per si um exercício ontológico, cf. *RATh.*, 20 (BAC I, 660-663).

67. Para Boaventura, o verdadeiro metafísico trata da razão exemplar, cf. *Hex.*, col. 1, n. 13 (BAC III, 184-187). O exemplarismo não somente harmoniza a natureza e o símbolo, mas também é abertura da natureza à instância sobrenatural, à *natura completiva*, cf. *III Sent.*, d. 22, a. un., q. 1. Não obstante esta terminologia, o Doutor Seráfico refere-se ao mundo que se desenvolve ordenadamente, com variedade, em igualdade, em ordem e em beleza, cf. *Brev.*, Prologus c. 2, n. 6 (BAC I, 178s).

68. Boaventura refere-se a uma emanação gratuita (*liberalis*) a partir da mesma luz fontal, *RATh.*, I: "...ab illa fontali luce liberalis emanatio"; capacidade de comunicação do ser pela bondade, *II Sent.*, d. 44, a. 1, q. 3; veja-se também *Itin.*, c. 6 (BAC I, 620-627).

69. Todo saber é interior, *RATh.*, I (BAC I, 642s).

70. *Ibid.*, 13-14.

passa de uma física que se remete não ao ser, mas somente a alguns entes, estes além do mais sem unidade fundamentadora.

O *exemplarismo*[71] possui uma evidente marca platônica, mas já está profundamente reformulada, em boa medida pela alavanca do *expressionismo* trinitário, pois agora o simbolismo se situa no horizonte exemplarista. Não obstante a inspiração platônica de todo este processo[72], nota-se na especulação do Doutor Seráfico uma atmosfera de empirismo cristão que aceita a realidade criada oferecida pelo Criador, que a abstração aristotélica ajudaria a enquadrar e a estimular teoricamente. De fato, o conhecimento abstrato parte sempre da realidade sensível oferecida pela natureza[73]. Deste modo, bem se pode afirmar que o simbolismo bonaventuriano não é a redução, por integração e sublimação, do deduzir no superior, mas o descobrimento da presença das idéias nas coisas, mediante, segundo sua própria terminologia, um conhecimento *in*, que é mais perfeito do que é o conhecimento *per*[74]. Se este vai das criaturas a Deus, aquele vê a Deus manifestado nas criaturas. Esta orientação não surpreende, se se recorda que a encarnação de Cristo é a presença corporal de Cristo no mundo, valorizando, por isso, o meio[75], entre os extremos, e o movimento intrínseco de cada ente se verifica segundo a dinâmica trinitária, que é uma forma da presença de Deus nas criaturas.

A característica do *expressionismo* bonaventuriano, alimentado pela metafísica do Bem e da Luz[76], tem sua mais importante manifestação no que pode ser considerado o segredo da salutar familiaridade franciscana com a natureza, uma relação de amor, oposta diretamente a todas as formas de maniqueísmo e de gnosticismo, onde predomina, de forma aberta ou solapada, o modelo de luta.

---

71. J.A. MERINO, ao caracterizar a realidade – *dependente, consistente, referente* – na ótica bonaventuriana, sintetiza deste modo o alcance do exemplarismo, cf. "Humanismo franciscano y Ecología", *Itiner.*, 140 (1991) 196.

72. A principal figura que negou que houvesse um exemplar das coisas foi Aristóteles, rejeitando assim as idéias de Platão, "exemplar rerum" cf. *Hex.*, col. 6, n. 2 (BAC III, 300s).

73. O n. 3 de *RATh.* (BAC I, 646s) explica o conhecimento sensitivo, para o qual se mobilizam todos os sentidos, acentuando a *semelhança* e a relação entre o microcosmos e o macrocosmos, cf. *Itin.*, c. 2, n. 3-5 (BAC I, 576-581). O sentido busca seu objeto com *gozo* (*gaudio*), *RATh.*, 10 (BAC I, 652s). *Itin.*, c. 2, 2.5 (BAC I, 577-581).

74. "Mas, como, com relação ao espelho das coisas sensíveis, nos é dado contemplar a Deus *não somente por elas* (*per ipsas*), como por vestígios, mas também *nelas mesmas* (*in ipsis*), porquanto nelas está por *essência, potência e presença*; e, além do mais, como esta maneira de considerar é mais elevada que a precedente", *Itin.*, c. 2, n. 11 (BAC I, 576s); cf. c. 4, n. 1 (BAC I, 602s).

75. *RATh.*, 23 (BAC I, 664s); *Itin.*, c. 2, n. 7 (BAC I, 568s).

76. O opúsculo da *Redução das ciências à Teologia* (*RATh.*) está dominado pelo modelo ontológico da luz. O mesmo se pode afirmar relativamente ao *Itinerário*, no qual se fala também de *iluminações* e do *Pai das luzes*. Prólogo 19 (BAC I, 556s).

Capítulo VI – Cosmologia

Neste contexto de ontologia expressionista se insere a doutrina bonaventuriana da imagem, tendo também esta em sua especulação um sentido positivo[77], à medida que é gerada por cada ente, não para ofuscá-lo ou debilitá-lo, como acontece em outras interpretações da doutrina da imagem, decididamente de coloração platônica, mas para irradiar sua capacidade de vida, estimulada pelas *razões ideais* divinas[78], assim como para relações com outros entes, com tal dinamismo, sempre dentro do modelo trinitário dinâmico[79], no qual a irradiação do Bem não absorve as outras pessoas, mas as afirma.

b) Da física à metafísica

A partir de agora, a referência privilegiada será João Duns Scotus[80], cuja obra, não obstante a técnica escolástica da exposição, é também uma afirmação da fidelidade ao espírito de Francisco, continuando a seu modo a reflexão bonaventuriana.

Se existe, como repetimos, uma relação estreita entre a questão da natureza e as exigências da razão, deve-se supor que a cada modo de interpretar a natureza corresponda uma forma específica de saber. Esta conexão vem a ser confirmada plenamente no pensamento franciscano.

Vamos seguir, portanto, uma troca de nível epistemológico, do qual resultará também uma variação da terminologia, substituindo a categoria da *natureza* pela de *ser*, não porque aquela careça de sentido, mas somente porque, ao contrário do que se pensa com freqüência, a natureza não pode constituir um ponto de partida radical, sendo antes uma manifestação do ser. Além da própria constituição do mundo, melhor dito, dos mundos, está a referência à unidade do ser, que supõe a pluralidade dos mundos. Este novo rumo epistemológico é decisivo, representando a ausência de rumo uma das maiores dificuldades especulativas da cultura ocidental, com reflexos negativos nos domínios do ambiente e da ecologia, devido precisamente à falta de uma unidade diferenciada. Tal metamorfose, no âmbito do saber, não começou com o franciscanismo, embora tivesse tido em João Duns Scotus um de seus maiores protagonistas. De fato, já Aristóteles havia sentido explicitamente a necessidade dela, ao postular um saber primeiro e uno, acima da diversidade das ciências, mas ligou-a ao futuro em forma de exigência e também de dificuldade lógica, pelo fato de que a ciência primeira que ele buscava não se ajustava às cláusulas do estatuto científico do *Organon*.

---

77. A imagem está associada à idéia de plenitude, cf. *RATh.*, 8 (BAC I, 654s).

78. *Ibid.*, 20 (BAC I, 662s).

79. *Ibid.*, 26 (BAC I, 666s).

80. No entanto, convém recordar que Boaventura distingue bem entre *física* e *metafísica*, cf. *ibid.*, 4 (BAC I, 648-651).

Manual de filosofia franciscana

Se, para o Estagirita, o edifício do saber não ficasse completo – ou carecesse de base – sem a *ciência primeira*[81], embora para o acesso à natureza a *Física* o satisfizesse, para João Duns Scotus, ao contrário, todo o edifício do saber naufraga, incluindo a física, se não tiver um consistente suporte metafísico. Se é possível organizar epistemologicamente este edifício, então também a natureza será integrada nele, embora conserve sua própria especificidade, ocupando os conteúdos da física ao lado de outros saberes.

Em termos teóricos, a questão pode ser esquematicamente enunciada nos seguintes momentos: a) não sendo concebível uma ciência sem *objeto*, importa saber qual é o objeto do conhecimento metafísico; b) aceitando a resposta aristotélica que via esse *objeto* no ser, deve-se aprofundar a investigação, mas averiguando se a inteligência humana está capacitada para alcançar todo ser ou somente algumas manifestações dele, para o caso dos entes sensíveis; c) no caso de ser positiva a primeira alternativa, então o saber não começa nem acaba na natureza, mas no ser, não na física, mas na metafísica.

Mas, se esta é a ordem das razões, não foi esta a ordem das motivações, sendo útil explicar, embora de forma sucinta, tais motivações. Estando claro o esforço hercúleo de João Duns Scotus para superar o nível da física pelo da metafísica, o que o estimulava não era propriamente a tarefa de ultrapassar a natureza, circunscrita aos entes hilemorficamente compostos. É certo que Aristóteles introduz na *Física* a questão da exigência de um ente não composto de ato/potência que fosse *ato puro*[82], mas tal situação implicava, na lógica de seu sistema, dificuldades delicadas: ou a física neste ponto se supera a si mesma, instalando-se em uma metafísica ou em uma teologia, embora indevidamente, pois o ser humano somente pode conhecer os entes físicos, os que estão compostos de matéria e forma, ou a esse Deus da *Física* não alude toda a realidade, mas somente a que está tratada na *Física*, ficando os entes não compostos hilemorficamente, se existirem, desprovidos da transcendência. Por outro lado, a circunscrição à esfera da física reduzia o horizonte da natureza, não lhe reconhecendo o estatuto, como dirão os escolásticos, de *potentia oboedientialis*, aberta às demais naturezas e, por sua vez, ao sobrenatural[83].

Para o Doutor Sutil, o diálogo filosófico e teológico tem interlocutores privilegiados: mais do que com Aristóteles é com os pensadores árabes e com alguns cristãos, filósofos e teólogos, com quem ele dialoga. O que, sobretudo, preocupava a uns e a outros era menos a natureza e mais a teologia e a vida humana, especialmente a possibili-

---

81. *Metafísica* VI, 1.

82. *Física* VII. É verdade que a questão da *causa primeira* aparece também na *Metafísica*, observando Aristóteles que a filosofia não se reduz à física, cf. *Física* 194 b15.

83. João Duns Scotus separa bem a diferença entre a consideração dos filósofos, que repousa na perfeição da natureza, e a dos teólogos, que conhecem a imperfeição da natureza e a necessidade do sobrenatural (cf. *Ord.*, Prol., p. 1, q. un., n. 5 (I, 4), sem que a situação diminua a natureza, mas antes a dignifique, cf. *ibid.*, Prol., p. 1, q. un., n. 57 (I, 35).

Capítulo VI – Cosmologia

dade da liberdade desta. É precisamente em função da liberdade que João Duns Scotus lutará pela necessidade de superar a física, uma vez que esta não conduzia ao Deus cristão – Ser infinito, para o Doutor Sutil – nem salvaguardava a liberdade humana, somente possível com uma transcendência infinita[84].

Para manter coerente e realizável todo este processo, João Duns Scotus não acha outra via que não seja a do ser, o ponto de partida e o horizonte – *objeto* – da inteligência humana[85]. Mas, independentemente das motivações que conduzirão todo este tecido especulativo, entretanto, resulta dele a implantação da metafísica, a qual depois relativiza o papel que a física – e a natureza –, sobretudo a de conotação aristotélica, havia desempenhado na história da cultura filosófica do Ocidente, inclusive em ambientes cristãos. Assim ficava aberto outro caminho, que não começa nem acaba na física, quer dizer, na natureza; desse modo, ficava também vencida a alternativa cosmologia/teologia pelo recurso a uma terceira via, precedendo aquelas, sem anulá-las, e dando garantia da imprescindível unidade epistemológica.

c) Da natureza ao ser

Dada a posição central que a natureza – independentemente das noções variadas que sobre ela mesma a acompanharam – ocupou no pensamento ocidental, seu questionamento passa hoje por uma desconstrução hermenêutica, fazendo um percurso descendente que leva à sua fundamentação, como parece necessário e como sua história o insinua.

Desta prioridade da natureza resultou, paradoxalmente, sobretudo na época moderna, o esquecimento da mesma natureza, sem a qual a ciência moderna, finalmente, se impôs. Por outro lado, mesmo de modo paradoxal, nossa contemporaneidade vive com angústia a nostalgia da natureza perdida, que equivale finalmente à natureza repudiada.

Note-se, no entanto, em primeiro lugar, que não se perdeu a natureza, mas uma dada noção – cultural – de natureza, no caso de que fosse inspirada e sancionada pela *Física* de Aristóteles, cujo estatuto e conteúdo não resistiram às exigências, por outro lado positivas e algumas inescusáveis, da racionalidade moderna, muitas delas de conotação cristãs. Possivelmente, com outra noção de natureza diferente da que foi herdada da *Física* de Aristóteles, que seria possível alcançar com os meios culturais da Idade Média, o conflito moderno entre ciência e natureza não haveria existido. A natureza da *Física* de Aristóteles, não obstante sua aparente consistência, não estava suficientemente

---

84. Por isso, o Doutor Sutil pergunta: Existe um infinito em ato?, cf. *Ord.*, I, d. 2, q. 1, n. 1 (II, 125). É concebível? (*ibid.*); repugna ao intelecto? Não (*ibid.*, 206s; *De primo principio*, c. 4 concl.).

85. O ser: o que é mais conhecido e não pode ser explicado por nada mais, cf. *Ord.*, I, d. 2, p. 1, q. 1-2, n. 132 (II, 207).

Manual de filosofia franciscana

apoiada – talvez por julgar que não necessitava ser superada –, quer dizer, fundamentada, embora o Estagirita, como já recordamos repetidamente, sentira teoricamente a necessidade de uma unidade epistemológica que a multiplicidade das ciências do quadro por ele estabelecido não conhecia. Por outro lado, Aristóteles não dispunha de condicionamentos culturais para introduzir no seio da natureza a dinâmica histórica capaz de compreender a evolução tanto da própria natureza como de sua respectiva noção. A solidez que Aristóteles pedia para a natureza acabou por destruí-la pelo fato de não dispor da adequada elasticidade para acompanhar as transformações históricas, marcadamente as de ordem científica e técnica.

Por isso, a conseqüência mais importante que resulta da transição da física à metafísica é certamente a possibilidade de uma unidade do cosmos que a *Física* aristotélica não conseguiu com sua noção de natureza, melhor dito, das naturezas, pois, embora o estatuto hilemórfico seja aplicável a todas elas, o campo de cada uma permanecia escondido, despossuído, como já repetimos, de relações ontológicas entre as diversas naturezas. Se, em nossos dias, a situação ambiental do universo e do modelo ecológico de solução remetem à natureza, esta não pode ser, uma vez mais, a natureza registrada quase exclusivamente na cultura ocidental, marcada pela concepção que Aristóteles tinha dela. Um modelo de unidades sistêmicas, como hoje se preconiza para o mundo, não seria viável aí com esse estatuto da natureza. O enraizamento da questão da natureza em solo ontológico não somente elimina dificuldades já pressentidas pela *Física* do Estagirita, ao apelar para a unidade epistemológica, mas oferece algumas condições para fundamentar as necessidades e perspectivas sentidas pelas modernas questões ambientais.

A dinâmica do universo, melhor dizendo, do mundo, não é do âmbito da natureza, mas do ser, sem possível equivalência entre as duas categorias. Não é por casualidade que a metafísica escotista se assenta tanto na vida de relação dos transcendentais[86] – unidade, verdade, bondade – como nos entes singulares, não nas *espécies*[87]. Por isso, o universo franciscano, que procede desta metafísica, é uma unidade diferenciada e dife-

---

86. A metafísica escotista apóia-se fundamentalmente nos transcendentais, como bem observa A.B. WOLTER, "A knowledge of this theory of transcendentals therefore is indispensable in understanding Scotus ideal of a systematic and scientific metaphysics", em *The transcendentals and their Function in the Metaphysics of Duns Scotus* (NovaYork 1946) XI. Também para Boaventura, não somente o ser é o objeto primeiro da inteligência como "Nec *ens per se* cognosci potest, nisi cognoscatur cum suis conditionibus, quae sunt: *unum, verm, bonum*", *Itin.*, c. 3, n. 3 (BAC I, 592-595). De resto, o metafísico "...considerat ens in se et suis proprietatibus et passionibus", *Hex.*, col. 1, n. 13 (BAC III, 181). Compreende-se, desta forma, como o ser humano se comunica com todas as criaturas que, além do mais, são exaltadas por ele, cf. *III Sent.*, d. 2, a. 1, q. 2.

87. "...oportet ut intentio naturae non solum sistat in natura speciei, sed etiam per se in individuo", J. DUNS SCOTUS, *Rep.*, I, d. 36, q. 4, n. 14 (XXII, 452a). A diversidade individual tem sua razão de ser no expressionismo ontológico, que se manifesta por sua capacidade de bondade e de comunicação.

Capítulo VI – Cosmologia

renciante, a desenvolver temporariamente, historicamente[88], nos limites do mundo, em uma dinâmica de universalidade concomitante, de unidade e de diferença. O desequilíbrio entre estes três últimos segmentos é o que constituiu um atentado contra o ser, não sempre coincidente com os crimes de lesa-natureza, os quais angustiam tanto a geração atual, mas cuja nocividade brota de estratos mais profundos do que os da natureza, sendo esse nível o lugar onde se deve tratar de colocar soluções.

Ainda nesta luz, as dificuldades lógicas tantas vezes sentidas, e hoje, de forma dramática, entre natural e artificial, devido às conseqüências da intervenção técnica no mais íntimo da vida, podem e devem ter outra leitura, da qual puderam resultar interpretações mais positivas. É um emblema do franciscanismo sintonizar tanto com a natureza como com a técnica. Tendo uma noção ampla e dinâmica de natureza, o movimento natural está marcado pela apetência do desenvolvimento histórico, no qual a técnica tem um papel insubstituível, a incorporar no patrimônio histórico da natureza. Se ficamos no nível da natureza, não teremos de fato estatuto para a instância dos possíveis, para o ser da técnica e das produções artificiais. A tão extensa questão da bioética, cujo tratamento agitado lhe tira grande parte de sua já relativa pertença, passa a ter uma falsa – artificial – colocação, se não transcorre a partir do próprio seio do ser da natureza, o qual não se opõe à intervenção técnica, antes a reclama em termos de desenvolvimento ontológico e não somente natural. De fato, não bastam os princípios de índole ética para orientar o encontro da natureza com a técnica, sobretudo se se trata de uma ética apoiada somente na natureza e, com maior rigor, na natureza humana, como acontece com quase todas as orientações da ética ocidental.

Mas onde melhor se reflete este *expressionismo* metafísico franciscano é na vida das comunidades humanas, manifestando-se assim, na forja do concreto cotidiano, as relações históricas entre uno/múltiplo, entre as diferenças, em seu caso entre as pessoas. Contudo, tal comunidade, porque está ontologicamente alimentada, não se circunscreve aos seres humanos, visto o elo de fraternidade que traz consigo o ser que se estende a todos os seres, drasticamente reduzidos e artificializados, na máquina das sociedades urbanas. Ao contrário do fenômeno de luta entre a sociedade e a natureza, entre o urbano e o rural, nada é excluído da comunidade ontológica, porque tendo ainda na qualidade das relações humanas sua expressão superior, a relação se amplia a todos os entes, sem os quais a humanidade não poderia subsistir. Neste contexto, até mesmo a eventual dificuldade lógica natureza/liberdade se transforma, por aproximação e não por contraste, já que uma e outra brotam da mesma fonte ontológica, manifestando-se em movimento expressivo.

---

88. Duns Scotus não fica somente na espécie, não só porque destaca o indivíduo, mas também porque aquela aumenta o *estado* (*status*), cuja consideração é também fundamental para o conhecimento da vida humana, já não redutível ao conhecimento da essência.

6. Franciscanismo, natureza e ecologia

Não é pelo fato de que Francisco de Assis seja patrono das atuais preocupações ecológicas que vamos transformar um estudo sobre um tema clássico de filosofia, ou da natureza, em um tópico da atualidade cultural, ou da ecologia, um saber ainda desejado para a busca de si mesmo.

Evocar Francisco ou o pensamento franciscano como um *deus ex machina* para resolver delicadas situações de nosso presente significaria, desde logo, que estaríamos lidando com elementos mortos e intemporais, de per si ineficazes, se não para alimentar nostalgias lânguidas. Do teor da reflexão que nos ocupa resulta, como é nosso propósito, que no horizonte se perfila mais o franciscanismo do que o próprio Patrono da ecologia, pois, embora as atitudes e os testemunhos pessoais representem já um valor em si, a racionalidade implícita, e, sobretudo, tematizada que está subjacente, tem aqui prioridade. É muito significativo que a história tenha registrado, ao vivo, a sensibilidade de Francisco e dos franciscanos para com a natureza, mas não é menos importante que o pensamento franciscano lhe tenha proporcionado um enquadramento teórico e também que este continue manifestando sua força interpeladora.

Note-se, uma vez mais e sem margem para as ambigüidades, que o pensamento franciscano não é evocado aqui como uma referência única, mas antes integrado entre as chaves cristãs que orientam a cultura ocidental. Somos conscientes de que estas representam um patrimônio tão sedutor como escassamente explorado, devido à asfixia à qual outros fatores de sentido oposto as submeteram. A leitura bíblica da realidade constituiu, entretanto, um dos maiores contrapontos para a globalidade da racionalidade ocidental, profundamente tocada por feridas de caráter maniqueu e gnóstico de onde resultam, em boa parte, atitudes negativas para com a natureza.

Elemento do pluralismo cristão, o testemunho e o pensamento franciscanos sobre a natureza não são, contudo, susceptíveis de ser confundidos com outras visões do mundo, embora também cristãs. Diante das dificuldades e das perplexidades de nossa época, no que concerne ao estado de nosso planeta e à articulação prática e teórica da humanidade com ela, colocar em relevo a mensagem franciscana sobre a natureza contribui para a ampliação do horizonte de possibilidades de leitura e de eventuais soluções que não estarão nunca excessivamente no domínio de tal complexidade. Acrescente-se, no entanto, que a sensibilidade franciscana para com a historicidade afasta, desde logo, qualquer tentação de utopia: nem entes – naturezas – inalteráveis nem fugas milenaristas para um estado invulnerável.

Embora sejam bem variados e divergentes os diagnósticos e as etiologias da situação atual de nosso planeta, começa a haver alguma convergência no que se refere à preservação e ao estímulo de algumas linhas de rumo. O termo ecologia é o pólo que aglu-

Capítulo VI – Cosmologia

tina e a alavanca que apóia o desenvolvimento delas. Mas nem tudo isso precipita coerentemente, dando lugar a legítimas dúvidas sobre sua eficácia. A esta devem vir associadas algumas referências teóricas indispensáveis: a desumanização do mundo, o reconhecimento do valor intrínseco de todos os entes, a articulação sistêmica todo/partes e o sentido orgânico das diferenças regionais. Não se tendo ainda alcançado um estatuto suficiente do saber para as novas situações, urge avançar para algumas linhas mínimas de tal saber. Embora se conservem as terminologias epistemológicas tradicionais, se bem que seria preferível sua transformação, os conteúdos, a amplitude e o espírito desse saber hão de ser substancialmente reformulados. A ciência é uma expressão de cultura, motivo pelo qual é o tecido desta que determina aquela, embora disso não se tenha consciência. Se as chaves da cultura não apontam para uma articulação efetiva, sustentada por relações ontológicas, positivas, entre a humanidade e o mundo, não se espere que o milagre da ciência e da técnica salve o planeta doente. A leitura da cultura e da história do Ocidente parece que não justifica um oportunismo fundado a esse respeito. De fato, a sociedade ocidental conviveu mal com a natureza e não a ama verdadeiramente, limitando-se quase sempre a possuí-la, a substituí-la, a rejeitá-la, pela objetivação científica e pela transformação técnica. O que é cultura, contudo, está feito em proporção ampla, podendo, por isso mesmo, refazer-se e alterar-se. Nem a natureza se reveste de imutabilidade, embora para ela se postule freqüentemente esta característica, nem a cultura representa uma atividade de sentido único: é um fato – *factum non fatum* –, isto é, algo realizado, podendo ser refeita ou tecida de outros modos. Uma desconstrução hermenêutica, com orientação descendente, partindo da ciência atual, passando pela cultura e alcançando a fonte das diferentes formas dela, o ser, não só ajudará a compreender – e a limpar – alguns bloqueios que cristalizaram o trajeto da vida, mas também a descobrir orientações que outras opções culturais favoreceram.

Traçadas as categorias fundamentais e identificadas as questões nucleares – às vezes os pontos equívocos – sobre a natureza à luz do pensamento franciscano, importa agora, como se fosse um roteiro, ver o rumo para o qual esse característico impulso histórico pode orientar-nos. É também um esforço de síntese que servirá, eventualmente, de releitura compreensiva do que foi explicado até este momento. Estas serão, acentuando as conexões possíveis, as teses mais significativas e interpeladoras:

1) O franciscanismo tem consciência da importância da categoria da natureza, vendo nela, harmonizadamente, a autonomia racional de seu movimento, a dependência de uma fonte transcendente, a relação ontológica entre as diversas naturezas e a abertura a um desenvolvimento ulterior que se há de realizar historicamente.

2) Estas prerrogativas da natureza não cabem, no entanto, dentro de sua noção generalizada, de estirpe aristotélica, porque a natureza é uma instância derivada, mais limitada do que a categoria de ser que a precede e fundamenta.

3) Não há no franciscanismo nem uma natureza, como se constituísse um bloco único para deslizar-se a horizontes panteístas, nem naturezas isoladas, fechadas em seu próprio movimento. Na visão franciscana do mundo, convivem unidade e diferenciação, estando formada a unidade por singularidades que têm uma intrínseca e irredutível constituição, que devem ser respeitadas e amadas, imperativo difícil de compatibilizar com formas desequilibradas de globalização.

4) O movimento de cada singularidade, assim como o da relação das diversas singularidades, é histórico, intervindo nele decisivamente a ação humana, não para substituí-lo, e menos ainda para destruir o estatuto qualitativo dos outros entes, mas para transformar e desenvolver, recorrendo, inclusive para tais efeitos, à intervenção técnica que não se opõe à natureza, mas que faz parte com ela da vida do ser, de onde se segue que a distinção entre natural e artificial tende a desfazer-se em fumaça.

5) Não obstante a ambigüidade e as múltiplas obscuridades, sentidas hoje mais do que nunca, que resultam da ciência e da técnica, onde prosperaram abundantemente sementes maniquéias e gnósticas, elas podem representar umas manifestações privilegiadas da elasticidade qualitativa da natureza.

6) O lugar do ser humano na escala ontológica não lhe confere poder de dominação sobre os outros entes, devendo ser entendida a hierarquização como atividade de participação diferenciante, de forma que se elevem ao máximo as virtualidades ontológicas de todo o real.

7) A pobreza franciscana reflete e orienta, em seu âmbito, o movimento de fraternização ontológica generosa, contrariando o imperialismo humano, que a cultura ocidental incessantemente alimentou.

8) A organização da vida humana em pluralidades comunitárias é a expressão superior da organicidade das naturezas, também das não-humanas que, ao participarem da vida daquelas, encontram nelas não uma ameaça, mas sua salvaguarda.

9) A história é suficientemente ilustrativa sobre a sensibilidade positiva das comunidades, marcadamente as de índole religiosa, para com a vida da natureza, representando tal fato uma interpretação sem igual e um modelo exemplar que pode iluminar muito bem os esforços requeridos para a conservação saudável e a recuperação possível da vida em nosso planeta.

10) Entre os entes humanos, assim como entre todos os entes, a relação ontológica é de generosidade e de desenvolvimento histórico, urgindo promover, neste horizonte, uma reflexão sobre a morte, um fenômeno plausível de transformação e de comunicação generosa da vida.

11) Porque se trata de uma realidade temporal, o processo de ampliação universalizante da natureza não é somente de expansão horizontal, mas também de aprofunda-

Capítulo VI – Cosmologia

mento vertical, dando um sentido crescente à natureza historicamente vivida, incorporando o passado ao presente e abrindo rumos de futuro.

CAPÍTULO VII
ÉTICA E ECONOMIA

Orlando Todisco

Bibliografia

1. Ética

AA.VV., *Etica e persona* (Bolonha 1994); ID., *Etica e politica* (Espoleto 1999); BORAK, A., "Libertà e prudenza nel pensiero di Duns Scoto": *Laur* 10 (1969) 105-141; BOULNOIS, O., "Si Dieu n'existait pas, faudrait-il l'inventer? Situation métaphisique de l'éthique scotiete": *Philosophie* 61 (1999) 50-74; BURCH, R., "Objective Values and the Divine Command Theory of Morality": *The New Scholasticism* 54 (1980) 279-304; DAMIATA, M., *I e II Tavola. L'etica di G. Duns Scoto* (Florença 1973); DUMONT, S., "Duns Scotus": *RthAM* 55 (1988) 184-206; SCHNEIDER, H. (Hersg.), *Johannes Duns Scotus* (Kevelaer 2000); SONDAG, G., "Aristote et Duns Scot sur le problème du sacrifice de soi": *Philosophie* 61 (1999) 75-88; TABARRONI, A., *Paupertas Christi et Apostolorum* (Roma 1990); WIELAND, G., *Ethica-Scientia practica* (Münster 1981); WOLTER. A.B., *Introduction in Duns Scotus on the Will and Morality* (Washington D.C. 1986).

2. Economia

BOTTIN, F., "G.D. Scoto sull'origine della proprietà": *Riv. di Storia della filosofia* 52 (1997) 47-59; CAPITANI, O. (org.), *Un'economia politica nel Medioevo* (Bolonha 1987); DOLCINI, C., *Crisi dei poteri e politologia in crisi* (Bolonha 1988); EVANGELISTI, P., "Per uno studio della testualità politica francescana tra XIII e XIV secolo": *StM* 37 (1996) 550-615; LANGHOLM, O., *Economics in the Medieval Schools* (Leiden – Nova York – Colônia 1992); MELIS, F., *Documenti per la storia dei sec. XIII-XVI* (Florença 1972); MUZARELLI, M.G., *Il denaro e la salvezza* (Bolonha 2001); PARISOLI, L., *Volontarismo e diritto soggettivo* (Roma 1999); PIZZO, G., "La giustizia nella dottrina della volontà di G. Duns Scoto": *RphNeo* 81 (1989) 3-26; TODESCHINI, G.,

Un trattato di economia politica francescana (Roma 1980); ID., "Testualità francescana e linguaggi economici nelle città italiane del Quatrocento": *Quaderni Medievali* 40 (1995) 21-49; WOLTER, A.B., *Duns Scotus' Political and Economic Philosophy* (Santa Bárbara, CA 1989).

Introdução

O franciscanismo é um modo especial de ser, uma sensibilidade específica ou uma qualidade nova em relação a Deus, ao próximo e às criaturas. O estudo tem valor, se é o prólogo da ação, pois uma ciência que não é possível ser saboreada num estilo testemunhal de amor a Deus e de atenção ao próximo e às criaturas tem pouco peso e é indigna de um seguidor de Francisco de Assis. Boaventura de Bagnoregio recorda-o na *Legenda maior*, quando destaca a finalidade principal do estudo: *Nec tantum studeant (fratres) ut sciant qualiter debeant loqui, sed ut audita faciant et cum fecerint, aliis facienda proponant*[1]. No *Comentário às Sentenças* já havia sublinhado que a ética consiste (*consistit*) em suscitar a ação da parte afetiva da alma, quer dizer, da vontade, enquanto que a ciência teológica, que se apóia na fé, está "no entendimento movido pela parte afetiva da alma"[2]. Isto deve ser referido à índole geral da teologia qualificada como ciência afetiva, com a tarefa de transformar nossa existência, tornando-a boa: *Scientia theologica est habitus affectivus et medius inter speculativum et practicum et pro fine habet tum contemplationem tum ut boni fiamus et quidem principalius ut boni fiamus*[3]. Neste contexto encontra seu lugar o modo de relacionar-nos tanto com Deus como com o próximo com o objetivo de extinguir ou de manter sob controle a *cupiditas* ou tendência possessiva, que não favorece a estima recíproca nem a justa valorização das criaturas, porque ameaça a autonomia dos ordenamentos dispostos a favor de uma subordinação do outro a si, do plano temporal ao espiritual, da autoridade civil à eclesiástica e vice-versa. O respeito às criaturas é a primeira atitude ética adequada, com a qual estão estreitamente relacionados a riqueza e os mecanismos de produção do bem-estar, assim como as relativas implicações sociais.

Os filhos de Francisco de Assis, seguindo a onda do impulso criador de Deus, tentaram colocar ordem e, ao mesmo tempo, guiar as muitas expressões – políticas, culturais e econômicas – nas quais se concretiza a situação histórica, animando-a a partir de

---

1. BOAVENTURA, *Legenda maior*, IX, 1 (BAC, 447s).

2. Em *III Sent.*, d. 35, a. un., q. 2 concl.: "Quaedam (scientia) autem est quae consistit in intellectu sive ratione in quantum inclinat affectum ad operationem; et haec fundata est super principia iuris naturalis, quae ordinatur ad rectitudinem et honestatem vitae; et huiusmodi est scientia prudentiae virtutis".

3. *I Sent.*, Proemium.

Capítulo VII – Ética e economia

dentro e controlando as contradições, no marco de uma harmonização com os valores cristãos. Não se tratou nem de adaptação nem de censura, mas da tentativa de colocar no coração do discurso metafísico o pensamento ético e no coração da ética o discurso político-econômico. Mostrando a profundidade e a força sedutora da ética bíblica – a *latitudo* paulina da palavra revelada –, a ética franciscana, movida pela gratuidade, acentuou de novo o outro enquanto outro, assim como os fenômenos políticos e econômicos, articulados e complexos, para que sejam expressão daquela justiça que está no meio da doutrina dos Padres, que é a que deve ser retomada e que se deve fazer crescer.

Embora seja paradoxal, deve-se colocar em relevo que as testemunhas da pobreza radical tiveram uma consciência clara da precariedade das instituições humanas, favorecendo a mudança e o crescimento, e foram os intérpretes mais iluminados do modo ordenado de produzir riqueza para o bem-estar civil[4]. Por esta sensibilidade estão marcadas profundamente as obras dos mestres franciscanos, tanto as de tipo ascético como as diretamente teológicas, demonstrando uma fina sensibilidade que é possível entender dentro do marco de um projeto que se deve retomar e proteger contra as objeções e os desvios.

Se a teologia se divide *in duas partes, scilicet in fide et moribus*, tal como se lê no *incipit* da *Summa Theologica* de João de la Rochelle, quer dizer, em verdades em que se deve crer e verdades que se devem praticar – do que parece uma repetição o *incipit* da segunda parte do livro III da *Summa fratris Alexandri*, da qual depende[5] –, temos que considerar a ética individual, a economia e a política como capítulos importantes do *de moribus*, nos quais se descreve o modo de viver o tempo e de habitar o espaço. A contribuição dos franciscanos para o pensamento está por um lado na elaboração das "razões para crer" (teologia dogmática) e por outro lado nas "razões para viver" (ética, política e economia), dentro da antropologia, marcada pelo primado da vontade sobre o entendimento, do bem sobre a verdade. Resumindo-o com palavras de outras épocas filosóficas, pode-se dizer que a atividade especulativa dos franciscanos se enquadra ou na lógica da "razão teológica" ou na lógica da "razão prática". Boaventura oferece o resumo quando, ao falar das três partes da ciência filosófica, *veritas rerum* (física, matemática e metafísica), *veritas sermonum* (gramática, lógica e retórica) e *veritas morum*, sublinha que

---

4. Como notava o filósofo G. SIMMEL: "A pobreza tornava-se uma posse positiva que propiciava de alguma maneira a aquisição de bens mais elevados e concedia relativamente a eles o que o dinheiro dava às vaidades terrenas", em A. CAVALLI e L. PERUCCHI (org.), *Filosofia del denaro* (Turim 1984) 369.

5. J.G. BOUGEROL, "Jean de la Rochelle. Les oeuvres et les manuscrits", em *Bilancio e prospettive*. Atti del colloquio internazionale, Roma 29-30 maggio 1995 (Antonianum, Roma 1997) 99-108. A presença de João de la Rochelle na *Summa Halensis*, cf. L. SILEO, "I primi maestri francescani di Parigi e di Oxford. Il libro: forme di insegnamento e generi letterari", em G. D'ONOFRIO (org.), *Storia della Teologia nel Medioevo*, II (Piemme, Casale Monferrato 1996) 657-662.

Manual de filosofia franciscana

a última – a filosofia moral – compreende a vida individual (monástica), a vida familiar (doméstica) e a vida social (política)[6]. Quanto à *veritas morum*, estas três dimensões que estruturam a ética estão ligadas entre si, porque compreendem, além da ética individual *sive disciplina monastica*, a ética econômica, com a tarefa de favorecer a consciência dos mecanismos produtivos da economia, e a ética política, com a tarefa de apoiar a *virtus iustitialis*, no sentido de cuidar do nascimento e da defesa das relações justas às quais deve remeter-se.

A razão da abertura da ética à economia e à política, e vice-versa, deve ser rastreada na dimensão ético-espiritual de sinal voluntarístico que coloca no centro o sujeito chamado a demonstrar na prática com as obras sua participação na ação criadora de Deus. A responsabilidade é capital, e a economia e a política são um banco de prova indispensável. A mentalidade que condenava como culpável qualquer juro e sob qualquer aspecto é criticada nos capítulos que os franciscanos escrevem sobre os lucros e a riqueza, sobre o mercado e o justo preço, além da rigidez doutrinária e do preconceito dualista ou maniqueu dos séculos anteriores; e a mentalidade que sacralizava a autoridade política e colocava no mesmo plano a hierarquia de dignidade com a hierarquia de jurisdição é obrigada a descobrir sua *alma concupiscente* por meio da distinção das ordens e de sua complementaridade, contra qualquer forma de subordinação do inferior ao superior, em continuidade com as cidades diferentes de Agostinho de Hipona.

Se a ética tradicional se atinha aos textos sagrados e à tradição dos Padres, dos quais extraía suas normas gerais que se manifestaram rígidas até ao ponto de tornar difícil a compreensão dos fenômenos políticos, sobretudo os políticos – é um dos sinais do afastamento existente entre os homens de Deus e os do mundo, assim como da situação socioeconômica substancialmente imóvel –, a ética franciscana, mesmo remetendo-se à Palavra de Deus e à doutrina dos Padres, configura-se dentro de um horizonte no qual a vontade de Deus e a liberdade do homem entram em diálogo no próprio coração da cidade e no contexto da vida quotidiana, para superar as contradições sociais mais evidentes, à luz do primado da justiça. A proposta de partilhar a fadiga da vida quotidiana, aberta a Deus e aos irmãos, na linha do caráter popular do franciscanismo, leva a elaborar uma ética que dispõe os instrumentos para a compreensão não somente da vida individual, mas também dos traços novos da existência política e econômica[7]. A dificuldade de investigar vê-se no fato de que a reflexão não se volta sobre o âmbito de *circa necessaria* nem tampouco sobre o de *circa causas altissimas*, mas antes se orienta *circa*

---

6. BOAVENTURA, *Itin.*, c. 3, n. 6 (BAC I, 600s).

7. G. TODESCHINI, "Ordini mendicanti e linguaggio etico-politico", em AA.VV., *Etica e politica: le teorie dei frati mendicanti del Due e Trecento* (Centro Italiano di Studi Sull'Alto Medioevo, Espoleto 1999) 3-27.

Capítulo VII – Ética e economia

principia et conclusiones contingentium, quer dizer, a coordenadas espácio-temporais que não é fácil submeter a disciplina. Pois bem, cremos que se deve enfrentar esta problemática complexa, graduando a investigação segundo etapas: a) o homem protagonista da bondade (ética individual) e promotor da justiça (ética política); b) o homem criador de bem-estar (ética econômica). São duas etapas, cujas intuições fundamentais é possível, ao que parece, introduzir dentro da lógica que guia o franciscano em sua consideração dos problemas humanos, dentro da trama de seu próprio tempo.

1. O sujeito protagonista da bondade

É necessário esboçar, de entrada, o clima dentro do qual nasce a ética franciscana, ou, melhor ainda, a progressiva tomada de consciência da dimensão ética que há dentro do modelo de vida que Francisco viveu e propôs, com implicações existenciais de ampla repercussão. Tal clima está marcado pela pobreza e pela polêmica surgida em torno de sua interpretação, alimentada e sustentada por motivos de origem pagã: os maiores obstáculos opostos à defesa do estilo de vida, ordenado segundo a pobreza radical, procediam da concepção aristotélica da ética, que condicionava muitas das expressões filosóficas e teológicas da época. Foi este o terreno fecundo que permitiu aprofundar de forma significativa aspectos ético-sociais de grande peso. De fato, a pobreza radical era vista pela maioria como uma violação dos direitos fundamentais da natureza humana e como uma interpretação equivocada da pobreza dos apóstolos. Como é possível servir-se das coisas sem exercer *dominium* sobre elas e, portanto, ser proprietário delas? Se se quer evitar que o uso se converta em abuso, é necessário não renunciar ao direito de propriedade. Esta, de fato, é uma dimensão fundamental da natureza humana. É a vitória da natureza e do direito natural como salvaguarda daquela. Pense-se nos duros ataques dos mestres seculares, encabeçados por Guilherme de Saint Amour[8]. E por que – se argumentava – invocar a graça desde o momento em que esta não somente não viola as exigências da natureza, mas – mais ainda – como escreve Tomás de Aquino –, *perficit naturam*? Além do mais, não é doutrina comum que não deve ser a pobreza, mas a caridade o ápice da perfeição cristã?

A esta perspectiva de tendência naturalista de matriz pagã, em cujo nome se tentava desqualificar pejorativamente o motivo da "pobreza evangélica", replicaram tanto Boaventura como Pedro João Olivi, Duns Scotus ou Guilherme de Ockham, com al-

---

8. R. LAMBERTINI, "Momenti della formazione dell'identità francescana nel contesto della disputa con i secolari (1255-1279)", em *Dalla sequela Christi di Francesco d'Assisi all'apologia della povertà*. Atti del XVIII Convegno della Società Internazionale di Studi Francescani, Assisi 8-20 Ottobre 1990 (Espoleto 1992) 12-172.

gumas pontualizações que devem legitimamente ser invocadas como pontos firmes da ética franciscana, aberta ao novo, mas em contraste com o antigo. Além de reivindicar a validade dos ideais evangélicos, tal réplica mostrava a necessidade de abrir um espaço teórico novo que permitisse ler a partir de outra perspectiva a vida individual e a realidade social sem opô-las. Mais do que sacralizar o profano, o propósito é respeitar a liberdade do homem e decifrar a linguagem nova, o modo inédito de representar a realidade, para contribuir com o florescimento de uma presença nova na Igreja e com a pacificação que busca o bem-estar na vida social. A ética franciscana representa um capítulo novo com traços inéditos.

Fixando-nos no essencial, parece que os pontos capitais da ética franciscana, entendida como ciência que ensina a entender de forma respeitosa e fecunda a realidade e a agir de forma correta, se podem concentrar em dois: 1) ser conscientes de forma crítica de que nosso ser histórico é de *viator*, pelo que parece um desvio não se dar conta da índole transitória de todas as instituições humanas, nascidas para conter a violência e que, portanto, não devem ser absolutizadas, mas acompanhadas em seu devir para favorecer sua evolução; 2) ser conscientes do caráter absoluto da honra que é devida a Deus. No fundo, trata-se da ética da "condição humana" em sua plena integração histórica. Somente a honra devida a Deus é um imperativo categórico, medida suprema da ação ética. O resto é a expressão criativa de nossa criatividade responsável.

a) Consciência do caráter de viator de nosso ser histórico

Antes de tudo, não somos como éramos, pelo que é lícito assumir a condição atual, com suas exigências e seus limites, como ponto ético de referência, como se fosse identificável com a *natureza*. Não chegando a tal distinção, é-se inclinado a assumir como norma ética o fato concreto, esquecendo-se do caráter peregrino e absolutizando o que é relativo. É um grave erro de perspectiva. Boaventura é intérprete deste processo de uma forma reflexa, respondendo aos que consideravam a pobreza uma violação dos direitos fundamentais da natureza, dentro de cuja lógica se inseriria o direito natural à posse das coisas. Em contrapartida, a renúncia à posse dos bens em particular e em comum e, portanto, a pobreza radical, não vai contra a natureza humana tal como foi pensada e querida por Deus, mas contra a natureza atual que se tornou egoísta e submetida à concupiscência. O que pensa de outra forma confunde a natureza instituída com a natureza destituída. Porque o homem foi criado *nu*, feito para partilhar os bens, não para apoderar-se deles[9].

---

9. BOAVENTURA, *PEvan.*, q. 2, a. 1 resp.

Capítulo VII – Ética e economia

O homem não é proprietário por natureza, sustenta Duns Scotus, convencido de que a distinção entre os *dominia* não faz parte do *status innocentiae*, quando tudo era comum e o uso dos bens respondia somente à lógica da necessidade de cada um. O atual desenfreamento do instinto concupiscente faz parte de nossa história, não de nossa natureza, com aqueles traços de violência e de domínio abusivo que marcaram o ritmo de seu transcurso. Tratou-se de uma mutação antropológica, da qual a história se torna reflexo e expressão. Assim, a partir do estado de comunhão de bens se passou ao estado de distinção dos *dominia* para propiciar uma convivência pacífica. Nem o direito natural ou *ius naturae* nem o divino ou o *ius divinum* se podem tomar legitimamente como argumento a favor da propriedade, como se esta expressasse a índole originária da natureza humana[10]. Ockham não somente reafirmará tal postulado, mas também acentuará o tom, sublinhando que, depois do pecado, o homem não está em condições de gozar os bens em comum, pelo que, interpretando a vontade de Deus, garantia da vida e do mundo, fez bem, introduzindo e regulando o poder de apropriar-se das coisas, em linha com as exigências da condição humana atual[11].

Domínio e propriedade não se podem separar, nascem juntos, no sentido de que a propriedade alude ao espaço do domínio e o domínio alude ao poder alcançado por meio da propriedade dos bens. Isto significa que a chave para resolver este capítulo novo da história humana não está constituída pela chamada *convenção* ou *contrato social*. O domínio sobre as coisas e o binômio de poder e propriedade são frutos da indústria de cada um, cuja atividade aquisitiva traça o espaço social que cada um se assinala, legitimando o direito de dispor livremente dos bens adquiridos segundo a estrita conexão entre propriedade e domínio social. É o sulco da tradição franciscana que se move ao longo dos percursos: por um lado, pensando as implicações da pobreza radical, faz entrever ao longe o *status innocentiae*, que volta a propor a lógica seguindo a experiência de

---

10. DUNS SCOTUS, *Ord.*, IV, d. 15, q. 2, n. 5: "Secunda conclusio est quod istud praeceptum legis naturae de habendo omnia in communi revocatum est post lapsum. Et rationabiliter propter eadem duo. Primo, quia communitas omnium rerum esset contra pacificam conversationem, num malus et cupidus occuparet ultra ea quae essent sibi necessaria. Et hoc etiam inferendo violentiam aliis, qui vellent secum eisdem communibus ad necessitatem uti, sicut legitur de Nemroth, qui 'erat robustus venator coram domino', id est, hominum opressor".

11. GUILHERME DE OCKHAM, *Breviloquium de principatu tyrannico*, III, c. 9: "Et de dominio quidem proprio non habetur explicite in scripturis, quod primus introductum sit iure divino id est per solam divinam absque ordinatione humana [...] non legitur, quod Deus dedit aliqua specialiter Caym et alia specialiter Abel. Sed cum Caym malus fuerit et avarus, magis verisimile est quod Abel ex malitia Caym, volentis violenter opprimere eum et appropriare sibi cuncta indebite, compulsus fuerit quodammodo divisionem rerum huiusmodi procurare".

Manual de filosofia franciscana

Cristo e dos apóstolos e das primeiras comunidades cristãs[12]; por outro lado, salvaguarda o papel central do sujeito, comprometido no mundo, colocando em relevo que sua presença operativa legitima a propriedade, sem mendigar ulteriores intervenções despóticas do poder civil ou do poder eclesiástico.

O sentido de tal distinção concorde entre a lógica da *natura instituta* e a lógica da *natura destituta* é que a renúncia a qualquer domínio (pobreza radical) não viola nenhum direito natural, como pretendiam aqueles que, inspirando-se na concepção pagã, partiam do pressuposto da natureza imutável e substancialmente inviolada. O fato de privilegiar a *natureza*, presente ainda em forma mitigada em muitas expressões filosófico-teológicas do tempo, é criticado de comum acordo, com o epílogo de que o atual direito à propriedade privada está vinculado ao *status naturae lapsae*, com uma orientação histórica que é expressão da necessidade de conter aquele instinto de submeter, ao qual se refere o cristianismo no mundo e do qual o franciscano pretende livrar-se, colocando-se além da normativa proprietária. Está claro que o domínio de um sobre o outro entra dentro da mesma lógica pós-lapsária e é conseqüência da índole operativa dos indivíduos e, portanto, não faz parte da arquitetura divina do mundo nem se pode dizer dimensão constitutiva da natureza humana.

Estamos com o *status iste*, conseqüência da situação precária na qual nos encontramos. Tanto Alexandre de Hales como Boaventura pensam na divisão dos *dominia* como um acontecimento próprio do estado de queda, expressão de um direito que antes prescrevia a comunhão de bens e dos povos e, depois, após o pecado original, legitimou a posse das coisas e a autoridade de um sobre o outro. O direito assume duas formas diferentes, antes e depois da queda[13]. De forma lapidar, Boaventura afirma que Eva foi criada a partir da costela de Adão *ut viri videretur esse socia, non domina vel ancilla*[14]. O *dominium* é fruto da lógica da *natureza corrompida*. Duns Scotus move-se na mesma direção, que ele torna mais rigorosa sem modificá-la. Considerando de direito natural somente aquelas leis que são evidentes de per si ou evidentes *ex terminis*, ele se aproxima da ter-

---

12. J. COLEMAN, "Poverty, Property and Political Thought in Fourteenth Century Scolastic Philosophy", em *L'homme et son univers au Moyen Âge* (Lovaina Nova 1986) 845-855; A. TABARRONI, *Paupertas Christi et Apostolorum. L'ideale francescano in discussione (1322-1324)* (Roma 1990).

13. *SH.*, II, q. 3, c. 2 (III, 348): "Eadem ratio, quae dictat omnia esse communia in natura bene instituta, dictat aliqua esse propria in natura destituta"; BOAVENTURA, *II sent.*, d. 44, q. 2, a. 2 (II, 1009): "Deum esse honorandum dictat natura secundum omnem statum; omnia esse communia dictat secundum statum naturae institutae, aliquid esse proprium dictat secundum statum naturae lapsae ad removendas contentiones et lites [...] hominem autem homini subici et hominem homini famulari, dictat secundum statum corruptionis, ut mali compescantur et boni defendantur".

14. *Ibid.*, concl.

Capítulo VII – Ética e economia

minologia tradicional e, mais do que falar de *direito natural* no que toca à divisão dos *dominia*, conseqüência do pecado, ele prefere falar de *solução razoável*, não a única possível, certamente não de direito natural[15].

Deste ponto de vista, compreende-se melhor que, segundo a *natura instituta*, "todas as coisas são comuns" e que, por isso, a autoridade, graças à qual um domina o outro, não deve ser considerada fator de dignidade ou de nobreza. O domínio de um sobre o outro é um dado histórico, vinculado à *natura lapsa* e, por isso, a ser entendida como remédio para a corrupção (*inest enim secundum culpae punitionem, non secundum naturae institutionem*)[16]. A natureza humana não foi pensada e querida por Deus para que o homem chegasse a ser proprietário de coisas nem para que alguém dominasse o outro. O homem é por natureza sociável, mas não naturalmente *político*. Estamos dentro da lógica da história humana, marcada pela violência e pelas muitas tentativas de conter a expansão[17]. Isto exige um olhar específico para as relações sociais, cuja configuração há de ser entendida como uma tentativa sempre renovada de tornar possível a vida de todos, com o objetivo de tirar os obstáculos do caminho da livre expressão das próprias potencialidades.

Este é um pilar firme da ética franciscana, a consciência da historicidade das normas e instituições, da autoridade e de seu exercício, surgidas como conseqüência do pecado do homem e como muro que contém seu desenfreamento. Isso não significa que as leis e instituições devam ser rejeitadas ou olhadas com suspeita e à distância, da mesma maneira que não vemos com desconfiança a medicina, mas que a consideremos remédio saudável para recuperar o bem-estar perdido. É óbvio que não se trata somente de olhar para o esforço institucional como se fosse o momento mais significativo de uma história de crescimento, mas também de não idolatrar suas expressões, bloqueando sua mudança. Ockham nota que o poder de apropriar-se das coisas, que vem depois da perda do poder de desfrutá-las em comum, e foi regulado em suas articulações pelo direito positivo, não se explica sem a inspiração de Deus nem tampouco sem supor uma

---

15. DUNS SCOTUS, *Ord.*, III, d. 37, q. un., n. 8. Depois de ter sublinhado que não se pode dizer que a atual divisão dos *dominia* seja a única solução, acrescenta que essa divisão, no entanto, "pro personis infirmis valde consonat pacificae conversationi: infirmi enim magis curant bona sibi propria quam bona communia [...]; tamen ex illo principio non simpliciter sequuntur leges positivae; sed declarant sive explicant illud principium quantum ad certas particulas; quae explicationes consonant valde principio naturali universali".

16. *Ibid.*, q. 2 resp.

17. *Ibid.*, resp. ad 4: "Non sic autem esset, si homo permansisset in statu innocentiae [...]. Et sic patet quod illa ratio non concludit, quod servitus et dominium respiciat naturam institutam, sed solum quod respicit naturam lapsam, ubi ordo habet perturbare potest per dominium conservari".

espécie de direito divino, outorgado a todo o gênero humano[18]. Portanto, a consciência da historicidade de normas e de instituições não é funcional a uma espécie de desvalorização e de censura, mas é somente sinal da medida e da precariedade que deve acompanhar a valorização da ética das decisões e das ações sociais e políticas. Com poucas palavras, primado do sujeito, livre e criativo, e consciência da historicidade das coisas humanas, todas precárias e, ao mesmo tempo, preciosas, são pilares da ética ou também a alma secreta da ética franciscana.

O tema do pecado, portanto, não é um tema sem conseqüências éticas. Se o *dominium* tivesse sido o traço originário e original da história humana, cujas formas de realização o pecado teria modificado, não teria provocado sua aparição. Se, pelo contrário, no princípio a comunidade estava marcada pela *communio*, o pecado seria responsável pelo nascimento de algo que antes estava ausente, que se deve valorizar à luz da *communio*, ponto de referência nas oscilações efetivas da história. Se o *dominium* como ausência de freio do impulso vexatório e como regimento social e político traz o problema do *meum* e do *tuum* e, portanto, do privado e do público, compreende-se a ampla problemática, conseqüência do pecado, desde a apropriação dos espaços sociais até a índole da normativa, em torno da qual circula a história humana. Assim que não é pouco relevante dizer que a história humana tenha começado com o *dominium* ou, pelo contrário, com a *communio*, porque ambas as teses estão carregadas de conseqüências.

A partir deste significado, que retomaremos, é bom reafirmar que a distinção entre o *status innocentiae* e o *status naturae lapsae* quer salvaguardar o direito a renunciar a qualquer direito proprietário e, assim, a reivindicar também o primado do sujeito sobre o objeto, da liberdade sobre a necessidade, que não se pode colocar em dúvida em nome do primado da natureza, desde o momento em que o modelo de referência não é a natureza do *status iste*, mas da natureza íntegra, tal como foi pensada e querida por Deus. Portanto, a completa renúncia às coisas terrenas e, por isso, a toda forma de *dominium* faz parte dos direitos do indivíduo, cuja liberdade não pode ser compreendida dentro de alguns limites definidos da atual condição da vida nem subordinada a ela. Não se deve buscar a harmonia com a natureza *caída*, com relação à qual se vinha definindo uma normativa historicamente elaborada, mas antes a harmonia com a natureza reformada e elevada pela graça. O indivíduo tem direito a renunciar a todos os direitos, e nisso consiste a pobreza radical. O que Francisco propõe na *Regra* está no Evangelho. É uma nova página que os franciscanos abrem diante do naturalismo aristotélico averro-

---

18. GUILHERME DE OCKHAM, *Breviloquium de principatu tyrannico*, III, c. 7: "Istud autem dominium commune toti generi humano cum potestate tali appropriandi temporalia fuit introductum ex iure divino, quia ex speciali collatione Dei, cuius erant et sunt omnia tam iure creationis, quam iure conservationis sive cuius manutenentia omnia in nihilum uterentur (talvez por reverterentur)".

Capítulo VII – Ética e economia

ísta e tomista, preocupado em salvaguardar a natureza, o direito objetivo, o caráter racional e universal da lei, chamada precisamente de *lei natural*, com a tendência implícita a sacralizá-la. Com os franciscanos impõe-se pela primeira vez "a concepção dos direitos postos definitivamente na rota contrária à concepção clássica do direito romano: o direito subjetivo faz sua entrada na história das idéias"[19].

Este sujeito, livre e criativo, capaz de impulsos existenciais, próprios do mundo paradisíaco (fiel consagrado a Deus, segundo a regra franciscana), ou também fiel a seu tempo, na concreta forma do *dominium* segundo a normativa da comunidade política, com as conseqüentes divisões e a estrutura hierárquica (cristão no mundo), é o verdadeiro sujeito da ética franciscana.

b) Caráter absoluto da honra devida a Deus e impotência humana

Prestar honra somente a Deus é um imperativo categórico absoluto, sem condições. *Deus est diligendus* – escreve Duns Scotus –, este é princípio supremo da práxis, quer dizer, o amor a Deus[20]. É o único ato bom por si mesmo, independentemente das circunstâncias, que só neste caso são irrelevantes[21]. O homem deve submeter sua vontade à vontade de Deus para que se possa dizer reta, livre de toda suspeita. A abertura a Deus alude ao alcance da própria ação, que adquire altura e nobreza pela luz mesma de Deus. Se existe Deus, causa eficiente e final de todas as coisas, como amá-lo ilimitadamente e sem confusão alguma?[22] Nem Deus mesmo nos poderia dispensar de tal preceito[23] (Do *odium Dei* por ordem de Deus se falará mais adiante).

O tema do *status iste* ou de decadência moral é central para entender a índole da construção normativa – o Decálogo –, como catálogo das modalidades sobre as quais fazer frente aos impulsos destrutivos e à arrogância dos fortes para com os fracos. Esta forma de ver ajuda a entender o caráter funcional dos preceitos morais e dos espaços éticos com os quais se consolidam as relações sociais. A distinção entre inocência originária e a atual corrupção não é acadêmica nem está privada de implicações teóricas,

---

19. L. PARISOLI, *Volontarismo e diritto soggettivo. La nascita medievale di una teoria dei diritti nella scolastica francescana* (Istituto Storico dei Cappuccini, Roma 1999).

20. DUNS SCOTUS, *Ord.*, IV, d. 46, q. un., n. 10; *Rep.*, IV, d. 28, q. un., n. 6.

21. ID., *Rep.*, IV, d. 28, q. un., n. 6: "Nullus autem actus est bonus in genere ex solo obiecto, nisi amare Deum [...]; et solus actus est ex genere malus, qui est oppositus isti actui, respectu eiusdem obiecti, ut odisse Deum, qui nullo modo potest circumstantionari ut sit bonus".

22. ID., *Ord.*, III, d. 37, q. un., n. 4: "Quia sequitur necessario, si est Deus, est amandus ut Deus".

23. *Ibid.*, n. 6: "(Os primeiros mandamentos) inmediate respiciunt Deum pro obiecto [...] in istis non poterit Deus dispensare, ut aliquis possit licite facere oppositum talis prohibiti".

desde o momento em que não somos como éramos, e o que era então possível agora não o é senão em determinadas condições e em contextos específicos. De fato, não se pode dizer que a atual ordem normativa seja prolongamento da mesma lei natural que estava vigente antes da queda, como se estivéssemos dotados das mesmas energias. A Escola Franciscana é contrária à unidade natural entre as diversas fases do direito natural. O Decálogo não é expressão da *lex naturalis*, e esta não deve ser entendida como participação em sentido estrito na *lex aeterna*[24], à qual Deus e o homem estariam vinculados sem derrogação *in fine et intentione*, além da intenção do legislador e do destinatário[25]. Não parece que se possa dizer que o Decálogo seja a codificação da lei, natural e divina, sem variações e sem derrogações, como se Deus estivesse vinculado a normas anteriores à sua própria vontade e que a objetividade jurídica fosse tal que em referência a ela se faça consistir o espaço do direito subjetivo.

A Escola Franciscana retoma a divisão tradicional entre preceitos da primeira tábua, necessários e invariáveis, e preceitos da segunda tábua, condicionados pela situação da decadência na qual o homem vive e, portanto, derrogável, sempre que houver um motivo ou o poder de fazê-lo. A proibição do juramento, do furto, do repúdio do cônjuge... não deve ser entendida de forma tachativa, sem derrogações. O que não deve ser entendido de forma lassa. Esta precisão quer significar que tais obrigações não são absolutas, pelo que é possível discuti-las sem contradizer por isso a vontade de Deus, sobretudo se se deseja renunciar a elas em nome de um comportamento mais elevado, como é renunciar a qualquer direito, e assim colocar-se em um terreno no qual não seja necessária propriedade alguma. Aqui não se trata de trair uma lei natural nem tampouco uma normativa jurídica vinculante, desde o momento em que a codificação atual relativa à propriedade é a maneira mais eficaz de colocar freio ao espírito possessivo e vexatório *pro statu isto*. O *dominium* é um fato do estado de decadência.

Há pouco, se recordou que desde o princípio existia a comunhão de bens, não a propriedade privada. Esta surgiu em um segundo momento. Tanto Alexandre de Hales[26] como Boaventura[27], Mateus de Aquasparta[28], Pedro João Olivi[29], Duns Scotus[30] e

---

24. *STh.*, I-II, q. 91, a. 2, c.

25. Cf. a respeito L. PARISOLI, *Volontarismo e diritto soggettivo* (Roma 1999) 106s.

26. ALEXANDRE DE HALES, *SH.*, III/II, inq. 2: *De lege naturali*.

27. BOAVENTURA, *I Sent.*, d. 47, a. 1, q. 4.

28. MATEUS DE AQUASPARTA, *Quaestiones disputatae de anima separata, de anima beata, de ieiunio et de legibus* (Quaracchi 1959).

29. F. DELORME, "Question de P.J. Olivi *Quid ponat ius dominium* ou encore *De signis voluntariis?*": *Ant* 20 (1945) 309- 330.

30. DUNS SCOTUS. *Quodlib.*, XVIII, par. 1; *Rep.*, III, d. 27, q. un.

Capítulo VII – Ética e economia

Ockham[31] propõem de novo, com variantes marginais, a divisão tradicional entre a primeira e a segunda tábua, com uma diferente força obrigatória[32]. As normas que se compreendem dentro da lógica da lei natural são poucas, e não é necessário ampliar seu círculo em detrimento de nossa liberdade. O tema da distinção das duas tábuas não é, então, irrelevante.

Isto significa substancialmente que a história acontece dentro do âmbito da redenção que segue a queda. A história não pertence à criação, como se em um determinado nível se devesse considerar imune dos efeitos da perversão, mas pertence à redenção, como tentativa de conter o impulso da violência que se introduziu dentro do tecido mesmo das relações sociais. Mas tal espaço da fé e, portanto, da teologia não pode deixar de influir no discurso ético, político e econômico, no sentido de que constitui o horizonte valorativo último do que acontece. Mas talvez isto impede de sopesar os acontecimentos em sua valência objetiva para favorecê-los ou bloqueá-los ou talvez somente para modificá-los? É certo que tal escolha constitui uma específica janela aberta para a história, que propõe um percurso específico e conduz a perspectivas éticas, políticas e econômicas de significado relevante, porque ilumina a alma violenta que sacode a história. As formas de convivência e as instituições político-econômicas não são senão tentativas de contê-la e de discipliná-la. É um lugar comum da tradição medieval, codificado nas *Decretales* de Graciano, apoiado por fontes autorizadas, como Agostinho e a *epístola* do Pseudo-Clemente, que a Escola Franciscana torna a pensar a fundo e aprofunda com o objetivo prioritário de recuperar o espaço da liberdade e da criatividade que se deve reservar para o sujeito, autêntico protagonista da vida moral e da vida política.

No que toca a tal espaço da liberdade, a *Summa Halensis*, que transmite a orientação doutrinária da primeira Escola Franciscana, retoma a distinção entre o como éramos e o como somos, entre as normas que se impõem por si mesmas, próprias da *lex naturae simpliciter*, e as normas do *status naturae lapsae*, que são humanas e históricas. O olhar franciscano busca o âmbito da liberdade na fidelidade a Deus, para que possa inventar novas declarações de amor, mesmo nas condições difíceis nas quais vive e age. De fato, a redução da normativa natural à primeira tábua, a que se impõe por si mesma

---

31. GUILHERME DE OCKHAM, *II Sent.*, q. 15.

32. À luz das duas teses, a tomista, segundo a qual o Decálogo que traduz a lei natural é inderrogável *in fine et intentione*, mas pode sê-lo *in opere*, e a franciscana, segundo a qual os preceitos da segunda tábua são derrogáveis sem distinção alguma, pode-se com L. PARISOLI fazer a seguinte reflexão: "À tese tomista, segundo a qual as normas são imutáveis, enquanto que os fatos devem ser interpretados cada vez, se opõe assim uma tese diferente, segundo a qual os fatos são o que são, e, ao contrário, são os enunciados normativos que têm que ser interpretados segundo as situações nas quais se apresentam cada vez. Nasce aqui uma dicotomia na teoria da interpretação que se repete até nossos dias, e pode-se afirmar, portanto, que a disputa teológica é a mãe da teoria jurídica", o.c., 168.

Manual de filosofia franciscana

e é válida para todos e para sempre, implica a restrição da *lex naturae* e a conseqüente ampliação do espaço de liberdade normativa, do qual é resumo a *lex positiva*. O *status innocentiae* não é o *status naturae lapsae* pelo qual surgiu o direito positivo, na tentativa de regular os conflitos que são conseqüência da vontade de alguns para submeter os outros. No princípio estava ausente a força pervertedora da avareza, existia a *potestas utendi*, o *commune solatium rerum*, mas não a tendência à apropriação, com a conseqüente problemática do *meu* e do *teu*. Era o tempo do amor sem posse, não do desejo concupiscente.

É evidente, pois, que a ordenação conseqüente das leis humanas, com o propósito de disciplinar as relações humanas, se veja penetrada de uma sensação de profunda precariedade, própria da condição existencial na qual nos encontramos e à qual deve ser remetida, sem absolutizá-la nem menos ainda divinizá-la, como se expressasse o projeto eterno de Deus. Trata-se de páginas humanas escritas por homens em condições de vida precária. Boaventura diz que a dimensão mais alta da razão está ordenada a Deus (*superior portio rationis dicit ordinationem ad Deum...*)[33], de cuja comunhão descendem não somente os princípios teóricos primeiros, mas também os princípios práticos; não somente a iluminação intelectual, que afeta o conhecimento, mas também a iluminação moral, que se refere à relação entre o bem e o mal e alimenta afetos e desejos. Está-se no *vértice da mente* ou *sindérese*, que é o conhecimento afetivo e a experiência imediata, ou também o *pondus voluntatis* ou *consciência fundamental*, pela confluência de inteligência, vontade e emoções. É a força que inclina ao bem. Não é suficiente julgar – é a tarefa da consciência. Além de percebê-lo, é necessário amar o bem ou ter pressentimento dele, o que sucede despertando este fogo interior que Boaventura descreve como *stimulus igniculus*[34]. "Assim fica clara a resposta à pergunta colocada em primeiro lugar, na qual se perguntava se a sindérese é algo afetivo ou cognitivo. Digo, então, que a sindérese expressa o que estimula ao bem e, portanto, se coloca à parte do afeto, como mostram as razões que se alegaram na primeira parte"[35], cujos atos poderiam ser impedidos, mas não *quantum ad omnem actum* nem *quantum ad omne tempus*. A honra devida a Deus está, portanto, acima de qualquer vacilação.

Entendida como o *habitus* dos princípios morais, a consciência indica o que é que se deve fazer e o que é necessário evitar e, portanto, retorna ao entendimento prático, en-

---

33. BOAVENTURA, *II Sent.*, d. 39, a. 2, q. 1 concl.: "Superior portio rationis dicit ordinationem ad Deum; actus autem synderesis non tantum respicit Deum, sed etiam proximum secundum quod lex naturalis respicit utrumque".

34. *Ibid.*, d. 39, a. 2, q. 1 ad 3. Neste sentido: "Sic affectus habet naturale quoddam pondus dirigens ipsum in appetendis", *ibid.*, concl.

35. *Ibid.*

Capítulo VII – Ética e economia

quanto que dirige as ações humanas[36]. Mas a consciência não é somente a sede dos primeiros princípios de ordem moral, mas também a *faísca*, quer dizer, o estímulo que incita ao bem que trazemos dentro ou sindérese, como *quoddam naturale pondus* que inclina ao bem. É o olfato do bem, que surge da profundeza da consciência, onde ainda se nota a vibração do ato criador e que não é possível apagar[37]. É possível não seguir, ou talvez sufocar este movimento natural ao bem, mas não destruí-lo sem trair, com isso, a própria natureza, com a qual forma um todo[38]. Se é um movimento natural para o bem, a sindérese não é um movimento eficaz, porque foi despojado de sua potência pelo estado de desordem em que estamos. Se se faz sentir como aprovação ou como remorso – *remurmurando contra malum* –, sua voz freqüentemente permanece sem ser escutada. A graça divina dá força a tal voz, mas não constrange, contribui para realizar o que de outra maneira fica somente um desejo. Do que se era, daquela luz, daquele fogo, fica apenas um vestígio, uma notícia. É o que sobreviveu na vontade do bem originário.

Esta consciência leva a invocar a luz para ver e a força para "realizar o bem que quero e não o mal que não quero". A consciência desta condição de impotência constitui para Duns Scotus o ponto de divisão entre os filósofos e os teólogos, os primeiros persuadidos da *perfectio naturae*, os segundos da *imperfectio naturae* e da *necessitas gratiae*[39]. A luz da razão resulta totalmente insuficiente. É o tempo da graça necessária para conter a concupiscência e tornar mais leve o peso da vida. Cumpre plenamente as obrigações somente aquele que as assume no quadro daquele único preceito que é o amor, captado e vivido como *ordo amoris* ou como *amor boni ordinatus*, como capacidade de escolha do verdadeiro bem, passando do exterior ao interior e do interior ao nível superior.

Conscientes de que estamos no intervalo entre a redenção de Cristo e o futuro escatológico, mas não na *natura instituta* e sim na *natura restituta*, ainda não vitoriosa, somos chamados, por um lado, a propor a ética segundo a lei da liberdade, proclamada

---

36. *II Sent.*, d. 39, a. 1, q. 1 concl.: "Conscientia vero est habitus perficiens intellectum nostrum, in quantum est practicus sive in quantum dirigit in opere... conscientia dictat Deum esse honorandum et consimilia principia, quae sunt sicut regulae agendorum".

37. *Ibid.*, d. 39, a. 2, q. 1 concl.: "Et ex hoc patet responsio ad quaestionem primam propositam, qua quaerebatur utrum synderesis dicat quid affectivum vel cognitivum. Dico enim quod synderesis dicit illud quod stimulat ad bonum; et ideo ex parte affecttionis se tenet".

38. *Ibid.*, d. 39, a. 2, q. 2 concl.: "Synderesis quantum ad actum impediri potest, sed extingui non potest. Ideo autem non potest extingui, quia cum dicat quod naturale, non potest a nobis omnino auferri".

39. *Ord.*, Prologus, n. 5: "Et tenent philosophi perfectionem naturae, et negant perfectionem supernaturalem; theologi vero cognoscunt defectum naturae et necessitatem gratiae et perfectionem supernaturalem". Cf. O. TODISCO, *Duns Scoto filosofo della libertà* (Messaggero, Pádua 1996).

pelo Evangelho, e, por outro lado, a ter presente o estado de impotência no qual se encontra uma vontade tendente à perfeição, mas desprovida de quanto é necessário para consegui-la. Deste ângulo, as coisas são reconduzidas à medida de seu ser histórico efetivo e tomadas em sua índole *viatrix* para o fim último; e nosso compromisso moral é percebido como realização daquela mediação entre o que é inferior a nós e Deus, que é superior a nós.

Antes de tudo, trata-se da leitura da realidade a partir do ponto de vista da regeneração de Cristo que nos afasta dos vínculos da *polis*, porque, exposta aos riscos da submissão, no entanto não abandona tais vínculos, senão com a condição de não cortar os laços que procedem da revelação: *non sequitur quod homo, qui est sub lege Evangelii, sit liberatus a servitute terreni dominii*[40]. Nenhuma exaltação da obra redentora pode fazer esquecer, em sentido realista, a situação em que estamos, pelo que não é possível escapar tanto da fadiga da busca do que é eticamente correto como da fadiga do peso da própria história, contribuindo tanto na direção do esclarecimento como na direção de seu alívio. Isso, contudo, não deve distrair do objetivo escatológico, mas induzir a conectar o que é ao que deve ser, o tempo presente ao tempo futuro, dando a nosso agir uma carga ética que somente no âmbito da teologia da história adquire peso e sentido. A fidelidade ao próprio tempo e às leis ajuda a viver melhor a fidelidade às leis propriamente divinas: *multum adiuvat ad observantiam legis divinae*. A angústia do tempo há de ser vivida, ampliando aqueles espaços de liberdade que a obra redentora conquistou e que necessita ser custodiada e tornar-se operativa[41].

Acrescente-se a isto a consciência de nossa impotência, a ser notada antes de ser explicada. O que se compreende, quando se recorda da fragilidade ontológica de nosso livre-arbítrio que se expressa como poder de deliberação e de escolha, com a possibilidade implícita de variar e de mudar e, portanto, de pecar, afastando-nos do fim. Boaventura destaca com Anselmo de Canterbury que a essência positiva do livre-arbítrio, mais do que na liberdade de contradição, consiste na "perfeita racionalidade de um ato que se obtém, quando o sujeito quer o que quer (*velle se velle*)"[42] e, por isso, adere ao bem enquanto tal, realizando o domínio perfeito do próprio ato. A vida moral realiza-se em tornar reta a nossa conduta, ordenando-a ao fim último, ao bem sem condições nem

---

40. BOAVENTURA, *II Sent.*, cit., ad 3.

41. *Ibid.*, ad 5: "...quia dominium Christi bene compatitur secum dominium hominis in his maxime qui nihil iubent contra Deum".

42. *II Sent.*, d. 25, p. 2, a. un, q. 2 concl.: "Arbitrium dicitur liberum, non quia sic velit hoc ut possit velle ius oppositum, sed quia omne quod vult appetit ad sui ipsius imperium, quia sic vult aliquid ut velit se velle illud".

miscelâneas[43]. Isto acontece, quando se devolve às criaturas a possibilidade de recuperar com plenitude a *rectitudo* anselmiana, ainda fendida pelas experiências de violência e de desorientação. Para este propósito e dentro deste contexto, a *graça* como reforço fortificador da vontade e robustecedora de suas aspirações se revela insubstituível. A graça não constrange, mas dispõe a amar as realidades que de outro modo estariam esquecidas, delineando um horizonte que se funde em Deus, dentro do qual se podem colocar segundo seu valor as coisas que se devem realizar. Trata-se de devolver à alma seu vôo, libertando-a do jugo opressor das coisas, para poder voltar a elas com mais liberdade. É um dos temas queridos por Boaventura, para o qual parece que o corpo está na alma, mais do que a alma no corpo, e que, por isso, o vínculo que une o corpo à alma é bem mais frágil[44]. Contudo, *esse anima in corpore aliquo modo pendet ex corpore*, pelo que a *complexio corporis* influi sobre as operações da alma, descarregando sobre elas suas alterações. Daí a importância ética da graça divina, quer dizer, fortificar a alma, ampliando seu horizonte e reforçando suas aspirações, para que, mais do que suportar as pressões do corpo, as submeta à disciplina e as oriente. Para este objetivo é central o papel da consciência, limpa e restaurada em sua função de guia.

c) *Papel determinante da* recta ratio

Pois bem, o preceito fundamental do amor a Deus – *pondus voluntatis* – implica, talvez, a desautorização da *recta ratio*, como se a ética franciscana se fundasse sobre um *instinto do bem* que não se apóia em uma argumentação adequada? É este um momento essencial, porque serve para despejar as confusões nas quais caem os que reduzem a ética franciscana a um voluntarismo despótico ou ao emotivismo, dos quais é estranha ou totalmente marginal uma reflexão racional. Com todo o direito Duns Scotus se pergunta se o louvor e a censura não surgem do conteúdo da ação, como resumo do conhecimento racional da situação e de suas oportunidades. A resposta é que a bondade moral depende da adequação à regra, segundo a qual o ato deve ser realizado, que se deve unir à imputabilidade que procede da liberdade do agente. O ato moral é objetivo e subjetivo

---

43. *Ibid.*, d. 28, a. 2, q. 3 concl.: "Pater [...] quantum sit necessaria libero arbitrio gratia *gratum faciens*, quia sine ea non potest a peccato resurgere, nec potest adversarium vincere, nec potest mandata Dei implere. Patet nihilominus quantum sit necessaria gratia *gratis data*, quia sine ea non potest liberum arbitrium ad gratiam gratum facientem se disponere; non potest etiam omni tentationi resistere..."

44. Ele está persuadido, como todos, de que o livre-arbítrio "per corporis ineptitudinem quantum ad usum [...] ligatur in parvulis et dormientibus et furiosis", embora depois diante do problema que surge ao explicar a relação entre estes dois aspectos confessa "...cum non sit potentia alligata organo; valde difficile respondere et eius assignare causam", cf. *II Sent.*, d. 25, p. 2, a. un., q. 6 concl.

ao mesmo tempo[45]. Este caráter deve ser salvaguardado contra todas as objeções. De fato, somente na ótica da conformidade com o sujeito, dentro do quadro de todas as circunstâncias, e da liberdade do agente, tem sentido e espaço a referência teológica, enquanto meta ou ponto de vista final, na escala das motivações.

Duns Scotus destaca, de fato, que "a bondade da vontade não depende somente do objeto, mas de todas as demais circunstâncias e especialmente do fim; por isso, deve-se notar que cada uma de nossas volições está, sobretudo, ordenada para o fim último, que é o alfa e o ômega, o princípio e o fim"[46]. O horizonte teológico não exclui o horizonte mundano ou puramente temporal, mas o pressupõe, ao mesmo tempo em que o transcende. A verdade como coincidência do ato com o conteúdo é introdutória e, por isso, não pode iludir[47]. É necessário conhecer, embora não seja suficiente. A vontade está orientada ao fim último mediante uma finalidade moral distinta da finalidade metafísica universal. Depois de ter recordado as condições para que um ato se possa dizer moralmente bom – conformidade com a reta razão, atenção a todas as conotações necessárias ou *circunstantiae* – Ockham admite que é possível agir sem outras motivações, tendo o nível moral baixo. Quem aponta ao alto, além das motivações unidas à índole do que se faz, coloca no centro a motivação mais significativa e compreensiva que as precedentes, constituída pelo amor de Deus: *Et iste gradus solum est perfecta et vera virtus moralis de qua Sancti loquuntur*[48]. Estamos no ponto mais alto. Deus quer "de modo racionalíssimo e ordenadíssimo"[49].

A racionalidade é a expressão mais alta do vestígio de Deus, tanto no que toca o âmbito das criaturas como o conjunto das normas éticas. É suficiente citar Duns Scotus, que equivocadamente é conhecido como o teórico do arbitrarismo ético. Pois bem,

---

45. DUNS SCOTUS, *Quodlib.*, q. 18, n. 10: "Ex hoc patet quod non ab eodem formaliter est actus bonus bonitate morali et imputabilis; sed primum habet ex convenientia ad regulam, iuxta quam debet elici; secundum ex eo quod est in libera potestate agentis. Laudabile autem et vituperabile ambo ista important".

46. Depois de ter sublinhado a bondade originária da atividade volitiva, Duns Scotus acrescenta que "praeter illam (bonitatem) est triplex bonitas moralis secundum ordinem se habens: prima dicitur ex genere; secunda potest dici virtuosa sive ex circumstantia; tertia bonitas meritoria sive bonitas gratuita sive bonitas ex acceptione divina in ordine ad premium", *Ord.*, II, d. 7, q. un., n. 11, cf. *Ord.*, I, d. 48, q. un., n. 5: "Bonitas voluntatis non dependet a solo obiecto, sed ab aliis circumstantiis, et potissime a fine..."

47. *Ibid.*, n. 12: "Prima competit volitioni ex hoc quod transit super obiectum conveniens tali actui secundum dictamen rectae rationis, et non solum quia est conveniens tali actui naturaliter, ut sol visioni; et haec est prima bonitas moralis, quae ideo potest dici ex genere, quia quasi est materialis respectu omnis boni ulterioris in genere moris".

48. GUILHERME DE OCKHAM, *De connexione virtutum*, art. 2 (VIII, 336).

49. A. POPPI, "La nozione di 'praxis' e di 'phronesis' di G. Duns Scoto", em *Historia philosophiae Medii Aevi* (Amsterdam 1991) 873-886.

Capítulo VII – Ética e economia

Duns Scotus coloca o fundamento da ética em princípios ontológicos e racionais, universais e objetivos. Destaca-o com vigor contra qualquer perplexidade e livre de atitudes emotivas:

> Pressupõe, então, algo certo e não julgado por outro entendimento, ou seja, a natureza do agente, a potência com a qual age e a razão *quiditativa* do ato. Da natureza destes fatores sem nenhuma outra pressuposição, o juízo conclui que um ato é conveniente a um agente que age por uma potência determinada. Da natureza do homem, da potência intelectiva e do ato de entender (agente, potência e ato) aparece o que convém que o homem entenda. Aparece também claro, uma vez conhecida a natureza da intelecção, o que não lhe convém entender. Similarmente, da natureza do homem, da potência e do ato aparece manifesto porque não convém ao animal, ou mais propriamente, lhe repugna o entender. Neste primeiro juízo, que se funda *precisamente* na natureza do operante, da potência operativa e do ato, não há inconveniência, quer dizer, não há conexão indevida ou não-ordenada, mas desconveniência, quer dizer, impossibilidade absoluta de conveniência[50].

Este rigor é confirmado tanto a propósito da índole do que se faz como a propósito do fim pelo qual se faz. A qualificação ética do ato procede fundamentalmente do ato mesmo. "Esta determinação do objeto é a primeira determinação pertencente ao gênero da moral [...] como o gênero é potencial com relação às diferenças, assim a bondade do objeto é a primeira no gênero moral, somente pressupõe a bondade da natureza; e é capaz de toda bondade específica no gênero moral"[51]. Depois, a especificação do ato vem das circunstâncias e, entre elas, especialmente do fim[52].

À luz de tantos elementos evocados como constitutivos da bondade moral, não nos surpreende que Duns Scotus a propósito da ética fale de proporção entre todos os fatores, de modo que o ato é normalmente bom, se está colocado dentro do respeito do objeto, do fim, do tempo, do lugar..., com os traços da beleza, que emana do acordo de todos os elementos implicados. A bondade moral é análoga à beleza corporal, que não se explica por uma única qualidade, mas é resultado de harmonia de vários elementos: altura, estatura, cor...[53] Com poucas palavras, trata-se da conformidade do ato com a reta razão. Mais ainda, pode-se acrescentar que a bondade moral resulta do conjunto de tudo o que a reta razão considera apropriado ao fato, entendendo não somente o ato

---

50. DUNS SCOTUS, *Quodlib.*, VIII, n. 5.

51. *Ibid.*, XVIII, n. 6: "Ista determinatio obiecti prima determinatio quae pertinet ad genus moris..."

52. *Idid.*, "...non minus est electio bona, quae sit propter finem debitum, esto quod per actum illum elicitum extra non attingatur finis electionis quam si attingeretur".

53. DUNS SCOTUS, *Ord.*, I, d. 17, p. 1, q. 3, n. 62: "Sicut pulchritudo non est aliqua qualitas absoluta in corpore pulchro, sed est aggregatio omnium convenientium tali corpori [...] puta magnitudinis et coloris [...] ita bonitas moralis actus est quasi quidem decor illius actus, includens aggregationem debitae proportionis ad omnia ad quae habet proportionari".

interior, despojado de uma série de elementos visíveis, mas também o ato exterior[54]. Bondade moral é harmonia[55].

Este é o traço comum não só para os franciscanos, mas para todos os medievais, embora varie o acento que, segundo alguns, cai sobre a índole objetiva do ato e, segundo outros, sobre a intenção do agente, em qualquer caso presentes ao mesmo tempo. Mais ainda, também quando o discurso se conclui com a abertura à caridade sobrenatural, cuja presença marca com seu caráter o ato, tornando-o meritório, se confirma a moralidade objetiva do ato, unida à índole do ato (*bonitas ex genere*) e ao respeito de todas as circunstâncias (*bonitas ex circunstantiis*). Um grau de bondade superior não pode existir sem o inferior a ela nem sem o grau mais baixo, porque *bonitas ex integra causa*[56]. Portanto, a dimensão teológica não substitui a dimensão racional do ato moral, mas a exige e a pressupõe. A formação da *recta ratio* e a fidelidade às suas indicações são um ponto de não retorno da ética medieval.

Qual é, então, o papel qualificador da dimensão teológica? A autonomia da moral não deve talvez ser salvaguardada contra aquelas formas heterônomas que parecem impor-se em detrimento do caráter universal do ato moral? Não se deve tratar de conseguir a "retidão" que, segundo Anselmo, se identifica com a verdade descrita precisamente como a retidão "perceptível" unicamente pela mente?[57] A moralidade não é por acaso "a retidão da vontade conservada por si mesma"?[58] A resposta é que a Escola Franciscana confirma e, ao mesmo tempo, transcende este traço anselmiano-kantiano da moral.

d) *Pluralidade de estratos no ato moral e interconexão das virtudes*

Para que o raciocínio sobre o espaço favorável à criatividade humana resulte confirmado e as dimensões evocadas se reencontrem compatibilizadas na concretitude da ação é útil reclamar os traços constitutivos do ato moral, para que sobressaia o papel

---

54. ID., *Quodlib.*, XVIII, 12: "...bonitas moralis est integritas eorum quae secundum rectam rationem operantis dicuntur debere convenire ipsi actui. Est autem alia integritas eorum quae secundum dictamen rectae rationis debent convenire actui interiori, et eorum quae actui exteriori".

55. ID., *Ord.*, I, d. 17, p. 1, q. 3, n. 62: "Principaliter igitur conformitas actus ad rationem rectam plene dictantem de circumstantiis omnibus debitis allius actus est bonitas moralis actus".

56. ID., *Ord.*, II, d. 7, n. 12: "Secuna bonitas convenit volitioni ex hoc quod ipsa elicitur a voluntate cum omnibus circumstantiis dictatis a recta ratione debere in eliciendo ipsam. Bonum enim ex integra causa, secundum Dionysium IV *De divinis nominibus*, et illud est quasi bonum in specie moris, quia iam habet quasi omnes differentias morales contrahentes bonum ex genere sibi competere".

57. ANSELMO DE CANTERBURY, *De veritate*, c. 11, em *Opera omnia*, ed. por FR. S. SCHMITT (Friedrich Froman Verlag, Stuttgart-Bad Canstatt 1968) I, 191.

58. *Ibid.*, c. 12: "Rectitudo voluntatis propter se servata" (II, 194).

Capítulo VII – Ética e economia

qualificante da vontade, indeterminada *ad opposita*, em torno da qual se reúne uma série de elementos que fazem a função de alimento e de marco. A liberdade é o traço qualificador do homem, não o entendimento, que procede ao modo da natureza segundo a lógica da necessidade, por via de conexões necessárias entre princípios e conclusões. O que não significa que a vontade seja uma faculdade cega. Marcada pela *affectio iustitiae*, graças à qual se move no vasto horizonte do que é o bem em si além de bem para mim (*affectio commodi*), a vontade é um apetite propriamente racional, comprometida no equilíbrio entre as duas *iustitiae*, de modo que o bem para si não ofusque o bem em si e assim busque aquele bem que seja tal bem de ambos os pontos de vista[59].

Pois bem, como entender o momento propriamente cognoscitivo, e qual é, em geral, o papel do entendimento? O conhecimento prévio à situação é necessário para que a vontade possa autodeterminar-se. Mas, como entendê-lo? Tal conhecimento é demonstrativo, não causal, e desempenha a função de conselheiro com relação ao rei ou do servo com relação ao senhor[60]. O manancial da ação está dentro, não fora, como sucederia, se ao conhecimento fosse reconhecido o papel de causa, segundo a orientação aristotélica de sinal *mundano*. Embora seja aceito, não é o conhecimento e, portanto, o entendimento, o titular da decisão, mas a vontade que de maneira autônoma se decide de um modo ou de outro. Que se trata de uma decisão acertada não quer dizer que não seja uma decisão que era possível não tomar ou modificar, nem significa que não alcance o mundo exterior. Pois bem, se o conhecimento é pressuposto, mas não determinante, e a vontade não se dobra sobre si mesma, mas está intencionalmente orientada para o mundo exterior, qual é a índole do conhecimento prático e, antes da ciência prática, o que é a práxis?

A práxis é o ato de uma potência diferente do entendimento, naturalmente posterior ao conhecimento e adequado para ser emitido em conformidade com um conhecimento reto[61]. Se a práxis se refere aos atos da vontade, postos não por causa do conhecimento e, não obstante, conformes com o conhecimento reto, a ciência prática vem antes da práxis e se configura de modo que a práxis possa acomodar-se. Mas quando o conhecimento prático está em condições de regular e dirigir a práxis? Quando não se limita a indicar o fim pelo qual temos que agir, mas quando o objeto do ato é apresenta-

---

59. DUNS SCOTUS, *Rep.*, IV, d. 49, q. 4, n. 5: "Affectus iustitiae tendit in illum obiectum sub ratione absoluta in se, id est in obiecto; sed affectio commodi tendit in idem obiectum ut bonum sibi; igitur imperfectior est affectio commodi quam iusti".

60. ID., *Lect.*, I, d. 44, q. un., n. 4: "Nam intellectus – ut prior est voluntate – non statuit legem, sed offert primo voluntati suae; voluntas autem acceptat sic oblatum, et tunc statuitur lex; quia tamen opposita eorum quae statuta sunt, sunt possibilia, ideo potest legem mutare et aliter agere".

61. ID., *Ord.*, Prol. n. 228.

do de forma que manifeste os princípios práticos e as conclusões práticas, incluídas neles, manifestando-se capaz de regular a práxis e assim aceitando a práxis de acomodar-se àquele conhecimento reto. Assim, por exemplo, o objeto da medicina é o corpo humano, não a saúde, no sentido de que somente o estudo do homem a partir de seu aspecto biológico permite chegar à saúde física; o objeto da ciência moral não é a felicidade, mas o homem a partir do ponto de vista espiritual, de cujo estudo procedem as condições que, se são respeitadas, ajudam a regular a práxis que tem como fim a felicidade[62]. Portanto, o conhecimento pode chamar-se prático não por causa do fim, mas por causa do objeto primeiro, que *includit principia et mediantibus illis conclusiones, et ita totam notitiam practicam*[63].

Pois bem, por acaso é suficiente esta ciência prática e, portanto, a reta razão do filósofo, preocupado com a conexão entre verdades universais e situações contingentes, para que se disponha do horizonte no qual se deve agir de modo eticamente correto? Esta ciência prática é porventura suficiente para regular a práxis, como se a ordem natural, ou melhor, a consciência de que um bem é conveniente ao homem por natureza, representasse tudo o que é necessário para a bondade moral? A resposta é negativa. Porque a ordem natural é expressão da livre vontade divina, no sentido de que escolheu dentre as infinitas ordens que Deus teria podido escolher e, portanto, não é a ordem que se impõe, mas a vontade de Deus que o quis. E, sobretudo, porque, em sua infinita misericórdia, Deus se dignou revelar-nos as normas gerais, nas quais deveríamos inspirar nosso agir, quer dizer, os mandamentos, indicando-nos também as vias com as quais interpretar e por meio das quais reler aquelas normas, isto é, o Evangelho.

O homem não é um ente natural, porque não existe um estado natural. O homem é um ente histórico, e sua história está marcada pelo ritmo da queda e da redenção e iluminada pela própria Palavra de Deus. Como viver e agir, prescindindo deste capítulo? Esta é a reta razão, a do crente, não a do filósofo. E a razão do crente é reta não quando se limita a esclarecer a ordem natural e sua obrigatoriedade, mas quando mostra qual é a vontade efetiva de Deus[64], interrogando as duas tábuas mosaicas e compreendendo a lição essencial dos Evangelhos. Mas, o que é possível obter de tudo isso, senão uns poucos princípios relativos à primeira tábua que se deve interpretar no marco da lei da liberdade (*libertas evangelica*)?

---

62. *Ibid.*, n. 262: "Ponitur homo subiectum moralis scientiae vel medicinae pro eo quod continet virtualiter omnes veritates illius scientiae. Nam corpus humanum continet virtualiter rationem sanitatis; ideo enim sanitas hominis est talis, quia corpus humanum est sic complexionatum. Similiter anima hominis continet virtualiter rationem felicitatis naturalis, sicut patet I Ethicorum, ubi ex anima vel ex ratione animae concluditur ratio felicitatis naturalis hominis".

63. *Ibid.*

64. *Ord.*, I, d. 44, n. 6.

Capítulo VII – Ética e economia

Aqui termina, de fato, a não-derrogabilidade do direito natural. É certo, de fato, que os mandamentos são dez e que a Bíblia está toda ela semeada de indicações operativas. Mas é também verdade que se trata de situações contingentes e de variações contínuas na interpretação dos mandamentos divinos. Isto significa que, se está fora de qualquer dúvida a necessidade de amar a Deus e de colocar nele o sentido de nossa existência, para os demais entra em jogo nossa liberdade e responsabilidade. Mas, como se configuram tal liberdade e tal responsabilidade? Para isso é conveniente voltar a perguntar-se sobre as dimensões essenciais do ato moralmente bom. Pois bem, Duns Scotus reconhece a necessidade de que o ato respeite o ditame da reta razão ou ciência prática – é o primeiro grau de bondade ou *bonitas ex genere*. Esta bondade moral de ordem material recebe um primeiro reforço do fato de que o ato se situa dentro do respeito de todas as circunstâncias qualificantes, e é o segundo grau de bondade moral.

Estes dois primeiros graus de bondade moral, redutíveis ao dado de que o ato é proporcional à potência operativa, ao objeto, ao fim, ao tempo, ao lugar, ao modo, constituem somente a condição acidental da bondade moral do ato[65], porque não vão além da pura conveniência natural entre o objeto, a potência e o sujeito agente. As referências naturais não são suficientes para orientar o sujeito em uma ou em outra direção ou para obrigá-lo a pôr um ato. E não o são, porque o conteúdo de um ato, por muito ordenado e respeitoso de todas as circunstâncias que seja, permanece essencialmente contingente. Qualquer tipo de ordem natural é contingente, porque podia não ser e, se é, é porque alguém o quis ou é expressão de um cruzamento de circunstâncias.

Portanto, se o ditame da reta razão, que compreende os elementos relevantes do ato ou também a substância do ato, não é outra coisa que a condição acidental da bondade moral do ato, em que consistirá então a condição que aperfeiçoa moralmente o ato? Qual é seu elemento essencial? Antes de tudo, o traço da própria individualidade que alude a *haecceitas*, que faz de cada ser humano um capítulo único e irrepetível, à busca de seu próprio espaço, para que possa deixar um sinal de seu passo. A individualidade do indivíduo deve ser empurrada sempre para o fundo, até considerar legítima a idéia de que se desenvolva uma virtude e não outra, uma em seu grau mais alto e outra em tom menor, no quadro daquele pluralismo do universo moral que reflete a irredutível pluralidade dos indivíduos. Assim, pois, o tema das virtudes ajuda a traçar melhor a personalidade do agente, a facilitar sua prática ética, colocando em função todas as potências, em uma espécie de compenetração mais estreita entre o que o indivíduo é e o que ele faz. A virtude alude a um estilo, a uma continuidade e a uma estabilidade do comportamento, que contribui para distinguir o agente de qualquer outro possível.

---

65. *Ibid.*, d. 17, p. 1, q. 2, n. 64: "Quantum ergo ad istam condicionem accidentalem actus, quae est bonitas moralis..." E pouco antes: "Restat modo inquirere ulterius de bonitate accidentali actus (qualis est bonitas moralis) et de habitu morali, utrum..." *Ibid.*

Manual de filosofia franciscana

Graças ao hábito virtuoso, o ato torna-se verdadeiramente individual, além da *natura communis*. Mas isto leva a destacar que deve ser colocada em discussão a tese da conexão entre as virtudes, porque não parece verdade que quem possui uma virtude possui todas. Além do mais, esta tese leva a tornar a pensar a concepção da prudência como virtude e, portanto, como a guia suprema da ação moral, desde o momento em que parece mais respeitosa da aventura singular das biografias individuais a hipótese de que se dê uma prudência para cada uma das virtudes, o que mais facilmente dá conta do fato de que quem é casto talvez seja avarento ou quem é magnânimo nem sempre é humilde, etc.[66] Está claro que, segundo esta visão, a prudência não é a virtude "auriga de todas as virtudes", mas antes a que contém os conhecimentos de ordem prática, cuja realização é impossível sem a mediação da vontade, pelo que sua intervenção resulta determinante.

De fato, a vontade desempenha um papel essencial tanto na presença como na ausência de referências naturais, em condições de orientá-la, não de obrigá-la na escolha, desde o momento em que pode ater-se às indicações da razão prática ou não tê-las em conta segundo os objetivos que pretende alcançar e a eficácia da estratégia à qual pretende entregar-se. A ética é a ciência das responsabilidades subjetivas, precisamente porque os princípios práticos universais são poucos e em sua maioria de caráter formal, como o de fazer o bem e evitar o mal, seguir o ditame da reta razão, apaziguar o irado, fazer bem ao que é benfeitor, etc. A razão do primado da vontade está em colocar em relevo que a natureza, seja ela concebida como quer que seja, é expressão da vontade de Deus, pelo que, se vale, não vale por si, desde o momento em que Deus podia concebê-la de outra maneira, mas enquanto querida – este é o sentido da contingência ontológica[67]. Tal atitude ética se inscreve sobre o fundo da máxima exaltação do poder criativo de Deus, limitado somente pelo que é claramente contraditório e pelo papel dirimente de sua palavra criadora que, uma vez pronunciada, dá ao mundo uma ordem que determina a possibilidade da contradição.

Definitivamente, inclusive diante de um percurso totalmente natural, continua sendo preeminente o motivo da liberdade, desde o momento em que não se faz a ade-

---

66. Ockham nas *De quaestionibus variis* tem a q. VII, *De connexione virtutum*, a. 2 (VIII, 330s), na qual, entre outras coisas, destaca que a prudência não consiste em um só conhecimento, mas inclui tantas notícias quantas são as virtudes morais requeridas para o bem viver como tal, dado que cada virtude moral tem uma própria prudência e um conhecimento diretivo.

67. DUNS SCOTUS, *Rep.*, IV, d. 1, q. 5, n. 2: "Aliquid autem est possibile Deo dupliciter: vel secundum eius potentiam absolutam, qua potest omne id quod non concludit contradictionem; aut secundum potentiam eius ordinatam, secundum quam sit omne illud, quod consonat legibus divinae iustitiae, et regulis sapientiae eius; quod si fieret aliter, et secundum alias leges statutas, et ordinatas a divina voluntate, non inordinate fieret, sed ita ordinate sicut modo secundum ista".

Capítulo VII – Ética e economia

são à lei enquanto tal, mas à lei enquanto querida e expressamente por ser querida. A lei – qualquer lei – é precária. Moisés trata, então, da adesão a um processo racional que se realiza segundo a natureza e sobre o qual a vontade não exerce nenhuma influência, como se passasse ao lado do sujeito agente sem deslocá-lo. Um ato, então, deve ser *livre*, realizado voluntariamente, embora seja para contentar somente as exigências da natureza, pois de outra forma não ajuda a iluminar a transcendência do indivíduo sobre a natureza em direção à vontade de Deus. E, além do mais, o reino da precariedade ou da segunda tábua dos mandamentos não abre por acaso o campo à interpretação dos enunciados normativos, buscando ver de vez em quando qual é a vontade de Deus à luz das circunstâncias ou dos objetivos a perseguir?

Pois bem, é verdade que a vontade está marcada pelo *amor iustitiae*, mas é verdade também que se vê combatida pelo *amor commodi*, assim que sua fadiga ética consiste em conjugar o particular (*appetitus commodi*) com o universal (*appetitus iusti*), subordinando o primeiro ao segundo. O reforçamento da vontade (*rectitudo voluntatis*) ou capacidade de não se deixar arrastar pelo *appetitus commodi* é a luz-espia que indica que a norma da vida ética é efetivamente a *voluntas Dei*, porque significa que nenhum bem determinado é absolutizado, em nome daquela liberdade interior, entendida como espaço dialogal com todas as criaturas, tornado possível pela abertura a Deus[68].

Ockham move-se nesta linha, colocando especial acento no tema da liberdade, mas não em detrimento da racionalidade. Ele afirma que nenhum ato se pode dizer virtuoso, se se afasta da reta razão e, ao mesmo tempo, se não é efetuado consciente e livremente (*scienter et libere*). A reta razão, à qual se alude aqui, é uma mesma coisa com a prudência *in actu* ou *in habitu*, quer dizer, a presença no sujeito dos primeiros princípios práticos da moralidade[69]. Isto não significa que a atividade ética se resolva na aplicação a casos concretos dos primeiros princípios, como se ter consciência e traduzi-los operativamente estivessem estreitamente ligados. A conformidade com a reta razão e o respeito às circunstâncias de tempo e de lugar devem ser queridos (mediação qualificante da vontade). Se não for assim, o ato não pode ser moralmente imputável. Ockham está muito atento a apagar do ato a necessidade, porque é estranha à moralidade, mas não ao conhecimento diretivo que facilita, mas não impede, o ato livre da vontade com re-

---

68. Para um quadro amplo e mais detalhado, cf. L. PARISOLI, *La philosophie normative de J. Duns Scot* (Istituto Storico dei Cappuccini, Roma 2001).

69. GUILHERME DE OCKHAM, *III Sent.*, q. 12: "Virtus moralis perfecta non potest esse sine prudentia, et per consequens est necessaria connexio inter virtutes morales et prudentiam. Quod probatur, quia de ratione virtutis perfectae et actus eius est quod eliciatur conformiter rectae rationi, quia sic definitur a Philosopho, *II Ethicorum*: Recta autem ratio est prudentia in actu vel habito". Cf. O. TODISCO, *G. d'Ockham filosofo della contingenza* (Messaggero, Pádua 1998).

Manual de filosofia franciscana

lação às circunstâncias e segundo as modalidades convenientes[70]. Mas, qual é o lugar e qual é o papel da vontade com relação à ciência prática?

Ockham está convencido de que não se dá nada que vincule a vontade de Deus com a vontade do homem, porque nada é objetivamente necessário fora de Deus, pelo que Deus não é livre de ser Deus e o homem não é livre, senão com a condição de amar a Deus. Se Duns Scotus sublinha a tendência intrínseca da vontade ao bem, Ockham, para afirmar a transcendência absoluta, sublinha nela a indiferença, até o ponto de que Deus teria podido inclusive mandar odiá-lo, da mesma maneira que teria podido estabelecer outros critérios para a salvação e para a condenação. Que isto se diga da vontade humana essencialmente livre, não determinada *ad unum* nem sequer ao bem infinito, embora seu amor seja o que marca sua liberdade. Embora se demonstre que estamos feitos para o infinito, o discurso permanece firme com relação ao infinito extensivo, que é algo diferente do infinito intensivo[71]. Partindo da experiência, Ockham dá-se conta de que o filósofo se eleva demasiado e diz algumas coisas mais por coerência conceitual do que por fidelidade à existência efetiva, encarnada em homens que renunciam à felicidade infinita, considerada utópica, satisfeitos com o bem finito e fragmentário. A visão hierárquica e finalista de matriz aristotélica aqui não se sustenta. Pelo fato de que haja uma causa e um efeito, não é legítimo deduzir que haja um fim, nem que tal fim esteja representado pela causa do efeito, dando lugar àquela concatenação que depois leva à visão hierárquica do mundo[72].

Se é verdade que uma causa livre age por um fim, isto não implica que tal fim seja também o fim do efeito produzido ou que, em qualquer caso, revele seu propósito. Não é que a razão não esteja em condições de estabelecer que Deus seja o fim último das criaturas, mas não dispõe de argumentações apodíticas, e ele só não está em condições de chegar ao infinito em sentido intensivo. A incerteza dos filósofos no que diz respeito às coisas últimas – pense-se especialmente em Aristóteles – não é atribuível a um uso malvado da razão[73]. A ordem moral, puramente natural, resulta essencialmente precá-

---

70. ID., *Quodlib.*, II, q. 14: "Dico quod morale dicitur large pro actibus humanis qui subiacent voluntati absolute [...] Magis stricte pro moribus sive actibus subiectis potestati voluntatis secundum naturale dictamen rationis et secundum alias circumstantias".

71. *Ibid.*, VII, q. 20: "Non est in voluntate nostra inclinatio in bonum infinitum intensive".

72. *Ibid.*, IV, q. 1: "Dicerem si nullam auctoritatem reciperem, quod non potest probari per se notis nec per experientiam quod quidlibet effectus habeat causam finalem distinctam ab efficiente, quia non potest probari sufficienter, quod quidlibet effectus habeat aliquam causam finalem [...] Ex hoc ipso, quod aliquid est causa efficiens non sequitur quod sit finis nec e converso".

73. ID., *I Sent.*, d. 1, q. 4: "Quod talis fruitio est nobis possibilis non potest naturaliter probari, videtur, quia philosophi investigantes diligenter quis sit finis ultimus operum humanorum non potuerunt ad illum finem attingere, igitur non est verisimile quod hoc possit naturaliter probari non esset fides necessaria".

Capítulo VII – Ética e economia

ria, e os princípios primeiros práticos, como o que diz "faze o bem e evita o mal" e outros semelhantes, resultam puramente formais, incapazes de dizer-nos onde está o bem e como se evita o mal. A revelação divina é o guia insubstituível.

Isto pode ser comprovado se se torna a pensar à luz da onipotência, segundo a qual Deus não deve nada a ninguém e tudo é fruto de sua vontade. A precariedade da ordem moral, percebida em nível filosófico, é afirmada, não atenuada ou desautorizada. E, contudo, é precisamente tal precariedade que, remetendo à vontade de Deus, mostra a altura das coisas humanas. Mas, como ficar fora desta vontade? A revelação divina é o fundamento da moral, à qual dá estabilidade e fortaleza, desde o momento em que é justo e bom o que Deus quer, se é verdade – e para Ockham o é – que Deus não quer o bem enquanto bem, mas que é bom o que Deus quer; e, portanto, se o quer – e a revelação dá-nos a conhecer sua vontade – não podemos deixar de aceitá-lo acima de toda vacilação. Assim, o imperativo categórico que diz: "faze o bem e evita o mal" converte-se no imperativo "age sempre segundo a vontade de Deus, de cujos sinais você é o intérprete atento e disponível".

Neste ponto, recupera-se toda a carga de responsabilidade que procede da aceitação da evolução magisterial da Igreja, assim como da leitura crítica da sociedade, de cujo crescimento a ética é fonte e, ao mesmo tempo, sinal; como também se manifesta todo o cenário do *dictamen rationis*, cujas indicações são importantes a respeito de todas as circunstâncias, internas e externas, religiosas e civis, para que a autodeterminação da vontade seja conseqüente com uma deliberação conveniente[74]. Tomado em sua realidade efetiva, parece que o ato não possa dizer-se moralmente indiferente. Não existe uma ação que seja primeiro indiferente e que depois seja boa ou má. A ação está moralmente marcada desde seu início, porque nasce individualizada, em contextos espirituais históricos bem definidos.

Nisto Ockham se afasta de Duns Scotus, para quem é necessário dar lugar à indiferença como ao valor que há entre o bem e o mal, porque não é verdade que o *não-inimigo* tenha que ser considerado amigo: quem não é inimigo não é, por isso mesmo, amigo[75]. Mas, se para Duns Scotus a moral tem três valores, para Ockham tem dois valores, convencido como está de que quem é fiel ao agir concreto não dispõe mais do que

---

74. *Quodlib.*, II, q. 14: "Dico quod morale accipitur large pro actibus humanis, qui subiacent voluntati absolute [...]; magis stricte pro moribus sive actibus subiectis potestati voluntatis secundum naturale dictamen rationis et secundum alias circumstantias".

75. DUNS SCOTUS, *Ord.*, I, d. 17, p. 1, q. 1-2, n. 163: "Non inimicus non est 'amicus', quia aliquis, condonans alteri offensam – per hoc quod non amplius quaerit vindictam pro offensa – non fit amplius eius inimicus; sed non propter hoc sequitur quod statim recolligat eum amicum, nec quod respuat eum ut inimicum contrarie, sed negative..."; cf. L. PARISOLI, *La philosophie de J. Duns Scot. Droit et politique du droit* (Istituto Storico dei Cappuccini, Roma 2001) 121-123.

Manual de filosofia franciscana

do bem e do mal, resolvendo a indiferença na fraqueza da vontade ou na superficialidade[76]. Não dando espaço ontológico à *natura communis*, não deixa ancorada a consciência na essência do homem e, por isso, nos princípios que manifestam os traços inamovíveis e comuns. Isto não significa que Ockham negue os princípios éticos supremos que ele considera totalmente formais, no sentido de que prescrevem como agir, mas não o que deve fazer, como, por exemplo, fazer o bem e evitar o mal, agir de modo uniforme com os princípios da reta consciência...[77] A fadiga da substanciação de tais princípios recai toda sobre aquele que está chamado a agir, solicitado, mas não determinado, pelos motivos expostos pela razão crítica, no marco do *ordo ad Deum*, no sentido de que o que faz não deve impedir a abertura a Deus e, se é possível, favorecer o amor a Deus[78].

Não obstante os traços de originalidade indiscutível, é necessário manter que a fundamentação teológica da ética, postulada por Ockham, não representa uma posição isolada, sendo antes o epílogo da consciência da pobreza da razão *pro statu isto*, abandonada a si mesma, incapaz de elaborar a solução clara e convincente do problema do sentido da vida, sem erros e sem ambiguidade. A história da filosofia pagã é um testemunho indiscutível disto. Sabe-se que Aristóteles e seus comentaristas não indicaram com eficácia qual é o fim da vida e quais são os meios para consegui-lo. A razão, fiel à lógica, não vai muito além de Aristóteles. Aí se inscreve a *controversia inter theologos et philosophos*, à qual alude Duns Scotus no prólogo da *Ordinatio*, como também a tese determinante de Boaventura, segundo a qual *philosophia est via ad theologiam*, de modo que quem quer ficar nela cai inevitavelmente no erro. Pois bem, Ockham não se move em outro horizonte teórico, com a pontualização seguinte – não obstante e teoricamente muito importante – que ele não considera "que a razão humana esteja em condições de estabelecer com exatidão qual é o fim do homem: dispõe de argumentos prováveis, que lhe permitem concluir que Deus pode ser o fim último das criaturas livres, mas não necessariamente. Não há, então, nenhum conflito entre as verdades da razão e as verdades da fé"[79].

---

76. Ockham, em seu citado *De connexione virtutum* (art. 4), afasta-se de Duns Scotus por "Impossibile est quod actus voluntatis indifferens et non virtuosus fiat virtuosus per solam coexistentiam prudentiae". A retidão não é um *respectus* que se possa acrescentar ou tirar ao ato. A retidão visa à vontade e consiste no fato de que o ato "debuit elici secundum rectam rationem et voluntatem Dei".

77. *Ibid.*

78. Na gradação da intensidade virtuosa, esta é uma das formas mais elevadas: "Et iste gradus solum est perfecta et vera virtus moralis de qua sancti (isto é, os Padres e Doutores da Igreja) loquuntur", *De connexione virtutum*, cit. art. 2.

79. A. GHISALBERTI, *Guglielmo d'Ockham* (Vita e Pensiero, Milão 1972) 227.

Capítulo VII – Ética e economia

e) Inspiração teológica da ética franciscana

Portanto, a ética franciscana não vai contra a verdade objetiva, a perseguir com obstinação, e o ato moralmente bom ou reprovável sempre tem vários estratos. A *recta ratio*, entendida como argumentação correta, é insubstituível. O campo que deve ser explorado é racional ou deve tornar-se racional, à imitação daquele Deus que é *ordinatissime volens*. De fato, a razão fundamental do agir divino é sua própria essência, o qual serve tanto para a vida do entendimento como para a vida da vontade[80]. A comunhão com ele ou a participação de sua vida não tem outro objetivo que o de robustecer a consciência para que se veja onde está o bem e se mantenha longe o mal.

Pois bem, se não leva à desqualificação da verdade objetiva, mas à sua individuação em vista de sua aceitação, a ética franciscana não se resolve na pura fidelidade à verdade objetiva, como se ela só estivesse em condições de tornar moralmente boa ou má uma ação. Insinuou-se, há pouco, que não é a ética do *bem em si* ou do *em si* das coisas. Se se decidisse pela verdade e se se estiver no fato objetivo, teremos a ética que deve ser respeitada *etsi Deus non daretur* com a mesma necessidade com a qual Deus se ama a si mesmo e impõe seu culto. Sabemos, de fato, que Deus ordena o amor de si, porque é bom em si, e não é bom porque está mandado; mais ainda, ter-se-ia imposto por si mesmo, embora não tivesse sido imposto[81]. É a substância dos primeiros mandamentos, os únicos válidos em sentido absoluto.

Isto significa que quem coloca a verdade como fundamento da ética, no sentido de que o mandato de agir se identifica, de alguma maneira, com a verdade mesma que está ao alcance de sua mão, não tem necessidade de Deus, desde o momento em que, uma vez alcançada, a verdade se impõe por si mesma, exista Deus ou não, porque tem caráter universal e necessário. Se é assim, a referência a Deus é supérflua e desviadora. Creio que o epílogo kantiano é suficientemente significativo da direção autonomista que a fidelidade à verdade contém e de longe prevalece. A ética franciscana não tem este corte nem se move nesta direção.

As criaturas existem, porque são queridas, e as leis da natureza manifestam o projeto de vida que Deus entendeu realizar fora de si. Em tal contexto, é fácil entender a força que se deve dar ao preceito segundo o qual *Deus semper diligendus* e, ao mesmo tempo, a originalidade da ética franciscana. Aludindo à índole da criação e à obra redentora, Boaventura destaca que a categoria que mais eficácia traz a tal cenário é a ca-

---

80. DUNS SCOTUS, *Ord.*, III, d. 32, q. un., n. 5: "Sola autem essentia divina potest esse prima ratio agendi tam intellectui divino, quam voluntati; quia si aliquid aliud posset esse prima ratio agendi, vilesceret illa potentia".

81. *Ibid.*, d. 37, q. u., n. 2: "Ibi (nos dois primeiros mandamentos) praecepta sunt bona non tantum quia praecepta, sed ideo praecepta quia secundum se bona".

tegoria da bondade, que se foi impondo como a mais compreensiva e profunda. Se no Antigo Testamento Deus é chamado *Aquele que é*, no Novo Testamento é chamado de "bondade absoluta", Aquele que é o único bem[82]. Ele chamou ao ser algo que podia não querer, demonstrando sua liberalidade que é, ao mesmo tempo, verdade e liberdade. Fruto da vontade suprema de Deus, o mundo goza de grande estabilidade. Deus não pode deixar de querer o que quis. Não pode senão agir com ordem (*ordinate*) e proteger o que quis[83]. O problema, portanto, não é se o mundo está ordenado ou se por meio da dimensão material participamos da determinação mecânica da natureza. O mundo é legal, e nós lhe pertencemos.

Mesmo sendo superior ao mundo, o homem está implicado também, embora não até o fundo, e sua ética deve atestar esta pertença. O problema então não é se se pode submeter às leis que Deus deu ao mundo, que podia não querer, sem abrir-se àquele que as quis. O problema é se esta atitude é suficientemente profunda e respeitosa do mundo. Sendo contingentes e, portanto, vinculadas à vontade do legislador, estas leis não deixam aberto o caminho ao legislador em cujo nome devem ser apreciadas e respeitadas?

Formado no ambiente filosófico teológico posterior à condenação das 219 proposições, orientadas segundo o necessitarismo greco-árabe, por parte do bispo de Paris, Estêvão Tempier em 1277, Duns Scotus sente com viveza o tema da liberdade divina, que ele reelabora no marco do primado franciscano do bem. Antes de tudo, não há *ordo* que seja tal, senão em virtude de uma disposição divina, motivo pelo qual o que é bem, mesmo sendo participação de alguma idéia divina, é bem, porque é querido. Exceto o princípio de contradição evidente e salvo ele mesmo, Deus não pode não querer o que quer[84], porque no primeiro caso há proporção entre o objeto e a vontade, pelo que não pode não querer o que quer (a essência divina objeto da vontade divina); nos demais casos, a vontade de Deus supera a coisa querida; pelo que a razão pela qual quer algo não pode estar na coisa, mas na própria vontade. A vontade que quer não se dissolve na realidade querida, nem ela está em condições de provocar a ação divina, embora a consideremos a melhor possível. O que Deus faz é o melhor pelo simples fato de que o faz.

---

82. BOAVENTURA, *Itin.*, c. 5, n. 2: "Damascenus igitur sequens Moysen dicit quod 'qui est' est primum nomen Dei; Dionysius sequens Christum dicit quod bonum est primum nomen Dei" (BAC I, 612s).

83. ID., *I Sent.*, d. 43, dub. 7: "Haec distinctio (potentia absoluta et potentia ordinata) non videtur esse conveniens, quia nihil potest Deus quod non possit ordinate. Posse enim inordinate facere est non posse, sicut posse peccare e posse mentiri. Unde nec potentia absoluta nec ordinata potest mentiri".

84. DUNS SCOTUS, *Ord.*, I, d. 41, n. 54: "Nullum enim aliud (objeto diferente da essência divina) bonum, quia bonum, ideo amatum ab illa voluntate".

Capítulo VII – Ética e economia

Visto *ex parte Dei*, qualquer mudança está prevista *ab aeterno* e já está ordenada de antemão[85]; em contrapartida, visto *ex parte creaturarum*, contrasta com a ordem precedente, pelo que *ordo ut nunc* não resulta *ordo ut semper*, mas *ordo* possível de modificação por parte daquele que não tem vínculo algum[86]. Alexandre de Hales, Boaventura e Guilherme de Ockham não consideram que o *ordo ut nunc* não seja o *ordo ut semper*, não porque seja objetivamente necessário, mas porque uma vez querido não parece conveniente que Deus deixe de querê-lo. Uma vez que este mundo foi projetado e foram decididas algumas normas, Deus é o guardião e garantia dele. Porque é divino, o *ordo ut nunc* se manifesta *ordo ut semper*, no sentido de que Deus não volta sobre seus passos. Deus goza de uma *potentia ordinata*, na qual é colocada a *potentia absoluta* entendida como potência relativa às coisas que Deus não ordenou com antelação levá-las à sua realização[87].

Em todo caso, nenhuma ordem é medida a partir de dentro, mas somente a partir de fora, quer dizer, pelo olhar divino que o sustenta e, ao mesmo tempo, o conserva ou, como diz Duns Scotus, pode modificá-lo. Mas em tal horizonte se compreende que não existam leis necessárias, porque todas são expressões de sua vontade. São *leges naturae*, dadas à natureza, e somente em conseqüência de tal decisão são próprias da natureza: o dativo precede o genitivo que só e sempre é o que segue. Somente a primeira Tábua é invariável, porque se refere a Deus mesmo enquanto que é único e, por isso, digno de adoração, porque é o ser supremo, enquanto que a segunda Tábua vale porque foi querida[88].

O princípio geral com o qual disciplinar uma problemática semelhante, Duns Scotus o enuncia deste modo: Tudo o que é distinto de Deus (*aliud a Deo*) é bom, porque é

---

85. ID., *Rep.*, I, d. 117, q. 2: "Dico quod cum Deus libere ordinavit, et ab aeterno, in aeternitate autem nihil transit, ita nunc potest aliter ordinare pro quolibet instanti futuro sicut in primo".

86. ID., *Ord.*, I, d. 44, q. un., n. 10: "Deus non solum potest agere aliter quam ordinatum est ordine particulari, sed etiam aliter quam ordinatum est ordine universali – sive secundum leges iustitiae – potest ordinate agere, quia tam illa quae sunt praeter illum ordinem, quam illa quae sunt contra ordinem illum possent a Deo ordinate fieri de potentia absoluta".

87. ALEXANDRE DE HALES, *SH*, I, 135, ad 2 (I, 207): "...comparando absolute potentiam voluntati, sic potentia in plus est quam voluntas; secundum vero quod intelligitur in ratione praeordinationis, coaequantur potentia et voluntas. Distinguitur ergo potentia absoluta et potentia ordinata. Potentia absoluta est eorum quorum non est divina praeordinatio; potentia ordinata est eorum quorum est praeordinatio, hoc est eorum quae a Deo sunt praeordinata sive disposita".

88. DUNS SCOTUS, *Ord.* III, d. 37, q. un., n. 2: "Ibi praecepta sunt bona non tantum quia praecepta, sed ideo praecepta quae secundum se bona". No que se refere à segunda Tábua, cf. *ibid.*: "Unde dico quod multa alia potest agere ordinate; et multa alia posse fieri ordinate [...] Ideo sicut potest alitera gere, ita potest aliam legem rectam statuere [...] et tunc potentia eius absoluta ad aliquid, non se extendit ad aliud quam ad illud quod ordinate fieret si fieret; non quidem fieret ordinate secundum istum ordinem, quem ordinem ita posset voluntas divina statuere sicut potest agere".

querido, não ao contrário"[89]. Isto significa que, do ponto de vista de Deus, não se está no campo da bondade *ex genere*, desde o momento em que Deus poderia não querer a coisa querida, mas, já que foi imposta, deve ser aceita e querida por aquele que podia não querê-la. Isto não significa que as coisas, se são queridas, não sejam objetivamente boas. O problema é se foram queridas porque são boas em si ou, pelo contrário, se são boas porque foram queridas, embora uma vez queridas sejam objetivamente boas.

Com poucas palavras, o princípio do bem está naquele que quer ou na coisa querida? Pois bem, se são tais porque foram queridas, essas leis remetem à vontade de Deus que podia não querê-las ou não impô-las. Essas leis compendiam as escolhidas por Deus entre as infinitas leis possíveis, com o que sua rejeição ou sua aceitação qualifica moralmente o ato, além da causa da aceitação ou rejeição daquela vontade[90]; ou também daquele modo com o qual Deus chama a si e quer que se lhe responda. E isto parece significativo, porque faz entender como e quando Deus foi colocado no centro do horizonte e quando e por que cai fora do horizonte do pensar e do agir humanos.

Quem é consciente de que tudo o que é finito se impõe à nossa vontade, não somente por aquilo pelo que é, mas especialmente porque é querido, não pode deixar de dar vida a formas de respeito ou de amor para com aquele que quis o que podia querer. Vale isto também para as leis *naturais*? Não se impõem estas, talvez, enquanto expressões da natureza *etsi Deus non daretur*?[91] A resposta é concisa e negativa, desde o momento em que por leis naturais devem ser entendidas as que se impõem por si mesmas, não porque foram promulgadas, mas em virtude dos próprios termos da lei[92]. Mas, se por lei natural se entende o que se impõe *ex vi terminorum*, não há nenhum preceito que se imponha por si mesmo: *Non sunt principia practica simpliciter necessaria, nec conclusiones simpliciter necessariae*[93].

---

89. *Ibid.*, d. 19, q. un., n. 7: "Omne aliud a Deo ideo est bonum quia a Deo volitum, et non e converso".

90. *Ibid.*, IV, d. 50, q, 2, n. 10: "Non videtur quod circa creaturam sit aliquid peccatum mortale ex genere, sed tantum ex praecepto divino".

91. *Ibid.*, III, d. 37, q. un., n. 4. Uma vez estabelecido que as leis naturais "sunt vera ex terminis sive sint necessaria ex terminis, sive consequentia ex talibus necessariis praecedunt in veritate omnem actum voluntatis", é evidente que se impõem por si mesmas, até o ponto de que a Deus mesmo não resta mais do que assentir: "Intellectus divinus apprehendens talia necessario apprehenderet ea tamquam ex se vera et tunc necessario voluntas divina concordaret istis apprehensis".

92. *Ibid.*, d. 37, q. un., n. 5: "Uno modo tamquam prima principia practica nota ex terminis vel conclusiones necessario sequentes ex eis; et haec dicuntur esse strictissime de lege naturae".

93. *Ibid.*, n. 5.

Capítulo VII – Ética e economia

Não se dá nada fora de Deus que leve necessariamente a Deus ou distraia a atenção posta em Deus, porque é contingente e, por isso, desprovido da bondade ou da malícia necessárias para levar-nos a Deus ou para distanciar-nos dele. Não há bondade *necessaria ad bonitatem ultimi finis* nem há *malitia necessario avertens a fine ultimo*[94]. Por causa da contingência, cada ato que não se refira a Deus necessita da contextualização para que seja qualificável como bom ou como mau[95]. Isto, não obstante, não deve ser entendido no sentido de que o conteúdo da segunda Tábua seja totalmente arbitrário com relação às exigências da natureza humana e à convivência, desde o momento em que o que é ordenado é em sumo grau aderente a nosso ser humano até o ponto de que é possível chegar ao conhecimento de sua bondade somente pela razão. Embora a distinção seja sutil, no entanto, deve ser destacada sem ser escondida, quer dizer, os preceitos naturais não são rigorosamente tais, convenientes e harmonizáveis com a natureza humana, mas não são conhecidos *ex terminis*[96], pelo que, em seu extremo, o fim último seria possível ser alcançado também com leis diferentes das ordenadas.

Mas a vontade divina manifestou-se expressamente nos dez mandamentos, que Ockham considera taxativos, no sentido de que Deus não dispensa, mas que de tudo o mais faz exceções. Uma vez promulgado, o Decálogo não aceita modificações ou variações substanciais, mas é aceito e respeitado enquanto e por que é promulgado. O que merece a pena evocar é que, se no que toca à primeira Tábua o caráter absoluto não tem retorno e a interpretação carece de ambigüidade – honra ao Deus único e transcendente e a nenhum outro –, quanto à segunda Tábua, não menos taxativa e definitiva, Ockham se detém em sua estrutura lingüística, analisando a complexidade dos termos com os quais esses mandatos foram formulados.

Pois bem, a propriedade lingüística que caracteriza os termos empregados para proibir algo é dupla, no sentido de que denotam *in recto* e conotam *in obliquo*. De fato, os termos proíbem (marcam *in recto* ou denotam) uma ação e, ao mesmo tempo, expressam (denotam *in obliquo*) sentimentos de reprovação, como os termos *furto, adultério, mentira...*, com os quais Deus aludiu a situações específicas que decidiu condenar. Portanto, a segunda Tábua mosaica alude a situações, como no caso do *furto*, que Deus proibiu e, ao mesmo tempo, reprovou. Está claro que não são as ações que foram proibidas. Somente enquanto realizadas em um determinado contexto estas ações são obje-

---

94. *Ibid.*
95. *Ibid.*
96. *Ibid.*, n. 8: "Quia [...] multum consona illi legi, licet non sequantur necessario ex principiis practicis, quae nota sunt ex terminis [...]; [...] eorum rectitudo valde consonat principiis practicis necessário notis".

Manual de filosofia franciscana

to de reprovação; se não, poderiam ser consideradas positivas e, se ordenadas, meritórias, como o mandato dado a Abraão de matar o filho[97].

A ação proibida reenvia a um amplo campo dentro do qual somente algumas ações são proibidas e, por isso, reprovadas. Portanto, não é suficiente repetir que o *furto, a mentira, o adultério* estão proibidos como se se tratasse de um espaço operativo definido e imutável dentro de uma existência cristalizada que se deve voltar a ser proposta e prolongada sem olhar ao redor, sem avaliar as circunstâncias e sem interrogar a história. A reprovação que acompanha essas proibições deve surgir de uma série de elementos que, vez por vez, o legislador considera negativos, recordando conotativamente a autoridade da condenação divina.

Além do mais, o fato de que tais proibições não se encontrem no caráter absoluto da primeira Tábua, porque não fazem parte de forma imediata do *ordo ad Deus*, exige ulteriormente a responsabilidade subjetiva para delimitar com inteligência a área das coisas que devem ser proibidas, acompanhando-a com sentimentos de reprovação.

> Abre-se aqui o espaço enorme de uma positividade do direito. De fato, o querer de Deus impõe-se absolutamente aos homens, mas, além dos casos expressamente previstos, tudo é possível. O ponto é que a redução dos distintos casos em questão, previstos pelas proibições do Decálogo, a uma dimensão conotativa que canaliza uma carga de desvalorização moral sem designar de modo determinado uma categoria objetiva, torna a arbitrariedade do legislador humano potencialmente enorme[98].

Em seguida entram outros fatores, como o momento histórico, a maturidade da comunidade, a urgência dos problemas específicos..., como muro de contenção da liberdade legislativa. As circunstâncias mudam, o campo de ação vai-se transformando e, portanto, também a carga de desqualificação moral será dosificada segundo o mo-

---

97. GUILERME DE OCKHAM, *II Sent.*, q. 15: "Furari, adulterari, habeant malam circumstantiam annexam, et similia de communi lege quatenus fiunt ab aliquo qui ex praecepto divino obligatur ad contrarium, sed quantum ad esse absolutum in illis actibus, possunt fieri a Deo omni circumstantia mala annexa. Et etiam meritorie possunt fieri a viatore si caderent sub praecepto divino [...] Et si fierent a viatore meritorie, tunc non diceretur nec nominaretur furtum, adulterium etc., quia ista nomina significant tales actus non absolute, sed connotando, vel dando intelligere quod faciens tales actus per praeceptum divinum ad oppositum". A passagem foi citada e comentada por L. URBAN, "W. of Ockham's Theological Ethics": *FraStu* 11 (1973) 335; segundo a edição de Lyon de 1494, pertence à q. 19. Junto a *furari, adulterari*, está o *odium Dei*. Quanto à primeira interpretação deste antigo problema do *odium Dei* por mandato de Deus, a entender como expressão da contradição desde o momento em que odiar significa rejeitar e obedecer significa aceitação, cf. para uma visão analítica de toda a questão e da moldura filosófico-teológica sobre o que se reflete, A. GHISALBERTI, "Amore di Dio e non-contradizione: l'essere e il bene in G. d'Ockham", em AA.VV., *Filosofia e teologia nel trecento* (Lovaina Nova 1994); e "La fondazine dell'etica in G. d'Ockham", em AA.VV., *Etica e politica: Le teorie dei frati mendicanti nel Due e Trecento* (Centro Italiano Studi sull'alto Medioevo, Espoleto 1999) 61-89.

98. L. PARISOLI, *Volontarismo e diritto soggettivo*, 177.

Capítulo VII – Ética e economia

mento histórico e segundo seus protagonistas. De fato, o legislador pode permanecer fiel à tradição interpretativa da Igreja, expressão do magistério autorizado da Palavra de Deus, e então "sua atividade legislativa refletirá a moral que esta tradição contém"[99], permanecendo teológica; ou, pelo contrário, se afastará, seguindo outros parâmetros segundo a índole da sociedade, suas esperanças e as energias à disposição, e então a responsabilidade ética terá novos tons e se moverá por outras vias, respondendo a outros mandamentos e estando submetida a outros controles.

f) A ética franciscana como ética da alteridade

Mas, se as coisas estão assim – e estão assim para quantos consideram que tudo o que não é Deus podia não ser ou ser de outro modo diferente de como é e, portanto, um *volitum* –, é certamente possível aceitar as leis e tornar a fazer suas formulações sem a abertura ao legislador. No entanto, não é possível dar prova de uma consciência moral plena sem abrir-se àquele que quis essas leis e, promulgando-as, as impôs. A ética franciscana é a ética da alteridade, no sentido de que, à medida que a consciência cresce, se impõe a abertura a Deus, por causa daquela contingência originária que nada pode atenuar, mas que, uma vez colocada no centro, traz em si o reconhecimento do legislador, não sua negação. A abertura a Deus não se detém aqui. Desde o momento em que este mundo com suas leis e suas criaturas constituem um *volitum* daquele Deus que podia não querê-los ou querê-los diversamente, não é possível entabular relações ou estreitar contatos, esquecendo-se de que se trata de criaturas escolhidas entre as infinitas possíveis e, portanto, respeitáveis, porque são objeto da vontade daquele que podia não querê-las.

Tal consciência exige amor e respeito pelas criaturas, nas quais aparece o desígnio divino, entabulando relações de fraternidade e não de exploração ou de domínio puramente potestativo. Quem enaltece as criaturas somente porque são úteis e ama a Deus somente porque criou coisas úteis é prisioneiro de uma pressa que o impede de deter-se e de compreender, porque está entregue a seus sonhos de poder e de auto-exaltação. Tal pessoa não respeita as criaturas nem honra a Deus. A atitude eticamente reprovável consiste na pura sujeição de si mesmo às coisas ou na submissão das coisas a si mesmo, e em um e outro caso na elevação de si mesmo como fim e sentido supremo. O nível é *espiritual*, não puramente material. É o eu, outro diferente dos outros e outro com relação às coisas. As criaturas são o *fundo* à disposição do sujeito, valem enquanto instrumentos, mas não por si mesmas. São nada em si mesmas. Juntamente com as criaturas, o próprio Deus é condenado à morte, porque não valem nada, a não ser como su-

---

99. *Ibid.*

porte de algo. As criaturas são o que eu não sou, são para que se aproveite delas e no final delas se desfaça.

O *piedoso*, que está dominado pelos valores espirituais e, portanto, pela pressa de subir, abandonado às criaturas ao longo do caminho, encontra-se em uma posição totalmente diferente, em todo caso, incapaz de contrastar o uso instrumental, por parte do homem, das criaturas e de Deus do uso de mundo. O pecador e o piedoso, o pecado e a graça, continuam substancialmente a mesma lógica, ambos são criticados pelo franciscano, um, porque carece de aspirações, e a outra, porque só é luz obscurecida, que espiritualiza e afasta das criaturas, porque parte do descobrimento da origem comum, da mesma procedência. A ética franciscana é a ética da alteridade. Não é por acaso verdade que a primeira experiência da pessoa é a experiência da segunda pessoa e que, por isso, o *tu* – e, portanto, o *nós* – é anterior ao eu? Se o outro não se limita, mas favorece o ser e o desenvolver-se; se o eu é para o outro e não se reconhece a não ser através do outro, a ética é autêntica, se é a ética da alteridade. A própria pobreza não é a perda, mas o reencontro das criaturas em um nível diferente[100].

O universo é a carne do destino humano. O homem cresce com ele. Aqui, natural e sobrenatural não entram em contraste: a graça abre-se aos aromas e aos sabores da terra. O sentido do decoro, da reverência, da harmonia que deve caracterizar o comportamento ético, antes evocado, aprofunda aqui sua raiz. A ação possui uma nobreza que é estranha a qualquer traço de violência, se está marcada por aquela ânsia de reconciliação no contexto de uma fraternidade cósmica. A ética franciscana manifesta-se essencialmente na ética da alteridade no sentido da comunhão.

Mas o que deve ser destacado – e reafirmado – é que Deus quis o que podia não ter querido ou querer de outro modo. É somente uma conseqüência o fato de que o mundo, suas leis, assim como a normativa para a edificação da *polis*, são momentos daquele projeto de amor que Deus nos chama a realizar, pelo que não é possível violá-lo sem ofender ao próprio Deus, como não parece correto realizar aquele projeto, esquecendo-se do autor. Isto é que não é viável, porque se trata de contrastar a tendência a considerar as leis em sua objetividade, expressão de uma necessidade que não remete a nenhum titular, como se estivéssemos desejosos de não ter que dar graças a alguém. Em

---

100. M.T. BROCCHIERI FUMAGALLI, "La peste come estrema povertà", em *Tre storie gotiche* (Il Mulino, Bolonha 2000) 95: "Francisco combate contra a separação que a propriedade privada cria entre os homens e contra as distinções que realiza entre eles, duras e visíveis [...] Tornar-se pobre significava restaurar a natureza humana como era saída das mãos de Deus". Boaventura notou-o a propósito da humanidade (*humus*, estar por terra) graças ao qual Francisco se coloca no nível das criaturas, junto delas, e por isso "creio que o Santo, a cuja vontade se aplacavam as criaturas não-humanas, tinha voltado à inocência primitiva", cf. *2Cel* 166.

Capítulo VII – Ética e economia

tal contexto, Boaventura fala de uma insensibilidade de fundo que pagamos, provocando uma rebelião cósmica por parte das criaturas que não suportam a profanação, própria da ética de concupiscência que se soluciona em possuir e em manipular, ao assumirmos que não há ninguém a quem dar graças e que o conjunto das coisas está ao alcance de nossa mão.

A pretensão de dominar as criaturas rapidamente torna-se submissão do outro a si, seja porque desperta em nós o instinto do poder, seja porque leva a considerar-se a medida suprema, submetido aos próprios fins. Aquele que se considera dono de algo, embora seja nobre, se torna com rapidez legislador indiscutível. É a rebelião que segue o obscurecimento da consciência da alteridade, diminuída e submetida pela consciência da identidade, com a qual, afirmando-se o poder absoluto de nosso eu, se desconhece a ordem natural das criaturas e se procede ao desordenamento dos ritmos fundamentais. O ateísmo não é só uma questão pessoal, mas um fato que repercute no cosmos, no sentido de que, rejeitando considerar o mundo como manuscrito de Deus, não se está mais em condições de disciplinar as forças despertadas, desordenadas de sua ordem natural e, portanto, se está em condição de atirar ao caos a própria vida do homem[101].

Com sua violência o homem desperta o que há de violento na natureza, da mesma maneira que esta desperta o que há de violento no homem, inaugurando um círculo segundo o qual é difícil dizer quando e como a violência começou[102]. A lógica sem matizes da inclusão/exclusão só é despedaçada pela voz do outro, interceptada como dado inesperado, em contraste com qualquer saber absoluto que não se abra a alguém, assim como com qualquer certeza intransigente. O motivo franciscano de prestar atenção à voz do outro deve der devolvido ao princípio de que nossas raízes carnais e biológicas estão no universo e de que este funde suas raízes em nós. A vida surge das vísceras da terra, pelo que, ou a gente a aceita, acolhendo-a e cuidando dela, ou, submetendo-a a maltrato, ela desaparece de nossa vida.

---

101. BOAVENTURA, *Itin.*, c. 1, n. 15 (BAC I, 574s): "Qui igitur tantis rerum creaturarum splendoribus non illustratur caecus est; qui tantis clamoribus non evigilat surdus est; qui ex omnibus his effectibus Deum non laudat mutus est; qui ex tantis indiciis primum principium non advertit stultus est. Aperi igitur oculos [...] ne forte totus contra te orbis terrarum consurgat. Nam ob hoc pugnabit orbis terrarum contra insensatos..."

102. Leia-se a página, de uma eficácia extraordinária quanto à força sedutora da violência, que Agostinho propõe, descrevendo a aventura de seu amigo Alípio, primeiro rebelde, mas depois entusiasta do espetáculo sangrento ao qual assiste no circo, *Confesiones*, 1.6, p. 8, c. 13 (BAC II, 246): "Contemplou o espetáculo, vociferou e excitou-se e foi atacado pela loucura, que havia de estimulá-lo a voltar não só com os que primeiramente o haviam levado, mas também sozinho e arrastando outros consigo".

O que em Boaventura está implícito torna-se explícito em Duns Scotus e assume um lugar central, quer dizer, o fato de que o mundo e as criaturas são um *dom* de Deus, dom que deve ser descoberto e respeitado[103], ou também um conjunto de normas por meio das quais nos chega o desígnio de Deus, querido entre os infinitamente possíveis e, portanto, com uma carga teológica que não é possível esquecer no momento de agir. A ética não pode solucionar-se por um cruzamento de verdades racionalmente decifráveis. O mundo, no qual fomos chamados a habitar, e as relações que temos que estabelecer remetem àquela livre vontade de amor do Deus cristão, que se deve assumir como a norma suprema, sem contradição, e que não pode ser omitido do comportamento ético. Duns Scotus confirma-o quando, tirando a ética arbitrária do humano, destaca que não é a vontade humana, mas a vontade divina a causa do bem, pelo que, querendo algo, Deus nos impõe o querê-lo, porque é bom, e é bom, porque é querido[104].

Por isso, depois de ter explorado com a razão a índole do ato com todas as circunstâncias, Duns Scotus considera que é bom que a vontade seja guiada pelo mandamento divino e se conforme com a vontade divina segundo o princípio de imitação[105]. Querer o que Deus quis é querer a vontade de Deus, norma suprema do pensar e do agir. A conformidade com a vontade de Deus assegura à ação uma retidão indeclinável, porque coloca nossa vontade na direção da vontade de Deus, com o mesmo garbo e ternura com os quais Deus chamou as coisas ao ser e as ordenou, considerando-as *valde bona*[106]. A potência divina, de fato, está desprovida de arbítrio e de violência, se é verdade que Deus não destrói, mas cria, coloca ordem nas criaturas e sela um pacto de aliança com o povo.

---

103. H. ARENDT, *La vita della mente* (Il Mulino, Bolonha 1987) 469: "Tentei mostrar como com Duns Scotus não se está diante de simples mudanças conceituais radicais, mas diante de idéias e concepções autenticamente novas, todas elas que se poderiam explicar provavelmente como as condições especulativas de uma filosofia da liberdade. Por quanto me é possível ver, na história da filosofia somente Kant pode equiparar-se a Duns Scotus em sua adesão incondicional à liberdade. E provavelmente se pode dizer que Kant não tinha nem a mínima idéia".

104. DUNS SCOTUS, *Rep.*, IV, d. 28, q. un., n. 5: "Voluntas divina est causa boni, et ideo eo ipso quod vult aliquod, ipsum est bonum, si nostra non est causa boni; immo, quia est bonum Deus iubet ipsum velle".

105. *Ibid.*: "Igitur, ad hoc quod sit recta voluntas nostra, requiritur obiectum cum omnibus circumstantiis. Secundo modo, si est conformis per modum imitationis, ut regulatur a divino praecepto".

106. *Ibid.*: "Sic conformis est recta, necesse est venire ad volitionem seu voluntatem rectam inobliquabilem".

Capítulo VII – Ética e economia

g) *Superação da ética pagã*

Como se relaciona esta perspectiva ética com a pagã? Estamos diante da superação – não negação – da ética pagã, por causa da passagem do âmbito profano ao teológico, ou também da lógica da necessidade à lógica da liberdade. A ética pagã é substancialmente mundana no sentido de que o leque de possibilidades que o virtuoso capta e avalia para individuar o justo médio – ou *méson* – é objetivo e se refere às circunstâncias nas quais age. Por isso, a ética pagã é sempre e somente política, no sentido de que persegue o equilíbrio entre os homens, incapaz de ir além e ainda necessária, se se quer ir mais além[107]. Mas, sob esta perspectiva geral, a ética franciscana rejeita considerar suficiente a ordem natural, como se o que é conveniente com a natureza decidisse à bondade do que fazemos. A ética franciscana dirige seu olhar a Deus, legislador supremo e, por respeito à sua vontade, realiza determinadas decisões: o encontro com Deus determina a qualidade ética do ato. Esta mudança de acento da vertente mundana para a dimensão interior, do puro equilíbrio entre as pulsações da sensibilidade e a disciplina racional ou *medietas*, para a de uma inclinação para cima constituída pela comunhão com o Deus encarnado, se se pode dizer que é comum à ética cristã, alcança o posto privilegiado no âmbito franciscano, como foi dito[108].

Boaventura submete à crítica a *medietas* aristotélica, especialmente na *quinta colação do Hexaemeron* – em nome de Cristo *medium omnium scientiarum*[109]. Sabe-se que para

---

107. "A prosperidade externa que torna possível a escolha do justo meio é condição necessária para que a atividade especulativa seja possível. A não-indigência e, se é possível, a servidão tornam mais praticável a meditação metafísica, com a qual transcendemos a parte caduca de nosso ser para entregar-nos à causatividade que é própria dos deuses", *Eth. Nic.*, X, 8, 1178b.

108. A palavra grega *askesis* significa *exercício*, especialmente exercício ginástico. *Asketés* é o atleta, o que combate. Na Idade Média cristã, com o mesmo termo se indicava o que desprezava o próprio corpo, mortificava a carne e exercitava o espírito. Em nenhum outro caso se reflete tão claramente como na evolução do significado deste termo o contraste de orientação espiritual entre a Antiguidade e a Idade Média", cf. A.J. GUREVIC, *Le categorie della cultura medioevale* (Einaudi, Milão 1983) 256. É a linha que E. CUTTINI segue em seu ensaio "Reinterpretazione bonaventuriana delle virtù etiche di Eristote", em *Atti e Memorie dell'Accademia patavina delle Scienze, Lettere e Arti*, CX (1997-1998) 159-180. Sinal da difusão da *Ethica* são as discussões relativas à *ethica vetus* e à *ethica nova* assim como a *Summa Alexandrinorum*, que é um resumo da obra de Aristóteles utilizado pelo franciscano Roger Bacon. Para reconstruir esta página importante da filosofia medieval, cf. R.-A. GAUTHIER, "Introduction", em *Aristote. L'Ethique a Nicomaque* (Nauwelaerts, Lovaina 1970); ID., "Le cours sur l'Ethica Nova d'un maître des arts de Paris (1235-1240)": *AHDL* 42 (1975) 72-141.

109. O tema está tratado na primeira *collatio* do *Hexaemeron*. Quando fala das virtudes *cardeais*, Boaventura apresenta Cristo como "eixo" de todas as virtudes que dele procedem e a ele voltam. Cita a definição de virtude de Aristóteles: A virtude é um termo médio relativo a nós determinado pela razão e por aquilo pelo qual se decidiria o homem prudente" (*Eth. Nic.*, II, 6, 1106b), e depois conclui que as virtudes cardeais (prudência, temperança, justiça e fortaleza) apontam para fazer-nos "permanecer em torno do centro", *Hex.*, col. 6, n. 12 (BAC III, 308-309).

Aristóteles a perfeição ética se resolve em estar no meio (*medietas* ou *mesotes*): "...a virtude ética, pois esta se refere às paixões e às ações, e nelas há excesso, defeito e termo médio [...] A virtude tem que ver com paixões e ações, nas quais o excesso e o defeito erram e são censurados, enquanto que o termo médio é elogiado e acerta; e ambas as coisas são próprias da virtude. A virtude então é um termo médio, ou ao menos tende ao meio"[110]. É a ética do equilíbrio, no sentido de que educa a estar no meio e tomar as distâncias dos extremos, passando pelo leque das possibilidades sempre circunscritas, que a específica circunstância oferece de vez em quando. Pois bem, para Boaventura, não é a *mesotes* a medida na qual se apóia quem quer agir bem. A ética, que é a disciplina do comportamento ou *veritas morum*, está chamada a abrir o horizonte à busca do equilíbrio entre todos os componentes de caráter tanto horizontal como vertical, no sentido de Cristo.

Quem conhece a ampla difusão da ética aristotélica, com seus muitos comentários, como a índole do ascetismo filosófico que os mestres das artes propunham em sua versão averroísta, em oposição ao ascetismo cristão, apreciará a tomada de posição de Boaventura, intérprete autorizado da Escola Franciscana. Como, então, se deve entender a *medietas* no que se refere à parte dos apetites da alma, com desejos e pulsações que empurram a agir em vista de sua satisfação? Aristóteles não exalta a natureza sensível em detrimento da racional, nem vice-versa, mas leva em conta a ambas, submetendo a primeira à segunda, mas sem maltratá-la, porém recolhendo precisamente suas exigências no marco do equilíbrio conjunto do próprio ser. Para tal fim, é necessário retomar a gama de possibilidades que de vez em quando as circunstâncias do viver oferecem e escolher o justo meio, sem avançar demasiado em uma direção ou em sua oposta.

A medida, então, que leva à *medietas* é o nem *demasiado* nem *demasiado pouco* com relação ao leque de possibilidades desdobrado de tanto em tanto diante do agente. Intérprete sumo de tal sentido da medida é o sábio, que está sempre no meio, nunca sacudido pelos extremos. A escolha deve ser possível e é possível, se dispusermos de vários caminhos a percorrer. Esta pluralidade de percursos é uma condição essencial, pelo que aquele que, por exemplo, é de verdade pobre não chega à *medietas*, porque está privado das oportunidades que permitem a escolha, que tem como objeto "as coisas que estão ao nosso alcance"[111].

Evocando-a, Boaventura mostra sua vacuidade. Rejeita que o pobre não possa escolher de forma livre somente porque carece dos bens dos quais goza o rico, pois o problema ético não se refere às coisas, mas à nossa alma. Existe o pobre que deseja ser rico, e existe o rico que vive como se fosse pobre. Se o princípio da *medietas* fosse fiável, diz

---

110. ARISTÓTELES, *Eth. Nic.*, II, 6, 1106b.

111. *Ibid.*, III, 3, 1113a.

Boaventura gracejando, deveríamos dizer que age eticamente bem e, portanto, que está no *meio*, somente aquele que conhece muitas mulheres ou conhece todas, mas só de algum modo, situando-se entre o excesso de quem conhece todas e o defeito de quem não conhece nenhuma[112].

Não é as coisas que qualificam eticamente o agir humano. É necessário mudar de onda. Aprofundemos este tema, tomando como objeto o pobre que, segundo Aristóteles, não pode agir de forma correta, quer dizer, não pode estar no meio, porque está condenado a estar situado nas margens, não dispondo de muitas coisas. A réplica de Boaventura é decidida. A pobreza, antes de tudo, é espaço interior, liberdade espiritual, distanciamento das coisas com o fim de compreendê-las e para chegar a uma comunhão mais profunda com elas. É precisamente porque é lugar de liberdade interior que a pobreza é crítica da *cupiditas possidendi* ou da *libido dominandi* e, portanto, é capacidade de amar as coisas sem querer possuí-las, quer dizer, sem deixar-se encantar por elas[113]. Aquele que vive conscientemente a pobreza possui mais do que os outros a chave da correção ética, e a razão de fundo está no fato de que a *medietas non est circa res, sed circa appetitum animae*. Domesticando o lobo de Gúbbio, Francisco mostrou o percurso e a índole da reconciliação, quer dizer, não a abolição da agressividade, mas a transfiguração da força bruta para que seja fonte de construção e não de destruição. O caráter mundano do agir pagão é transcendido em nome do horizonte que se estende, colocando no centro o "apetite da alma", feita para Deus[114], em cuja claridade são queridas e amadas. Somente naquele que é a razão última das coisas, no qual tudo há de ser pensado e feito, se acalma o desejo da alma: *In nullo enim alio fluxibilitas appetitus et instabilitas mentis potest terminari et quietari*[115].

Não é que Aristóteles tenha resolvido o problema ético com a simples disciplina dos impulsos sensíveis. Ele havia notado que o justo meio "não é nem um nem o mesmo

---

112. *Boaventura, Hex.*, col. 5, n. 5, (BAC III, 276-279): "Quod autem dicunt quod nimis pauperes non tenent medium; simile est illi quod dicebat quidam medicus Frederici, qui dicebat, quod ille qui abstinebat ab omni muliere non erat virtuosus nec tenebat medium. Et ad hoc sequitur, quod si omnem mulierem cognoscere et nullam mulierem cognoscere extrema sunt: ergo medietatem omnium mulierum cognoscere medium est".

113. Dum ponto de vista propriamente humano, relativo à condição humana, "Francisco combate contra a separação que a propriedade privada cria entre os homens e as distinções que realiza entre eles, duras e visíveis [...] Tornar-se pobre queria dizer restaurar a natureza humana como havia saído das mãos de Deus", cf. M.T. BEONIO BROCCHERI FUMALLI, *La peste*, 95.

114. BOAVENTURA, *Hex.*, col 5, n. 4 (BAC III, 276s): "Dicunt quidam: totaliter pauper non tenet medium. Respondeo: immo vere tenet medium. Enim, medietas non est circa res sed circa appetitum animae".

115. ID., *Sermo Dominica IX Pentecosten*, 36, 5 (IX, 388).

Manual de filosofia franciscana

para todos"[116], nem deve ser medido sobre as coisas, mas "com relação a nós"[117]. Por isso, o controle racional é essencial, por razão daquela perfeição mundana com a qual o Estagirita se preocupa, convencido de que o que é terreno e temporal não tem que ter outro valor e nem deve servir para outra coisa. Boaventura amplia o horizonte, porque não isola o homem das criaturas, convencido de que o humanismo é universal, no sentido de que o homem é a voz do mundo diante de Deus. É muito estreita a perspectiva de quem calcula as oportunidades para conseguir o máximo de felicidade.

Dentro do horizonte teológico, a própria mortificação, em todas as formas, não é um fim em si mesma, como se fosse a expressão de uma atitude maniquéia ou de fortaleza estóica diante dos assaltos da vida. Depois de ter falado na quarta colação da "verdade das coisas e da verdade dos sinais ou das palavras", ele dedica a quinta à "verdade dos costumes", mostrando como a retidão ética volta de novo à *bona voluntas*, cuja amplitude e profundidade não pode ser medida por ou sobre as coisas, mas enquanto e porque está aberta a Deus. Seu destino não é a honra e a riqueza, mas a transcendência divina que, por um lado, alude a nosso destino de glória e, por outro, à índole da bondade, que marca a vontade daquele que age de forma eticamente correta. Conta mais o que desejamos do que o que podemos, mais o que queremos do que o que fazemos, freqüentemente impedidos por situações surdas e opacas. Aqui não se trata da pura intenção à qual não segue a ação, mas trata-se da intenção que nem sempre é possível traduzir-se em ação, como Boaventura sublinha, recordando o pensamento de Francisco com relação ao pobre, que pode ser mais generoso que o rico, embora à diferença do rico não tenha nada que dar[118].

O que fazemos – manifesta – não constitui o que somos, cuja profundidade e riqueza devem ser remontadas à intensidade da vida interior. A pobreza das coisas pode ser sinal da riqueza da alma, tanto no sentido do despojamento de qualquer forma de poder e, portanto, à disposição do outro, como no sentido do não desejar conquistá-la, porque está colocada em outro lugar. Se a perspectiva naturalista pagã concebia como não natural a condição do pobre, pela estreita compenetração entre o ser e suas expressões no mundo, a perspectiva franciscana interpreta a condição do pobre como expressão da vontade de transcender as leis da natureza, graças a uma energia que vem de

---

116. ARISTÓTELES, *Eth. Nic.*, II, 6, 1105a.

117. *Ibid.*, 1106b. O exemplo do treinador que prescreve a quantidade de alimento que o atleta Milão deve tomar, maior do que prescreve a outros, respeitando suas reais necessidades biológicas, é persuasivo e, ao mesmo tempo, confirma o caráter relativo do justo meio com relação ao sujeito.

118. BOAVENTURA, *Hex.*, col. 5, n. 5 (BAC III, 276s): "Sed pauperi, qui nihil habet, si vellet dare pauperi, et nihil habet, quod det; et vellet aedificare hospitalia, non tamen habet unde; voluntas pro facto reputatur".

Capítulo VII – Ética e economia

uma fonte que já não é mundana. O "pobre de necessidade" não é protagonista da história humana. Vive à margem e, freqüentemente, maldizendo. Aí está sua *pobreza*, quer dizer, o ser irrelevante no que toca as decisões decisivas para a humanidade. É a sorte dos *pobres* de necessidade. Mas isso mesmo não se pode dizer dos pobres por escolha ou das "testemunhas voluntárias" da pobreza, capazes de livrar-se da fascinação das coisas, sem perder por isso sua dignidade, que eles indicam como a medida insubstituível para valorizar o ser e o agir[119].

A *caridade* e a *assistência*, mais do que formas de pacificação social ou de aceitação de uma situação injusta, devem ser entendidas como uma eloqüente defesa da dignidade dos pobres, cuja carência de bens materiais não há de ser confundida com a ausência de valor e de significado. Não se trata de sacralizar a prostração ou a humilhação econômica, mas de exaltar a humanidade: "ser pobres e continuar sendo humanos"[120], redescobrindo o valor do homem independentemente de sua situação ou condição social. O pobre desesperado da mesma maneira que o rico cego são figuras que devem ser criticadas da mesma forma, não porque um é rico e o outro pobre, mas porque ambos são incapazes de compreender a dignidade do ser humano, muito superior às coisas que um possui e outro delas carece. Não é difícil compreender nesta concepção as premissas de uma ética que não esconde, mas que encara as novas realidades sociais, revelando-se uma ética, política e econômica, audaz.

Mas antes de dar continuação ao discurso político econômico é bom reafirmar com Duns Scotus e com Ockham a superação da ética pagã. Duns Scotus distancia-se do intelectualismo grego em nome do primado da vontade, persuadido de que somente com a satisfação desta se tem acesso à própria realização, o que tem lugar, transcendendo o entendimento e a atividade especulativa. A vontade não se conforma a viver do reflexo do entendimento, como se fosse o entendimento e, portanto, a atividade especulativa, a meta de seu ser[121]. Não se ama para conhecer, mas se conhece para amar. A vontade é mais perfeita do que o entendimento, e a ela está pelo mesmo motivo vinculado o nosso destino[122].

---

119. M.T. BEONIO BROCCHERI FUMAGALLI, *La peste*, 97: "Tomar como modelo moral a pobreza significava conferir a esses milhões de pessoas um *status*, reconhecê-los não como uma anomalia, mas como uma verdade".

120. Cf. I. CAPITANI, "Introduzine a M. Mollat", em *I Poveri nel Medioevo* (Laterza, Bari 2001) XXIII.

121. DUNS SCOTUS, *Ord.*, IV, d. 49, q. 4: "Et ita intelligunt aliqui rationem istam, quasi opinio ista [dos tomistas] ponat voluntatem respectu obiecti praesentis non habere nisi delectationem consequentem visionem intellectus".

122. ID., *Rep.*, IV, d. 49, q. 2, n. 11: "Capacitas voluntatis perfectior est in via quam capacitas intellectus; igitur et in patria, quia non est alia capacitas hic et ibi".

De nada vale apelar para a autoridade de Aristóteles. É verdade que Aristóteles considerou a ciência especulativa superior à ciência prática, a sabedoria mais nobre do que o amor, o entendimento mais do que a vontade. A razão deve ser situada no fato de que ele conheceu o *velle naturale*, mas não o *velle liberum*, pelo que não deu importância alguma ao saber normativo da vontade com relação ao fim último, convencido de que neste nível não se dá nenhuma liberdade e, portanto, nenhuma possibilidade de escolha[123]. Não havendo chegado a distinção alguma entre o entendimento e a vontade do ponto de vista da fonte operativa[124], Aristóteles deve ser superado, deixando de lado a divisão nítida entre especulativo e prático como se um tivesse luminosidade e o outro fosse opaco ou cego. A ciência prática não é inferior à ciência especulativa. O saber pertence tanto a uma como à outra. O que pensa de outra maneira é semelhante àquele que considera que há dois tipos de geometria, uma para as linhas retas e outra para as curvas, ou dois tipos de matemática, uma para os números pares e outra para os números ímpares, com valor teórico desigual[125].

Pensando que não somos livres com relação ao fim último, não nos restaria outra coisa que tornar a invocá-lo, com a redução conseqüente da teologia a saber, o saber a reflexo do que é, com uma finalidade ostensiva, e nosso agir a pura execução. Duns Scotus replica a esta tese, destacando que o pensamento metafísico alcança o fim último, de forma aproximada e em termos abstratos, enquanto que o pensamento teológico oferece o fim último em concreto, revelando-se normativo, com os meios adequados e ao alcance de todos para consegui-lo[126].

---

123. *ID., Ord., Prologus*, n. 253: "Philosophus non ponit aliquam scientiam esse conformem [normativa] praxi voluntatis circa finem, quia non posuit voluntatem circa finem habere praxim [que seja de fato livre] sed quasi motionem simplicem naturalem, et ideo nulla posuit esse nobiliorem [scilicet scientiam] per conformitatem ad finem".

124. *Ibid.*, IV, d. 49, n. 15: "Philosophus communiter non distinxit intellectum a voluntate in ratione principii operativi, sive operatione ad extra; unde pro eadem habet principium distinctum contra naturam, nunc vocat artem vel intellectum, nunc propositum. Similiter neque in operatione ad intra respectu finis, unde et illam speculationem sapientiae non distinguit a dilectione, sed magis speculatio illa includit dilectionem, vel saltem non asserit intellectionem non posse sufficere sine volitione, quia ut distinguitur de altero actu, qui est minus manifestus, nec affirmat nec negat".

125. *Ibid., Prologus*, n. 238: "Practicum et speculativum non sunt differentiae essentiales [...] scientiae [...] sed est quasi divisio generis per proprias passiones specierum sicut si dividatur numerus per par et impar, et linea per rectum et curvum".

126. *Ibid.*, n. 274: "Etsi voluntas non potest errare circa finem in universali ostensum, potest tamen errare circa finem in particulari ostensum; ergo, ad hoc quod recte agat circa finem particulariter ostensum requiritur directiva. Ostensio finis in theologia est finis non in universali, sed in particulari, quia ad metaphysicum pertinet illa ostensio in universali".

Capítulo VII – Ética e economia

O caráter prático do pensar teológico não alude a um pensar menos intenso, mas a um pensar que não se manifesta em termos abstratos, mas concretos e pessoais, tais que comprometem totalmente o nosso ser. Isto significa que estamos na presença de um saber especulativo prático e, portanto, de um "saber prático" que é mais, e não menos, que um saber especulativo. E, além do mais, o que coloca o saber especulativo na base do saber prático não realiza a passagem de um gênero a outro? Como é possível deduzir conclusões práticas de princípios especulativos? Conclusões e princípios devem pertencer ao mesmo gênero[127]. De nada vale invocar a autoridade de Agostinho, porque o bispo de Hipona considera que a vontade é guia do entendimento e da memória, incluindo o caráter prático dentro do especulativo, mas não deduzindo-o do especulativo. O discurso teológico não é especulativo como se fosse querido para reduzir nossa ignorância, mas prático, para que se ponham para atuar as operações que refletem aquela riqueza e aquela profundidade[128]. Estamos aquém da ética pagã, tendencialmente intelectualista.

Por sua parte, Ockham destaca esta perspectiva diferente, quer dizer, que a ética cristã está privada do horizonte que Aristóteles reserva para a metafísica, porque, à diferença do pagão, que age dentro do marco da natureza, segundo a lógica das possibilidades desta, vacilando entre a pura universalidade ideal do *nous* e a absoluta particularidade da experiência sensível[129], se define no contexto do primado de Deus. Escreve o *Venerabilis Inceptor*:

> Os filósofos, ao praticarem as virtudes morais, tiveram um fim diferente do dos cristãos. Por exemplo, os cristãos pedem abster-se da fornicação por amor a Deus, porque Deus ordena abster-se, de forma que Deus ou o mandamento de Deus são a causa final desta continência. Analogamente, a propósito de todas as demais virtudes adquiridas por um bom cristão. Deus é sempre o fim principal entendido. O filósofo, em contrapartida, embora observe a abstinência, o faz por outro motivo totalmente diferente, como pode ser o da conservação da natureza para avançar com proveito na ciência ou por outros fins análogos. Portanto, o objeto parcial da abstinência difere no filósofo e no bom cristão, e, por conseguinte, a virtude é diferente, também especificamente[130].

Uma coisa é agir segundo os ritmos da natureza, permanecendo dentro de seu horizonte, e outra coisa é agir segundo a vontade de Deus, abrindo-se ao abismo do amor

---

127. *Ibid.*, n. 277: "Conclusiones enim practicae resolvuntur in principia practica, non speculativa".

128. *Ibid.*, 355: "Non est autem haec inventa ad 'fugam ignorantiae', quia multo plura scibilia possent tradi in tanta quantitate doctrinae; sed hic eadem frequenter replicantur, ut efficatius inducatur auditor ad operationem eorum quae hic persuadentur".

129. M. DE CAROLI, "Dynamis e Macht. Il problema della potenza in Nietzsche e in Aristote", em AA.VV., *Sulla potenza. Da Aristotele a Nietzsche* (Guida, Nápoles 1989) 42.

130. GUILHERME DE OCKHAM, *IV Sent.*, q. 5 (VIII, 58).

Manual de filosofia franciscana

divino. O que resulta evidente a quem se recorda de que o *status iste* não se identifica com o estado de natureza pura. Certo, a bondade moral do ato pressupõe, como já se disse, a fidelidade à *recta ratio*, quer dizer, aos primeiros princípios práticos. De fato, a *recta ratio* que se explica ao sopesar as oportunidades de agir de uma determinada maneira não é suficiente para a perfeição moral de nossa conduta. Para esse fim, é necessário que o ato seja efetuado segundo a vontade de Deus[131], que não duplica a razão, mas a transcende, abrindo-a ao território marcado pela liberdade de Deus, no qual se impõe a lei enquanto é expressão de um desígnio que se perde no abismo do mistério divino. Embora não explique o traço teológico do agir ético, aprofundando no tema da caridade como participação na própria vida de Deus, é suficiente reafirmar a radicalidade da perspectiva teológica, que não maltrata a visão mundana, mas a redimensiona e a situa em seu contexto, carregando-a de sentido.

Está claro que isto remete à diferente relação entre Deus e o homem. Boaventura nega a imagem do deus aristotélico, fechado em si mesmo, no sentido de que representa a explicação das coisas,

> que Deus não conhece outra coisa que a si mesmo e não tem necessidade do conhecimento de nenhuma outra coisa e move enquanto desejado e amado. [Aristóteles] afirma que Deus não conhece nada ou pelo menos não conhece nenhuma coisa particular [...] Deste erro, resulta outro, a saber, que Deus não tem nem pré-ciência nem providência; o que resulta, evidentemente, se não tem as razões das coisas pelas quais possa conhecê-las. Diz também que nenhuma verdade é do futuro, mas a verdade dos futuros necessários; e a verdade dos contingentes não é verdade... Disto resulta que se oculta a verdade da disposição do mundo...[132]

Boaventura reabre o circuito entre Deus e as criaturas, no ponto em que a dignidade humana deve ser medida com relação a Deus, para quem tudo é funcional. O mundo é sua pegada e seu vestígio, o homem é sua imagem, no quadro de uma espécie de transfiguração que é respeito à criatura e, ao mesmo tempo, contenção de seus elementos negativos, recuperação de seu destino transcendente e alívio de seu peso mortal. É o olho divino, não o olho humano, o metro que serve para avaliar o costume ou o apreço dos homens. Quanto à *magnanimidade*, graças à qual apreciamos as coisas grandes e desprezamos as vis, Boaventura volta a propor uma mudança de onda. "O filósofo (*Ética IV*) diz que o magnânimo entende no apetite das honras; mas, diga o que quiser, a verdade não ensina isto, senão quando a honra é de coisas eternas. Mas, pelo contrário, alguns apreciam um louvor vilíssimo de qualquer um, enquanto a verdade lhe está dizendo em seu interior (*veritas dicat in mente sibi*), ao que assim age, que ele é péssimo e

---

131. ID., *De connexione virtutum*, a. 4 (VIII, 386): "Et ita rectitudo nihil absolutum vel respectivum est aliud quam ipse actus qui debuit ilici secundum rectam rationem et voluntatem Dei".

132. BOAVENTURA, *Hex.*, col. 6, n. 2-3 (BAC III, 300-303).

Capítulo VII – Ética e economia

inútil. E por isso se envaidece![133] *Veritas dicat in mente sibi,* é a luz divina que amplia e agudiza o espírito humano até ensimesmar-se no que torna possível o que fazemos sem ser objeto do que dizemos e fazemos. O horizonte pagão fica absorvido e transfigurado: *Etsi dicat Philosophus quod oportet amicis benefacere, inimicis malefacere, Christus tamen dicit ut omnis homo diligatur*[134].

A medida do valor não pode ser nem a defesa dos próprios direitos, tornando inofensivo o inimigo, nem a utilidade imediata, de breve duração e sempre variável. O horizonte da verdade divina afasta-nos de nós mesmos, projetando-nos a outra dimensão, permitindo-nos compreender e julgar sem ser objeto de juízo: *veritas qua iudico, non veritas quam iudico.* A alma é a vida do corpo, e Deus é a vida da alma: "No que se refere à atividade vegetativa e sensitiva, a alma pode exercê-la dentro dos limites do corpo, mas o caso da atividade intelectual é totalmente diferente"[135], porque estamos diante de uma operação que implica não somente a consciência de si, mas também o transcender-se a si, graças à percepção da inteligibilidade (*noumenicidade*) de nosso ser, que nos escapa e nos livra de nós mesmos. Trata-se daquela potência unitiva ou amante, que é secreta, e da qual pouco ou nada conheceram os filósofos"[136]. Mais do que a alma no corpo, está o corpo na alma, cujo horizonte é muito mais amplo, não reconduzível ao perímetro do mundo sensível, e de todos os modos vivido e ampliado. Como reflexo, a idéia de justiça, de bondade, de santidade..., mas não é fruto de experiências, maturadas sempre, como se a exploração da história ou a experiência pessoal fossem a fonte e não, ao contrário, versões inadequadas do mundo ideal, sinal e alimento da comunhão com Deus.

A harmonia, graças à qual julgamos deficiente a execução de uma peça musical, está antes da execução, permitindo-nos avaliá-la; ou também a bondade, graças à qual condenamos nossa forma de agir e a dos demais, não surge da ação, mas precede-a e torna possível sua avaliação. São as *idéias* que platonicamente precedem a experiência, tornando-a inteligível. Aqui estamos diante da luz que faz ver e não é vista e, por isso, não é sucessiva, mas precedente, ao menos logicamente, à própria visão[137]. O que parte do fato de que a ação prova a consistência da idéia, não a aumenta, pelo que não é difícil persuadir-se de que estamos feitos mais para contemplar do que para agir: a ação reve-

---

133. *Ibid.,* col. 5, n. 10 (BAC III, 280s): "...quidam appretiant unam vilissimam laudem alicuius, cum tamen veritas dicat in mente sibi, quod ipse est pessimus et nequam; et inde effert se!"; cf. R.-A. GAUTHIER, *Magnanimité. L'Idéale de la grandeur dans la philosophie païenne et dans la théologie chrétienne* (J. Vrin, Paris 1951).

134. *Ibid.,* n. 9 (BAC III, 280s).

135. ID., *I Sent.,* d. 25, p. 2, a. un., q. 6 concl.

136. ID., *Hex.,* col. 5, n. 24 (BAC III, 270s), onde trata do retorno da alma sobre si mesma.

137. ID., *Itin.,* c. 5, n. 4 (BAC I, 614s): "Mira igitur est caecitas intellectus, qui non considerat illud quod prius videt et sine quo nihil potest cognoscere".

la, de forma aproximada, não produz, o ideal que nos guia. A ação é uma espécie de desafio com o qual mostramos quão verdadeiras são aquelas idéias em nós e como aquela luz e aquele calor assumem uma forma, vencendo qualquer resistência, para que tenham alguma visibilidade no tempo.

A preocupação por manter viva e aberta a comunhão com Deus é comum, porque na ética é qualificante. E assim, Duns Scotus, deixando de lado outros dados teóricos, sublinha como constitutivo de nosso ser a *relatio transcendentalis* e, portanto, a estrutural dependência de Deus, do qual recebemos a existência, a quem estamos abertos e por quem nos sentimos atraídos. Dependência e abertura no campo ético transformam-se em responsabilidade e autonomia. Esta relação para com o infinito se revela essencialmente como abandono à onipotência divina, sobre cujo fundamento se configura nossa atividade[138]. Entendido como tensão e abertura para Deus, o homem coloca-se à sombra de Deus, transformando a consciência de sua limitação ontológica em consciência de sua dignidade e de seu compromisso ético[139].

Tornando explícitas, além disso, algumas conseqüências do amor com o qual alimentamos a comunhão com Deus, Duns Scotus destaca que não é possível cultivar um amor semelhante sem compartilhá-lo com os demais, desde o momento em que, sendo um bem comum, Deus não pode ser amado como se fosse um bem privado. Se é autêntico, o amor gera uma dialética de retorno, tanto no campo do conhecimento como no do amor, com o compromisso de difundir o conhecimento e o amor de Deus[140]. Mais ainda, Duns Scotus chega a dizer que a caridade teológica, pela qual nos comunicamos com Deus, nos revela toda sua complexidade se nela não tornamos operante o desejo de que também outros sejam incorporados no abismo daquele amor[141]. Desenvolvido até o fundo, este motivo se dá conta do fato de que Deus nos amou por primeiro, pelo que quem ama com amor puro quer que também os outros amem da mesma forma, ampliando tal amor fontal, graças ao qual podemos vencer a inclinação a dobrar-nos sobre nós mesmos.

Com Ockham, o discurso torna-se mais radical por seu antiessencialismo, segundo o qual cada criatura é uma obra de arte inédita de Deus, e a visão hierárquica do real é

---

138. DUNS SCOTUS, *Quodlib.*, q. 19, n. 15 (BAC, 583): "...quaelibet natura creata est in potentia aboedientiali respectu personae divinae [...] potentia oboedientialis creaturae respicit omnipotentiam creatoris..."

139. Poder-se-ia ler a partir desta ótica o parágrafo com o qual Duns Scotus demonstra a unicidade da pessoa na duplicidade de natureza de Cristo: "...et quando datur sibi (scilicet naturae) talis dependentia, personatus personalitate illa dependet".

140. DUNS SCOTUS, *Ox.*, III, d. 27, q. un. (XV, 379): "Patet igitur quod licet non eodem sciam Deum et sciam te scire Deum, tamen eodem volo Deum, et volo te velle Deum; et in hoc diligo te ex charitate, quia secundum hoc volo tibi bonum iustitiae".

141. *Ibid.*, d. 29, q. un. (XV, 390): "Charitas enim ex hoc quod est principium tendendi in Deum actu directo, est principium reflectendi super actus illos, quibus tenditur in Deum; et in hoc, sicut dictum est ibi, est principium volendi cuilibet potenti diligere Deum, quod diligat ipsum".

Capítulo VII – Ética e economia

mais um dado histórico do que uma exigência ontológica. Privilegiando o caráter individual das criaturas e sua contingência, Ockham abate toda barreira naturalista "entre a iniciativa divina e a ordem da realidade, com o fim de tornar possível uma espécie de penetração mais profunda da própria presença divina nas raízes das coisas e do mundo; e de tornar a abrir a possibilidade de uma visão mais íntima do contato entre Deus e o mundo e, portanto, de uma visão religiosa mais aberta do universo"[142].

Esta maior intimidade das criaturas com Deus implica um compromisso ético crescente e, sobretudo, uma capacidade de ler as exigências que se afirmam na história, dando lugar a uma convivência que não diminua o espaço a cada uma das criaturas e, ao mesmo tempo, não obstaculize a comunhão com Deus.

h) O voluntarismo franciscano além do intelectualismo ético-político-tomista

Sabe-se que Tomás de Aquino na *Summa theologica*[143] sustenta que o poder de dominar (*dominium*) uns aos outros remonta ao estado original, seguindo a linha aristotélica, segundo a qual o homem é por natureza organizador de Estados e, portanto, *homo naturaliter est animal politicum*. O problema não está no fato de se o homem é um animal social, mas em se é um animal político, até ao ponto de autorizar formas de domínio de uns sobre os outros. Segundo Tomás de Aquino, poder e subordinação não são conseqüências do pecado, como sustentam, em contrapartida, Agostinho[144] e Gregório Magno[145], mas formam parte da natureza humana, social e política ao mesmo tempo. Somente sua deformação é conseqüência do pecado. Em vez da imagem de Caim, que agride Abel e com este ato violento se transforma no fundador da *polis*, Tomás prefere a imagem aristotélica do poder e da casa e, por isso, o exercício do poder sobre os homens livres que com algumas regras formam uma comunidade, na qual e graças à qual alcançam a "perfeição natural", desenvolvendo aqueles germes de conhecimentos práticos e de inclinações do apetite aos quais está vinculado o bem-estar mais elevado. É o espaço da natureza humana que está aqui no centro da discussão.

Segundo Tomás de Aquino, as instituições políticas pertencem à criação, não à redenção, no sentido de que são expressões daquela natureza que, mesmo criada por Deus e orientada por seu fim a Deus como a seu fim (*ordo finium*), possui uma autono-

---

142. M. DAL PARA, "Sul fondamento della critica di Ockham alla dottrina teocratica", em AA.VV., *La Chiesa invisibile. Riforme politico-religiose nel basso Medioevo* (Feltrinelli, Milão 1978) 237s.

143. *STh.*, I, q. 96, a. 4.

144. AGOSTINHO, *De civitate Dei*, 1. 19, c. 15, onde precisamente sustenta que Deus quer que a criatura racional mande somente sobre as criaturas irracionais, não o homem sobre o homem, mas o homem sobre o animal. Por isso, a seu parecer, os primeiros justos foram pastores de rebanhos em vez de reis de nações (cf. Gn 4,2) (BAC XVII, 595-507).

145. GREGÓRIO MAGNO, *Moralia*, 21-32 (PL 75, 345).

mia própria, a ser compreendida e respeitada, que a natureza humana manifesta. Isto se pode dizer de todo o conjunto de possibilidades humanas que é necessário conhecer, orientar e realizar na direção do *bem-viver* ou do desejar de forma ordenada o que está à nossa disposição. É o *conhecimento prático*, quer dizer, é o conhecimento que ordena a vida ativa e ordena o âmbito do apetite natural de felicidade[146].

O trabalho que requer tal projeto ético é comprometedor, pela imperfeita compenetração entre matéria e forma e, contudo, é uma tarefa árdua de crescimento individual, da qual não há delegação. Acrescente-se a isto o âmbito propriamente político, com as leis elaboradas e concordadas, cujo fim é a realização da natureza social do homem, tornando possível a felicidade do *homo rationalis*. É a força da lei natural, compreendida e respeitada em todo seu rigor e em distintos níveis.

Trata-se de um tecido legal que há de se tornar operativo, ativando um movimento que contém juntos os componentes de nosso ser e os orienta ao fim último:

> 1) A lei da ordem da criação em seu conjunto é a "lei eterna" (*lex aeterna*), seu princípio de movimento invariável que a orienta a Deus enquanto *summum bonum*, bem supremo e comum do universo, e este movimento faz com que sejam vinculantes as outras classes de leis. 2) Enquanto o homem como ser racional participa da *lex aeterna* com o conhecimento, essa é sua lei natural (*lex naturalis*), quer dizer, o agir segundo a razão, a união na sociedade, a orientação ao bem comum, o desenvolvimento das forças no desejo de felicidade. O Decálogo pertence, para Tomás de Aquino, às conseqüências imediatas e, por isso mesmo, universalmente vinculantes, deriváveis dos princípios da *lex naturalis*. 3) Enquanto que o homem, como ser naturalmente político, coloca como leis para a ordem concreta da comunidade, os mandamentos da *lex naturalis* e as regras derivadas dela mediante a razão prática, existe a lei promulgada pela humanidade (*lex humana, lex humanitatis posita*). Se esta se encontra em contradição com a *lex naturalis*, não pode ser lei[147].

O cenário social e político é o desdobrar da lei natural, interpretada no tempo e adaptada às circunstâncias, em fidelidade substancial às suas linhas essenciais. A história não conhece abalos, tudo o mais são desencaminhamentos e desvios que se devem evitar e superar. O legislador humano está vinculado com a lei natural, da qual deve ser tradução a legislação efetiva, considerando-se ele mesmo vinculado, no marco da primazia do bem comum. Sua fidelidade à lei natural é a única garantia a favor do bem comum, entendido como meta que não se deve perder. Trata-se da realização da essência mesma da humanidade do homem. No marco da lei natural como participação na lei eterna, entende-se que a contemplação filosófica do ser em seu momento mais alto, constituído pela causa primeira e pelas substâncias separadas ou forças angélicas – por

---

146. G. ABBÁ, "L'apporto dell'etica tomista all'odierno dibattito sulle virtù": *Salesianum* 52 (1990) 799-818.

147. D. MAERTENS, *Il pensiero politico medievale* (Il Mulino, Bolonha 1999) 100.

Capítulo VII – Ética e economia

meio das quais a força causal chega ao mundo sublunar – é a meta à qual a comunidade deve tender.

Aqui está a substância do intelectualismo ético, cujas implicações resultam explícitas, se o remetermos à colocação hierárquica. Se há um lugar para cada coisa, o homem está perto do vértice da hierarquia teologicamente ordenada, segundo o princípio que Tomás de Aquino enuncia deste modo: o que na natureza é imperfeito existe para o que é mais perfeito[148]. Com este ponto de vista, tudo é um instrumento para o homem, incluída a riqueza material[149]. O homem está no vértice, graças à razão, que o torna ser pessoal, o mais perfeito da criação[150]. "Se as coisas externas estão sujeitas somente a Deus enquanto se refere à sua própria natureza, o homem tem domínio sobre elas no que diz respeito a seu uso"[151]. Está claro que se trata de um uso parco. Se às necessidades materiais o homem responde utilizando quanto lhe está submetido, como realizar o que o distingue de todos os demais, quer dizer, como realizar a racionalidade? Se sua humanidade reside na racionalidade como elemento distintivo – a alma é propriamente falando intelectiva –, está claro que sua felicidade deverá consistir na atividade cognoscitiva, desinteressada, autenticamente considerada como fim em si mesma e, portanto, declaradamente livre. É o intelectualismo ético, com o conseqüente privilegiar do conhecimento das causas supremas do real. O legislador, fiel intérprete da lei natural, torna possível a felicidade, quer dizer, o poder de alcançar o "fim natural"[152].

---

148. TOMÁS DE AQUINO, *De potentia*, V, 9.

149. ID., *STh.*, I-II, q. 4, a. 7, c: "...quasi instrumentaliter deservientia beatitudini..."

150. *Ibid.*, I, q. 29, a. 3, c.

151. O. LANGHOLM, *L'economia in Tommaso d'Aquino* (Vita e Pensiero, Milão 1996) 32.

152. A Partir desta perspectiva, Dante retoma a orientação aristotélico-averroísta e desenvolve-a ulteriormente, oferecendo o fundamento filosófico da teoria do *dominium mundi*, ou do único legislador humano, para garantir ao máximo a possibilidade de alcançar o fim último natural, entendido como felicidade ou, melhor ainda, como "paz universal". Se é único, o monarca não deseja nada para si e está voltado, portanto, para a causa da humanidade. Mas, como justificar a universalidade? O *De monarchia* (de 1317) é a resposta que vai além de Aristóteles e de Santo Tomás, mas na mesma direção. Enquanto que estes dois se tinham detido na unidade da *civitas* ou do *regnum*, Dante pensa na *universalis civitas humani generis*. Pois bem, Dante constrói a ponte que vai desde o *regnum* ao *genus humanum* com a ajuda de uma versão modificada da doutrina averroísta do entendimento universal. A atividade do conhecimento é possível somente para a humanidade vista como um todo. A vida segundo o entendimento representa "o fim de toda a sociedade humana", *De monarchia*, I, 3, 1; DANTE ALIGHIERI, *Obras completas* (BAC, Madri 1965²) 699s. É uma perfeição que retorna a favor da própria humanidade por meio dos "homens de entendimento" e que a humanidade pode garantir em seu conjunto. Trata-se de elevar o entendimento possível ao nível do entendimento agente, e esta operação "não pode ser realizada nem por um só homem nem por uma só casa, nem por uma só aldeia, nem por uma só cidade, nem por um só reino particular" (*Ibid.*, I, 3, 4-6; BAC 699); cf. O. TODISCO, *Averroe nel dibattito medioevale* (Franco Angeli, Milão 1999).

Manual de filosofia franciscana

Tomás de Aquino redimensiona este intelectualismo aristotélico falando de *beatitudo imperfecta*, expressão com a qual traduz a frase aristotélica "feliz como é próprio da condição humana". Pois, ao lado do fim natural, ele coloca o fim sobrenatural, em uma repartição de âmbitos convergentes, cujo espaço se impõe com a condição de que se tenha conhecimento da imperfeição da felicidade mundana. À contemplação filosófica segue a contemplação teológica ou visão beatífica, graças à qual se entra em comunhão com a verdade divina, resultando transfigurado nela. Para tal fim não é a pobreza o elemento dirimente. O que conta é a caridade que nos faz amar a Deus, não as criaturas. O ponto mais elevado da caridade é precisamente a *visão* de Deus. A ética natural aberta à ética teológica, mas com espaços autônomos, embora esteja uma subordinada em seu momento final à outra. No campo político, tudo isto equivale a não submeter a autoridade civil à eclesiástica – Tomás amplia a dessacralização do poder começada no tempo da luta das investiduras –, mas a tornar possível que a autoridade civil não impeça e, no melhor dos casos, favoreça a consecução do fim sobrenatural, do qual a Igreja é competente. Assim como a filosofia bem desenvolvida se abre à teologia, assim também o poder político deixa aberta a porta ao poder eclesiástico em tudo o que diz respeito ao mundo espiritual, não se anulando como poder, mas orientando a atividade civil.

Mas se esta é a direção tomista para superar o intelectualismo ético aristotélico, qual é a direção da superação franciscana do intelectualismo ético-tomista? Em um plano geral, destacamos que para a Escola Franciscana o pecado é a perda do *centro*, com o conseqüente extravio de si no labirinto dos impulsos sensitivos. Boaventura fala de um mundo *deletus et cancellatus*, quer dizer, da incapacidade humana para decifrar os sinais e para voltar a encontrar o rumo. A ruptura da comunhão com Deus deixa-nos em uma grande escuridão, à mercê das coisas, como se o mundo fosse uma necessidade e não um fato, um fato que não podia ter sido de outro modo distinto do que é. Somente quem reconhece a Deus como dono absoluto das criaturas pode dar-se conta de que o mundo não existe desde sempre nem é dedutível de nada. Podia não ter existido e, se existe, não existe sem as pegadas daquele desígnio. O mundo é um *volitum*. Esta tese é comum a toda a Escola Franciscana.

Que o mundo não seja um *effectum*, mas um *volitum*, não significa que esteja à mercê de um déspota, enfeitiçado por seu próprio poder. Vimos antes que Boaventura e Ockham consideram que Deus é fiel à ordem querida livremente. A ordem imposta à criação é imutável. Duns Scotus, pelo contrário, considera que a potência absoluta divina não é uma mera possibilidade lógica, mas um poder de intervenção no mundo, cujas conseqüências arbitrárias ou despóticas estão em equilíbrio pela idéia de que Deus é onipotente no amor, que por isso protege e sustenta, não se burla nem se engana. Em todo caso, o mundo é a expressão da vontade de um Deus benévolo e liberal. Como é possível encontrar a via adequada para voltar a pensá-lo e para viver nele, se o homem,

312

Capítulo VII – Ética e economia

dobrado sobre si mesmo, não se percebe como *volitum Dei*? E o pecado não é acaso este dobramento de si sobre si mesmo? Sem uma luz acrescentada, quer dizer, sem a revelação divina, o homem não está em condições de chegar à espessura efetiva do real e, sobretudo, àquele fundo no qual a bondade se revela a categoria que resume em si o que Deus quis e fez, desde as criaturas inanimadas até as angélicas.

Como entender a lógica do mundo ético-político, senão como lógica da liberdade, como um *volitum hominis*? Já se disse que a vontade de Deus, não vinculada a nada, se manifesta no Decálogo, a carta magna de seu desígnio e de nossa responsabilidade. De fato, se se exclui levar em conta a unicidade de Deus e a necessidade de adorá-lo como ser único e supremo, o restante é expressão de sua vontade, fonte dos preceitos não sujeita a nada anterior ou superior. Mas, onde e por que a liberdade humana? Alexandre de Hales explica o alcance ético do Decálogo em duas direções: a das ações que estão diretamente orientadas a Deus (*dispositiones ad finem ultimum*), invioláveis, e a das ações que se referem ao próximo (*dispositiones ad proximum*), condenáveis somente quando perturbam o *ordo ad Deum*[153].

De fato, quanto a este segundo setor, que compreende desde o furto até o adultério, desde o homicídio até a mentira, se coloca o problema da amplitude das derrogações divinas, com a referência a múltiplas dispensas por parte de Deus para o povo eleito ou a favor de alguns personagens. Aí surge o espaço de liberdade para a ação humana, relativo à disciplina das relações humanas e de interpretação dos preceitos divinos. A lei é essencialmente um ato de vontade que a taxa de racionalidade não ofusca nem marginaliza, mas confirma. Isto é o que prevalece, sobretudo, no *ordo ad Deum*, garantia de retidão e medida última de avaliação ética, cujo espaço é amplo, permitindo ao homem introduzir-se nele e deixar um rasto de sua presença legislativa. Alexandre de Hales distingue os *praecepta* e leis inderrogáveis dos *consilia*, que vinculam quantos o querem; os primeiros, invioláveis e comuns para todos, os segundos não obrigatórios e, no entanto, altamente significativos, porque aludem a como éramos e à especial ousadia daqueles que se atrevem a propor aquela condição.

Assim, por exemplo, o *consilium* de "abandonar tudo", com a meta da comunhão de bens pela renúncia a qualquer direito de propriedade, traço característico da *Regra* franciscana, não obriga, porque alude àquele modo de ser do qual nos afastamos pelo pecado, colocando-nos em um regime marcado por paixões dominadoras que é necessário conter, mas não eliminar. Nesta situação, é lícito tornar próprio tanto o regime de propriedade privada, respeitando a respectiva normativa, como tornar-se testemunha e intérprete da liberdade evangélica, renunciando a qualquer tipo de direito de apro-

---

153. ALEXANDRE DE HALES, *SH.*, III, p. 2, q. 2 (IV, 834).

priação[154]. Portanto, é legítimo viver como todos, mas também livrar-se deste estilo em nome de uma normativa mais original no marco de um ideal de perfeição, já não ao alcance de todos, mas talvez por isso mesmo mais significativo. Impõe-se pela primeira vez o motivo da "liberdade evangélica" como rosto novo e inapagável da subjetividade, vivido por Francisco de Assis e de novo proposto por seus filhos. A esta ética de liberdade da primeira escola franciscana remontam os pensadores seguintes, desde Pedro João Olivi até Duns Scotus e Guilherme de Ockham, como lugar próprio contra a arrogância do poder, pontifício ou secular, fronteira sagrada que nenhuma legislação pode atravessar sem profaná-la.

É útil recordar a identificação escotista da lei natural com os princípios primeiros (*principia*) *nota ex terminis* e, portanto, invioláveis e universais. Não é lícito ampliar ulteriormente o âmbito da lei natural, recondutível à existência do único Deus, ao qual não se deve ofender, mas adorar. Esta primeira Tábua tem uma força coercitiva que não é assimilável à da segunda, cujos preceitos não são rigorosamente necessários para a consecução do fim último, mais ainda, resultam dispensáveis cada vez que se entrevê como possível, em sua dispensa, um bem maior do que o que se segue de seu cumprimento[155].

Se se exclui o que se refere imediatamente a Deus — sua existência e sua adoração —, Deus pode derrogar todo o resto que, por seu caráter proibitório, reflete a situação de pecado na qual nos encontramos. Mas o que é que pode o homem quanto à segunda Tábua? É verdade que os mandamentos são coerentes com os primeiros princípios práticos (*eorum notis*) e que, por isso, sua retidão é *per se nota*, no sentido de que estão conformes com o direito natural estrito[156]. O problema então é perguntar-se se tais preceitos são a única tradução possível daqueles princípios primeiros práticos ou se, ao contrário, são somente sua versão minimalista, em linha com o estado de decadência no qual nos encontramos. Acaso não entra dentro da estratégia divina o contentar-se com o mínimo para não sobrecarregar além de sua capacidade o homem com pesos que ele mal pode levar? Não é acaso verdade que a proibição de desejar o que é de outro, contentando-se com o próprio, além de estar de acordo com o *ordo ad Deum*, representa também a via menos escarpada para manter a paz social? Outro tanto se pode dizer das demais proibições, cuja consonância com os primeiros princípios práticos é um dado a favor de sua correção, não de seu caráter exaustivo ou absoluto.

---

154. ID., III, p. 2 (IV, 838-840).

155. DUNS SCOTUS, *Ord.*, IV, d. 33, q. 1, n. 4, onde, com relação à oportunidade da dispensa, ele destaca que "maius bonum provenit ex revocatione quam ex obligatione seu observatione".

156. *Ibid.*, III, d. 27, q. un., n. 2: "Ius rectitudo est per se nota, sicut rectitudo primi principii in operabilibus".

Capítulo VII – Ética e economia

Outras vias são possíveis. Pense-se no grave problema da *propriedade*, se é a forma mais respeitosa dos primeiros princípios práticos, seja da propriedade privada seja da comum ou de qualquer forma de propriedade que não é privada nem comum. É certo que, à luz das misérias humanas, o título de propriedade privada é o que melhor garante a paz social e o aumento do bem-estar. Mas pode isto por acaso dizer-se verdadeiro no sentido absoluto, como se fosse a única tradução dos primeiros princípios práticos relativos ao *ordo ad Deum* e ao *ordo ad proximum*? É certo que é a tradução mais próxima da nossa atual *infirmitas*[157], mas não é assim para todos nem é a única nem a mais alta: Com a pobreza radical, os frades mendicantes opõem-se a qualquer tipo de tradução rígida dos primeiros princípios, oferecendo uma versão mais elevada e comprometida, como que superando a condição humana ordinária. Como a propriedade privada se coloca de acordo, com todas as suas disposições legislativas, para que seja devidamente avaliada a renúncia a qualquer forma de propriedade? É talvez necessário viver na condição de *infirmi*? Não é talvez igualmente legítimo tornar-se testemunhas daquele mundo de bem-estar originário ao qual resultava estranha qualquer apetência de posse? Mas, para esse propósito, não é necessário recordar a centralidade do sujeito junto com a consciência dos limites da lei natural e do conseqüente espaço reservado à criatividade humana?

Ockham, na agitação da rejeição da possibilidade da pobreza radical, retomará os fios do debate, conjugando a noção de liberdade como qualidade inerente à vontade, capaz de escolher sem ser movida por alguma outra coisa, contra o princípio aristotélico *omne quod movetur ab alio movetur*[158]; a noção de *liberdade evangélica*, expressão de direitos fundamentais universais e invioláveis, válidos de fato para o crente e para o não crente; a pobreza radical, expressão de liberdade, como forma elevada de testemunho da liberdade evangélica. A ética está fundamentada sobre a liberdade que, por sua vez, fundamenta a ética do poder, limitando ou, melhor ainda, orientando sua expansão. Se a propósito da derrogação divina dos preceitos da segunda Tábua se pode falar de onipotência divina, a propósito da derrogação humana dos mesmos preceitos, por razão de um estilo de vida mais elevado por parte das Ordens mendicantes, assim como também por outras modalidades segundo as exigências históricas, se deve falar de uma exaltação da liberdade humana, cuja consciência está proporcional à consciência que se tem do âmbito bem circunscrito da lei natural rigorosa. Estamos diante da crítica da concepção tomasiana da lei natural, cuja continuidade desde o princípio até seu final é

---

157. *Ibid.*: "Infirmi magis curant bona sibi propria quam bona communia, et magis vellent appropriare sibi communia bona quam communitati".

158. ID., *Lect.*, d. 25, q. un.

submetida à discussão, com a ampla separação que há entre as normas *simpliciter* naturais (primeira Tábua) e as que são somente positivas (segunda Tábua), da qual nasce como prolongamento a legislação humana, igualmente positiva.

i) A ética política franciscana alternativa à orientação aristotélico-tomista

O homem não é *animal político* em sentido aristotélico, quer dizer, feito para viver na *polis*, segundo uma ordenação hierárquica. O homem é por natureza somente animal social, no sentido de que na sociedade encontra as condições adequadas de crescimento material e espiritual. O fato de que haja implantado a existência social em chave política quer dizer somente que o homem teve que fazer frente às condições precárias, dando-se um estilo de convivência que não é o reflexo da convivência de sua natureza, mas de seu estado atual (*status iste*). Em poucas palavras, o homem, mesmo sendo um ser essencialmente social, conhece-se também como animal político mais por razões históricas do que por exigências naturais. É evidente que esta situação implica uma elevada taxa de responsabilidade e uma capacidade muito aguda para compreender o momento histórico, para dispor dos remédios convenientes ou criar as condições oportunas com as quais fazer-lhe frente. O ponto divisório e, por sua vez, de engrenagem da ética política franciscana e da ética política aristotélico-tomista é o tema da "natureza", no primeiro caso, marcada pelo pecado, no segundo, fonte da ordem política cuja legitimação está na própria natureza, com a conseqüente autonomia da ordem temporal.

Além de estar nas articulações, a separação refere-se ao natural caráter político do homem, segundo o qual para a orientação aristotélico-tomista as relações de subordinação política são compatíveis com o estado de inocência, apoiadas sobre a diferença intelectual entre quem sabe dirigir e quem necessita ser dirigido, entre quem está mais dotado e quem o está menos. Para dar maior relevo a esta colocação diferente é suficiente aludir a duas passagens, quer dizer, à relação entre *sacerdotium* e *regnum* e ao problema da *servitus*.

No que diz respeito ao primeiro ponto, a Escola Franciscana, no marco da assunção consciente da *natureza*, primeiro *instituída* e depois lapsa e *restituída*, adjudica a história das instituições humanas às circunstâncias do instinto concupiscente, que se desenfreou com o pecado, e com a política se tenta discipliná-lo. A única instituição é a instituição da família. É a dimensão intermediária entre a ética individual e a ética política, com traços evidentemente originais. É o que se chama ordinariamente de *oikonomia* ou arte de governar a casa, cuja divisão canônica vê, por uma parte, as relações pessoais essenciais com a comunidade doméstica: a relação entre os cônjuges, a educação dos filhos, o regulamento do serviço, a relação com os amigos; e, por outra parte, aquisição, a conservação e a dis-

316

Capítulo VII – Ética e economia

tribuição dos bens familiares. Somente a instituição da família é o capítulo imutável da substância antes e depois da queda[159]. Todo o resto – a construção social e política das relações humana – é histórico, vinculado à situação de decadência, com a tarefa de conter o instinto de violência, que caracteriza o *status iste*. No fundo, as instituições perseguem o objetivo de filtrar e atenuar a violência, mesmo sem derrotá-la.

O ponto de divisão é o seguinte: Se na perspectiva aristotélico-tomista a hierarquia de dignidade fundamenta a hierarquia de jurisdição – pelo que quem está mais alto deve dirigir a quem está embaixo – segundo a perspectiva hierárquica do meio ao fim que, mesmo ao defender a autonomia setorial, está para a subordinação conclusiva[160], na perspectiva franciscana a hierarquia de dignidade não fundamenta a hierarquia de jurisdição, mas é somente razão suficiente da distinção entre as diversas ordens dos entes, proibindo a subordinação. É este o epílogo da relação entre a filosofia e a teologia. De fato, na perspectiva tomista, a autonomia da filosofia com relação à teologia fundamenta a autonomia da ética civil com relação à ética cristã, e autonomia da consecução respectiva da felicidade natural, mas imperfeita, em relação à execução da felicidade sobrenatural e plena, em uma espécie de coordenação que, ao final, se revela uma subordinação que é própria do inferior ao superior e do imperfeito ao perfeito. Na perspectiva franciscana, defende-se a unicidade do fim último de caráter sobrenatural, porque a natureza humana está ordenada desde sempre a um fim único, com a conseqüente redução do âmbito da autonomia da filosofia com relação à teologia e da ética civil com relação à ética cristã, mas sem que tudo isso leve à subordinação hierárquica, própria do meio ao fim, quer dizer, do poder civil ao poder religioso ou do imperador ao pontífice.

Por que esta aparente incoerência? Por acaso não é verdadeiro que o leitor da *Redução das ciências à teologia* de Boaventura se vê impulsionado a considerar, sobretudo, conseqüente a ordem hierárquica metafísica e a permanecer mais perplexo diante da ausência de uma subordinação semelhante? Para a Escola Franciscana é possível que uma ordem esteja articulada e seja vivida em vista de outra ordem, como se fosse em ordem a seu fim e, ao mesmo tempo, que não esteja subordinada a ele, porque uma coisa é a ontologia, e outra a jurisdição, uma coisa o ser, outra a autoridade. Com a eliminação das subordinações, entrevê-se o amplo espaço de autonomia e, sobretudo, da efi-

---

159. ID., *Ord.*, IV, d. 15, q. 2, n. 7: "Quomodo autem auctoritas iusta habetur [...] quod est duplex principatus vel auctoritas, scilicet paterna et politica; et politica duplex, scilicet in una persona vel in communitate. Prima, scilicet paterna, iusta est ex lege naturae, qua omnes filii tenentur parentibus obedire; nec ista per legem aliquam mosaicam, vel evangelicam est revocata sed magis confirmata".

160. TOMÁS DE AQUINO, De *regimine principum*, I, 14: "...summo Sacerdoti, successori Petri, Christi vicario, Romano Pontifici, cui omnes reges populi christiani oportet esse subditos, sicut ipsi domino nostro Iesu Christo".

cácia da crítica franciscana à *cupiditas* sob forma de pobreza. Tocamos a raiz ética da política. Foi colocado em relevo com grande agudeza que a confusão da hierarquia de dignidade com a hierarquia de jurisdição, "longe de ser homenagem à ordem estabelecida por Deus entre as coisas, é sua violação, e é ela que permite prevalecer a *cupiditas*, que em âmbito filosófico tem o significado oposto à justiça, e no teológico o da vontade pervertida pelo pecado. Por isso, o reconhecimento da autonomia das ordens é a forma autêntica do respeito à ordem estabelecida por Deus ou à soberania de Deus"[161].

Com a Escola Franciscana, passa-se do agostinismo medieval, que na interpretação de Inocêncio III compreendia a submissão da cidade do homem à cidade de Deus, ao Agostinho da *Civitas Dei*, segundo a qual a distinção dos poderes é um autêntico *remedium peccati concupiscentiae*. É a via que se abre à religiosidade da política e ao sentido religioso da laicidade. É o discurso sobre as instituições sociais e políticas como muro de contenção contra a vontade dominadora que habita em cada homem. Na perspectiva agostiniana, a luta não é entre um bem e outro bem, mas entre um bem (*civitas Dei*) e um mal (*civitas diaboli*) no sentido de que o instinto de violência, que está vivo em cada ser humano, exige um freio ou ao menos um filtro que atenue as conseqüências.

O franciscano, que compartilha a perspectiva, não olha a partir do distanciamento o *remedium* ou medicina, necessária para recuperar a saúde ou, pelo menos, para estar melhor[162]. Protege o espaço de liberdade, próprio da dualidade de poderes, limitando suas tentações de hegemonia totalizadora, tanto laica como eclesiástica. A religião que se torna política não é menos desvalorizada do que a política que se torna religião, pelo que deve ser rejeitada como totalitária tanto a subordinação da política à religião como a da religião à política. Aí reside a força da ética franciscana, inspirada pela pobreza como superação da *cupiditas* e, portanto, como *agilidade* ou presteza espiritual, capaz de iniciativas de sinal profético no marco do respeito e da autonomia das ordens. O que deve ser sublinhado é que a luta contra a *cupiditas* postula a dualidade de poderes, cuja índole política se conjuga bem com o autêntico espírito franciscano, em cuja lógica se coloca a religiosidade da política e o sentido religioso da laicidade.

---

161. A. DEL NOCE, *Rivoluzione. Tradizione* (Milão 1993) 324: É um dado que o filósofo sublinha a propósito de Dante para justificar sua diferença com relação a Tomás de Aquino e ao averroísmo no que se refere à autonomia do político com relação à autoridade eclesiástica. A fonte inspiradora é claramente franciscana, sobretudo a áspera crítica à *cupiditas*.

162. BOAVENTURA, *II Sent.*, d. 44, q. 2, a. 2: "Deum esse honorandum dictat natura secundum omnem statum: omnia esse communia dictat secundum statum naturae institutae, aliquid esse proprium, dictat secundum naturae lapsae ad removendas contentiones et lites [...] hominem autem homini subici et hominem homini famulari, dictat secundum statum corruptionis, ut mali compescantur et boni defendantur".

Capítulo VII – Ética e economia

No marco do primado da liberdade dos sujeitos, Duns Scotus, persuadido de que a autoridade política tem sua razão de ser no consenso dos cidadãos, reivindica a soberania popular.

> A autoridade política – escreve ele –, a que se exerce sobre os súditos, teve sua origem mais ou menos assim: no início, reuniram-se em uma cidade ou em um lugar, mais ou menos pessoas estranhas e distintas entre si, nenhuma delas estava obrigada a obedecer à outra, porque ninguém tinha autoridade sobre o outro. Então, de comum acordo (*mutuo consensu*), para assegurar-se uma pacífica convivência, escolheram um deles como príncipe, ao qual tinham que obedecer em tudo durante sua vida ou também permanecer como súditos seus e de seus legítimos sucessores, segundo tivessem escolhido, como acontece na atualidade, que alguns governam de maneira vitalícia e outros por sucessão[163].

A submissão não carece de liberdade que, mesmo limitada, não pode ser maltratada, como espaço de juízo com relação àquelas formas que tentam cobrir totalmente o território, contra legítimas exigências de sinal transcendente[164]. A atividade legislativa não deve favorecer o legislador, mas o bem comum, até o ponto de que no caso de conflitos entre o bem público e propriedade privada, entre interesse coletivo e interesse individual, pode e deve prevalecer o primeiro sobre o segundo[165]. Para tal fim são indispensáveis prudência e autoridade, para buscar o que é útil e justo a favor da comunidade e para ativar todos os recursos necessários para sua realização efetiva[166]. O fato essencial que se deve sublinhar é que a legitimidade da autoridade está constituída pelo "consentimento de quem está submisso a ela", e o limite está representado pela liberdade religiosa, que sempre deve ser salva[167].

É Ockham que dá à política uma viravolta franciscana, com a distinção nítida entre poder eclesiástico e poder secular e no marco da liberdade dos sujeitos, chamados não a suportar, mas a escolher uma forma de governo. A *plenitudo potestatis*, segundo a

---

163. DUNS SCOTUS, *Rep.*, IV, d. 15, q. 4, n. 10-11. Quanto à *distinctio* 15 da *Ordinatio*, cf. *Duns Scotus' political and economic Philosophy*, Latin Edition and English Translation by A.B. WOLTER (Santa Bárbara, CA 1989).

164. ID., *Ord.*, IV, d. 15, q, 2, n. 7: "Et ista auctoritas politica, ut patet, iusta est quia iuste potest quis se submittere uni personae vel communitati, in his quae non sunt contra legem Dei..."

165. *Ibid.*, d. 46, q, 1, n. 11: "In istis politicis legislator respicit in se simpliciter iustum, quod est iustum boni publici; secundum quid autem respicit alia iusta partialia, semper quidem in proportione ad hoc iustum; et ideo in quibusdam casibus iustum est non servare leges iustas, respicientes aliqua iusta partialia, quando scilicet observatio earum vigeret in detrimentum iusti publici, scilicet bene esse reipublicae".

166. *Ibid.*, III, d. 40, q. 1, n. 6: "Lex positiva iuste requirit in legislatore prudentiam et auctoritatem".

167. Cf. R. LANBERTINI, "Il consenso delle volontà: Filippo, Bonifaccio e pensiero politico del Dottore Sottile", em AA.VV., *Antropologia ed etica politica* (Lenate, Bari 1995) 211-233.

qual o pontífice é a fonte de todo poder, é um *perniciosus error*[168], porque o pontífice poderia ocupar todo espaço de liberdade, considerando-se superior a qualquer lei, contra o espírito da religião cristã que é *lex libertatis*. Existem, pois, *iura et libertates* dos indivíduos e da comunidade que são invioláveis. A inspiração da crítica à *plenitudo potestatis* e, portanto, a defesa da autonomia política secular, são recondutíveis à defesa da pobreza evangélica, em nome da qual toda invasão de campo deve ser submetida à crítica.

Mas se no Evangelho está a fonte de toda crítica a todas as formas de servidão, o poder de *rectores instituendi* e o *ius statuendi* devem ser depositados nos homens fiéis e infiéis, sobre a base do princípio *quod omnes tangit debet tractari per omnes*[169]. Todos ou somente alguns, mas é certo que o consenso da base é necessário. Contra todos os que, chamando-a de fruto da *libido dominandi*, estimavam ilegítima a República romana, Ockham sublinha que inclusive o que surge com a violência, quando intervém o consenso, se torna legítimo o que era ilegítimo, da mesma maneira que o que surge em conformidade com as leis se torna ilegítimo, se decai o consenso. Certamente, a fonte é Deus, diretamente no que toca a autoridade do pontífice, pela mediação humana quando se refere a qualquer outra forma de poder. Mas em um e em outro caso a obediência deve ser crítica, no respeito da liberdade religiosa e dos direitos fundamentais dos indivíduos, porque às vezes quem manda se deixa subjugar pela *libido dominandi* que só a consciência crítica pode conter ou contrastar.

Ockham é intransigente tanto com o poder eclesiástico como com o poder político, ambos ordenados ao bem comum e ao respeito da consciência dos súditos. A crítica da *plenitudo potestatis* não tem atenuantes, tanto quando é reivindicada em favor do pontífice como em favor do imperador, porque é essencial para o bem comum e para o bem dos indivíduos. O *optimus principatus* não equivale à *plenitudo potestatis*. *Iura et libertates civium* são a alma da crítica que é necessário dirigir contra qualquer forma, encoberta ou declarada, de *plenitudo potestatis*.

Se tudo o que foi dito agora mostra a divergência entre a ética franciscana e a ética aristotélico-tomista, a reflexão sobre a escravidão é prova que o confirma em seguida. O problema coloca-se assim: se todos somos filhos de Deus e, portanto, iguais diante dele, como é possível legitimar a condição de servidão e submissão de uns por parte de

---

168. GUILHERME DE OCKHAM, *Tractatus contra Benedictum* (III, 173).

169. Está claro que esta doutrina não pode ser lida à luz da sensibilidade moderna, porque também Ockham partilhava o preconceito de que a maioria freqüentemente está equivocada e, portanto, é preferível a elite reflexiva e coerente. Cf. *De imperatorum et pontificum potestate*, em R. SCHOLZ, *Unbekannte kirchenpolitische Streiten aus der Zeit Ludwigs des Bayern (1327-1354)*, II (Roma 1914) 937: "Saepe aliqua multitudo habet ius eligendi et tamen non expedit quod omnes eligant quia multi moverentur malo zelo, et saepe non possent in personam idoneam convenire".

Capítulo VII – Ética e economia

outros? Pode a natureza justificar tal condição de escravidão que nega a igualdade originária? Não há que recorrer talvez à mudança antropológica, conseqüência do pecado, para dar conta do fato de que este fenômeno tenha acontecido e algumas legislações o tenham legitimado? No *comentário* à *Política* de Aristóteles e no *De regno ad regem Cypri*, Tomás de Aquino tenta afastar-se deste resultado de acordo com as premissas gerais das quais se falou, sublinhando que se trata somente da corrupção das relações políticas e que, portanto, a escravidão é só uma das formas possíveis de domínio que se dão na *polis*, cujo juízo moral se serve do exemplo da utilidade que procura para as comunidades humanas.

Esta perspectiva, levada às suas últimas conseqüências, leva a colocar a escravidão em uma hierarquia cósmica e metafísica, à luz do binômio ato/potência segundo o qual quem está mais bem-dotado é o que dirige a quem está menos dotado, até o ser totalmente passivo – o servo – cujo único impulso motor é o amo, de quem depende em tudo. Mas a Escola Franciscana rejeita que a escravidão tenha algum tipo de relação com os traços positivos da natureza humana ou que seja uma das expressões da estrutura ontológica do mundo. A escravidão é a forma inegável do estado de pecado, que deve ser eliminada pela recuperação da igual dignidade dos homens. Pensada e querida a partir da *communio*, a natureza humana é contrária à escravidão, fenômeno histórico que manifesta a decadência moral à qual é possível chegar. Boaventura rejeita considerá-la um prolongamento da subordinação da mulher ao homem ou do filho ao pai. Não existe o servo por natureza nem por decisão voluntária[170].

Em todo caso, o amo não pode dispor do servo como se dispõe do gado (*pecus*). A única forma legítima é a escravidão como castigo de culpas muito graves ou como comutação da pena de morte ou como forma de prevenção contra previsíveis lesões graves que afetem a comunidade. A escravidão, portanto, não tem nenhuma base natural, é um fenômeno histórico que deve ser apagado, porque é contrário à liberdade, traço essencial do gênero humano. Com acerto foi destacado que "a solução de Duns Scotus desfaz o conceito de escravidão, enquanto que, se se olha bem entre as relações de subordinação de um homem a outro homem, as que são naturais não são servis em sentido estrito, enquanto que as servis não são naturais"[171]. É a liberdade, divina e humana, o espaço da ética franciscana que deve ser protegido contra a tendência a transformar o ser no dever ser, o acontecimento histórico em natural e, portanto, o contingente em necessário.

---

170. DUNS SCOTUS, *Rep.*, IV, d. 36, q. 2, n. 6: "Dico quod non ex electione, quia si aliquis se faceret voluntarie servum, credo quod esset iniustus et hoc faciendo peccaret mortaliter..."

171. R. LAMBERTINI, "Il re e il filosofo: aspetti della riflessione politica", em AA.VV., *La filosofia nelle università. Secoli XIII-XIV* (La Nuova Italia, Florença 1997) 360.

2. O sujeito protagonista de riqueza

Então, qual é o caminho traçado pelos filhos de Francisco para levar à prática tais princípios éticos no plano da convivência entre os cidadãos? O que é que eles propuseram para tornar possível um salto de qualidade aos cidadãos, divididos por demasiadas coisas, para que a sociedade fosse mais equilibrada e a cidade mais segura? Se o valor da recordação está em compreender que o mais que tenha sido pensado e feito não passa nunca e que o que foi fecundo na cidade de ontem pode sê-lo na aldeia global de hoje, é bom que releiamos algumas páginas da presença histórica dos franciscanos na cidade, que compreendamos o sentido de suas palavras, a trajetória de suas iniciativas, em um campo que, dada a profissão de pobreza, parece o mais distante, quer dizer, no campo do dinheiro. Como podia escapar a estes homens, que viviam no tráfego da cidade, a extensa necessidade de dinheiro para fazer frente aos novos problemas e para dar corpo a novas iniciativas sociais? Conscientes da necessidade de garantir um espaço adequado à vida em suas várias expressões profanas, lugar de graça e de salvação, "os grupos evangélicos, brutalmente severos em sua pobreza contra o dinheiro perverso, serão os que iniciam o movimento que infundia na alma dos comerciantes a regra apostólica; serão os capelães naturais das corporações profissionais. Além disso, não recrutarão seus seguidores, em boa parte, desde Valdo a Francisco de Assis, precisamente nos ambientes novos e poderosos, abertos e cultos do comércio?[172]

O despertar evangélico, que está na origem das ordens mendicantes, consolidou-se entre os leigos e, em seguida, viu-se acompanhado pela convicção de que era impossível seguir o modelo da vida monástica, como se fosse a única "cidade de Deus". Daí a necessidade de voltar a pensar a palavra evangélica segundo as exigências dos estados de vida e na concreta realidade da vida social de cada dia. Uma certa mentalidade neoplatônica, orientada à redução da densidade das coisas a símbolos e a colocar a vida em outro lugar – não, porém, lá onde se desenvolve e se consuma, mas em um mundo enrarecido de espírito –, foi posta em crise por este despertar evangélico que exigirá o respeito à realidade, participando com empenho da inteligência da vida social, sem tutela, em plena maturidade. Então, "eis-nos aqui arrastados ao paradoxo do assumir – por parte destes famosos evangélicos que se levantaram contra o mundo – de toda uma consciência humana em desenvolvimento que introduz e exalta os valores profanos, pelas exigências da vida conjugal e dos negócios, até uma filosofia da natureza ou da razão. Os pioneiros de um novo equilíbrio da natureza e da graça, acaso o não são antes em sua experiência apostólica que em sua teologia?"[173] A área mais difícil de roçar, e não obstante a mais significativa, sem distorcer a natureza, mas respeitando-a porque é

---

172. "M.D. CHENU, *La teologia nel dodicesimo secolo* (Jaca Book, Milão 1986) 21.
173. *Ibid.*, 274.

Capítulo VII – Ética e economia

semente de progresso no caminho da paz, é a área econômica, com relação à qual se indicam as condições para que todos possam participar da vida da sociedade, de forma que esta não estanque, mas seja o lugar de um novo e mais extenso bem-estar dentro do respeito à criatividade subjetiva dos cidadãos individuais.

a) Legitimidade do benefício

Em primeiro lugar, deve-se perguntar: significa que o benefício entra na lógica da usura? Apropriando-se do fruto do trabalho de outros, o usurário é a encarnação da injustiça, que deve ser condenada sem reticências. De fato, como se considerava o lucro obtido pelo dinheiro dado como empréstimo, de per si improdutivo, a não ser como uma tapeação perpetrada em prejuízo dos fracos e, por isso mesmo, duplamente reprovável? A questão da usura, do lucro ilícito, era comparada à da simonia, à avareza, caindo sob os raios da condenação da teologia moral. Mas os franciscanos, que "tinham deixado o mundo", voltaram a ele apetrechados com os meios que lhes permitiam fazer uma leitura mais moderada daquela realidade – a idéia do preço, do valor econômico, do mercado, do benefício – que reclamava direito de cidadania na cultura medieval, surgida em outros contextos e com outros fins.

O teólogo Pedro João Olivi, sustentador intransigente da pobreza radical, dedicou alguns *tratados* a esta problemática, demonstrando uma grande sensibilidade e capacidade aguda de interpretar a realidade que estava emergindo de forma prepotente. A ética cristã não podia deixar passar este capítulo da vida social, mas tinha que tomá-lo como objeto de exame detalhado[174]. Mais do que deduzi-la dos textos bíblicos ou patrísticos, Olivi estuda esta realidade *iuxta propria principia*, iluminando a estrutura interna, a lógica que deve ser empregada contra os abusos que desnaturalizam sua índole. A hostilidade difusa brotava da identificação do mercador, maldito e expulso do templo, como o que vendia a preço elevado artificialmente coisas não elaboradas, como era o caso do artesão, figura apreciada, cujos produtos manufaturados eram adequadamente valorizados e sustentados, porque fruto de seu suor além de sua habilidade. O trabalho como elaboração de algo era entendido a partir do esquema da experiência artesanal.

Mas, o que dizer do lugar, do tempo, do que o adquire, que marcavam a aventura do mercador? A ação acrescentada de quem se embarca no esforço de transportar as mercadorias de um lugar a outro, de situações de abundância a situações de escassez para que não falte nos casos de necessidade, não constitui um elemento que se deve levar em conta na valorização das mercadorias? Pedro João Olivi começa a percorrer o

---

174. PEDRO JOÃO OLIVI, *Tractatus de emptione et venditione; Tractatus de contractibus usurariis et de restitutionibus*. Tradução italiana de A. SPICCIANI e GIAN CARLO ANDENNA com o título *Usure, compere e vendite. La cienza economica del XIII secolo* (Europia, Novara 1990).

caminho sem titubear, detendo-se no grave problema do "preço justo". Por este motivo, é necessário levar em conta tanto o valor natural da coisa (*realis bonitas naturae*) como o valor econômico, relativo às necessidades humanas (*utilitas rei*). É o uso que dá valor às coisas, ao que se deve acrescentar a raridade do produto e a ambição de possuí-lo. Dito de maneira concisa, os traços que definirão o valor de um produto são resumidos por Bernardino de Sena com os termos *virtuositas, raritas* e *complacibilitas*[175]. No que se refere à *complacibilitas* (apetecibilidade), Bernardino diz que "o produto que satisfaz mais a pessoa pode ser vendido a um preço mais alto do que aquele que produz menos satisfação"; quanto à *raritas* (escassez) e à *virtuositas* (valor no uso objetivo) como elementos que fazem parte do preço de um produto, o próprio Bernardino simplifica de forma meridianamente clara: "ordinariamente, a água custa pouco onde é abundante. Mas pode acontecer que em uma montanha ou em outro lugar a água fique escassa, seja pouco abundante. Pode muito bem acontecer que a água chegue a ser mais valorizada do que o ouro, porque naquele lugar o ouro seja mais abundante do que a água" ou menos valioso do que a água[176].

Certamente, o uso de um produto é fruto da livre decisão, pelo que o que é irrelevante para um pode ser essencial para outro. Mas, quanto influi tal valorização? A utilidade de uma coisa deve ser entendida em sentido individual ou, pelo contrário, deve ser referida à capacidade de um bem que satisfaz objetivamente as necessidades da coletividade? Pois bem, a idéia de *utilidade* deve ser referida não a situações individuais, mas às ordinárias, próprias de uma determinada vida em sociedade e, portanto, *comum*; o valor dos bens não se determina por seu uso individual, mas pelo uso comum. O *bonum commune* é qualificante e coloca-se em referência à *communitas*, entendida como vida em sociedade e, como tal, medida do justo preço ou *communis usus* das coisas. Em sociedade, o bem pessoal deve ser também o bem comum dos demais, procedendo do mundo individual ao mundo social, da análise individual à análise coletiva à qual se deve orientar. O que conta, de fato, em todo caso, é que o preço expresse uma situação comum, garantia de sua legitimidade. "Valor e preço são flutuantes neste sentido e, em todo caso, impostos por uma subjetividade expandida que se torna comunidade legislativa"[177].

---

175. BERNARDINO DE SENA, *Lib. II, Sermo XXX*, c. 1 (*Opera omnia*, Veneza 1591) 335: "As coisas têm dois valores: um é natural (objetivo) e outro se baseia no uso (sobretudo na utilidade subjetiva). Os bens que são vendíveis valorizam-se de uma segunda maneira. Este valor de uso (ou valor no uso) pode ser considerado a partir de três pontos de vista: 1. *Virtuositas* (valor no uso objetivo); *Raritas* (escassez); 3. *Complacibilitas* (apetecibilidade)".

176. *Ibid., Lib. IV, Sermo XXX*, c. 1, 136.

177. G. TODESCHINI, "Oeconomica franciscana, II: Pietro di Giovanni Olivi come fonte per la storia dell'etica economica medievale": *RivSLR* 12 (1976) 489s.

Capítulo VII – Ética e economia

A condenação surge quando entre os contratantes há vontade por parte de um de obter proveito em prejuízo do outro, provocando uma *laesio enormis*. Não se trata de forma irreal de ir atrás da justiça perfeita, mas de evitar o aumento chamativo em excesso ou demasiado rebaixado do justo preço, casos nos quais se está obrigado à restituição. Não se deve esquecer que a medida da justiça é a da *aequalitas contrahentium*, no contexto da utilidade recíproca. Neste contexto, que peso têm sobre o preço a abundância ou a escassez?

Mas então, é legítimo o *lucrum mercantile*, derivado da venda dos produtos não modificados ou transformados e, portanto, não elaborados? É moralmente aceitável esse lucro? Sabe-se que a agricultura e o artesanato eram considerados atividades moralmente lucrativas, porque estavam vinculadas ao trabalho humano. Que dizer da "atividade comercial" que manejava o produto sem elaborá-lo? Não é verdade que Jesus expulsou os mercadores do templo? De fato, coloca-se em relevo que não se dá somente a "transformação material" das coisas intercambiáveis. Os elementos que produzem a novidade são numerosos, referentes ao lugar, ao tempo, à conservação. É o problema do *lucrum* ou ganância, que se interpreta como *justo preço*, totalmente legítimo com relação às cargas, riscos, às fadigas que a operação mercantil traz em si[178]. Duns Scotus já havia notado que uma pessoa receberá no intercâmbio "uma recompensa proporcional à sua diligência, à sua prudência, ao incômodo que teve que suportar e ao risco assumido"[179]; e Bernardino de Sena precisava que a recompensa varia segundo o trabalho seja mais simples ou dificultoso, mais sujo ou mais limpo.

Mas, o que dizer do dinheiro, de per si invariável, sobre o qual pouco ou nada pode o trabalho humano? Ainda dentro da comum hostilidade – vinculada ao conceito de usura, por sua vez fundamentado sobre a esterilidade produtiva do dinheiro sobre o tempo do qual somente Deus é Senhor e dono – introduz-se a idéia de *capital*, chave para resolver muitos problemas. Pois bem, a opinião de Olivi é que "é capital toda soma de dinheiro, ou qualquer produto, que, estando destinada a uma atividade economicamente produtiva, já traz em si um germe de lucro. Esta presença germinal do lucro faz com que o preço de um capital – por exemplo, o formado por uma soma de dinheiro efetivo – seja superior ao valor da simples moeda que o regula"[180]. Daí resulta o fato de que no caso do capital a valorização econômica da expectativa de lucro (*valor su-*

---

178. O franciscano HENRIQUE DE VILLALOBOS escreve: "Si superveniente ingente sterilitate princeps vellet ut triticum (o cereal) pretio venderetur, quo rationabiliter tempore abundantiae vendebatur, lex esset irrationabilis et iniusta". *Summa de la theologia moral y canonica* (Barcelona 1632) 374. Cf. ATANASIO LÓPEZ, "Apuntes bibliográficos para el estudio de la tipografía complutense": *AIA* 8 (1917) 101-114.

179. DUNS SCOTUS, *Rep.*, d. 15, q. 2, n. 22.

180. PEDRO JOÃO OLIVI, *Usure, compere e vendite*, o.c., 64.

peradiunctus) se considere dentro da eqüidade do preço. A idéia da produtividade do dinheiro, com um germe de lucro economicamente avaliável, é verdadeiramente revolucionária e compreende-se, quando se acrescenta outro elemento, quer dizer, o destino do capital aos negócios e, portanto, com a vontade de utilizar produtivamente o dinheiro. O primado da *intenção (propositum)* de fazer crescer o bem-estar da comunidade mostra a tendência do pensamento, que não é estranho à *logica salutis*.

b) Projeto econômico a serviço do homem

Preocupados por ajudar os homens a viverem de forma cristã e a garantir uma convivência pacífica dentro do progresso moral e social, os franciscanos, que haviam feito da pobreza sua bandeira, compreendiam muito bem quão necessário era educar para usar bem o dinheiro, símbolo de todas as possibilidades, tanto da submissão como do domínio, ou do crescimento e da edificação. A escolha da pobreza, graças à qual se está no mundo sem pertencer a ele, constitui a condição favorável para entender os problemas de quem vive no mundo. A iniciativa dos montepios é a grande idéia com a qual os franciscanos firmaram sua presença, incisiva e humanizadora. A partir de 1462 – esta é a data do primeiro Montepio em Perúgia, *hic mons pietatis primus in orbe fuit*[181] –, esta iniciativa se estendeu como mancha de azeite por todas as cidades italianas (e européias), sinal inequívoco de seu poder e influência acima das ideologias, assim como da presença incisiva dos franciscanos.

Os franciscanos sentiam de forma violenta a possibilidade de se criar mais problemas além dos que eles eram capazes de resolver, desde o momento em que a iniciativa do Montepio parecia atirar lenha ao fogo anti-hebreu, que aparecia serpeante, colocando em perigo a paz social, e trazer reforços a outras formas de fratura entre as classes poderosas e as pobres e deserdadas. Com Pedro João Olivi, Bernardino de Feltre ou Bernardino de Sena e outras figuras menores, mas não carentes de influência, se perfila uma longa teoria de pregadores que, condenando a usura, não pretenderam paralisar a vida das cidades, como se a religião fosse um estádio de bondade intata contra a maldade dos tempos e como se Deus fosse uma espécie de refúgio transcendente, ao qual não chega o barulho dos homens. Embora vivessem de esmola, não propuseram a esmola como solução, porque esta ajuda a sobreviver, mas não a produzir. O que pediam aos homens de boa posição era um crédito em condições sustentáveis para os que eram economicamente fracos e socialmente criativos. Eis aqui a grande idéia, expressão do

---

181. Citado por M.G. MUZARELLI, *Il denaro e la salvezza* (Il Mulino, Bolonha 2001) 18. Neste sentido o conselheiro de Perúgia acrescenta: "Qui mons perusinus dicitur, cum ab ipsa civitate primitus erectus sit, tamquam candelabrum lucem ferens, modo ab omnibus fidelibus merito imitandum".

Capítulo VII – Ética e economia

maior amor pela dignidade e igualdade dos homens e pelo crescimento social que, ao mesmo tempo, tem valor moral, colocando a justiça como a suprema virtude social.

Supera-se o dilema "dinheiro ou salvação" a favor de uma integração "dinheiro e salvação", vinculados profundamente entre si. Neste matrimônio, encontra-se a intrépida contribuição dos franciscanos. Se o montante de moedas era representado pelo monte, que objetivamente se situava em lugares elevados, o objetivo de livrar os homens das angústias das dívidas era representado pelo Cristo na cruz, e o percurso que levava ao monte aludia simbolicamente à fadiga que se deve passar não isenta de repercussões no referente à saúde da alma. O Montepio era uma representação e uma comunicação, compendiadas no lema escrito *curam illius habe*. Frei Bernardino de Feltre colocará todos diante das próprias responsabilidades, acrescentando: *Si non subvenis, peccas mortaliter*: "Não retenhas o supérfluo, que o supérfluo rompe a cesta [...] desde que sejas rico e tenhas a barriga cheia, e o pobre te peça sem palavras, e tu possas auxiliar, se não ajudas, pecas mortalmente. Portanto, se estás obrigado a dar esmola e ser generoso, quanto mais estás obrigado a dar como ajuda daquilo que a ti voltará como juro?"[182]

É fundamental a idéia de que o bem comum deve ser superior ao bem privado, pelo que, se é um dever ajudar um indivíduo indigente, com maior razão é necessário ajudar a comunidade inteira[183]. Além do mais, se se nos pede para ajudar a quem se encontra na indigência com a esmola, quanto mais estamos obrigados a ajudar aquele de quem recebemos o que damos. Mais ainda, é verdade que o bem comum é superior ao bem individual, mas o bem comum por acaso é dissociável do bem individual? O sujeito não pode ser separado da totalidade do corpo social que o acolhe, que o disciplina e o ajuda a realizar-se, embora não se dissolva em tal totalidade. Indivíduo e comunidade estão no centro do pensamento franciscano, seja qual for o tema. A necessidade de ter crédito é igual tanto para o indivíduo como para a comunidade, por isso, deve ser garantido, recompondo as desigualdades, dentro do respeito pelas hierarquias. Para tal fim, requer-se a contribuição de todos, porque do conjunto de tantos fios trançados se chega a fazer frente às necessidades de muitos ou, como diziam então para estimular a imaginação, se é capaz de aplanar uma montanha ou de domar um cavalo furioso.

---

182. Esta frase merece ser citada, porque ajuda a entender a força persuasiva da linguagem deste famoso pregador franciscano: "Non tener de superchio, che'l superchio rompe il covechio [...] quotiescumque es dives et hai grassa la panza, et pauper petit te mutuum et potes subvenire, si non subvenis peccas mortaliter. Mo, si teneris facere eleemosinam et donare, quanto magis teneris subvenire de illo quod tibi reddet?", sermone 57 em P.C. VARISCHI DE MILÃO (org.), *Sermoni del beato Bernardino da Feltre*, II (Milão 1964) 206.

183. P. VAN MOOS, "'Public et privé' à la fin du Moyen Âge, Le 'bien commun' et la 'loi de conscience'": StM 41 (2000) 505-548; BERNARDINO DE FELTRE: "Si est obligatio adiuvare unam personam, quanto magis unam communitatem [...] Quis est ille qui non vult subvenire patriae suae, liberando eam ab istis usurariis?", cf. M.G. MUZARELLI, *Il denaro*, 133.

Este é o sentido da frase do Corpus Joanino *Nolite diligere mundum* (1Jo 2,15), mas a vida dos irmãos, contribuindo cada um para edificar o monte com a própria contribuição na forma de juros sustentáveis, quando alguém é pobre ou, se alguém é rico, oferecendo o supérfluo do que possui. Este é o sentido social da pobreza franciscana: "Não retenhas o supérfluo, que o supérfluo rompe a cesta..."[184] Ricos e pobres sentiam-se, deste modo, vinculados no mesmo destino de salvação, um fazendo frutificar sua riqueza por meio do benefício, outro sem cair no desespero graças ao crédito de sustentação. É a recuperação da idéia programática de *comunidade*, representada ontem pela cidade e hoje pela *aldeia global*, com a tarefa de colocar em primeiro plano as necessidades dos que podem menos. Para dar um peso teológico a tal iniciativa, a imagem de Cristo, homem das dores, sobressaía nos estandartes e sobre as portas na fachada dos Montepios.

Idealizada pelos franciscanos, esta instituição se inseria no campo dos empréstimos a crédito, não para obter lucros substanciosos e sem paralisar, com isso, o bem-estar dos cidadãos. De fato, não se tratava de esmola, embora o capital inicial não fosse possível se aberto senão como esmola. Estamos diante de uma instituição útil tanto para o crescimento como para a regularização da sociedade, quer dizer, para a manutenção da ordem pública e dos bons costumes: *Modus* [...] *ingeniosissimus ad efficiendum pauperes bonos cives*[185]; assim como também aceita por aqueles que estavam dispostos a dar créditos e por aqueles que tinham necessidade deles, sendo de utilidade tanto para os primeiros como para os segundos; para os primeiros, pelo juro considerado legítimo, para os segundos, porque se encontravam nas condições de agir e produzir sem a armadilha da usura. A cidade mantém-se ordenada, impede-se que alguns por necessidade caiam no desespero. Tratava-se da tradução nova da prescrição do Deuteronômio (15,7): "Se há junto a ti algum pobre dentre teus irmãos e em alguma das cidades de tua terra que *Yahweh* teu Deus te dá..." Já não é a biografia do indivíduo a medida que mede o campo da solidariedade, mas todo o espaço da cidade, ou seja, o âmbito no qual cai sobre os mais ricos a responsabilidade pelos mais necessitados, para que saiam da indigência.

Por este motivo, o Montepio tinha que alcançar a quantos ainda não haviam sido submergidos pela onda da miséria, capazes de reencontrar sua própria autonomia, caso fossem competentemente ajudados. De fato, o crescimento estendia-se a todos e especialmente a quantos estavam mais atrás, necessitados de um crédito favorável para sair da prostração. Estimulada a crescer a partir de dentro com a contribuição de todos, a cidade é a nova arena para exercitar-se nas virtudes cristãs, graças a um acordo de colaboração cada vez mais próximo entre instituições e forças produtivas. Não estamos mais no campo da esmola nem da beneficência. É certo que para encontrar os capitais a custo zero era necessário insistir em alguns aspectos da beneficência e sobre a redenção dos pobres.

---

184. Citado por M.G. MUZARELLI, *Il denaro*, 231.
185. *Ibid.*, 159.

Capítulo VII – Ética e economia

De fato, trata-se da concepção cristãmente ativa da comunidade a partir do *Depósito* chamado *apostólico*, por ser fruto do dinheiro trazido piedosamente pelos cidadãos mais ricos a favor dos cidadãos pobres para que, de beneficiários passivos da beneficência, passassem a ser sujeitos ativos de sua autopromoção. É a via para preservar a honestidade dos costumes civis, eliminando as ocasiões de submissão e de atropelo, proporcionando a quem não possui suficientes recursos financeiros o quanto lhe era necessário para poder comprometer-se, sem dar lugar à vagabundagem parasitária. Assistência e redenção dos pobres andavam juntas, não, porém, com fins assistenciais, mas para recuperar energias e imaginação criativa. A atividade produtiva devolve dignidade e espaço na sociedade, livrando os cidadãos da degradação moral à qual a inércia e a esmola podem conduzir.

No plano social, o valor da iniciativa consistia em fazer com que os cidadãos carentes de recursos econômicos, mas não de vontade e de projetos, chegassem a ser protagonistas e, ao mesmo tempo, oferecer um caminho de salvação aos ricos. Este foi o modo de sustentar as pequenas atividades artesanais e contribuiu para reforçar a identidade cristã da vida cidadã dos séculos XV e XVI. O modelo cristão de convivência encontrava um apoio adequado neste esforço por adaptar as normas éticas à realidade capitalista, embora à maioria parecesse estar afastada dos ideais evangélicos nos quais deveria inspirar-se a sociedade cristã. É um esforço, incompreensível fora daquela corrente de amor, que impulsionava a colocar em discussão os assuntos tradicionais e a voltar a pensar o conteúdo, respeitando o trabalho humano que se queria aliviar.

Contra as atitudes sectárias, o franciscano tem consciência do caráter funcional da verdade, caráter que deve voltar a ser discutido, quando se endurece e quando a rigidez bloqueia a comunhão. Leis do mercado e princípios de solidariedade podem andar juntos contra as objeções, mas sob condição de que o peso dos problemas e o desejo de resolvê-los se transformem em aguilhão que estimula a buscar outros caminhos dentro do respeito cuidadoso da justiça. Este é o ponto-chave. É a justiça que sustenta a atividade dos franciscanos, não o mercado enquanto tal; a dignidade igual dos homens mais do que o bem-estar, embora nem uma e nem outro tenham por que ser distanciados.

Se a condenação da usura era direta e sem circunlóquios e a hostilidade a quantos a praticavam, sobretudo judeus, era pública e violenta, não é difícil captar a índole dos Montepios, acima de ideologias e de aspectos religiosos, capaz de ir além dos conflitos teóricos e religiosos, sob a pressão dos problemas da convivência pacífica e do crescimento social e moral dos cidadãos. De fato,

> [...] a urgência de intervir para apoiar a quantos necessitavam de crédito, ativando um serviço solidário e racional, prescindia do fato de que fossem cristãos ou hebreus os que antecipavam o dinheiro. Os juros requeridos não dependiam obviamente do credo religioso, mas eram fixados pelo mercado. O desafio era encontrar no campo creditício um equilíbrio entre mercado e valores, e a possibilidade de realizar este projeto dependia em grande medida de poder encontrar capitais a juro certo, quer dizer, doado à instituição. [...]

Manual de filosofia franciscana

O problema para os cidadãos mais fracos era o custo do dinheiro e não a diversidade religiosa e cultural de quem estava por detrás do banco[186].

O que se percebia como realmente importante era colocar o outro em condições de pensar, de fazer projetos e de agir, com a convicção de que sua atenção iria para o credo religioso que melhor sustentasse a liberdade e alimentasse a busca, não para aumentar o poder de uns poucos, mas para se ampliar o espaço de todos dentro da comunidade.

A força desta idéia não escapa a quem se dá conta de que o Montepio "servia à cidade e aos pobres, mas também aos ricos e aos governantes; em seu conjunto, funcionava, e se descobria, já no início do século XVI, sua funcionalidade. Por estas razões, em 1515, já se contavam mais de cem, exatamente 135, e em 1562 eram mais de duzentos"[187]. Não se pode deixar de sublinhar que, ao colocar sua cultura e oratória a serviço do povo, os franciscanos intervieram em um movimento real – o desenvolvimento econômico –, tirando-o da lógica imperante da usura e dando-lhe uma forma compatível com os valores do cristianismo. Sua presença não carece de significado para alcançar uma convivência cidadã mais solidária e justa. Se eles viviam de esmola, não fundaram a instituição do Montepio sobre a esmola, mas sobre o apoio econômico, que era um gesto tão saudável como amplo de visão, tanto para a salvação da alma como para a proteção das próprias riquezas, confiadas ao Montepio não sem lucro, e para a disciplina e a ordem da cidade. Esta iniciativa parece resumir o amor franciscano pelos fracos e seu sentido da justiça social[188].

> Convencer foi a grande tarefa dos pregadores da época. Defenderam que quem não queria dar bastava que estivesse disposto a emprestar dinheiro ao Montepio. Um simples depósito que em um segundo momento será remunerado, descarregava o rico tanto das responsabilidades com relação ao menos privilegiado como do problema da guarda de seus capitais, fazendo ao mesmo tempo com que o dinheiro estivesse disponível a favor de que se encontravam em dificuldades momentâneas. Este conselho apresenta alguma analogia com a prática recente de descontar dos próprios lucros as quantidades investidas em obras sociais[189].

Conclusão

A ética franciscana está marcada pela consciência do caráter absoluto da honra devida a Deus e pelo amor ao próximo em comunhão com todas as criaturas. Se as formas,

---

186. *Ibid.*, 253.

187. *Ibid.*, 187.

188. No quadro sóbrio e comprometido da justiça social pode-se ler o excelente ensaio de A.A. CHAFUEN, segundo o qual as idéias econômicas dos autores da escolástica tardia influíram nos fisiocratas e autores liberais clássicos, como A. FERGUSON e A. SMITH; cf. *Cristiani per la libertà. Radici cattoliche dell'economia di mercato*. Tr. italiana de C. RUFFINI, Introdução de DARIO ANTISERI (Liber libri, Macerata 1999).

189. M.G. MUZARELLI, *Il denaro*, 8.

Capítulo VII – Ética e economia

por meio das quais se concretiza este imperativo, são precárias e historicamente condicionadas, a caridade que as anima e as aperfeiçoa é, pelo contrário, permanente e transcendente. A referência à *recta ratio* é constante, mas não como fundamento da ética, que se deve tornar a canalizar no encontro da liberdade humana com a liberdade de Deus. A razão ilumina a situação na qual se age e se convida a sopesar as implicações das ações que realizamos. Não se age sob o impulso da emoção nem tampouco por um puro cálculo da razão. O franciscano está persuadido de que tudo o que existe podia não ser e, se existe, a razão de sua existência está naquele que poderia não querê-lo ou querer que fosse de outro modo. De tal gratuidade somente se aparta a honra que se deve a ele, o sumo criador, todo o resto é fruto da liberdade divina de escolha entre as possibilidades infinitas e, portanto, racional, porque é querido por aquele que é a suma sabedoria.

As criaturas queridas livremente são sempre inferiores à vontade que as quer, a qual não encontra nas coisas queridas a razão para querê-las. O que se diz do mundo, os franciscanos o dizem da segunda Tábua, que deve ser considerada a melhor das possíveis, porque é querida; e não é querida porque em si seja a melhor das possíveis. Se as coisas estão assim, a razão tem seu espaço impossível de apagar, sem que se torne fundamento, seja porque não foi posta por Deus como fundamento ou porque a lógica que sustenta a ética franciscana transcende a *logica rationis*. A lógica da gratuidade é, de fato, a lógica sem lógica, mas não sem sentido e, portanto, a lógica da doação sem esperar nada em troca, sem compensação. É a lógica que coexiste com a *logica rationis*, mas não se dissolve nela. Mais ainda, às vezes estão uma contra a outra, dando lugar à pergunta radical. Tornando-se radical, a pergunta revela seu caráter *rogatório*, como uma invocação dirigida a quem pode o que quiser. A *rogatio* (súplica) está dentro da inter-*rogação*, no sentido de que, perguntando de forma radical, nos encontramos no ponto em que não há apoio (lógico) que valha, entregues àquele que pode o que quer.

Aprisionados na *logica rationis*, temos dificuldade para compartilhar a *logica fidei*, cuja primeira expressão está na lógica da gratuidade, que é o fundo firme do ser, portanto, que é, porque é querido. Este fundamento sem porquê, mas não sem sentido, que levou as coisas à existência e que nos convida sem esperar nada em troca, não nos vem da experiência ou de qualquer outra fonte natural, onde esteja vigente a lógica do *do ut des*, na coerência entre causa e efeito, e onde a luta pela existência vê cair o fraco e triunfar o forte. É a voz que nos chega daquele que transcende a mundanidade, a quem é necessário abrir-se, dando espaço dentro de nós à lógica desconcertante da doação, habitando o tempo segundo um estilo que não é o do tempo, porque não tem violência, à qual estamos próximos no *status iste* por um impulso que não é fácil de submeter à disciplina.

A consciência do *status iste* é qualificante tanto para sustentar que poderíamos querer algumas coisas em contraste com a lógica do tempo – a pobreza radical – como para defender a legitimidade daquela propriedade privada que no estado original estava ausente, mas que na situação presente parece a via mais eficaz para conter o instinto de querer dominar pela força uns aos outros e para aumentar o bem-estar material e moral da sociedade. Mas é possível sustentar por um lado a propriedade privada (*logica rationis*) e por outro exigir a comunhão com todas as criaturas (*logica fidei*)? Aqui está o esforço ético, quer dizer, o fazer convergir em nosso itinerário para Deus o movimento que, passando pela propriedade privada, não desarraigue nossas raízes biológicas do universo e, além disso, mantenha o enraizamento do universo em nós, de forma que o itinerário para Deus tenha lugar em companhia de todas as criaturas. É a utopia da ética franciscana.

Nesta panorâmica se inscreve o tema da economia, a partir da propriedade, entendida como invenção humana para frear algumas conseqüências da situação pecaminosa na qual nos encontramos. Esta tese, que vê a propriedade privada não fundamentada sobre a *natureza humana instituída*, mas sobre a *natureza humana caída*, mostra o realismo dos franciscanos, comprometidos em conter as lutas e os abusos prepotentes, por meio de um espaço concreto para uma presença social digna e ativa. A referência à condição humana, marcada pela fraqueza, pretende ativar os meios úteis para contê-la, para que não seja o símbolo que resume o negativo, mas a ocasião de um bem-estar e de desejados avanços sociais. Daí a defesa da propriedade privada, mas não da guerra nem da violência nem sequer em nome da fé.

De fato, se nossa decadência moral explica a existência da violência e das guerras, tal referência não pretende justificá-las nem sustentá-las nem sequer quando se trata daquele poder coercitivo ativado para difundir a fé. Esta é uma experiência demasiado elevada e nobre para que possa ser sustentada pela violência. No fundo, essa é a lição do encontro de Francisco com o Sultão Malik al Kamil. Os franciscanos desenvolveram o tema da propriedade com vistas ao progresso social que permite não somente viver, mas viver de forma digna, não somente a alguns, mas a todos os que o desejam.

Embora vivessem de esmola, os franciscanos não pregavam a mendicidade que é improdutiva. Pediam aos ricos créditos em condições favoráveis e sustentáveis a favor de quantos fossem capazes de abrir novos caminhos para fazerem frente às necessidades da sociedade. Os Montepios foram a realização concreta dessa idéia, com razão estendida como um "modus [...] ingeniosissimus ad efficiendum pauperes bonos cives", e impedindo que a necessidade extrema faça cair no desespero. De Pedro João Olivi a Bernardino de Feltre e outras figuras menores, mas não carentes de influência, se perfila uma longa série de pregadores que, condenando os vícios e abusos violentos, não pretendiam paralisar a vida cidadã. É importante recordar que os franciscanos defendiam a propriedade privada, porque garantia uma conflitividade menor e uma liberdade mais ampla; como também é importante colocar em relevo que esta operação socioeconômica adquire seu significado somente no âmbito de uma mais ampla totalidade ideal, reflexo daquela visão harmonizadora do mundo que representa o valor e o limite da perspectiva franciscana.

ÍNDICE ONOMÁSTICO

Abbá, G. 310
Abbagnano, M. 157
Abelardo 146
Agnelo de Pisa 17
Agostinho (Santo) 16, 18, 35, 61s, 67s, 70s, 93s, 105, 111, 115, 117, 122, 124, 127, 182-184, 187, 236, 243, 264, 273, 297, 305, 309, 318
Alberto Magno (Santo) 14, 16
Aldós, R. 24
Alexandre IV 11
Alexandre de Hales 17s, 21, 25, 29, 61, 63, 77, 117, 184-186, 268, 272, 291, 313
Alféri, P. 61, 105s, 109, 153, 155, 227
Alluntis, F. 23
Amalrico de Bène 13
Amorós, L. 22
Andenna, G.V. 323
Andrés, T. de 61, 102s, 161
Anselmo de Canterbury (Santo) 18, 187, 276, 280
Antiseri, D. 330
Antônio de Pádua (Santo) 63
Aperribay, B. 22s
Arendt, H. 298
Aristóteles 10, 13-18, 24, 33s, 36, 38, 54s, 62, 66s, 70, 94, 96s, 100, 106, 109-114, 116s, 122, 125, 127, 129, 137-139, 141, 143, 151, 154-156, 158s, 171, 182, 196, 212, 217, 225-229, 231, 233, 243, 247, 250-254, 286, 288, 299-302, 304-306, 311, 321

Authié, P. 239
Averroes 14, 16, 67, 94, 100, 111, 117, 122, 143
Avicebron 62, 111, 117
Avicena 16s, 33, 111, 117, 122, 130, 141

Baer, K.E. von 229
Barbosa da Costa Freitas, M. 61
Barth, T. 128, 130
Baudry, L. 150
Belfast, J.M. 223, 227
Beonio Brocchieri, M.T. 301, 303
Beretta, B. 54-56
Bergson, H. 167s
Berke, A. 233
Bernardino de Feltre 326s, 332
Bernardino de Sena (São) 324-326
Bernardo de Claraval (São) 18, 187
Bérubé, C. 61, 156, 181, 227
Bettoni, E. 61, 85, 95, 121, 128, 130, 161, 181, 212
Bianchi, L. 29, 36
Biard, J. 29
Bigaroni, M. 241
Bigi, V.Ch. 121, 125
Bissen, J.M. 116
Boaventura (São) 15s, 18, 21, 27, 29, 36-40, 62-65, 69-74, 76-80, 94s, 105-107, 112s, 115-123, 154, 158s, 161s, 163-165, 167s, 175, 223s,

227, 234-238, 240, 243, 246-249, 251, 254, 262-266, 268, 272, 274, 276s, 288-291, 296-302, 306, 312, 317s, 321

Boccaccio 13

Boécio 13s, 30, 115, 154, 182, 195, 209

Boehner, Ph. 61, 101, 104

Bonansea, B. 181

Bonifácio VIII 23

Bottin, F. 261

Bougerol, J.-G. 22, 39, 161, 181, 263

Boulnois, O. 109, 132, 261

Brewer, J.S. 24

Bridges, J.H. 24

Burch, R. 261

Calefate, P. 31

Candel San Martín, M. 54

Capitani, O. 261, 303

Caroli, M. de 305

Cassiodoro 184

Cassirer, E. 183

Cavalli, A. 263

Cerqueira Gonçalves, J. 27, 223

Chafuen, A.A. 330

Chenu, M.-D. 234, 322

Cícero 24, 30

Clemente IV 21, 24

Coimbra, L. 108

Coleman, J. 268

Copleston, F. 215

Corvino, F. 29, 38

Cuttini, E. 39, 299

Damiata, M. 261

Dante Alighieri 311

David de Dinat 13

Delorme, F. 24, 241, 272

Dionísio Areopagita (Pseudo) 76, 127

Distelbrink, B. 22

Dolcini, C. 261

Domingos de Gusmão (São) 241

D'Onofrio, G. 263

Dreyer, M. 29

Dumont, S. 261

Duvernoy, J. 239

Eco, U. 36

Emmen, A. 197

Engels, F. 140

Estêvão Tempier 14, 290

Evangelisti, P. 261

Falbel, N. 248

Fedriga, R. 46

Ferguson, A. 330

Fernando III 11

Filipe IV 23

Fliche, A. 65

Fraile, G. 161

Francisco de Assis (São) 8, 17, 22, 29, 61-63, 66, 73, 79, 108, 223, 238s, 256, 262, 314, 322

Fredborg, K.M. 35

Frederico II 10

Gal, G. 23

Gama Caeiro, P. da 31

Garrido, J. 22

Gauthier R.-A. 299, 307

Genesini, P.A. 30

Ghisalberti, A. 27, 29, 51, 61, 98, 103, 109, 125, 147, 161, 288, 294

Gil de Roma 143

Gilson, É. 61s, 77, 94, 113, 115s, 119, 130, 142s, 243

Glorieux, P. 92

Índice onomástico

Godofredo de Fontaines 81
Golley, F.B. 223
Gonçalo Hispano 23
Grabmann, M. 14
Graciano 273
Grassi, O. 29
Gregório IX 14
Gregório X 22
Gregório Magno (São) 309
Gregory, T. 225
Greive, H. 150
Guerra, I. de 23
Guerra, J.A. 22
Guilherme de Alverne 207
Guilherme de Meliton 17, 21
Guilherme de Ockham 19, 22, 25, 32,
     47s, 52, 54s, 57s, 69, 95-97, 107, 144s,
     148, 153, 155-158, 161, 176, 214,
     216, 227, 236, 247, 265, 267, 270,
     273, 278, 285, 291, 305, 314, 320
Guilherme de Saint Amour 265
Gurevic, A.J. 299

Harada, A. 24
Heidegger, M. 111, 129, 135, 152,
     159, 181, 229s
Heimsoeth, H. 143
Henrique de Gand 81, 85, 107, 127,
     129s, 143, 169, 207
Herranz, J. 22
Honnefelder, L. 29, 109
Hugo de São Vítor 72, 237
Hume, D. 109
Husserl, E. 168, 209, 230

Iammarrone, L. 109, 134, 181
Inocêncio III 10s, 22
Inocêncio IV 14

Jaime II de Maiorca 23
Jansen, B. 197s
João XXI 31
João XXII 22
João Buridan 32
João Damasceno (São) 18
João de la Rochelle 17, 21, 263
João Duns Scotus (Bem-aventurado)
     15, 19, 23, 31, 36, 40, 69, 80, 125,
     133, 169, 175s, 183, 201, 236, 243,
     247, 249, 251-253
João Scotus Eriúgena 39, 235
João Kutturell 22
João Paulo II 224, 239
João Pedro Olivi 18
Jonas, H. 224

Kant, I. 85, 93, 109
Knuuttila, S. 29, 46

Lain Entralgo, P. 209
Lambertini, R. 265, 321
Langholm, O. 261, 311
Leff, G. 150
Leibniz, G.W. 111
Lenoble, R. 232
Libera, A. de 29, 35, 129
López, A. 325
Loss, K. 125
Luís da Baviera 22, 177

Mac Cord, M. 46
Macróbio 115
Madariaga, B. de 23
Madre, A. 23
Maertens, D. 310
Maieru, A. 36
Maimônides 111
Maloney, Th. 36

Manzano, G. 61
Marcel, G. 209
Marco Aurélio 182
Marrone, S. 29
Martin, V. 65
Martínez Fresneda, F. 8, 22
Marx, K. 140
Massa, E. 24
Mastrio, B. 144
Mateus de Aquasparta 272
Meirinhos, J.F. 31
Melis, F. 261
Merino, J.A. 27, 61, 66-68, 96, 99,
   109, 178, 181, 222s, 227, 241,
   247s, 250
Merleau-Ponty, M. 209, 230
Michon, C. 29, 106
Miguel de Cesena 22
Moody, E.A. 29, 150
Moos, P. van 327
Müller, P. 51, 55
Muñiz, V. 27, 61, 161, 166s, 175
Muzarelli, M.G. 261, 326-328, 330

Nardi, B. 234
Nielsen, L. 35
Nietzsche, F. 176
Noce, A. del 318

Odo Rigaldi 17, 21
Oltra, M. 22
Oromí, M. 23, 61, 116, 133s, 140,
   161, 206
Ortín García, J. 8, 22

Paulo Veneto 32
Para, M. dal 309
Parisoli, L. 261, 271s, 273, 285, 287, 294
Pedro Bernardone 22

Pedro de Gand 199
Pedro Hispano 31s
Pedro João Olivi 187, 265, 272, 314,
   323, 325s, 332
Pedro Julião 31
Pedro Lombardo 22s, 25s
Pepin, J. 223, 234
Perucchi, L. 263
Pinborg, J. 29, 35s
Pizzo, G. 261
Platão 10, 15s, 39, 67, 103, 106,
   111-114, 116s, 139, 143, 153, 155,
   158s, 182s, 225, 243
Plotino 115, 182
Poppi, A. 278
Porfírio 30
Prigogine, I. 243
Puggioni, S. 46
Putallaz, F.X. 62

Rábade, S. 161
Raimundo Lullo 19, 23, 31, 59
Rashdall, H. 35
Ratzinger, J. 65, 125
Ricardo de Mediavilla 143
Ricardo de São Vítor 209
Riedlinger, H. 24
Roberto Grosseteste 17, 24, 61, 94,
   152, 214
Roberto Kilwardby 30
Rodríguez Carballo, J. 8
Roger Bacon 14, 16-18, 29, 32-36,
   152, 246s
Ruffini, C. 330

Sabatier, P. 239
Salzinger, L. 23
Sanz Valdivieso, R. 8
Sartre, J.-P. 209

Índice onomástico

Schäfer, A. 223, 248
Scheler, M. 181
Schmitt, S. 280
Schneider, H. 261
Scholz, R. 23, 320
Sêneca, L.A. 24, 182, 184
Senhora Pica 22
Sève, L. 230
Siger de Brabante 14
Sileo, L. 263
Simmel, G. 263
Simoncioli, F. 200
Smith, A. 330
Sondag, G. 61, 64, 261
Spicciani, A. 323
Stadler, A. 197
Steele, R. 33, 35
Steenberghen, F. van 65
Stella, P. 137
Stengers, I. 243

Tabarroni, A. 36, 50, 261, 268
Tiago de Veneza 13
Todeschini, G. 261, 264, 324
Todisco, O. 28, 106, 109, 161, 181, 275, 285, 311
Tomás de Aquino (Santo) 9, 15s, 26, 50, 65, 77, 81, 85, 94, 107, 115, 118, 127s, 130, 138, 141, 143, 145, 154, 163, 169s, 235, 237, 243, 265, 309-312, 317s, 321
Tomás de Celano 246
Tomás de Eccleston 63
Tomás de York 17
Tonna, I. 61

Unamuno, M. de 140
Urban, L. 294
Urbano IV 14

Valdo 322
Vance, E. 29, 36
Varischi de Milão, P.C. 327
Veuthey, L. 65, 109, 161, 191
Vignaux, P. 9, 65, 130, 146, 158
Villalobos, E. de 325
Vrin, J. 23

Walter Burleigh 32
Walter Crathorn 55
Wieland, G. 261
Wolff, Ch. 159
Wolter, A.B. 46, 254, 261s, 319
Wood, L. 29

Zamayón, P. 161, 181
Zavalloni, R. 181
Zubiri, X. 167s, 209

ÍNDICE GERAL

Sumário, 5

Apresentação, 7

Introdução (José Antonio Merino), 9

Biobibliografia dos principais mestres franciscanos, 21

Siglas e abreviaturas, 25

Autores, 27

Capítulo I – Lógica (Alexandre Ghisalberti), 29

    Introdução – A lógica no século XIII, 29

    1. Roger Bacon: a contribuição da lógica e da epistemologia para a reforma do saber, 32

    2. Da lógica à "teo-lógica": o processo para chegar à verdade de Boaventura de Bagnoregio e de João Duns Scotus, 36

    3. Guilherme de Ockham: termos, suposição e significação, 47

    4. Guilherme de Ockham: a categoria da relação entre lógica e teologia, 54

    Conclusão, 59

Capítulo II – Teoria do conhecimento (Manuel Barbosa da Costa Freitas), 61

    1. O espírito franciscano, 61

    2. Teoria do conhecimento – Temas fundamentais, 64

    3. São Boaventura, 69

        a) Conhecimento sensível, 70

        b) Conhecimento intelectual, 71

        c) Conhecimento iluminativo ou sapiencial, 72

    Conclusão, 79

4. João Duns Scotus, 80

   a) Sujeito e objeto do conhecimento, 80

   b) Conhecimento intuitivo e conhecimento abstrato, 83

   c) O objeto próprio do conhecimento humano, 85

   d) Conhecimento do singular, 89

   Conclusão, 93

5. Guilherme de Ockham, 95

   a) Conhecimento intuitivo e abstrato, 97

   b) Origem e natureza dos conceitos universais, 100

   Conclusão, 105

Conclusão geral, 106

Capítulo III – Metafísica (José Antonio Merino), 109

   Introdução, 109

1. Metafísica de São Boaventura, 112

   a) Fundamentação metafísica bonaventuriana, 112

   b) A metafísica em chave exemplarista, 114

   c) Origem dos seres, 116

   d) Estrutura ontológica dos seres, 117

   e) Fundamentação ontológica da luz, 121

   f) Tempo e história, 123

2. Metafísica de João Duns Scotus, 125

   a) A metafísica como dobradiça entre a filosofia e a teologia, 125

   b) Conceito unívoco do ser, 127

   c) O ser unívoco e os transcendentais, 131

   d) Contingência e criação, 133

   e) A temporalidade, 136

   f) O hilemorfismo, 137

   g) A natureza comum, 139

   h) O princípio de individuação, 141

   i) Essência e existência, 143

3. Metafísica de Guilherme de Ockham, 144

    a) Revisão da metafísica, 144

    b) O objeto da metafísica, 145

    c) Ente, existência e essência, 147

    d) A univocidade do ser, 148

    e) A relação, 150

    f) Da metafísica à física, 151

    g) Ontologia do singular, 152

    h) O singular tem essência?, 155

    i) O singular é inteligível?, 156

Conclusão, 157

Capítulo IV – Teologia natural (Vicente Muñiz), 161

    1. São Boaventura, 162

        a) O tema de Deus: sua cognoscibilidade, 162

        b) Itinerário do homem para Deus: pressupostos, 162

        c) As "vias": exercícios da razão, 163

        d) Atributos de Deus, 165

        Conclusão, 166

    2. João Duns Scotus, 169

        a) Perspectiva gnosiológica escotista, 169

        b) Perspectiva metafísica escotista, 170

        c) Provas da existência de Deus, 172

        d) Deus como Ser Infinito, 175

        Conclusão, 175

    3. Guilherme de Ockham, 176

        a) Metafísica e conceito do "ser", 177

        b) Ente e conhecimento de Deus, 177

Capítulo V – Antropologia (José Antonio Merino), 181

    Introdução, 181

    1. O homem segundo Alexandre de Hales, 184

        a) O composto humano, 184

        b) Ser imagem de Deus, 185

        c) O livre-arbítrio, 186

2. O homem segundo São Boaventura, 187

   a) O homem como unidade e totalidade, 188

   b) A alma, 189

   c) A alma e suas faculdades, 191

   d) O corpo, 193

   e) A pessoa humana, 195

3. O homem segundo Pedro João Olivi, 197

   a) O composto humano, 197

   b) As potências do homem, 199

   c) A liberdade, 200

4. O homem segundo João Duns Scotus, 201

   a) O homem como composto, 202

   b) A alma e suas potências, 203

   c) A liberdade: vontade e racionalidade, 204

   d) Estatuto ontológico do corpo, 206

   e) A pessoa humana, 209

   f) Destino do homem, 212

5. O homem segundo Guilherme de Ockham, 214

   a) A natureza do homem, 214

   b) Pluralidade de formas no homem, 216

   c) A alma e suas potências, 217

   d) A liberdade humana, 219

Conclusão, 220

Capítulo VI – Cosmologia (Joaquim Cerqueira Gonçalves), 223

Introdução, 223

1. Natureza e cultura, 231

2. O cristianismo e a natureza, 233

3. São Francisco, o franciscanismo, o estudo da natureza, 238

4. Natureza e símbolo no franciscanismo, 244

5. O pensamento franciscano sobre a natureza, 247

   a) A natureza e o exemplarismo bonaventuriano, 248

   b) Da física à metafísica, 251

   c) Da natureza ao ser, 253

6. Franciscanismo, natureza e ecologia, 256

Índice geral

Capítulo VII – Ética e economia (Orlando Todisco), 261

Introdução, 262

1. O sujeito protagonista da bondade, 265

a) Consciência do caráter *viator* de nosso ser histórico, 266

b) Caráter absoluto da honra devida a Deus e impotência humana, 271

c) Papel determinante da *recta ratio*, 277

d) Pluralidade de estratos no ato moral e interconexão das virtudes, 280

e) Inspiração teológica da ética franciscana, 289

f) A ética franciscana como ética da alteridade, 295

g) Superação da ética pagã, 299

h) O voluntarismo franciscano além do intelectualismo ético-político-tomista, 309

i) A ética política franciscana alternativa à orientação aristotélico-tomista, 316

2. O sujeito protagonista de riqueza, 322

a) Legitimidade do benefício, 323

b) Projeto econômico a serviço do homem, 326

Conclusão, 330

Índice onomástico, 333

EDITORA VOZES
Editorial

CULTURAL
- Administração
- Antropologia
- Biografias
- Comunicação
- Dinâmicas e Jogos
- Ecologia e Meio-Ambiente
- Educação e Pedagogia
- Filosofia
- História
- Letras e Literatura
- Obras de referência
- Política
- Psicologia
- Saúde e Nutrição
- Serviço Social e Trabalho
- Sociologia

CATEQUÉTICO PASTORAL
Catequese
- Geral
- Crisma
- Primeira Eucaristia

Pastoral
- Geral
- Sacramental
- Familiar
- Social
- Ensino Religioso Escolar

TEOLÓGICO BÍBLICO
- Biografias
- Devocionários
- Espiritualidade e Mística
- Espiritualidade Mariana
- Franciscanismo
- Autoconhecimento
- Liturgia
- Obras de referência
- Sagrada Escritura e Livros Apócrifos

Teologia
- Bíblica
- Histórica
- Prática
- Sistemática

REVISTAS
- Concilium
- Estudos Bíblicos
- Grande Sinal
- REB (Revista Eclesiástica Brasileira)
- RIBLA (Revista de Interpretação Bíblica Latino-Americana)
- SEDOC (Serviço de Documentação)

VOZES NOBILIS
O novo segmento de publicações da Editora Vozes.

PRODUTOS SAZONAIS
- Folhinha do Sagrado Coração de Jesus
- Calendário de Mesa do Sagrado Coração de Jesus
- Almanaque Santo Antônio
- Agendinha
- Diário Vozes
- Meditações para o dia-a-dia

CADASTRE-SE
www.vozes.com.br

EDITORA VOZES LTDA.
Rua Frei Luís, 100 – Centro – Cep 25.689-900 – Petrópolis, RJ – Tel.: (24) 2233-9000 – Fax: (24) 2231-4676 – E-mail: vendas@vozes.com

UNIDADES NO BRASIL: Aparecida, SP – Belo Horizonte, MG – Boa Vista, RR – Brasília, DF – Campinas, SP – Campos dos Goytacazes, RJ – Cuiabá, MT – Curitiba, PR – Florianópolis, SC – Fortaleza, CE – Goiânia, GO – Juiz de Fora, MG – Londrina, PR – Manaus, AM – Natal, RN – Petrópolis, RJ – Porto Alegre, RS – Recife, PE – Rio de Janeiro, RJ – Salvador, BA – São Luís, MA – São Paulo, SP
UNIDADE NO EXTERIOR: Lisboa – Portugal